KT-910-806

TIEMPOS RECIOS

EL PESO DE LOS DIAS 2

J. IGNACIO TELLECHEA IDIGORAS

TIEMPOS RECIOS

INQUISICION Y HETERODOXIAS

Prólogo de Marcel Bataillon

Ediciones Sígueme - Salamanca 1977

Cubierta: Félix López

Apartado 332 - Salamanca (España)
ISBN 84-301-0443-7
Depósito legal: S. 30-1977
Printed in Spain
Imprime: Gráficas Ortega, S. A.
Polígono El Montalvo - Salamanca

A Marcel Bataillon,
admirado maestro y fiel amigo,
con gratitud, respeto y afecto.

ADVERTENCIA

Los siguientes estudios publicados anteriormente en diversas revistas, son de carácter analítico y documentado. En ellos trato de aproximarme lo más posible a la situación vivida en los años 1558-1559, apurando el dato y reuniendo en un mosaico vivo documentación muy dispersa. La pesadez de algunas páginas es compensada por el intento de exactitud en la información e interpretación.

Son inéditos los capítulos séptimo y décimo. Los demás aparecieron en las revistas siguientes:

Carlos V ante el luteranismo español: Diálogo Ecuménico 8 (1973) 57-63.

La reacción española ante el luteranismo: Diálogo Ecuménico 6 (1975) 325-341.

Los amigos de Carranza, «fautores de herejía»: Simposio Valdés-Salas (Oviedo 1968) III, 157-181.

Don Carlos de Seso y el arzobispo Carranza, en *Miscellanea card. Giuseppe Siri*, a cura di R. Belvederi, Genova 1973, 63-124.

El «compañero» de Carranza fray Diego Ximénez, O.P.: Scriptorium Victoriense 17 (1970) 121-201.

Fray Luis de la Cruz, O. P. y los protestantes de Valladolid: Diálogo Ecuménico 9 (1974) 417-473.

Fray Luis de la Cruz, O. P., ¿«hereje luterano»?: Se publica en esta ocasión por primera vez.

Las Casas y Carranza: *Fe y utopía:* Revista de Occidente 141 (1974) 403-427.

Médicos e inquisición: Revista de Historia de la Medicina 12 (1973) 467-484.

Fray Domingo de Rojas, O. P., y el auto de fe de Valladolid: Se publica en esta ocasión por primera vez.

Aprobación de la «Guía de pecadores» de fray Luis de Granada en el concilio de Trento: Hispania Sacra 12 (1959) 225-227.

Los jesuitas y la real pragmática de Felipe II de 1559: Archivum Historicum Societatis Iesu 35 (1965) 79-85.

Los trabajos han sido revisados, actualizadas sus citas y, sobre todo el cuarto, notablemente ampliado. Modernizo la grafía de los textos documentales incluidos en el cuerpo de los capítulos, para con ello facilitar su lectura. Agradezco a sus primeros editores la publicación y la posibilidad de recopilarlos ahora y hacerlos llegar al gran público.

SIGLAS

DH *Fray Bartolomé Carranza. Documentos históricos* (Archivo documental español), 5 tomos, Madrid 1962-1976.

ACST *El arzobispo Carranza y su tiempo*, 2 tomos, Madrid 1968, en donde recopilo una docena de trabajos.

CONTENIDO

CONTENIDO

PROLOGO

Marcel Bataillon

Tiempos recios... La frase teresiana recuerda la de *Hard times*, título escogido por Dickens para una pintura novelesca de la miseria y opresión de la clase más pobre en Inglaterra bajo el desalmado sistema de producción industrial que dio lugar a los clásicos análisis del proletariado y del capital por Engels y Marx. Pero también cabe otra miseria y opresión que sufren las minorías selectas cuando sus íntimos anhelos espirituales se ven condenados a extirpación por instituciones tiránicas. Así pasó bajo el sistema inquisitorial de España en 1558, siendo inquisidor general don Fernando de Valdés, cuando el propio arzobispo de Toledo, fray Bartolomé Carranza, se vio procesado por hereje luterano, y a sus amigos envueltos en la misma acusación. De esta situación trata el presente libro. Recordemos que ya veinticinco años antes, cuando la persecución inquisitorial incoada contra los erasmistas por «alumbrados o luteranos», había exclamado el gran Luis Vives: «*Tempora habemus difficilia...*». «Tiempos difíciles los nuestros, en que *no podemos ni hablar ni callar sin peligro*». Era imposible formular más brevemente la dolorosa opresión impuesta a las almas por la inquisición que trasformaba en delito cualquier palabra imprudente y obligaba a denunciar cualquier palabra que tuviese viso de herejía.

José Ignacio Tellechea Idígoras lleva más de quince años ocupado en la publicación del increíble proceso del arzobispo «luterano». Aquella monstruosa mole de papel y de acusaciones, que se conservó mientras desaparecía la mayor parte de los archivos de la inquisición, presenta como ampliado por lente de aumento el funcionamiento del sistema inquisitorial. También ofrece la documentación de este proceso la realidad viva de las denuncias en que estribaba —pues, en virtud del «edicto de fe», cualquier cristiano había de convertirse en delator, so pena de ser tratado como cómplice de los herejes— derramando luz vivísima sobre aspectos muy variados del catolicismo español de entonces, de sus inquietudes manifestadas en conversaciones y lecturas. Así es que, al margen de los tomos en que se viene imprimiendo íntegra la documentación del abrumador procedimiento judicial, ha podido Tellechea publicar muchos estudios documentados de excepcional interés, dispersos en varias revistas, que ilustran la tragedia de Carranza y sus contemporáneos. Felizmente ha reunido ya, en 1968, dos tomos de estos estudios, cuyo conjunto bien merece su amplio título de *El arzobispo Carranza y su tiempo*. No conozco otra obra que ilumine tan sobria y eficazmente, con escrupulosa erudición, las interioridades de la España de Carlos V y su final crisis religiosa. Pues bien, vienen a formar los capítulos del presente volumen como tomo III del mismo panorama espiritual. Todos, aunque no sea más que por la coordenación, resultan novedosos, incluso para lectores que conocen bastante bien la investigación de Tellechea y se aprovechan con avidez de cualquier análisis documental que les ofrezca.

Totalmente nuevo para mí es el amplio capítulo dedicado a don Carlos de Seso, «un veronés introductor del protestantismo en España». Tal vez no haya otro tan revelador del fenómeno de suspicacia institucional generalizada de que fue víctima Carranza como corolario de la persecución contra los «luteranos». Pues la relación sospechada entre los dos hombres gira en torno a una conversación que, años antes de dicha persecución, acertó a tener Carranza con don Carlos, criticando en ella la negación protestante del purgatorio. Sólo con no denunciar al italiano por hereje ¿no se había portado el teólogo dominico como «fautor de herejía»? No menos peligrosa para el arzobispo fue la correspondencia entablada con él por su discípulo y hermano de orden fray Luis de la Cruz, personaje ambiguo que, además de achaques bordeando en psicopatía, descuella por su agudeza intelectual y su oscilación entre disimulo y sinceridad. Fue él quien contribuyó involuntariamente a crear la sospecha de que Carranza, en 1539, había difundido entre sus alumnos opiniones «alumbradas» de Juan de Valdés. Fue él (según demostró Tellechea) quien acabó por revelar las circunstancias que exculpaban a Carranza de tal sospecha de valdesianismo. Pero ¿qué pretendía fray Luis al cartearse con el arzobispo en vísperas de quedar preso? La fidelidad que le demuestra ¿no tendría más malicia que la de afirmar su solidaridad en la lucha interna entre una minoría de la orden y la mayoría capitaneada por Cano, el calificador mayor de la supuesta herejía de Carranza? Fray Luis no tendrá inconveniente en confesar que los sentimientos declarados por él al prelado no carecían de lisonja y mentira. ¿No habría, sin embargo, entre ellos una complicidad de luteranos solapados? Pues fray Luis fue procesado por «hereje luterano» con más visos de plausibilidad que el arzobispo. De su proceso, que, sin crecer tanto como el de Carranza, llegó a cubrir más de 862 folios (¡unas 1.724 páginas!), Tellechea consiguió no sólo identificar un fragmento en el Archivo Histórico Nacional, sino aquilatar el valor documental de las piezas sueltas que se copiaron en el proceso de Carranza. Fray Luis, por cierto, tiene más afinidades con la heterodoxia sevillana que con la vallisoletana. Pero por su psicología peculiar permite sondear los abismos de la conciencia que la inquisición sometía al escueto dilema de delatar o no delatar una herejía.

Demostración aún más admirable de la capacidad de Tellechea para desenterrar documentos reveladores, y de su prudencia metódica en interpretarlos como momentos de la más tenebrosa tragedia judicial, es el estudio titulado «Fray Domingo de Rojas, O. P., y el auto de fe de Valladolid 1559: una reconversión de última hora». Diríase que es sensacional si no fuera antítesis de todo sensacionalismo en su modo de analizar ocho testimonios que todos nos hacen presenciar *de visu* (unos a distancia y otros de cerca, por los ojos de uno de los actores) el desenlace de dicha tragedia: el momento de caminar el dominico Rojas desde el tablado del auto de fe hasta el lugar extramuros en que se levantan las hogueras preparadas para él y los otros condenados. Esta fase última es insólito que figure en la documentación inquisitorial: teóricamente no pertenece al tribunal, que ha dado fin al proceso entregando al condenado al brazo seglar. Precisamente por ser fase mal documentada ha podido dar lugar a burdas confusiones como la melodramática de los vulgarizadores que imaginan las hogueras ardiendo ante el mismo cadalso del auto en que se leían solemnemente las sentencias en medio de un numeroso público de dignidades religiosas y seglares y una muchedumbre popular de fanáticos y mirones. Pero grave error sería imaginar la escena del suplicio en soledad del condenado con sus verdugos. En torno a Rojas, llegado al trance de la muerte, bulle un nutrido acompañamiento de religiosos de varias órdenes y aristócratas que quieren ayudarle a morir bien y están pendientes de su deseada reconciliación *in extremis* con la religión de sus mayores. Sin embargo, esta conmovedora conversión final no bastaría por sí sola para explicar el empeño que puso la Inquisición, dos días después, en ayuntar ocho testimonios sobre las últimas horas de vida de Rojas. Aunque no llegó a incorporarse al enorme proceso de Carranza tal como se conserva, esta testificación, que Tellechea supo rescatar del Archivo romano de la Congregación para la Doctrina de la fe, tenía para los inquisidores la utilidad evidente de posibles incidencias en otros procesos que el fenecido de Rojas. Importaba saber si el dominico, al aceptar por justa la sentencia que le había condenado al fuego, había ratificado o rectificado algunos de sus dichos utilizados contra otros reos: concretamente, en opinión de Tellechea, contra el arzobispo de Toledo. Y son tales las precauciones, reticencias o ambigüedades de algunos testimonios que «el desenredar la madeja nos lleva a descubrir nuevos nudos». Pero una vez más el dominar totalmente la documentación del proceso de Carranza permite al historiador dar en él con «la clave del misterio». En una página aislada se copió otro testimonio presentado ante el notario de la Inquisición en la noche del 7 al 8 de octubre de 1559 (algunas horas antes del auto de fe) por el religioso de la orden de San Jerónimo que había recibido la última confesión de fray Domingo. Allí consta que éste había declarado al confesor que «nunca jamás», en toda su relación con Carranza, «entendió de él cosa que no fuese católica conforme a la iglesia romana y a todos sus concilios y definiciones». Es decir, que Rojas había retractado antes de morir algunas declaraciones suyas ya archivadas como «cargos» contra Carranza. Y algo de esto trascendió hasta amigos del arzobispo, angustiados por su proceso como fray Juan de la Peña. Por eso figura como testigo clave en el manojo de testimonios solicitados dos días más tarde por el Santo Oficio acerca de las últimas horas de Rojas —junto con el de Peña— el del propio confesor de la última noche, el jerónimo fray Antonio de la Carrera. No por eso dejaron de pesar contra Carranza los dichos anteriores de Rojas. Léanse todas las consideraciones finales de este magistral estudio acerca de la «psicología de la inquisición»...

Este volumen ilustra otros aspectos recónditos de la gran persecución que culminó en 1559, desde los varios matices de conciencia profesional que se notan en los médicos de la inquisición frente a los presos enfermos (los de la Suprema más atentos a la realidad de los achaques de salud, los de los tribunales más partícipes de la insensibilidad carcelaria), hasta las incidencias de la represión del luteranismo sobre altas figuras de la espiritualidad española como san Francisco de Borja y fray Luis de Granada. Y ya que la presentación de estos *Tiempos recios* me da ocasión para ello, descarto la tentación que manifesté en *Erasmo y España* de identificar con un íntimo amigo de Carranza al dominico fray Diego Ximénez, que ocupa lugar destacado en la literatura de doctrinas de mediados del siglo XVI. Se trata a todas luces de un homónimo del «compañero» de Carranza fray Diego Ximénez, según explica Tellechea, quien nos brinda de éste un retrato inolvidable. Y ¡qué leal compañero el que acometió la tarea de «enjuiciamiento del Santo Oficio», no vacilando en denunciar el encono con que los inquisidores se aferraban a la acusación entablada contra el arzobispo una vez preso, por parecerles «menor inconveniente que padezca uno que no hazer sospechosa su autoridad y prestigio»!

También es de agradecer a Tellechea el haber vuelto a ocuparse de la amistad entre Carranza y fray Bartolomé de las Casas (uno de sus descubrimientos más notables), para plantear el problema de la relación entre «fe y utopía», de las implicaciones humanas —socio-políticas, como dice la jerga de hoy— de la fe cristiana. Es en lo profundo de la fe militante donde nuestro autor aprecia la convergencia de miras y la entrañable comprensión mutua de los dos insignes dominicos.

Al fin y al cabo, «Las Casas pensaba en la cristianización del nuevo mundo, y Carranza en la del viejo continente». Aspiraciones pastorales tan ajenas al triunfalismo conquistador como a la prepotencia inquisitorial.

Llama la atención en todos los estudios de Tellechea a base de documentación inquisitorial, al par que la más exigente matización psicológica de la interpretación de testimonios, un firme propósito de someter a juicio teológico el rigor de los procedimientos judiciales y los estragos que producía en las conciencias el terror que infundían. Muestra vivo interés por «el estudio del contraste entre la mente inquisitorial y la teológica». Lo confiesa a propósito de una «lección de moral» que se atreve a dar a sus jueces el admirable fray Juan de la Peña, otro amigo fiel de Carranza, otro teólogo capaz, como fray Diego Ximénez, de reivindicar el fuero de la conciencia. Aquellos teólogos de gran envergadura, al enfrentarse con la inquisición que los citaba como testigos o reos, se adelantaban a los tiempos que hoy corren por la iglesia católica. Ya José Luis L. Aranguren, al prologar el libro de Angela Selke sobre *El Santo Oficio* y el *Proceso de fray Francisco Ortiz*, advertía, a propósito del testimonio de la conciencia del reo, que «toda la doctrina del concilio Vaticano II sobre la libertad religiosa está basada en el respeto a la conciencia», un respeto ajeno a la inquisición. Insistía Aranguren en que la mentalidad de la inquisición, arraigada en su mismo principio institucional, fue un grave mal para la iglesia. ¿Habrá llegado para la teología católica la hora de afirmar que el mismo «edicto de fe» para el cual la inquisición exigía obediencia más puntual y ciega que la debida a los mandamientos de aquella iglesia a la cual pretendía defender, fue un grave error teológico? Los viejos escritores ascéticos encarecían en las postrimerías el juicio final que afrontan todas las obras individuales, sólo «justas en cuanto participan y se incorporan a la justicia divina». «Finalmente, en aquel justo juicio se juzgarán las justicias», exclamaba el maestro Venegas (pensando, por cierto, en el problema de la justificación). ¿Será mucho tergiversar su fórmula el aplicarla a la tarea humana, ardua y paulatina, de desentrañar científicamente la injusticia inherente a la enorme institución judicial del llamado Santo Oficio? Nadie puede contribuir a ello mejor que el autor del presente libro.

Pórtico

...iban a mí con mucho miedo a decirme que andaban los tiempos recios, y que podría ser que me levantasen algo y fuesen a los inquisidores.
Santa Teresa, *Vida*, c. 33, n. 5.

La sabrosa definición teresiana de un momento espiritual español me ha servido para bautizar esta recopilación de estudios. En el castizo adjetivo se trasparenta condensadamente cuanto aquella hora tuvo de rigor, de gravedad, de aspereza; según otra expresión de época, de «incomportable». Como protagonistas de tan pesada situación ambiental aparecen en el trasfondo los inquisidores; y en escena, toda una gama de pasiones y crispaciones emocionales: el encono contra la herejía, la suspicacia, el miedo, la denuncia, el secreto, la calumnia. el honor, el afán desesperado de salvar la vida o al menos la fama. La contenida palabra teresiana «me levantasen algo» es la mampara del miedo más indefenso. Es preciso llegar a la 24.ª acepción del verbo levantar en el *Diccionario de la lengua* de la Real Academia para dar con su sentido preciso y trágico: imputar maliciosamente una cosa falsa. Sobraba el adverbio. La falsedad se inscribe en el orden de los hechos y de los patrones valorativos vigentes. La malicia se agazapa en el secreto de lo subjetivo. Se podía «levantar algo» sin malicia, por celo de la ortodoxia; «por descargo de la conciencia», como entonces se decía.

Calificar los años 1558-1560 como tiempo de dureza represiva, de omnipotencia inquisitorial, de ruptura con Europa, es tópico usual en ensayos o en manuales de historia. Equivale a retratar una realidad viva desde diez mil metros de altura. Todo resulta insignificante, inerte, petrificado. La vista aérea de una muchedumbre humana sería lo más parecido a un hormiguero quieto. Si fuésemos descendiendo, percibiríamos sus gritos, su movimiento. Si nos incrustamos en esa masa, percibiremos su euforia y su serenidad, su calor y su sudor, sus reacciones íntimas, sus pasiones expresadas o contenidas.

Algo de eso pretenden estos estudios reunidos en un volumen. Vivificar el tópico, cubrir de carne y nervio los huesos fríos del esquema; acercarnos a unos hombres de carne y hueso, sin preocuparnos de etiquetarlos y con ánimo de escucharlos, de oír sus palpitaciones, de escarbar en sus sentimientos, de verlos dominar o sentirse dominados, de palpar una violencia que no se detiene ante el santuario de la conciencia, que registra implacablemente los recuerdos del pasado, que defiende cruelmente su honor, que irrumpe en recovecos del espíritu con aire amenazante para juzgar íntimos sentimientos. Hombres que persiguen rabiosamente el curso de un papel comprometedor, que identifican su juicio con el «juicio de Dios», que defienden puntillosamente su fama y hasta su infalibilidad, sensibles a toda censura, y para quienes un paso atrás constituye una mácula inadmisible. Hombres acosados, que callan o delatan, que encubren y falsean, movidos por el miedo, y que a su vez se sienten delatados y descubiertos por viejos compañeros. ¿Quién podrá trazar la carta de marear que nos oriente en la hondura de su amistad, de su fidelidad mutua, de las traiciones por pura debilidad, por defensa de la propia piel, por irresponsabilidad o por malicia? En ocasiones resuena la rara melodía de la fidelidad auténtica, de la pura benevolencia. En otros se cumplen las prevenciones de B. Gracián: «No se han de dar armas a los *tránsfugas de la amistad*, que hacen con ellas la mayor guerra».

¡Qué rudas batallas entre la fuerza del poder y la fuerza de las convicciones! ¿No habrá alguna fisura en la aparente seguridad del primero, tan hipersensible al menor cuarteamiento de su fama, su justicia, su honorabilidad? ¿Quién se atreverá a reprochar la cobardía de algunos perseguidos, a dudar de su fidelidad quebrada por el espanto? A algunos el pensamiento de la muerte les hace flaquear; al italiano Seso le devuelve su perdida firmeza, su dignidad, la sacudida originaria de su *Turmerlebnis* personal, y esta catarsis lo lava de sus ambigüedades, debilidades y hasta mentiras. Y ¿por qué definir como flaqueza el retorno a la vieja fe y el repudio de novedades abrazadas que luego aparecían como la pesadilla de un sueño, eso sí, de amargo despertar?

Estas categorías de aire innominado adquieren en estas páginas rostro concreto. No pretenden, ni de lejos, agotar la cantera descriptiva. Son una simple muestra que nos permite examinar con lente de aumento el detalle de la urdimbre y trama de un momento histórico. Como los infusorios se mueven dentro de una gota de agua, se agitan en esta historia personajes muy variados, de grande o escaso relieve. Los sorprendemos en la espontaneidad de su libertad o bajo la impresión de ser contemplados con mirada escrutadora y hasta adversa. En ese tránsito de una situación a otra, la mecánica gravitatoria de sus sentimientos sufre a veces reajustes o mantiene serena fijeza. Inquisidores e inquiridos se tornan trasparentes, hasta cuando intentan encubrir su contrapuesta verdad. Todo un vasto repertorio de móviles íntimos y revestimientos internos, encarecimientos y rebajes, silencios y verdades desnudas, van configurando una historia a caballo entre lo convencional y lo auténtico, sencilla y profundamente humana. Sé que tiene poco que ver con estadísticas, parámetros y gráficos claros, precisos, lineares; pero estas fatigas del cuerpo y estas sinuosas curvaturas del espíritu nos acercan más a seres humanos en su perfil más vivo.

Nos asomamos a un momento efímero, pero encendido, de este gran teatro del mundo. El reparto de papeles no es irreversible, sino que presenta desenlaces sorprendentes, ora toque vestir un hábito blanco o llevar capa y espada, juzgar al mundo desde la mesa de un tribunal o sentir espiada y escrutada la propia vida como en un anticipo del juicio final, *mantenella...* o *enmendalla.* No son dos mundos separados por un foso infranqueable, herméticamente cerrados, impermeables. A veces salta de uno al otro el cable de la compasión, el dolor suplementario por el otro que acrecienta el propio. Hasta bajo la máscara triunfalista y prepotente de un auto de fe, se ocultan estos sentimientos de simpatía doctrinal o al menos sentimental. Hay párrafos narrativos en estos viejos documentos redactados en sobria prosa carolina que nos acercan con tal viveza a las cosas, que casi nos dejan, como dejaron los hechos a fray Luis de la Cruz, «fatigados in utroque homine». Tanto nos penetra el agobio y la angustia hasta la médula de los huesos.

¡Cómo se desvanece el «sueño irénico de la conciliación» (M. Bataillon), de la conciliación interconfesional entre cristianos, y qué grietas se abren entre la misma familia católica hispana! ¡Qué penosas y falaces son las sombras y descalificaciones con que se marcan nombres venerables —las Casas, Carranza, Borja, fray Luis de Granada, etc.— o nombres a los que una fiel firmeza hasta la muerte hace respetables! ¡Qué opaca es la sempiterna etiqueta de fautoría de herejes —herejía es disidencia, en el más amplio sentido de la palabra—, pretexto para imponer sin fisura posible la propia identificación con la verdad y justicia y para reprimir toda desidentificación con el poder absoluto, sea éste del color que sea!

Estas tensiones, esta auténtica batalla campal, se inscriben teóricamente en la estrategia de la ortodoxia contra la heterodoxia. Sin embargo, la ambiciosa pretensión de la Inquisición de encarnar fielmente el patrón de la ortodoxia, queda comprometida en estas páginas por la a veces arbitraria facilidad con que descalifica ideas, personas y actitudes. Estremece su seguridad y el modo en que involucra la recta fe con el acatamiento total de mínimas disposiciones, o con la intangibilidad del prestigio inquisitorial.

Tan maligno proceder queda hoy al descubierto. La praxis inquisitorial, amparada en principio en la lucha «contra la herética pravedad y apostasía» extendía con excesiva holgura la patente de heterodoxia, a auténticos disidentes en la fe o a simples contestatarios de los criterios, normas y procedimientos inquisitoriales. Así, por ejemplo, el marchamo de «fautoría de herejes», constituye un recurso excesivamente simple e interesado, que, en el caso y personas que son objeto de un capítulo de este libro, es la tapadera forzada que trata de disipar por el amedrentamiento toda resistencia al modo de actuar de la Inquisición.

No hace falta esperar a los dicterios inflamados del siglo XIX, a las críticas más veladas del XVIII o repasar la literatura coetánea procedente de los perseguidos, para detectar cierta crítica en el propio seno del catolicismo, si no a la institución y a su razón de ser, sí a los modos de actuar de sus miembros, altos o bajos. Los márgenes no siempre precisos que otorga una serena teología a la heterodoxia, no concuerdan con los que instrumentaliza la inquisición, no ya por boca del fiscal, siempre proclive a extender esos límites, sino inclusive por la pluma de sus calificadores teólogos. Por ello aludimos en nuestro subtítulo a «Inquisición y heterodoxias». Ya es hora de que abandonemos la ensayística fácil y alegre, para apurar todo cuanto nos dicen los documentos y, aun al precio de análisis agotadores, decir «la verdad, toda la verdad y nada más que la verdad», rechazando por igual a quienes instrumentalizan o magnifican medias verdades, sea a favor o en contra del pasado.

¡Tiempos recios! ¡Hombres recios, pasiones recias, enconos recios, drama recio, hasta prosa recia! Seres humanos quemaban a sus semejantes, decían ofrecer a Dios un grato sacrificio, y se encendían hogueras en Europa: en España, en Inglaterra, en Italia, en Suiza, en el Imperio. Nos apesadumbran a distancia, como a fray Domingo de Soto en vida, «estos tiempos tan amarañados y nublados, que, aunque parece que nuestro Señor nos envía algunos rayos de sol, las nubes andan tan cuajadas, que no los dejan medrar».

Salamanca, 31 de enero de 1976.

Carlos V ante el luteranismo español

Dos cartas desde Worms (1521)

A pocos años de distancia y debidos ambos a investigadores extranjeros han aparecido dos espléndidos estudios sobre los orígenes del luteranismo español, que, además de ser los más recientes, poseen el mérito de ser los más completos y documentados sobre el tema [1]. En ambas investigaciones se nos informa de la rapidez con que llegaron a España las primeras irradiaciones de la inicial disputa luterana. Acaso en 1519, ciertamente en 1520, el nombre de Lutero resonaba ya en España, donde probablemente habían llegado algunos de sus escritos. Por otra parte se podía tener igualmente noticia de las condenaciones de los mismos suscritas por las universidades de Colonia y Lovaina —esta última en febrero de 1520—, sobre todo teniendo en cuenta la procedencia de Adriano de Utrecht, entonces inquisidor general de España y pronto papa con el nombre de Adriano VI. La neta posición antiluterana de Adriano en la carta-prólogo que acompaña a la publicación de la *Censura lovaniense*, induce a pensar que esa misma sería la línea de acción que recomendaría a su egregio pupilo el nuevo emperador Carlos V [2].

Pronto se encontraría éste con muestras patentes de la propaganda luterana en los Países Bajos (Utrecht, Lieja, Amberes), para donde partió desde España el 20 de mayo de 1520. El ambiente teológico era confuso, y la polémica escindía en partidarios y adversarios de Lutero a los notables de la época. Un Juan de Vergara recordará años más tarde aquellas horas movidas y polémicas: «Al principio, cuando Lutero solamente tocaba la necesidad de la reformación de la iglesia y en artículos concernentes corruptionem morum, todo el mundo lo aprobaba; y los mesmos que scriben contra él confiesan en sus libros que al principio se le aficionaron...». Por su parte el embajador don Juan Manuel aconsejaba al César, cuando éste se disponía a encaminarse a Alemania desde La Coruña, que podía «en secreto [dar] un poquito de favor a un fray que se dice fray Martín, que está con el Duque Fedrique de Sasonia, del cual tiene el Papa grandísimo miedo porque predica y publica grandes cosas contra su poder» [3]. La indecisión, y hasta la confusión teológica, es justamente considerada por Lortz como uno de los lastres más pesados de la época de la Reforma [4].

1. J. Longhurst, *Luther in Spain (1520-1540)*: Procedings of American Philosophical Society 103 (1959) 63-93; A Redondo, *Luther et l'Espagne de 1520 à 1536*: Mélanges de la Casa de Velázquez 1 (1965) 109-165.
2. A. Redondo, *art. cit.*, 110-111; J. Longhurst, *art. cit.*, 66.
3. Ambos textos son citados por A. Redondo, *art. cit.*, 115 y 112.
4. J. Lortz, *Historia de la Reforma* I, Madrid 1963, 155.

La bula *Exurge Domine* (15 junio 1520) y la *Decet Romanum Pontificem* (3 enero 1521), en que respectivamente se condenaban proposiciones de Lutero y se hacía recaer sobre él la excomunión tuvieron la pretensión de definir actitudes. El nuncio Aleandro por su parte obtenía el decreto de destierro de Lutero y sus adeptos de los términos del imperio (29 diciembre 1520). La disputa teológica tomaba dimensiones políticas. Los protectores de Lutero obtuvieron para éste la gracia de no ser condenado ni castigado políticamente sin ser escuchado. Carlos V no podía poner en ejecución sus deseos, acordes con las fulminantes sentencias papales. Lutero fue convocado a la dieta de Worms, previas todas las garantías sobre su persona. El 18 de abril tuvo lugar su histórica repulsa de toda retractación. La suerte estaba echada. El 26 de abril salía Lutero de Worms. El 1 de mayo se redactaba un edicto contra Lutero para todo el imperio. La prudencia política retrasó su publicación veinticinco días más. Se abría una página histórica aún inconclusa. El emperador no logró imponer su voluntad en el imperio. En el destino del edicto de Worms está implicado todo el desarrollo de la Reforma en Alemania [5].

No menos decidida, aunque más eficaz, fue la actitud de Carlos V respecto a sus reinos de España. Longhurst y Redondo nos informan ampliamente de las medidas antiluteranas tomadas por los más altos organismos españoles. Una escueta enumeración de hechos, en los que la cronología tiene importancia, basta para encuadrar tales decisiones. El 21 de marzo León X rogaba al condestable y almirante de Castilla, gobernadores del reino, que impidiesen la difusión de los escritos de Lutero y empujasen al emperador y a la nobleza a combatir los libros del Lutero. El 7 de abril el cardenal Adriano de Utrecht tomaba enérgicas medidas: ordenaba la entrega de libros de Lutero en el término de tres días y prohibía su venta, publicación y posesión. Dos días más tarde advertía al consejo de Castilla sobre las medidas tomadas. Ese mismo día escribía al emperador una carta incitándole a defender la fe católica y a actuar enérgicamente contra Lutero. En parecidos términos se dirigieron al emperador en carta del 12 de abril el cardenal, el almirante y diversos grandes, prelados y caballeros de la corte española, aconsejándole el castigo de Lutero, la quema de sus libros y la persecución de sus partidarios. «De pequeña centella... suele nacer y levantarse grande incendio» [6].

Hay que añadir a éstas otras cartas, como la del obispo de Burgos a Carlos V (21 febrero), la del almirante a don Bernardino Pimentel (15 abril), y sobre todo la del consejo de estado desde Burgos el 13 de abril. En esta última se evocaba la tradición antijudía de los Reyes Católicos y la tradición antihusita de los emperadores para solicitar de Carlos V la extirpación de la nueva herejía por la fuerza y la entrega de Lutero y sus libros al papa. En parecidos términos se expresaría el obispo de Oviedo, en nombre de todos los obispos españoles, en carta a Carlos V del 14 de abril [7]. A. Redondo reconoce la unanimidad de las altas esferas políticas en la represión del luteranismo, no libre de ver en él un factor político perturbador que podía enlazar con la contienda comunera [8]. El 29 de abril llegaba a Worms la noticia de la derrota de los comuneros; hacía tres días que Lutero había salido de la ciudad [9]. ¿Cuándo llegaron las cartas mencionadas en los párrafos anteriores? A. Redondo supone que no antes de que hubiera sido consumada la decisión y salida

5. Así piensa Lortz, *o. c.* II, 21. Un relato circunstanciado de las jornadas de Worms en L. Pastor, *Historia de los papas* VII, Barcelona 1911, 379-390; y en el mismo Lortz, *o. c.* I, 297-311.
6. A. Redondo, *art. cit.*, 121-123.
7. *Ibid.*, 123-126.
8. *Ibid.*, 126.
9. J. Lortz, *o. c.* II, 22.

de Lutero; y que, por lo mismo, sólo pudieron influir en el fortalecimiento del ánimo del emperador en la redacción del severo edicto de mayo [10]. Podemos seguir, día a día, las presiones ejercidas desde España sobre Carlos V en aquel histórico mes de abril. Sin embargo ni Longhurst ni Redondo parecen tener noticia de dos cartas de Carlos V dirigidas a España y escritas en Worms por aquellos mismos días [11]. Las fechas de ambas tienen su importancia.

La primera de ellas está firmada el día 20 de abril. La distancia hace improbable que hubieran llegado a manos del emperador cartas remitidas desde España en la segunda decena del mes. No son mencionadas en la cédula real del 20: esto supone que la iniciativa corresponde plenamente al emperador. La motivación expresada de la misma es la bula de condenación de Lutero de León X. Aunque nada se diga de la aparición de Lutero en la dieta, sabemos que ésta tuvo lugar pocos días antes. Carlos V aparece en esta carta investido de honda conciencia de su papel imperial: «deseando conplir con el encargo que de Dios nuestro Señor tenemos en lo temporal, conformándonos con lo que por Su Santidad fue declarado...». El juicio sobre Lutero es explícito y tajante: es herético, heréticas y reprobadas sus obras; con «osadía diabólica» él y sus secuaces pretenden enviar sus libros a los reinos españoles. La decisión es terminante: se trata de impedir esta infiltración. Desocupados de todo, los miembros del consejo han de pensar en este negocio «como principal y mayor, por tocar a nuestra santa fee católica». Pueden tomar cuantas provisiones crean convenientes en ciudades, villas, lugares, provincias y puertos de mar. El texto íntegro dice así:

SOBRE LAS OBRAS DE LUTERIO

El Rey

Presidente e los del nuestro Consejo. Sabed que nuestro muy santo padre por su bulla plomada, cuyo treslado con esta cedula os mando enbiar, declaro a Martin Luterio freyle de la orden de Sant Agustin por heretico, y a sus obras e libros asy mismo por hereticas e rreprobadas como deviantes de nuestra santa fee, y que nos, deseando conplir con el encargo que de Dios nuestro señor tenemos en lo temporal, conformandonos con lo que por Su Santidad fue declarado, porque somos ynformados que el dicho Luterio e algunos socios y conpleces suyos con osadía diabólica han enbiado o quieren enbiar los dichos sus libros e obras a esos nuestros reynos, de que, sy asi fuese, Dios nuestro señor e nos seriamos deservidos, hemos mandado para que esto cese despachar una nuestra provisión que con esta vos mando enbiar. Por dende os mandamos que luego desocupados de otros qualesquier negocios que tengays, en este, como principal y mayor por tocar a nuestra santa fee catolica entendays luego (37 r) en ver la dicha provisión y en probeer cerca de lo en ella contenido lo que os paresciere que conbiene, dando e despachando todas las provisiones e mensajeros que vieredes ser necesario para las ciudades, villas e lugares e provincias e puertos de mar desos nuestros reynos e de otras partes donde os paresciere. E sy demas e allende de lo contenido en la dicha nuestra provision vieredes que se debe probeer otra cosa, lo hagays luego con la diligencia que de vosotros confio, en lo qual nos servireis mucho.

De Borms, a veynte del mes de abril de quinientos e veynte e un años. Yo el Rey.

Ruyz Villegas. Señalada de don Garcia de Padilla e del obispo de Vadajoz. Enbiose duplicada.

(Archivo General de Simancas, *Libros de Cédulas*, n. 58, 36v-7r).

La segunda carta está firmada el 27 de abril, al día siguiente de la partida de Lutero de Worms. Por ella sabemos que Carlos V había recibido al menos la carta del consejo (13 de abril). En ella aprueba plenamente las provisiones emanadas del consejo; expresamente dice que antes de recibir la carta del consejo, había ya él

10. A. Redondo, *art. cit.*, 126.
11. Debo su hallazgo en el archivo de Simancas a la amabilidad de don Sebastián de Insausti.

decidido la cuestión en su carta anterior. Parece que ambas cartas salieron a un tiempo, «va con ésta». El encargo de Carlos V se hace más instante: «desocupados de todos los otros [negocios], aunque sean muchos e de mucha qualidad, en éste como más principal e en que tanto va, os ocupéis e proveais todo lo que viéredes que para el remedio dello conbiene». Hay una alusión a la situación alemana y al propósito del emperador, teñido de optimismo y de modestia: «Yo he procurado e procuro de remediar en estas partes los daños que la doctrina insana deste herético malvado se siguían, e se concluyrá todo bien e presto y como cunpla a servicio de nuestro Señor». Por fin nos encontramos con una clara profesión de fe católica y con un neto propósito de poner toda su vida al servicio de su iglesia: «E sed ciertos que porné mi persona y estado e todo lo demás que conbenga para lo remediar, como quiera que tengo por cierto que con la ayuda de nuestro Señor, cuya esta causa es, todo se remediará bien e presto, e que nuestro Señor no permitirá ni dará lugar a otra cosa». Estas palabras evocan casi literalmente las pronunciadas por el mismo Carlos V en la célebre declaración del 19 de abril del emperador, escrita de su puño y letra [12]. El texto íntegro de la carta es el siguiente:

SOBRE LAS OBRAS DE LUTERIO

El Rey

Presidente e los del nuestro Consejo. Vi lo que escreuistes cerca de la dotrina y obras ereticas del heregiarca Luterio, lo qual e todo lo que dezis que aveys probeydo a sido como se esperava de nuestra prudencia e del zelo que teneys al servicio de dios nuestro señor e nuestro e acrescentamiento e defensión de nuestra santa fee catolica, e cierto me aveys fecho mas servicio en ello de lo que podeys pensar. Yo he procurado y procuro de remediar en estas partes los daños que la dotrina insana deste heretico malvado se siguian e se concluyra todo bien e presto y como cunpla a servicio de nuestro señor. E antes que vuestra carta llegase, avia mandado probeer para en lo que tocava a esos reynos lo que vereys por mi carta que va con esta, e lo mismo se ha probeydo para en todos los otros nuestros reynos. Y pues vedes que quanto va en el remedio dello, yo vos encargo e mando que tengays este negocio por tan principal como el en sy lo es, e desocupados de todos los otros, aunque sean muchos e de mucha calidad, en este como mas principal e en que tanto va os ocupeys e probeays todo lo que vieredes que para el remedio dello conbiene, e sed cierto que porne mi persona y estado e todo lo demas que convenga para lo remediar, como quiera que tengo por cierto que con la ayuda de nuestro señor, cuya esta causa es, todo se remediara bien e presto, e que nuestro señor no permitirá ni dará lugar a otra cosa. Y lo que en esto hisyerdes, terne syenpre en memoria para os fazer mercedes como es razón: De Bormes, a veynte e siete de abril de mill e quinientos e veynte e un años. Yo el Rey.

Ruyz Villegas. Señalada del Carvajal. Enbiose duplicada (*Ibid.*, 36v).

Carlos V cumplió su palabra. La promesa hecha en el alba de su imperial cargo y carga la mantuvo hasta el final de sus días con una fidelidad sin parangón entre los príncipes de su tiempo [13]. Con todo, no se cumplieron sus esperanzadas profecías: el arduo conflicto no se remedió bien ni presto. Contra las humanas previsiones del emperador, Dios dio lugar a otra cosa: a una escisión en que cada bando teologizó sus posiciones, identificándolas con la «causa de Dios» [14]. Una vez más, los caminos de Dios no fueron nuestros caminos (Rom 11, 33). Al menos quedan más claros cuáles fueron los sentimientos y propósitos de Carlos V ante el más hondo problema que recayó sobre sus jóvenes espaldas de emperador de Europa.

12. La recogen L. Pastor, *o. c.*, 384 y J. Lortz, *o. c.* I, 306. El texto transcrito literalmente por Lortz presenta rigurosa semejanza en algunos de sus párrafos: «He decidido, por tanto, emplear en este asunto todos mis estados, mis amigos, mi cuerpo y mi sangre, mi vida y mi alma».
13. Cf. J. Lortz, *o. c.* II, 300-301, 318-320.
14. También Lutero equiparó sus asuntos con la causa de Dios. Cf. J. Lortz, *o. c.* II, 414-452.

La reacción española ante el luteranismo (1520 - 1559) *

El tema expresado en el título, es susceptible de amplio desarrollo erudito. Sin embargo, está pensado más bien como un servicio al diálogo ecuménico, tendiendo a la brevedad, a la exposición sintética, y a la presentación de aquellos aspectos que mejor se presten a ulteriores reflexiones comunes. El título del trabajo nos obliga a unas puntualizaciones de entrada, que nos ahorren una concepción simplista de la realidad de la reacción española ante el luteranismo incipiente. Los mismos términos en que está concebido nos ayudarán a esta labor de fijación de límites y análisis de conceptos.

Reacción. Aunque parezca prevalecer el negativo, es susceptible de un doble sentido. Se reacciona rechazando y se reacciona aceptando. Además, en cada uno de los casos, las actitudes no tienen por qué ser netas e integrales. Cabe rechazar o aceptar, con reservas y limitaciones. La gradación entre los límites extremos puede ofrecer una variada gama de posiciones personales.

Española. Este adjetivo que circunscribe la reacción a un área geográfica, implica también la compleja realidad que se define bajo la palabra España. Significa la monarquía, las instituciones políticas, las clases sociales, la inquisición, la universidad, los grupos e individuos. Hubo españoles que se adhirieron a la Reforma, aunque la mayoría la rechazase. Las modalidades de reacción antes indicadas pueden cumplirse en grado vario en estos distintos elementos que forman la relidad española.

Ante el luteranismo. Más que una caracterización actual del luteranismo sobre la base de las más recientes investigaciones, es preciso fijar el perfil del mismo en las conciencias de los que se encuentran frente a él, dentro de sus posibilidades concretas y desde el contexto histórico de entonces: más que la realidad *en sí*, interesa la realidad *percibida* y en cuanto percibida y presente a la conciencia. Los españoles de entonces podían conocer el luteranismo mediante la lectura, total o parcial, de los escritos luteranos *en curso*, con su condicionamiento cronológico; algunos pudieron ver de cerca la realidad germánica; a otros llegaban noticias sobre la misma. Esta imagen concreta, pero variable, del luteranismo, es el soporte realista de cualquier tipo de reacción ante el mismo. En la mayoría de los casos esta imagen es lejana, incompleta, mitificada o denigrada. Para valorar exactamente las reacciones psicológicas ante el luteranismo, tanto en los casos límite de adhesión o repulsa como en los casos más matizados, esta imagen es fundamental, porque nos revela qué es lo que en concreto se percibía en él. Más aún: en algunos casos el luteranismo actúa como un fermento nuevo que conduce a un hallazgo, a una conversión interior, a un giro religioso personal, actuado por la incorporación plena o parcial de ideas luteranas. En otros casos, Lutero aparece como un espejo, un tanto impreciso, en el que se contemplan propias aspiraciones; como un portavoz de secretos anhelos espirituales, un símbolo. Es el formulador preciso y apasionado de algo intuido o ya vivido anteriormente.

El período que nos ocupa (1520-1560) coincide, por otra parte, con los años del Lutero «luterano», desde sus comienzos hasta su madurez teológica y organizativa. El luteranismo no adquiere desde el principio perfiles definitivos en teología o en estructuración eclesial; existe una cierta evolución en la personalidad de Lutero y en el luteranismo, en múltiples aspectos. La mediatización de la reacción por el objeto percibido, necesariamente ha de estar sometida a la variación de éste. Esto significa que si partimos de una noción fija y unívoca de luteranismo, nos incapacitamos para entender en perspectiva histórica las reacciones ante el mismo. Grandes preguntas genéricas están en la base de la respuesta que se quiera dar al tema: ¿qué es el luteranismo del año 1520 o el de 1537? ¿en qué sentido se puede hablar de luteranos propiamente dichos? La historia se ajusta mal a los esquemas preconcebidos. Su fluidez permanente, sus variantes y matices, exigen constantemente correctivos y perfiles que hagan comprensible la realidad. Habría que ir ofreciendo paralelamente una doble historia: la del luteranismo y más particularmente la de lo que habría que definir como luteranismo español; y a su vera, la historia de las reacciones que provoca entre los que no se adhieren formalmente a él.

El luteranismo y primeras medidas represivas

Para el primer período disponemos hoy de la investigación realizada por Agustín Redondo, *Luther et l'Espagne (1520-1536)*, publicada en los *Mélanges de la Casa Velázquez* 1 (1965) 109-165, en el que recoge cuanto se ha escrito sobre el tema, añadiendo algunas nuevas aportaciones [1]. El luteranismo, fenómeno originario alemán, es noticia. Varios factores pudieron contribuir a ello: la censura de la universidad de Lovaina, a la que se adhiere el antiguo lovaniense Adriano de Utrecht, inquisidor general en España y poco después papa con el nombre de Adriano VI; las bulas de condenación de Lutero por León X (1520). De Lutero se habla ya en 1520 en la correspondencia del embajador en Roma don Juan Manuel. A través de estos documentos, y en la medida en que llegaron a difundirse por España, el luteranismo es conocido como algo lejano y a través del filtro de actitudes hostiles y condenatorias.

El luteranismo era noticia y realidad vivida de cerca para cuantos españoles acompañan a Carlos V a la dieta de Worms (1520-1521). Vieron y escucharon estremecidos a Lutero ante la dieta; leerían sus primeros escritos y probablemente los trae-

1. Cf. también J. E. Longhurst, *Luther in Spain (1520-1540)*: Procedings of the American Philosophical Society 103 (1959) 65-93; Id., *Los primeros ingleses luteranos en España:* BolEstHist sobre San Sebastián 1 (1967) 13-32; M. Andrés, *Adversarios españoles de Lutero en 1521:* RevEspTeol 19 (1959) 175-185; Id., *Reforma española y Reforma luterana*, Madrid 1975; E. H. J. Schaefer, *Beiträge zur Geschichte des spanischen Protestantismus und der Inquisition*, Gütersloh 1902; M. Menéndez Pelayo, *Historia de los heterodoxos españoles* III y IV, Santander 1947. Además de mis obras DH y ACST, cf., *Censura de fray Juan de la Peña...:* Anthologica Annua 10 (1962) 399-449; Id., *La censura inquisitorial de Biblias* (1554): *ib.* 10 (1962) 89-142.

rían a España. Si algunos en público abuchearon a Lutero, quizá en la intimidad de sus cámaras curiosearon las obras publicadas por él. En cualquier caso vivieron de cerca el luteranismo incipiente y trajeron a España noticias directas sobre el mismo. Para los españoles que no llegaron a Alemania quedaba el acceso a sus escritos. La imprenta fue la gran aliada de la difusión del luteranismo. Flandes, y Amberes en particular, refugio de judíos expulsados de España, será el punto de irradiación temprana de estos escritos. Relacionada comercial y políticamente con España, será uno de los focos de irradiación y la ruta Flandes-España uno de los vehículos de la literatura luterana; más tarde entrará en escena la ruta Lyon-Pirineos navarros y aragoneses. Aunque no sepamos la cuantía o las obras concretas que se difundían, habrían de pertenecer a la producción primera de Lutero. Lo cierto es que poseemos noticias documentadas sobre la presencia temprana de escritos luteranos en España. Quienes sabían leer, que serían los menos, podían tener acceso directo a los escritos de aquel Lutero lejano y negativo que les hacían concebir las condenaciones pontificias o académicas; a su vez tales lectores se trasformaban en los portavoces de una imagen renovada de Lutero.

En marzo de 1521, León x pone en guardia contra el peligro. El mes de abril detectamos las primeras medidas restrictivas en España: el 7, un edicto de Adriano de Utrecht, manda entregar los libros luteranos y prohíbe su lectura, posesión y venta; el 9 pasa aviso a Carlos v y al consejo de Castilla. La nobleza y los obispos acuden y espolean al emperador. El consejo real llega a invitar a Carlos v a extirpar por la fuerza esta nueva herejía y a entregar la persona de Lutero al papa; lo mismo harían el obispo de Oviedo y otros prelados. En esas esferas la unanimidad es absoluta. Repasando la correspondencia citada por A. Redondo, registramos expresiones que nos ayudan a precisar la caracterización del luteranismo en las mentes de estos hombres y que encierran un gran valor psicológico, sociológico y, sobre todo, político: el luteranismo es una «centella» que puede provocar un incendio; va contra la fe recibida... y contra la paz de los reinos; creen descubrir ligámenes entre esta conmoción religiosa y el reciente levantamiento de las Comunidades; aluden al influjo judío en el fomento del mismo. Más que un conocimiento y repulsa de los dogmas luteranos, prevalecen las consideraciones de tipo político. Que no anduvieron desacertados en la apreciación de las derivaciones sociopolíticas del luteranismo, lo muestra la historia europea de las décadas siguientes.

Precisamente por ello las medidas que se toman están más en consonancia con este enfoque del problema. Las inquisiciones publican el edicto de Adriano e inician sus pesquisas. La amenaza de los escritos luteranos no era hipotética, o simplemente enunciada por León x. Llegan libros luteranos a España: la inquisición se encarga de cobrarlos y de quemarlos en Valencia, Aragón, Navarra y Guipúzcoa, todos puntos fronterizos o abiertos al mar. Es singularmente curioso el caso guipuzcoano: gentes del puerto de Pasajes tomaron una nave a los franceses, quienes a su vez decían habérsela prendido a unos valencianos que venían de Flandes. En la nave había un arca «llena de libros de las obras de Lutero y sus secuaces y los dichos libros se repartieron por algunos bachilleres clérigos y otras personas de la tierra». Santander, Tolosa, San Sebastián, Rentería, Oñate, Léniz, Mondragón, Vergara, Durango, fueron escenario de sendas lecturas del edicto inquisitorial. En 1524, Martín de Salinas dice en una carta que «hay tanta memoria de lo de Lutero, que en otra cosa no se habla».

POLÉMICA TEOLÓGICA Y LUTERANOS AISLADOS

Junto a este aparato represivo que ocupa estos años, es escasa la representación teológica que se adentra en el debate, pero es temprana: en 1520 escribe Jaime de Olesa y en 1521 el benedictino Cipriano Benet; años más tarde, Ginés de Sepúlveda (1526) y el antierasmista Zúñiga. Las medidas de seguridad prevalecen sobre la discusión. El clima general no era propicio al diálogo, sino todo lo más a la polémica. La lejana noticia va tomando cuerpo: frente a ella se da el rechazo; en algunos la curiosidad. Todas las precauciones tomadas no evitaron que esporádicamente surja aquí o allá la presencia de Lutero. Es una infiltración escasa, limitada a personas contadas. Los luteranos o simpatizantes, el hallazgo de algunos libros, son también noticia. En Alcalá se halla un comentario a los salmos de Juan Pomeranio (1525); en Madrid se publica un edicto contra los que tienen «muchos libros y escrituras de las obras hechas por el malvado heresiarca Lutero y sus secuaces»; existen algunos indicios de filoluteranismo entre franciscanos y agustinos; entre los alumbrados procesados por estos años hay algunas proposiciones tachadas de luteranas. El luteranismo es en algunos procesos un comodín ambiguo que se aplica al erasmismo o a posiciones no bien definidas. Parece que el guipuzcoano López de Cerain, ejecutado en Granada en 1530, profesa un luteranismo neto. Fray Diego de Astudillo, el dominico elogiado por Francisco de Vitoria, adquiere obras de Lutero y las lee. Una obra de Oecolampadio aparece en Alcalá y vendida por un librero español. Bernardino Tovar, procesado por la inquisición, compró en Burgos obras luteranas procedentes de Flandes. Se queman algunas en Salamanca en 1531. Se descubre que llegan obras luteranas con los títulos alterados.

La situación es análoga en las décadas siguientes (1530-1550) por lo que respecta al intramuros español. Se siguen renovando los edictos inquisitoriales en Valencia, Aragón, Navarra... En 1532 se prohíbe la entrada de libros extranjeros sin previo examen por parte de la inquisición. Cuando Carlos V vuelve a España después de los coloquios de Augsburgo, se publicarán de nuevo los edictos contra el luteranismo, designado como una «lepra». Los síntomas de infiltración siguen siendo escasos. Predomina la calma hasta 1557, si exceptuamos algunos procesos como el sonado del doctor Egidio. Es verdad que existen otros procesos inquisitoriales aislados. La mayoría de los protestantes son extranjeros; a veces agitan el ambiente con las polémicas que suscitan. Tal es el caso de los luteranos ingleses en San Sebastián en 1539. Se menciona el luteranismo en los procesos de Diego de Uceda (1528), María de Cazalla (1534), Francisco del Río (1545), Hernán Pérez (1548), Diego de Cárcamo. E. Schaefer ha registrado escrupulosamente estos casos. Con todo siempre queda flotando una pregunta: ¿qué significa la etiqueta de luteranismo aplicada por la inquisición en cada caso concreto? ¿Se trata de afinidades, de luteranismo integral o parcial?

En esta época hay que situar otras figuras o grupos que residen fuera de España y cuyos contactos con el luteranismo podían resultar muy fáciles. Pienso en Servet, en el doctor Morillo en París, en el italiano don Carlos de Seso, introductor de ideas y libros protestantes en Castilla. Pienso también en ese grupo inquieto de españoles que estudian en Lovaina, abiertos a todos los vientos, y de los que más de uno simpatiza con las ideas germánicas. ¿Cómo definir su luteranismo? ¿Se adhieren a un credo luterano o a alguna de sus formulaciones oficiales? ¿Ven en Lutero el altavoz de aspiraciones propias y de cuáles? ¿Se adhieren a lo que Lutero *niega* y en qué grado, o a lo que Lutero *afirma?* Respecto a lo primero sería preciso recordar el ámbito de crítica y discusión libre en el seno del mismo catolicismo, en especial en los movimientos de signo erasmista: adoptar una posición crítica frente a las indulgencias, ayunos y vigilias, exterioridad religiosa, excrecencia del culto a los santos, sufragios, abusos en la misa, etc., no implica sin más una actitud luterana. Existe una distancia inmensa entre la crítica de los usos, excesos y abusos, y la crítica radical. Incluso en el terreno de la aceptación de las afirmaciones positivas de Lutero —*sola Scriptura, sola fide, sola gratia*—, ¿hasta qué punto comparten en todo el radicalismo y consecuencias de estos principios, o ven en ellos una manifestación de esa aspiración generalizada, a veces un tanto imprecisa, que se designa con el nombre de evangelismo?

TRENTO: UNA COYUNTURA SINGULAR

Nos hemos referido más arriba a la situación intramuros y a los españoles que vagaban más libremente por Europa; pero es preciso mencionar otro hecho de suma importancia: la primera etapa del concilio de Trento (1546-1547), en la que la participación española, en cantidad y calidad, fue notable. El aspecto que queremos destacar en la coyuntura conciliar no es el de sus resultados dogmáticos o disciplinares o el de la participación española en los mismos, sino simplemente el de la oportunidad que *brinda* e *impone* el trabajo conciliar previo, de conocer el protestantismo en sus formulaciones expresas. Aun cuando la finalidad de tal labor fuera de intención antitética y condenatoria, era preciso zambullirse en los escritos de los autores luteranos más representaivos. Quienes han de hacer ese esfuerzo no son meros curiosos, espíritus inquietos, diletantes, sino teólogos de profesión. Lejos de España, donde la lectura de esas obras resultaba difícil, el concilio y su contorno les ofrecía una oportunidad y les exigía este esfuerzo. Era la más alta y responsable forma de contacto entre españoles y luteranismo.

Los libros o formulaciones protestantes estaban en manos de nuestros teólogos, sea a título particular, sea utilizando nutridas bibliotecas como la del embajador imperial Hurtado de Mendoza. El tema se presta a una amplia digresión, fuera de lugar. Como muestra diremos que un obispo como Martín Pérez de Ayala confiesa haber leído cuanto cayó en sus manos. Domingo de Soto y Bartolomé Carranza, tanto por labores censoriales como para la elaboración de la doctrina conciliar, manejan autores protestantes de manera habitual para entresacar de ellos los principios que más contrastaban con la posición católica e inicar sobre esas bases la toma de posición del concilio. ¿Cuáles eran las obras que manejaron? Los comentarios bíblicos de Lutero, de Brencio, de Melanchton, la *Confessio Augustana*, los artículos del coloquio de Ratisbona, etc. Un poco más tarde, fray Pedro de Soto analizará escrupulosamente en su *Assertio fidei catholicae* la *Confessio Wittembergensis*. Aunque el objetivo de tal lectura fuese polémico y negativo, el hecho de la lectura directa significa asomarse personalmente a las fuentes auténticas de la doctrina protestante, descubrir un campo nuevo en planteamientos, métodos y lenguaje, una seria posesión de la Biblia, etc., en suma, inmergirse en el mundo teológico de la Reforma del modo más profundo. Leyeron libros, tomaron notas con vistas al concilio; y otras, a título personal. ¿Cuál es la huella de este contacto en sus escritos posteriores? Junto a reacciones contra la Reforma —pensamos en el *Adversus haereses*, de Alfonso de Castro; en el *De traditionibus*, de Martín Pérez de Ayala—, puede haber préstamos, ideas recogidas: en cualquier caso hay un género literario nuevo, el controversista, estrechamente condicionado por esta situación, y en el que encontraremos problemas, métodos y un estilo diverso al tradicional de las exposiciones teológicas anteriores a la Reforma. A pesar de la más enconada hostilidad frente al protestantismo, quienes pasaron por Trento trajeron en su alma unas ideas nuevas; y acaso trajeron en sus cofres apuntes, papeles y hasta libros luteranos. El simple hecho demostraría que no creían que *todo* era malo en el adversario.

Por paradójico que parezca hay otra oportunidad para que los teólogos españoles tengan acceso directo a la literatura protestante: precisamente la inquisición. La censura de libros encomendada a teólogos profesionales se realizaba sobre la lectura directa de las obras. Francisco de Navarra y Carranza pudieron leer de ese modo comentarios bíblicos de Oecolampadio y Conrad Pellikan. La censura de Biblias que se publicó en Valladolid en 1554, supuso la recogida y el examen de cerca de un centenar de Biblias editadas en el extranjero y muchísimas de ellas por autores protestantes.

Este encuentro teológico, polémico más que dialogal, se mantuvo con más libertad hasta que Trento fijó definitivamente determinadas posiciones teológicas y limitó el ámbito de la controversia teológica. Existían, además, aun después del concilio, licencias pontificias que autorizaban tales lecturas a obispos y teólogos, y que fueron suprimidas por Paulo IV al fin de su pontificado. Pero esto nos lleva ya al momento final del período analizado.

1557-1559

Hasta este momento puede decirse que España se mantuvo fundamentalmente impenetrable al luteranismo. En 1557-1558 se descubre con sorpresa la presencia, no ya de individuos, sino de *grupos* más o menos consistentes y organizados, ligados al protestantismo. Fue el caso de Sevilla y Valladolid y sus respectivos contornos. E. Schaefer estudió a principios de este siglo este movimiento. No vamos a describir en detalle el fenómeno ni siquiera a resumir la documentada y ponderada obra del investigador alemán. Nos limitaremos a extractar aquellos aspectos que merezcan mayor atención por nuestra parte.

El hecho nuevo es la aparición de grupos, relativamente organizados, con fuerte acento proselitista y con una gran confianza en sí mismos. Más de uno ha pasado por su pequeña *Turmerlebnis*. Dentro de los grupos hay cabezas, sea por su lucidez mental, sea por sus condiciones para la acción proselitista. Se ven y encuentran clandestinamente; celebran sus reuniones y sus liturgias. Algunos leen libros de Calvino, Lutero, Ochino, Melanchton, Juan de Valdés. Se comunican sus experiencias interiores, y las primicias de su conversión. El radio de acción de las capitales castellana y andaluza se extiende a villas cercanas. En Sevilla el fenómeno tenía raíces más viejas y pudo arraigar más; se extiende hacia Cádiz, Jerez, Dos Hermanas. En Valladolid era muy reciente; así y todo se extendía a Palencia, Toro, Pedrosa, etc. La mística de grupo oculto de que están animados, les hace pensar con demasiado optimismo sobre el número de los fieles y sobre su futuro. Son una *ecclesiola* oculta, animada de un gran fervor y dinamismo.

Si nos fijamos en la composición social de los grupos, comprobamos que junto a gentes de baja extracción social y cultura escasa, figuran no pocos de relieve: canónigos, predicadores, doctores como Constantino y Cazalla, bastantes licenciados y bachilleres, frailes jerónimos y algún dominico, monjas, gentes de clases medias y oficios administrativos y hasta algunas de la nobleza, tanto en Sevilla como en Valladolid. El *honor* mancillado sale a relucir especialmente en el último caso. El caso colectivo más notable fue el de San Isidoro de Sevilla: muchos de sus miembros fueron procesados y bastantes lograron huir al extranjero, siendo los más notables en una historia del protestantismo español: Juan Pérez de Pineda, Cipriano Valera, Casiodoro Reina, Antonio del Corro.

El número, la calidad de los miembros, sus relaciones mutuas y organización, hicieron creer a la opinión pública y hasta a los más altos responsables (emperador, inquisidor general, etc.) que se trataba de un grupo social numeroso, compacto y temible, que ponía en peligro la seguridad del estado. En un primer momento, demasiado confiados en las declaraciones de los propios procesados, se estimó que eran varios millares.

La reacción sociológica ante este hecho fue muy fuerte y sin duda unánime, si exceptuamos a los mismos encartados. Desde el emperador hasta el pueblo llano reaccccionaron violentamente ante aquel amargo despertar. La sociedad española sufrió un auténtico trauma, del que no estuvo ausente cierta sensación de humillación, particularmente en el ánimo de Carlos v. Hasta ese momento había vivido del orgullo de pertenecer a un rincón de la cristiandad no mancillado por la herejía ni por las luchas religiosas intestinas. De pronto se descubría la presencia de enfermedades secretas. Y utilizo esta palabra, porque corresponde a otras similares que aparecen en los documentos contemporáneos: «peste», «lepra», «centella» con peligro de incendio. Los ánimos escolerizados no son propicios a los matices. Desde el punto de vista teológico y religioso, los grupos fueron considerados como heréticos. Y lo que es más importante, en el ámbito de los resortes del poder, es decir, desde el punto de vista político, fueron considerados como rebeldes sediciosos, alborotadores, perturbadores de la paz pública y hasta bellacos y traidores. Estas duras palabras se encuentran en las cartas que escribiera desde Yuste Carlos v en el verano de 1558. Aunque la historia se empeñe en endosar la responsabilidad de esta represión a Felipe II, hay que decir que él se encontraba en Flandes, alejado del escenario español, aunque constantemente informado sobre el mismo. Su actitud fue más bien de aquiescencia a los procedimientos que le venían expuestos. Mucho más activa y dura fue la participación de Carlos v; hemos de reconocer en esta agresividad feroz de sus últimos días una reacción que recubre un fracaso íntimo: tras una vida gastada en el más denso sentido de la palabra en la lucha antiprotestante, tanto con intentos conciliadores como en acciones bélicas, el descubrimiento de cabezas de la temida hidra a pocos kilómetros de su retiro excitó la sensibilidad del emperador más que lo que se podría esperar de su fama de liberal y tolerante.

Así se *explica* la tremenda represión que cayó sobre estos grupos protestantes. Carlos v alentaba para la ejecución de una justicia rápida y ejemplar, sin respeto a personas ni lugar a excepción legal alguna. Cualquier perdón se le antojaba una claudicación ante gentes perversas y fingidas, que no cejarían luego en su empeño. A las prisas de Carlos v respondió la inquisición con relativa calma: no por mayor benignidad, sino por querer averiguar las raíces últimas del mal. El resultado final de todos conocido fueron los magnos autos de fe de Valladolid y Sevilla (1559-1561). El efecto fue el total aplastamiento del protestantismo en España. Así lo reconoce el mismo Schaefer. Entonces terminó el protestantismo español para varios siglos. Hubo protestantes españoles fuera de España. El escaso tiempo para su arraigo, el descubrimiento temprano de sus núcleos y la violenta represión, borraron del mapa religioso y cultural español los retoños protestantes. Perduró, sin embargo, indirectamente en la forma de una aversión cordial, sostenida durante mucho tiempo, y de la que da muestras la misma literatura profana. Esa fue la historia irreversible.

Acaso frente a ella cabría formular la clásica pregunta sobre las raíces del protestantismo, concretamente referida a España. El factor político —la dinastía Habsburgo— favoreció por un lado los contactos con el mundo germánico, y por otro lado, fue el actor principal de la represión. En el ámbito cultural, el período estudiado es uno de los más abiertos a todos los vientos europeos, lo cual facilitaba la apertura; al mismo tiempo, es de gran vigor intelectual y de fuerte vitalidad renovadora en la iglesia, y esto podía predisponerla mejor para la defensa. Desde el punto de vista religioso, los vientos erasmistas y una inquietud reformista muy fuerte y nacida ya en el siglo XV, facilitaban la aceptación de algunas ideas luteranas, pero por otra parte permitían encajarla dentro de una contextura en trance de renovación.

¿CRISIS EN EL CRISTIANISMO ESPAÑOL?

No todo terminó con esta radical cirugía. A la persecución de las personas, siguió lógicamente la persecución de las ideas, todo bajo la inducción del miedo. El índice de libros prohibidos de la inquisición española (1559) no sólo prohibió la lectura de las obras protestantes, sino también la lectura de la Biblia en lengua vulgar, las obras de Erasmo y las de autores espirituales venerados como fray Luis de Granada, san Francisco de Borja, el arzobispo Carranza, Meneses, el maestro Avila... Todo esto supuso un rudo golpe fatal para la floreciente literatura catequética, pastoral y espiritual. Santa Teresa expresó en la oración su desolación por verse privada de libros queridos.

El miedo, la reacción cerrada, la ruptura de todo diálogo, el afán de contraste y de diversificación frente al protestantismo, crearon una mentalidad, sostenida durante siglos, cuyas víctimas fueron no ya los protestantes, que no los hubo más, sino los católicos y, en suma, el catolicismo español. Bajo esta nueva atmósfera muchos recordarán los años anteriores como «otros tiempos» en que había más holgura y libertad. Uno de los casos más representativos de esta nueva mentalidad lo hallamos en el proceso inquisitorial del arzobispo Carranza.

La lectura de las censuras teológicas procesales de este momento, apoyadas en el más estricto rigorismo teológico, suscitan hoy reflexiones históricas de gran significación. ¿Cuál es el esquema o patrón protestante con el que opera la inquisición y sus calificadores? El reverso de este patrón podría ser considerado como la formulación ideal del catolicismo militante. Tipo y antitipo, o viceversa. La característica más neta de esta fijación antitípica o relativa es el afán de subrayar los contrastes, lo que separa más que lo que une. Se busca la máxima seguridad, el contraste total, la negación radical del protestantismo, sin distinciones o matices, sin resquicio al diálogo o a la mínima aceptación. Y esto no sólo como norma práctica de acción a nivel popular, sino en pleno ámbito teológico, en la expresión más responsable del pensamiento católico. Se quiere evitar toda coincidencia, meramente material o externa, con las ideas protestantes. El sector más directamente afectado por este inusitado rigorismo es precisamente el espiritual; más concretamente, la literatura ascética.

También en este punto es aleccionador el caso del arzobispo Carranza. Dominico, teólogo de profesión, maestro en teología, teólogo imperial en el concilio, controversista antiluterano, campeón de la restauración católica en Inglaterra, tenía motivos más que suficientes para poseer el debido discernimiento. No era una figura escondida, sino que había actuado públicamente en púlpitos, cátedra, consultas, concilio, etc. En él confluyen dos condiciones personales distintas y complementarias: hacía teología académica precisa comentando a santo Tomás; además, mostraba sumo fervor por la sagrada Escritura y su comentario orientado a la vida cristiana, y se explayaba en otro tono, diverso del académico, en sermones y escritos en lengua vulgar. La censura se ceba en estos últimos, no en los comentarios tomistas.

El libro que primero fue sometido a censura fue el que había publicado en Amberes en 1558 con el título de *Comentarios del catecismo cristiano*. Lo escribió por encargo del sínodo inglés de 1555 y del cardenal Pole, con la intención de remediar la ignorancia del clero inglés y de contrarrestar el influjo de la literatura protestante que había penetrado en la isla. Por extraña paradoja, en tal libro descubrían los censores decenas y decenas de herejías luteranas. La censura del célebre teólogo Melchor Cano es una pieza fundamental para apreciar los criterios imperantes en el momento. Según él, muchas expresiones son luteranas, aunque el sentido del autor no lo sea. La intención es ortodoxa; las formulaciones, no. Se trata de expresiones sacadas de contexto, cuya afinidad externa con obras de Lutero y otros hace que recaiga sobre ellas el implacable veredicto de herejía luterana. Pueden interpretarse benévolamente, en un recto sentido; Cano *induce* el posible sentido luterano y las reprueba. Una afinidad material justifica esta calificación negativa. Existen palabras tabú: fe, confianza, seguridad, etc. Veamos algunos ejemplos: «la fe viva no sufre malas obras»; «el corazón del hombre cuando tiene la fe informe, le llamó nuestro Señor mal árbol»; «esta nueva de haberse dado por nuestro el Hijo de Dios con toda su hacienda y su vida, la cual se llama evangelio, nos asegura en la vida y en la muerte»; «la cosa de más importancia en la vida es conocer a Jesucristo»; «la pasión fue una entera satisfacción de los pecados». Reparemos en esta última frase de muestra: «La fe y el conocimiento de este Redentor es la clave del edificio cristiano». Para Cano todas estas frases tienen sabor, cuando no sentido luterano. De meras afirmaciones él induce por su cuenta consecuencias expresamente negadas por Carranza en otras páginas. Así cuando ensalza la fe, Cano induce que niega las obras. Si habla de seguridad, interpreta que habla de la certeza luterana. Si destaca el conocimiento de Cristo, cree que niega el amor y la caridad. Si encomia la satisfacción de Cristo, deduce que niega la prestación nuestra. Esta inducción interpretativa, por lo demás arbitraria, muestra hasta qué punto era fuerte la exacerbación del contraste antiluterano. Como caso límite mencionaremos el de la calificación como luteranas de frases literales de santos padres hallados entre los apuntes de Carranza, en la suposición de que eran expresiones suyas propias.

Las consecuencias del miedo. Problema de lenguaje

No faltaron en aquel mismo tiempo quienes mostraron su alarma ante tal proceder, por lo que podía suponer de empobrecimiento de la auténtica tradición católica. Quien con más lucidez denunció esta posibilidad fue un teólogo dominico, fray Juan de la Peña, en un documento verdaderamente sensacional, que a pesar de que lo publiqué hace muchos años, no ha llamado debidamente la atención. Se le habían entregado por parte de la inquisición 15 proposiciones sacadas de contexto para que las calificase teológicamente. El hecho de tal entrega y el clima imperante denotaban suficientemente que la intención de aquel gesto era condenatoria. Peña protesta contra el método, se revuelve contra la intención oculta y llega a acusar a quienes las estiman heréticas: desligar frases de su contexto es un turbio procedimiento que introduce en una falsa vía: «Lo mismo podría hacer en la sagrada Escritura y dar a cualificar proposiciones sagradas, que más de cuatro teólogos, en especial de los que se espantan de la fe, las cualificarían de luteranas». Le parece excesivo el temor que existe para hablar de la fe y sus excelencias, y por ello anota dos pasajes de san Agustín en que ensalza y magnifica la fe. Lamenta el que proposiciones que habían sido predicadas públicamente en tiempos anteriores, sin la menor dificultad, de pronto se vean convertidas en peligrosas o heréticas; de otra forma, considera injusta una valoración del pasado en base a una artificiosa virtud retroactiva otorgada a los criterios rigurosos del momento posterior.

Pero hay todavía otro aspecto en su crítica sobre el que quiero llamar la atención de los lectores. Según él, un miedo excesivo, traducido en extremo rigor teológico, nos lleva a no atrevernos a conceder a los luteranos las verdades que no se pueden negar. Por contrarrestar lo que los protestantes deducen de la sagrada Escritura, dice él, se llega a poner tacha o reparos a la misma palabra de Dios. «El antecedente o la base de la doctrina luterana son Cristo y san Pablo. Son herejes, porque de verdades católicas inducen herejías». Y añade: «Querer nosotros, por miedo de ellos, dejar de decir estas verdades, es darles a entender que tienen razón y que son muy fuertes sus argumentos; y que por no saberlos soltar, no osamos conceder las verdades que no se pueden negar. Bien es que evitemos el *lenguaje*, principio del hereje; mas no el que él ha hurtado del evangelio y doctrina de él, sino tomarle y reverenciarle». La discusión sobre la interpretación no podía llevar a poner sombra en los puntos de partida, sobre todo cuando era la palabra de Dios.

En el análisis de las 16 proposiciones sometidas a examen, fray Juan de la Peña muestra prácticamente una finura teológica, afín a los principios enumerados. Además apunta explícitamente a un problema de fondo: el del lenguaje teológico. Plantea así el problema: «Dicen que algunas de estas maneras de decir es lenguaje luterano». Peña rechaza el lenguaje luterano como tal, pero añade: «Ellos han usurpado el hablar de las Escrituras y santos en muchas cosas, y por ellos en esto no hemos de mudar el lenguaje, como porque el lobo tome la vestidura de la oveja, ella no ha de dejar la suya... Los lenguajes usados y que se sacan de los santos no se han de dejar». Los ejemplos que aduce son claros y pertinentes. «Decir que yo confío en la pasión del Hijo de Dios, porque por su misericordia la he hecho mía haciéndome miembro suyo; decir que el escudo de la fe me ha de ayudar; que la fe viva es la que vale mucho, no sé por qué se ha de huir. Si el hereje llama fe viva a la fe sola, ¿por qué tengo yo de espantarme de la fe viva? Querer huir de todas las maneras de hablar de estos herejes no es posible, si no aprendemos ahora de nuevo a hablar y olvidamos el lenguaje de san Pablo, que es el más usurpado de ellos». Los ejemplos aducidos están tomados del *Catecismo* de Carranza.

Esta voz serena no fue escuchada. Prevaleció el método riguroso, que en definitiva intentaba, sobre todo, garantizar una absoluta impermeabilidad, un neto contraste, aunque en el fondo fuese menos científico y empobreciese el ámbito de expresión teológica. Esta mentalidad influiría eficazmente en el campo teológico y, sobre todo, en el espiritual. El protestantismo sobrevivió en España después de 1559 en forma de miedo y prevención. Esto exigía renunciar a ciertos temas y expresiones presentes en la tradición católica anterior al protestantismo, y cerraría la puerta a cualquier diálogo. A este respecto sería interesante hacer un inventario, no ya de los libros prohibidos, sino de las frases tachadas en obras de teólogos católicos por la censura inquisitorial. Este miedo ha perdurado durante siglos, creando una incomprensión. Sólo ahora comienza a desvanecerse, dando lugar a una serena revisión.

Los amigos de Carranza, «fautores de herejía»

Una actuación del inquisidor general don Fernando de Valdés anterior a la prisión del arzobispo de Toledo

Al aproximarse la navidad de 1558, el arzobispo Carranza, que llevaba ya dos meses en su recién estrenada archidiócesis de Toledo, publicaba una exhortación pastoral, concediendo una indulgencia plenaria y grandes facilidades para la absolución de pecados reservados. En su afán de renovación espiritual, invitaba a los fieles a acercarse a los sacramentos y a orar con fervor por la unidad de la iglesia, la extirpación de las herejías, la paz entre los príncipes cristianos y el feliz retorno de Felipe II, a la sazón residente en Flandes [1]. Contrastan sin duda estos deseos con la situación personal, de que era consciente: aquellos mismos días su persona era objeto de áspera división entre sus hermanos dominicos, se sometía a censura su *Catecismo* acusándole de luteranismo, y poco después se informaba de todo al rey para recabar la autorización para proceder contra Carranza. El «feliz retorno» del monarca tendría lugar el verano de 1559, pocos días después del encarcelamiento del arzobispo toledano.

Muchos lances dramáticos tuvieron lugar en los meses que precedieron a la prisión: uno de ellos fue la intimidación ejercida sobre los amigos y defensores de Carranza bajo acusación de «fautores de herejes». Alguna atención dedicó a este asunto Beltrán de Heredia; un estudio más amplio del tema y la publicación de algunos documentos pondrán de relieve el clima espiritual español al concluir el crucial año 1558, cuando aún estaba fresco el recuerdo del auto de fe vallisoletano del mes de octubre [2].

Denuncia del fiscal Jerónimo Ramírez

El 19 de diciembre de 1558 el inquisidor fiscal Jerónimo Ramírez presentaba una grave denuncia ante los inquisidores Valtodano, Vaca y Diego González. Sin mencionar para nada a Carranza y moviéndose siempre en términos un tanto vagos, acusaba a diversas personas de obstruccionismo culpable de las actividades inquisitoriales. Tal actitud, según él, constituía ofensa de Dios y de la fe, iba en perjuicio y desacato del santo oficio, demostraba poco temor de Dios y colocaba a los responsables en peligro de condenación de sus almas. Ni más ni menos. Eran

1. Cf. mi estudio *Bartolomé Carranza, arzobispo. Un prelado evangélico en la silla de Toledo*, San Sebastián 1958, 54.
2. V. Beltrán de Heredia, *Domingo de Soto, Estudio biográfico documentado*, Salamanca 1960, 476-478, y anteriormente en *El maestro fray Juan de la Peña*: Ciencia Tomista 51 (1935) 332-335.

objeto de tan grave acusación el rector de San Gregorio de Valladolid, fray Antonio de santo Domingo, y fray Juan de la Peña, que al año siguiente sería sustituto de la cátedra de Prima de Salamanca, ambos dominicos. Dos egregios dominicos eran acusados de prestar favor con su actuación a herejes y luteranos, celando y encubriendo errores y personas, e inclusive procurando que diversos testigos no declarasen ante los inquisidores cuanto sabían.

Sin embargo, los dos dominicos citados son objeto de acusaciones más numerosas y concretas: eran responsables de que los censores que estaban calificando el *Catecismo* de Carranza, unos *Artículos de la fe* —cuya paternidad literaria corresponde a fray Domingo de Rojas, O. P.— y las obras del doctor Constantino y de fray Luis de Granada, no dijesen ni declarasen libremente su opinión, sino que encubriesen sus errores; habían coartado la libertad de los censores con ruegos, cartas y amenazas, queriendo que calificasen contra su conciencia; habían buscado el favor e intercesión de otras personas, con ánimo de encubrir la verdad; habían solicitado cartas de personas principales para entorpecer la marcha de los negocios de la inquisición, «confederándose» contra el santo oficio, su justicia y sus ministros, para impedir que se hiciese lo que convenía y procedía contra los culpados; habían dicho y propalado con grave escándalo, que el inquisidor Fernando Valdés, el consejo y los inquisidores procedían «con pasión y afición, por odio y pasión que tienen con *cierta* persona», y que actuaban contra ella sin causa ni información, sin rectitud ni justicia; y por último, habían difundido que, entre los que trataban estos asuntos, existía gran discordia y diversidad de pareceres, para así desacreditar la justicia y rectitud del santo oficio.

Naturalmente, semejante calidad y cantidad de cargos era estimada por el fiscal como gravísimo delito, digno de ejemplar castigo. Por ello pedía, en consecuencia, que se hiciese la debida información y se procediese contra los culpables. A efectos informativos, aducía una lista de testigos, que eran los siguientes: el padre Francisco de Borja, «de la orden de los Teatinos»; los dominicos fray Melchor Cano, fray Domingo de Soto, fray Domingo de Cuevas y fray Luis de la Cruz. Completaban la lista el deán de Toledo, el licenciado Pedro de Deza, la marquesa de Alcañices doña Elvira de Rojas, Gutiérrez López de Padilla, el ayo del príncipe Carlos don García de Toledo, y el licenciado Otálora, del consejo real [3]. Acusaciones y testigos facilitaban la tarea de la inquisición. Pocos días después comenzaban a comparecer algunos de ellos ante los inquisidores Hernández de Valtodano y Guigelmo. No parece que se llamó a seglares ni cortesanos, sino *sólo a los dominicos* y a san Francisco de Borja. Antes de conocer sus declaraciones, hemos de decir algo sobre el momento histórico que vivían.

Los meses finales de 1558

Carranza, aún libre, no ignoraba la tormenta que se cernía sobre su persona. Al pasar por Valladolid en el mes de agosto, de vuelta de Flandes, había intentado por dos veces poner remedio a su situación ante el mismo inquisidor general; a pesar de su disposición para cualquier tipo de solución honrosa que salvaguardase su figura de arzobispo, el inquisidor calló y eludió el problema. De nada sirvió que escribiese de nuevo al inquisidor general y al licenciado Otálora desde Toledo: como los tiros apuntaban al *Catecismo*, recientemente impreso en Amberes (1558),

3. Véase el documento completo en Apéndice I.

Carranza se ofrecía a corregir cuanto le indicasen y aun a hacer desaparecer la edición entera, ya que sólo escasísimos ejemplares habían llegado a España. La salida de Carranza de Valladolid, camino de Yuste, donde le tocaría asistir a la muerte del emperador, coincidió con la venida de Cano a la ciudad castellana, llamado por el inquisidor para censurar el *Catecismo*. Ambos se encontraron en San Leonardo de Alba: Cano había mostrado para entonces a otros proposiciones censurables, pero nada quiso comunicar a Carranza, escudándose en el alto secreto del santo oficio. También fue llamado a calificar Domingo de Soto. Carranza le escribirá cartas angustiosas, con la esperanza de que el peso moral de este hermano de hábito, íntimo conocedor suyo, impidiese la catástrofe. Menos podía esperar de Cano, a quien consideraba carne y uña con el inquisidor [4].

Jugó una última carta desesperada, valiéndose de sus amigos fray Antonio de Santo Domingo y fray Juan de la Peña. Ellos presentaron al inquisidor general, en nombre del arzobispo, dos cartas de Carranza escritas a fines de noviembre: una para el propio Valdés y otra para el consejo de inquisición. Además añadieron por su parte y por escrito las razones que invocaban en favor de Carranza. Esto ocurría el 9 de diciembre. Junto a su firma, fray Antonio testificaba solemnemente: «*Testificor coram Deo et Christo Iesu Domino nostro, que siempre he conocido en el señor arzobispo de Toledo ánimo pronto y determinado a hacer todo aquello que sin culpa y virtuosamente acerca del libro y lo demás, que por los señores del santo oficio le fuere pedido, no sólo como católico, sino como el más humilde de ellos, sujetando su parecer a otros*» [5]. Este juramento, angustiado e in extremis, equivalía a una proclamación firme de la buena voluntad manifestada por Carranza, de su eficaz deseo de componer la contienda y de su nula contumacia en el error; e indirectamente venía a denunciar la inutilidad de sus esfuerzos y la cerrazón de la inquisición ante el presunto hereje que se humillaba, suplicaba diálogo o al menos corrección previa. Diez días después de haber entregado este escrito, el fiscal Ramírez presentaba su denuncia principalmente contra estos dos dominicos.

Es verdad que el mudo inquisidor, responsable primero de toda esta trama, jugaba en aquel momento otras bazas. Por un lado, proseguía, lento y seguro, su labor informativa sobre las declaraciones de los presos vallisoletanos, iniciada en la primavera de aquel año; cuando asomaba en ellas el nombre de Carranza, extraían de las declaraciones capítulos contra el arzobispo que irían abultando la base de su proceso. Por otro lado actuaba en Roma por medio de un sobrino suyo, deán de Oviedo, a fin de obtener un breve pontificio que le autorizase genéricamente a proceder contra los obispos, aun cuando el objetivo principal, realmente único, era el primado de Toledo. Al fin lo obtuvo el 9 de enero de 1559. Uno de sus criados confesará que cuando tuvo noticia de este éxito, se celebró en su casa *como si hubiera obtenido el capelo cardenalicio* [6]. Además, quiso que le secundasen Cano y Soto con sendas censuras del *Catecismo*, imponiéndoles un extraño modo de calificar las proporciones, *in rigore ut iacent*. Demasiado claro era para los amigos de Carranza que nada podrían obtener en su pugna con el inquisidor; sólo podían ganar la batalla influyendo sobre los dos pilares teológicos que lo sustentaban, sus hermanos

4. Sobre estos puntos, cf. mis trabajos *Los prolegómenos jurídicos del proceso de Carranza*: Anthologica Annua 7 (1959) 256; *Domingo de Soto y Bartolomé Carranza*: Hispania Sacra 13 (1960) 423-442; *Melchor Cano y Bartolomé Carranza, dos dominicos frente a frente*: *ibid.* 15 (1962) 5-93. Han sido recogidos en mi obra *El arzobispo Carranza y su tiempo*, Madrid 1968.

5. Pueden verse estos documentos en mi DH I, 346-372 y 358.

6. De hecho, ningún otro obispo fue sometido a proceso. El comentario del criado de Valdés, en DH I, 116-117.

Cano y Soto. Lo intentaron de palabra y por carta; se exasperaron los ánimos y no faltaron frases gruesas y amenazas. Es en ese momento cuando interviene la inquisición, apoyándose en la denuncia del fiscal; más sensible a los juicios severos de hombres rectos y sabios que a los rumores callejeros tratará de intimidar seriamente a cuantos se oponen a sus procedimientos. Con inculparlos de «fautores de herejes» e impresionar con amenazas y castigos efectivos tal supuesta complicidad, se aplastaba todo intento de crítica al omnipotente inquisidor.

San Francisco de Borja

El primero que compareció la tarde del 19 de diciembre —el mismo día en que el fiscal presentó la acusación—, fue san Francisco de Borja, comisario de la compañía de Jesús. Pronto vería sus escritos en el índice de Valdés de 1559. El santo duque conocía bien a Carranza; lo había tratado en Valladolid en agosto de 1558. A propósito del sermón que pronunció Carranza en San Pablo el 21 de agosto y que se prestó a tantos comentarios, Borja le comunicaría a Laínez que predicó la misma doctrina que la compañía y que podía esperarse mucho del favor y promesas de Carranza en orden a la fundación jesuítica en Toledo. Carranza le llegó a pedir unas constituciones de la compañía [7]; además, al salir de Valladolid, encomendó a Borja «su negocio» [8].

Interrogado Borja si conocía algún género de coacciones que impidiesen las declaraciones ante el santo oficio, responde genéricamente que le han hablado sobre ello dos o tres personas; mas la opinión de las mismas parecía excluir alguna declaración concreta del ámbito de competencia del santo oficio. Sin embargo, en lo referente a calificación de libros, Borja estaba más informado y su declaración será más explícita, revelando sus contactos con los dominicos inculpados. En efecto, él pudo oír a fray Juan de la Peña, en el secreto e intimidad de su celda, que si se llegaba a calificar las proposiciones del *Catecismo* de Carranza, «habían de tomar este negocio muy de veras por los términos debidos, y que lo habían de tratar, si fuese menester, ante el papa». De ese parecer eran fray Pedro de Sotomayor y fray

7. La relación de Borja con Carranza pudiera ser una de las causas de la posterior persecución de aquél por parte de la inquisición y de la condenación de sus escritos. Fue citado por Carranza como testigo en la recusación del inquisidor general Valdés: cf. DH I, 70. No declaró a causa de su salida de España. El P. V. Cepari, S.J., en su *Ristretto della vita del beato padre Francesco Borgia* (Roma 1624) apunta a esta misma razón y a la aversión del franciscano, P. Fresneda, enconado enemigo de Carranza, 89-90. Borja se vio con Carranza en Valladolid, y almorzaron juntos en casa del marqués de Távara, DH II, 634-635. El sermón de Carranza en Valladolid, el 21 de agosto del mismo año, que se prestó a diversos comentarios, mereció un alto elogio de Borja. Cf. mi estudio *¿Un sermón de tolerancia de Bartolomé Carranza?* Discurso inaugural del Seminario Hispano-Americano de Madrid, 1962-1963, 29; ACST II, 227-275. Sobre el interés de Carranza por las Constituciones de la Compañía y sobre las esperanzas de Borja respecto al favor de Carranza para la Compañía, cf. MHSJ, *Monumenta Borgiana* III, 366, 399, 407-408, 418-419, etc.

8. La confesión de Borja, apéndice II, no deja lugar a dudas: «Cuando el dicho arzobispo partió de esta corte, dejó encargado sobre esto a este testigo y le ha escrito en ello dos cartas». El «sobre esto» es nada menos que el amparo de Carranza por el alto dignatario don Juan de Vega. A continuación refiere que otro importante cortesano, Gutierre López de Padilla, le suplicó que intercediese ante su alteza, la princesa gobernadora doña Juana, para que Carranza no perdiese honor en la discusión sobre el *Catecismo*. El que Borja anduviese tan mezclado con el bando favorable a Carranza bastaba para que el inquisidor general lo considerase también a él «fautor de herejes». Todo ello explica bastante la hasta ahora misteriosa persecución que cayó poco después sobre el santo duque.

Ambrosio de Salazar, ambos dominicos, firmemente persuadidos de la ortodoxia del libro de Carranza. También fray Antonio de Santo Domingo tenía a Borja al tanto de la marcha de la censura sobre Carranza, sobre todo en lo que respectaba a Domingo de Soto; por éste conducto Borja llegó a saber que Santo Domingo había reprochado a Soto el censurar en la obra de Carranza una proposición que el mismo Soto sostenía en su comentario al libro IV de las Sentencias: que los sacramentos nos hacían ciertos de la gracia. Por la misma fuente llegó a saber Borja que Carranza había escrito a Soto una apología de su libro, por lo que Soto estaba «algo sentido».

Todo ello nos demuestra que Borja seguía con interés el «negocio» que Carranza le había recomendado a su partida de la corte. No solamente lo seguía sino que intervenía en él procurando amparar a su amigo y buscar el valimiento de personajes bien situados en la corte. Así confiesa que recabó la protección de Juan de Vega mediante cartas que le entregaron Peña y Santo Domingo. También nos dice que Carranza le escribió dos cartas, hoy desgraciadamente perdidas. Añade igualmente que Gutiérrez López de Padilla le suplicó encarecidamente a Borja que intercediese ante la princesa gobernadora doña Juana, dirigida del santo duque, a fin de que ésta diese orden sobre el libro de Carranza y salvaguardase el honor del arzobispo. Por último, apunta a uno de los miembros del consejo, el doctor Andrés Pérez, como a uno de los más adversos a Carranza: «Estaba muy mal en las proposiciones que del dicho libro se colegían y que era muy contrario» [9].

Fray Domingo de Cuevas

Al día siguiente comparecía el dominico fray Domingo de Cuevas, quien poco más tarde autorizaría con su firma la severa censura de Melchor Cano sobre el *Catecismo*. Cuevas conocía bien las ásperas cartas que se habían cruzado semanas antes los encontrados dominicos. Dos, de texto muy parecido, se debían a la pluma de fray Pedro de Sotomayor, O. P., e iban dirigidas a Domingo de Soto en funciones de calificador de Carranza y Granada. En ellas le «decía y amonestaba que abonase todas aquellas obras, y le ponía miedo en su honra y autoridad al padre fray Domingo, si no los aprobaba y abonaba, y decía que eran libros santos y los más útiles que había visto en romance. Y que en aquellas cartas sentía mal de los otros teólogos que veían aquel libro, notándoles al parecer de apasionados. Y decía que no había nada en aquellos libros que fuese error, sino que todo fácilmente se podía purgar y abonar». La carta, según Cuevas, debía estar en poder de Melchor Cano.

Cuevas conocía también otra carta de Carranza a Domingo de Soto, en la que defendía la ortodoxia de su libro, apoyándose en los pareceres de fray Pedro de Sotomayor y fray Ambrosio de Salazar. En ella se acusaba además al inquisidor Valdés, a Cano y a sus consortes: «En esta carta decía que el señor arzobispo de Sevilla lo hacía por pasión, porque no le había favorecido en sus intentos, y que el padre maestro Cano y sus consortes eran como instrumentos de esta pasión. Y que también decía que sobre cierto negocio del padre maestro Cano escribiría y avisarían a Roma contra él (que era negocio de la orden), que era en cosa que tocaba en su persona del dicho maestro Cano y de su honra. Y decía que el dicho maestro

9. Todo esto en Apéndice II. El doctor Andrés Pérez, amigo de Carranza, rompió bruscamente con él, porque no le favoreció en la pretensión de una vacante de inquisición. Cf. DH I, 17-18.

Cano y sus consortes hablaban mal de su libro, porque no les había favorecido en su orden en sus intentos». Por último, se decía en la carta que el arzobispo escribiría acerca del *Catecismo* a la princesa y al consejo de estado, en el que se encontraban Juan de Vega, García de Toledo y Gutiérre López de Padilla. También esta carta se encontraba en poder de Cano.

Cuevas, íntimo de Cano, tenía también noticia de otras dos cartas: de la que escribió en tono parecido a las anteriores fray Diego Ximénez, compañero de Carranza, a fray Domingo de Soto; y de otra anterior que escribió Carranza a Cano desde Yuste, en la que le decía que el inquisidor Valdés «ejecutaba contra él su pasión y tomaba por instrumento al padre maestro Cano». También conocía por el mismo Domingo de Soto la carta que éste había recibido de fray Ambrosio de Salazar, en la que le tomaba cuentas lo mismo que fray Pedro de Sotomayor. Soto estaba indignado de tal carta, porque en el asunto del *Catecismo* «le hablaba libre y descomedidamente»; y sin embargo Cuevas confiesa que, cuando vio a Salazar junto con Carranza en Valladolid en el mes de septiembre pasado, le dijo aquél que había leído el *Catecismo* y le pareció que traía «cosas muy malas». Finalmente sabía por Cano la recriminación verbal que había hecho a éste fray Antonio de Santo Domingo, quien aprobaba el *Catecismo* y decía a Cano que «en su mano estaba, si tenía algunas faltas, encubrirlas, pues que él entendía aquello mucho mejor que los otros». También fray Luis de la Cruz se sumaba a los que murmuraban contra los calificadores.

Respecto a los rumores sobre discordias en el seno del consejo, Cuevas oyó decir en San Pablo ante el mismo Cano, que efectivamente sus miembros «estaban diferentes» y que habían reñido y levantándose de sus sillas». Tambien corrió el rumor sustentado por fray Luis de la Cruz y por el prior de San Pablo fray Juan de Ludeña, que la princesa gobernadora había sustraído el libro de Carranza de la jurisdicción de la inquisición [10].

MELCHOR CANO

El 20 de diciembre comparecía Melchor Cano. El sabía que existieron cartas de Carranza al consejo de estado. Colegía su tenor de lo que le dijera Carranza personalmente en Alba de Tormes. Según la declaración de Cano, Carranza le dio a entender que si Valdés y el santo oficio «procediesen adelante en lo que tocaba a su libro con la pasión que procedían, que el consejo de estado y la princesa se atravesarían a atajarlo» [11].

10. Apéndice III. V. Beltrán de Heredia, *o. c.*, publica las cartas de Carranza y Jiménez a Soto, 88-95.

11. El encuentro entre Carranza y Cano en Alba de Tormes tuvo lugar cuando el primero salió de Valladolid camino de Yuste el 13 de septiembre. Al referirse a esta entrevista, Carranza dice así: «Luego que salí, el arzobispo de Sevilla envió a llamar a f. Melchor Cano para la examinación de mi libro. Y pasando yo por Alba, salió allí el dicho f. Melchor, el cual estaba ya llamado, según él me dijo: de donde se entiende que pudiera el arzobispo informarse de mí o decirme alguna cosa, pues que tenía pensado hacer esto. Yo dije a fray Melchor Cano en San Leonardo de Alba, que me dijese lo que tenía notado en mi libro (pues le había visto), porque yo lo pudiese corregir. El me dijo que no había notado nada por escrito. Y sabía yo que lo había mostrado en San Esteban de Salamanca a algunos frailes y ellos me lo habían dicho y contado algunas cosas que notaba. Como yo vi que me negaba la verdad y que iba a Valladolid llamado por el arzobispo a tratar de ello, creí lo que me habían dicho, que ambos trataban este negocio con pasión contra mí, y escribí a fray Melchor de Jarandilla, diciéndole que no fuese instrumento de las pasiones del arzobispo y de otros. Y también me dijeron que el arzobispo había visto esta

Con más conocimiento de causa podía certificar lo que Carranza le escribió a él mismo. En sustancia le decía que Valdés «estaba apasionado y que le decían que le tomaba a este testigo por ministro de sus pasiones». También le decía que acudiría al rey y al papa, «porque sabía que en el libro no había yerro, sino para los que con pasión le mirasen».

Respecto a fray Antonio de Santo Domingo, Melchor Cano sabía de oídas que había dicho al prior de San Pablo, Ludeña, «que le habían de desenterrar los huesos a este testigo, o otra amenaza semejante»; esto lo sabía por el mismo prior. Por otro estudiante de San Gregorio, fray Domingo de Aponte, supo que al tiempo de hacerle cierto regalo en el colegio a Cano, Santo Domingo mostró mal rostro y dijo que Cano «destruía a la provincia y al arzobispo» [12]. Añade que el mismo Santo Domingo le quiso persuadir un par de veces «que diese salidas a glosas a las cosas que el señor arzobispo de Toledo decía en su libro, pretendiendo que eran cosas fáciles y descuidos lijeros y declarados por el mismo autor en otras partes; y que estaba en la mano de este testigo hacer pequeño este negocio, o grande: porque los señores inquisidores no estaban tan advertidos, si este testigo no los despertase y escarbase». También le acusaba de apasionado en su censura sobre fray Luis de Granada. Todo esto pasó a solas entre los dos.

Cano acusa también a Carranza de presunto violador del secreto del santo oficio: así dice que «le pidió con instancia por una carta suya y en Alba después, que le diese las proposiciones que tenía anotadas en el libro suyo. Y después de haberle este testigo certificado que no sabía de este libro cosa chica ni grande, sino por vía del santo oficio, y que era infidelidad contra el dicho santo oficio darle las tales proposiciones, quebrantando el secreto que le estaba encargado, fray Diego Ximénez, compañero del dicho arzobispo, le escribía a este testigo que el señor arzobispo le cargaba mucho aquella culpa y estaba quejoso de este testigo y que él no le sabía satisfacer aquella queja» [13]. También recriminaban este comportamiento de Cano fray Antonio de Santo Domingo y Peña.

Cano sabía además que Carranza había intentado defenderse recurriendo al dictamen teológico de otros dominicos, como fray Pedro de Sotomayor, fray Ambrosio de Salazar y fray Pedro de Soto; ya que trató de enviarle estos pareceres a Domingo de Soto. Tenía noticia de la carta áspera que escribió Sotomayor a Domingo de Soto, «carta de muchas descortesías». En ella llamaba la ciencia de los calificadores llamados por el santo oficio «teología animal y diabólica», y añadía que «no se resumía toda la teología en los que aquí estaban y que no faltarían teólogos que firmasen lo contrario». No faltaron amenazas: Cano sabía que los amigos de Carranza amenazaron a Domingo de Soto, que si él fuese recio en su censura, «le mirarían sus libros y que también hallarían qué censurar y escribir contra él».

carta, de lo cual tomaría más pasión conmigo». «Confirmase esta sospecha con negarme fr. Melchor en S. Leonardo de Alba, la verdad, diciendo que no había notado nada por escrito en el libro. Y si dice que le habían mandado tener secreto (como lo ha dicho), esto no le excusa, porque ya en Salamanca lo había él mostrado a fray Ambrosio de Salazar y a otros. Y así el callar el uno (Valdés) en Valladolid y negar el otro la verdad en Alba, muestra estar ya tratado entre ellos de hacerlo así»: DH I, 344-345 y 372-373. Carranza supo que su carta a Cano con quejas sobre la pasión del inquisidor había llegado a conocimiento de éste: tuvo noticia de ello por Domingo de Soto: *ibid.*, 373.

12. La pasión anticanista del bando carrancista aparece con fuerza en el artículo citado, *Melchor Cano y Bartolomé Carranza:* ACST II, 108-115, 135-153.

13. A esta excusa jurídica de Cano, responde Carranza acusándole de haber violado el secreto *ante otras personas*. Cf. nota 11.

Respecto a la discordia existente entre los miembros del consejo, Cano sabía por Cuevas que fray Luis de la Cruz era quien propalaba la especie: según ésta, se decía que la discordia había cundido desde que había venido como calificador Domingo de Soto. Mas Cano se remite al prior de San Pablo, fray Juan de Ludeña [14].

Fray Juan de Ludeña

Nada responde Ludeña a este último envite de Cano. El buen prior era hombre pacífico y escurría el bulto. Escuchaba a todos y hablaba con todos. A Santo Domingo le oyó quejarse de Cano; lo trataba de «hombre apasionado y que temía que lo había de borrar todo, porque nunca había tenido por amigo al arzobispo de Toledo ni a fray Luis de Granada». Ludeña era de los angelicales componedores que sin quererlo atizan la guerra: «Le respondió que no creía que el maestro fray Melchor Cano tuviese pasión ni mala afección, antes le tenía por un hombre muy recto y de muy buen consejo y que miraba muy de veras por la honra de este hábito; y que, porque él quedase más satisfecho, diría al maestro Cano todo lo que le decía y que él le respondería mejor, porque de aquellos negocios este testigo no sabía nada. «Y así lo dijo al maestro Cano y él le respondió». Nada más añade de interés este pacificador de buena voluntad [15].

Fray Domingo de Soto

Soto declaró el 22 de diciembre de 1558. Su declaración es breve y demuestra equilibrio y grandeza de ánimo. Conocía la entretela del asunto tan bien como Cano; pero mide sus palabras y dice lo sustancial, restándole virulencia. Así responde al interrogatorio diciendo que le han escrito a él, respecto a la calificación del *Catecismo*, «que se puede salvar, sin que haya error». Le escribieron Salazar y Sotomayor; se lo dijo de palabra fray Juan de la Peña. Soto no quiere atizar el fuego; encubre el sentimiento que le produjeron aquellas cartas. Dice sencillamente que entre otras cosas le decían «que tantas cosas se podían hurgar, que aún en los libros que ha escrito este confesante... y luego dijo que en sus papeles que en las escuelas le habían escrito sus discípulos, podría haber cosas que tachar. Y que él en las dichas cartas le escribía lo susodicho: que aunque no había error, que era bien que se arreglase el libro por la malicia de los tiempos» [16].

Acerca de las presiones externas sufridas, Soto se muestra una vez más equilibrado, y silencia las amenazas: «Dijo que algunos le han hablado (Gutiérre López

14. Para la declaración de Cano, cf. Apéndice IV.
15. Cf. Apéndice V.
16. La actuación de Soto queda más ampliamente descrita en el artículo citado, *Domingo de Soto y Bartolomé Carranza:* ACST II, 277-313. Las cartas dirigidas por Carranza a Soto las publicó el P. V. Beltrán de Heredia, *Domingo de Soto*. Estudio biográfico documentado (Salamanca 1960) 673-719. La discreta independencia de Soto respecto al inquisidor general y a Cano, puesta de relieve en el trabajo citado, le mereció el recelo y la acusación de parcialidad por parte del fiscal Camino; aunque no lo mencionó entre los testigos tachados en el documento oficial, aparece su nombre en el borrador del mismo: «El maestro fray Domingo de Soto, fraile de su orden y su apasionado e íntimo amigo del dicho arzobispo de Toledo, en que con gran dificultad cualificó el libro del *Catecismo*». DH I, p. 330, nota 1. Envuelto en este mar de pasiones y recelos es curiosa la distinción que en el curso de su declaración hace Soto para prevenirse de posibles complicaciones, al referirse a las cosas censurables que podía haber en sus escritos: él distingue sus *ibros*, de los *papeles* que pudieron escribir en la escuela sus discípulos.

de Padilla y el regente Figueroa), diciéndole que, en lo que toca a la fe y al seguro de ella, que no perdone nada, sino que haga lo que Dios manda; pero que si conforme a la fe y a la religión se pudiera hacer, que mire lo que toca al arzobispo. Iten dijo que así mismo ha recibido cartas del arzobispo defendiendo su libro, que no hay en él errores; aunque confiesa que hay algunas cosas que se podrían poner por otras palabras mejores, por el peligro de los tiempos». Sobre la discordia en el consejo, dice que lo ha oído comentar a fray Antonio de Santo Domingo. Sobre su razón de ser, añade que la diferencia existente consistía en que «unos querían más rigor y otros menos».

De nuevo san Francisco de Borja

El santo duque había prometido que recorrería mejor su memoria y volvería a declarar si de algo se acordaba. Con un lindo billete de felicitación navideña por el que le vemos de limosnero de los testamentarios de Juan de Vega, recientemente fallecido, Borja les envía una declaración escrita de extraordinario interés [17]. Borja, que pronto se vería envuelto en las redes de la inquisición, miraba con gran escrúpulo sus obligaciones frente al temible tribunal. En su primera declaración, al ser interrogado sobre encubrimiento de herejes y silencio cómplice, hizo mención de algunos casos en los que dudó si debía llegarse hasta el santo oficio. Al volver sobre ellos, nos aclara detalles de interés, que proyectan su luz —y su angustia— sobre los meses de la agitada primavera vallisoletana en que comenzaron a llenarse las cárceles inquisitoriales.

Borja se nos muestra escrupuloso y atormentado. El supo por doña Elvira de Rojas, marquesa de Alcañices, que uno de los prisioneros de la inquisición, don Gabriel de Rojas, había recibido cartas sospechosas. Borja aconsejó a la marquesa que avisase a los inquisidores sobre el particular, y que, en caso negativo, lo haría él mismo. Doña Elvira acudió a aconsejarse a san Gregorio de Valladolid, donde le dijeron que no estaba obligada a hacerlo. Los escrúpulos de Borja se aquietaron solamente cuando don Gabriel fue preso por la inquisición [18].

Más tarde fue una indiscreción de un oficial de la inquisición la que puso a Borja en la duda de si debía denunciarlo por faltar al secreto. Fray Juan de la Peña calmó sus dudas, diciéndole que no estaba obligado a delatar al oficial. Borja no se tranquilizó, hasta que desistió de denunciar, a causa de que quien le informó solía encarecer las cosas. Alude también vagamente a otra consulta parecida hecha anteriormente a fray Pedro de Sotomayor, en la que el célebre dominico estimó que no había por qué denunciar [19]. La glosa final de Borja nos descubre su inclinación al escrúpulo de conciencia: «Bien entiendo que en ninguna cosa de estas materias han tratado estos padres de aconsejar que se dejase de decir cosa importante ni que toque en crimen de herejía; sino que *yo, como escrupuloso en este caso,* no hallo quietud hasta que se notifique a los superiores».

17. Apéndice VII.

18. Se descubre aquí la intervención de Borja con las personas encarceladas en Valladolid en 1558. Entre ellas aparece un Gabriel de la Cuadra, condenado a sambenito perpetuo. Por otra parte, Borja acompañó a Cazalla al auto de fe. Cf. manuscrito *Urbinate Latini*, 1039, f. 34r y 42v, en la Biblioteca Vaticana.

19. ¿Aludirá a la intervención de Sotomayor, a requerimiento de san Juan de Ribera, en la cuestión de una hoja de Juan de Valdés, entregada a Carranza en Italia en 1539? Cf. mi trabajo *Juan de Valdés y Bartolomé Carranza*: Revista Española de Teología 21 (1961) 289-304, reeditado en ACST I, 364-375.

En otoño de 1558 la tempestad que se cernía sobre Carranza era manifiesta y preocupaba a sus amigos bien situados en la corte. Por el mismo Borja conocemos las confidencias que le hicieran el marqués de Távara y al abad de Valladolid, don Alonso Enriquez, hermano del almirante de Castilla. El secreto inquisitorial que servía para disculpar a Cano y atemorizar a unos dominicos no alcanzaba por lo visto a los oficiales de la inquisición. El hijo del Marqués decía que «andaba tan público lo del libro del arzobispo», que le parecía que estaba obligado a gastar buena parte de su renta «por salir con su autoridad». Borja, por su parte, aconsejaba moderación y sumisión: «era mejor el camino que se había tomado, mostrando obediencia y humildad con los señores inquisidores». Carranza le había encomendado que mirase por su negocio, dado su valimiento en la corte ante la princesa gobernadora, doña Juana. Borja, vista la presión que ejercía sobre ella el ayo del príncipe, don García de Toledo y otros, le aconsejó a su alteza «como debía andar con tiento en este negocio». La princesa siguió el consejo del jesuita y dio por bueno que Carranza hiciese el reconocimiento debido. También pensaba así el inquisidor general, con quien trató Borja del asunto. De nada sirvió la sumisión de Carranza, ni los escrúpulos y buenos oficios de Borja: ambos vieron malparada su autoridad y fueron víctimas del duro estilo de Valdés.

Diversos puntos de vista

Hemos dejado hablar a los documentos, hasta ahora poco conocidos. Apoyándose en ellos, el fiscal Ramírez pidió que se presentasen las cartas mencionadas que fueron dirigidas a Cano y a Domingo de Soto. ¿Qué significaba en manos de Valdés todo esto? Los escrúpulos de Borja, la moderación de Soto, el encono de Cuevas y Cano, la ingenuidad de Ludeña: todo confluía aparatosamente a delatar a los que se mostraban alarmados y recalcitrantes ante el proceder inquisitorial. Como en el proceso que se seguirá a Carranza, todo puede ser interpretado desde ángulos contrapuestos: desde el punto de vista oficial de la inquisición, la actitud de resistencia que mostraban algunos dominicos afectos a Carranza, como fray Juan de la Peña y fray Antonio de Santo Domingo, violaba gravísimamente el secreto y el buen nombre de la inquisición, trataba de entorpecer su acción, de amparar a gentes sospechosas. Con la más fría lógica se considerará como «fautores de herejes» a cuantos participan a ese modo de sentir. Desde el punto de vista de estos inculpados, las cosas ocurren muy diversamente: han comprobado la inutilidad de todos los esfuerzos de Carranza por proteger su fama, se han estrellado en sus propias actuaciones contra el mutismo del inquisidor general, ven algo muy diverso que celo por la fe en la actitud del mismo, quieren evitar que escrúpulos leves y bagatelas vengan a reforzar la suspicacia de Valdés, tratan de apoyarse en el influjo de altas personalidades, quieren inclinar hacia su lado el peso moral de un Domingo de Soto, apelando a su moderación y buen sentido: en suma, intentan por todos los medios amparar al perseguido —injustamente perseguido, según ellos— y librar una batalla en favor de su ortodoxia. Toda su mejor voluntad se estrelló contra un muro de formalismos y de incomprensión, y por ello se exacerbó hasta el encono. El equilibrado Domingo de Soto expresará con sencillas palabras el *quid* de la cuestión: «le han escrito que *se puede salvar, sin que haya error*». Esto le pedían fray Ambrosio de Salazar y fray Pedro de Sotomayor; Gutiérre López de Padilla y el regente Figueroa le venían a decir lo mismo: «En lo que toca a la fe y al seguro de ella, que no perdone nada; sino que haga lo que Dios manda; pero que si, conforme a la fe y a la religión se pudiere hacer, que mire lo que toca al arzobispo». No estaban en juego un simple prestigio académico o deslices de cátedra, sino la buena fama del primado de España, cuya sinceridad y buena voluntad eran manifiestas. El precio exigido no era el condescender con el error o transigir en materia de fe, sino buscar remedio decoroso, salvar todo lo que pudiese recibir una buena interpretación, sin acentuar por sistema cuanto pudiese tenerla mala.

Castigos y amenazas

La moderación, como tantas otras veces, estaba proscrita en España en el invierno de 1558. El árbitro de aquella cerrazón era el inquisidor Valdés, quien a sus amigos y protegidos exigía que como «perros ventores» levantasen la caza de la herejía [20]. Lejos de intentar salvar, buscaba cuanto por cualquier razón «in rigore, ut iacet», se podía condenar. La intolerancia montó sus silogismos despiadados: cuantos se oponían a *esa intención*, como diría el fiscal, ofendían a Dios, actuaban en gravísimo perjuicio y desacato del santo oficio, demostraban poco temor de Dios y de la condenación de sus almas, favorecían y encubrían herejes y herejías, cometían delito gravísimo contra la fe católica, procuraban que el error se encubriese... «todo lo cual es gravísimo delito y de gran perjuicio a la república y religión cristiana».

La solución de esta tensión, la impuso la fuerza: y ésta estaba en mano de los «duros». Domingo de Soto fue considerado sospechoso. Borja vio condenados sus escritos espirituales y huyó de España. Carranza fue apresado en agosto de 1559, año en que el *Index* español proscribió su *Catecismo* junto con las obras de Granada, del maestro Avila, de Erasmo, etc. El obispo de León, Andrés Cuesta, que con sus reservas dictaminó en favor del catecismo de Carranza, se vio amenazado por el inquisidor con que «le vendría su san Martín por ello» [21].

Peña y Santo Domingo hubieron de pagar su valentía en la defensa de Carranza. Fray Juan de la Peña confiesa que entregó cartas de Carranza a la princesa, a García de Toledo y al inquisidor general, para que, «si ser pudiese», la calificación del *Catecismo* fuese con la menor nota que fuese posible». Valdés llamó a Peña al consejo y lo reprendió públicamente, acusándole de «fautor de herejes»: «Le dijo —nos refiere él— por manera de reprensión y aviso, que no anduviese en aquellos negocios; y entre otras palabras le significó... *que no solamente el santo oficio castigaba a los herejes, sino también a los fautores y que estorbaban a los del santo oficio...* haciendo salva de lo que él decía, lo decía por la afición que tenía al colegio donde este testigo estaba y para que mirase cómo trataba estos negocios. Y a lo que este testigo entendió, fue que *pretendía ponerle miedo para que no entendiese en los negocios del arzobispo de Toledo, por ventura, porque entendía que eran malos*». Luego comenta con benevolencia —y miedo—, que no sabe si en ello le movía odio a Carranza; sino que se inclina a pensar que lo haría por espíritu de justicia y con aprobación

20. La actitud exasperadamente condenatoria de Valdés se refleja en diversos documentos. Supla a todos, por ahora, la cita de la declaración del doctor Velázquez: «Como el obispo de León, Cuesta, dijese del *Catecismo* de Carranza que no tenía herejías, aunque en el lenguaje se descuidaba algunas veces, Valdés repuso que «del lenguaje, como perro ventor, había de sacar las herejías, mostrando que el dicho obispo condenase el libro». Cf. mi estudio *El obispo de León don Andrés Cuesta y el proceso de Carranza*: Archivos Leoneses 16 (1962) 7, recogido en la obra citada ACST II, 65-80.

21. ACST II, 66.

de todo el consejo, toda vez que la reprimenda fue pública. La severa reprimenda se divulgó rápidamente y fue completada por el registro que hicieron los inquisidores de los papeles de la celda del dominico caído en desgracia [22].

Fray Pedro de Sotomayor y fray Ambrosio de Salazar no corrieron mejor suerte. La reprimenda les vino por Melchor Cano, aunque en nombre de Valdés: merecieron, en solemne capítulo, una reprensión cada uno y una disciplina. La causa era la de haber aconsejado moderación a Domingo de Soto en su censura, indicándole que «no pensase que toda la teología se había sumado en los dos —Soto y Cano— que estaban allá dando parecer en el libro». La intención de este fraternal aviso, según fray Antonio de Santo Domingo, era el que Soto «mirase no se descuidase en hablar y tener rigores que se podían excusar santamente». Convertido esto en hinchada acusación, equivalía a embarazar las cosas del santo oficio y «en alguna manera parecía fautoría». Cano cumplió su papel, apuntándose diversos méritos: el de haber impedido que Valdés conociera las ásperas cartas que los acusados dirigieron a Soto, o que hubiese intervenido directamente. Para ello dice que tuvo que invocar los méritos de los dominicos ante el santo oficio sin olvidar a San Pedro mártir (de Verona, siglo XIII), y su propia amistad con Valdés; sólo así consiguió que el inquisidor le delegase la misión de reprender a sus hermanos de hábito. Sotomayor y Salazar recibieron la disciplina de «favor» de Cano, y el precepto de que no hablasen en favor de Carranza [23].

El miedo, poderoso motor de la historia, fue el lubrificante que hizo posible que el proceso que se fraguaba contra Carranza se moviese sin obstáculos ni entorpecimientos. El lance que acabamos de describir dio buena cuenta de posibles reacciones, acalló los comentarios públicos y selló los labios de todos. No pudo impedir que se mantuviesen abiertos los ojos. Pocos meses más tarde, preso ya Carranza, los labios se abrieron para declarar lo que antes habían callado y revelar el modo de actuar de Valdés. Los que meses antes eran acusados de fautores de herejes aparecerán como acusadores de quienes los persiguieron. El promotor de toda justicia el inquisidor general se verá condenado a renunciar a ser juez en el proceso de Carranza [24].

APENDICE

Copia de cierta información sobre las personas que inpedian la qualification de obras tocantes al arcobispo

(R. Academia de la Historia. Proceso, IX, 170r-186r)

I

Petición del fiscal Jerónimo Ramírez

Valladolid, 19 diciembre 1558

(171r). Presentado en Valladolid, a diez y nueve de dizienbre de mill y quinientos y cinquenta y ocho años, por el fiscal, ante los señores Licenciado de Valtodano y Francisco Vaca y doctor Riego y Licenciado Diego Gonçález.

22. DH I, 250-251, 163, 195, 200, 301.
23. Así declaran fray Francisco de Tordesillas, fray Antonio de Santo Domingo, y el propio fray Pedro de Sotomayor: *Ibid.*, 132, 200, 259. Domingo de Soto alega discretamente que nada sabe del asunto: *Ibid.*, 246.
24. Cf. todo el tomo I de los DH.

Illes. y muy Rdos. señores: El Licenciado Gerónimo Rramírez, fiscal en el Sancto Officio, ante V.S. y mercedes parezco y digo: Que a mi noticia es venido que, en ofensa de Dios Nuestro Señor y contra nuestra sancta fee católica y en gravísimo perjuicio y desacato de el Sancto Officio, de la Inquisición, ciertos frailes de la Horden de Sancto Domingo, especialmente fray Antonio de Sancto Domingo rrector del collegio de San Gregorio de esta villa, y fray Juan de la Peña, de la dicha Orden, y otras personas que por la información parescerán culpadas, con poco temor de Dios nuestro Señor y en peligro y condenación de sus ánimas, an rreceptado y favorescido ciertos herejes y luteranos, celando y encubriendo ansí a sus personas como los herrores y eregías que dello sabían, procurando y dando formas y maneras como no se declarase ni depusiese en este Sancto Officio lo que sabían y avian visto y oydo dezir a otras personas contra nuestra sancta fee cathólica y rreligión christiana, consultando y aconsejando a las dichas personas y a otras que con ellos comunicavan (171 v), que no declarasen ni confesasen enteramente en este Sancto Officio lo que sabían cerca de los dichos herrores y eregías y personas que en ello heran culpadas. Especialmente digo que, sabiendo y teniendo entendido los dichos fray Antonio de Sancto Domingo y fray Juan de la Peña, que fray Domingo de rrojas hera hereje y luterano, sospechando y temiendo que le querían prender por el Sancto Officio de la Inquisición, cele encubrieron y rreceptaron y le dieron dineros y cabalgadura y favor para que el dicho fray Domingo se ausentase de estos reynos y huyese, porque no fuese preso.

Iten digo, que los dichos frai Juan de la Peña y el dicho rrector y otros frailes y personas que por la información parescerán culpados, an procurado con grande ynstancia y negocios, que ciertos rreligiosos letrados a los quales están encargadas por este Sancto Officio las calificaciones y censuras de ciertas obras y libros, especialmente las que a hecho y compuesto fray Bartolomé de Miranda, arçobispo que aora es de Toledo, conviene a saber el Catecismo Christiano o comentario sobre los artículos de la fee, nuevamente ynpreso en Anberes y otras obras suyas, y los libros y obras del doctor Constantino y fray Luis de Granada, que no digan ni declaren (172r) libremente lo que sienten y les paresce según su ciencia y conciencia cerca de los dichos libros y obras que califican, procurando que se yncubriese y no manifestasen los herrores y proposiciones heréticas y sospechosas que en los dichos libros se contienen contra nuestra sancta fee y Yglesia Apostólica y rreligión christiana, persuadiendo a los dichos calificadores con rruegos y cartas y amenaças, para que no dixesen libremente su parescer y censura, ni diesen a entender lo que sentían segúnd nuestra sancta fee cerca de las dichas calificaciones; antes les persuadían y rrogaban efremasen *(sic)* lo contrario de lo que sentían segúnd su conciencia y ciencia, procurando para ello cartas e favores e yntercesiones de otras personas, todo a fin y efecto de que los dichos herrores y propusiciones falsas y escandalosas que en los dichos libros se contienen, se encubran y celen: lo qual es gravísimo delito y de gran perjuicio a la rrepública y rreligión christiana.

Iten digo que los dichos frai Juan de la Peña y frai Antonio de Sancto Domingo y otras personas que por la dicha información resultarán culpados, an negociado y solicitado muchas cartas y favores de personas principales de este rreino y de otras, las quales an scripto y tratado para que se inpida el exercicio y execución (172v) de los negocios y causas que en el Sancto Officio se tratan, tocantes a nuestra sancta fee cathólica, solicitando personas e yntercesiones, confederándose con ellas contra el Sancto Officio de la Inquisición y su justicia y ministros, procurando rruegos y favores para fin y efecto de que no se execute ni aga lo que conviene a nuestra Sancta fee cathólica y rreligión christiana, ni se proceda en este Sancto Officio contra los que fueron culpados y sospechosos en el crimen de eregía.

Otrosí digo que los dichos frai Juan de la Peña y rrector del dicho collegio de San Gregorio y otros frailes de la Horden de Sancto Domingo y otras personas, en gravísimo perjuicio y desacato de este Sancto Officio de la Inquisición y sus ministros y de los negocios y causas que en él penden y se tratan, tocantes a nuestra sancta fee chatólica, an dicho y publicado con grande escándalo, con ánimo e yntención dañada, que el Rmo. señor arcobispo de Sevilla, Inquisidor General, y los señores del Consejo de la Sancta y General Inquisición y los Inquisidores y ministros de el Sancto Officio de la Inquisición, proceden en los dichos negocios y causas de la fee cathólica con pasión y afición, y por hodio y pasión que tienen contra cierta persona e procedían contra ella sin causa ni ynformación, que no guardan (173 r) justicia ni tienen rectitud. Yten digo que los dichos rrector y fray Juan de la Peña y otros frailes de la dicha Orden, an dicho y publicado que entre las personas que tratan las cosas y negocios de la fee en el Sancto Officio de la Inquisición, ay mucha discordia y paresceres diversos en la determinación y procesos de los dichos negocios, diciendo y publicando otras muchas palabras desacatadas y ynjuriosas contra el Sancto Officio de la Inquisición y sus ministros, a fin y efecto de contradezir a la autoridad y justicia del Sancto Officio. En lo qual los susodichos an cometido gravísimo delicto y ecesos contra nuestra sancta fee cathólica y contra el Sancto Officio de la Inquisición.

Por ende a V.S. y mercedes pido y suplico, manden y provean con toda brevedad y diligencia inquirir y hazer información sobre este caso y examinen los testigos que sobre ello presento y los demás que del negocio puedan y deban saber, para que, sabida y averigüada la verdad, se aga y administre justicia castigando los culpados, a los cuales denuncio y protesto acusarles en tiempo y en forma. Sobre lo qual y en todo lo necesario ynploro el Sancto Officio y pido justicia (173 v).

Otrosí digo que para en prueva de esta denunciación y pedimiento, demás de las ynformaciones y provancas que ay en los libros y rregistros de este Sancto Officio, de las quales ago presentación, para que a V.S. y mercedes conste ser ansí lo que dicho tengo y para verificación de la verdad, presento por testigos para el dicho efecto a las personas siguientes, a los quales pido sean exsaminados en este Sancto Officio:

El padre Francisco, de la Horden de los Theatinos.
Fray Melchior Cano, de la Horden de Sancto Domingo.
Fray Domingo de Soto, de la dicha Horden.
El Maestro Cuevas, de la dicha Horden.
El Deán de Toledo.
El Licenciado don Pedro de Deça, oydor.
Fray Luis de la Cruz.
La Marquesa de Alcañices.
Gutierre López de Padilla.
Don García de Toledo.
El Licenciado Otalora, del Consejo de Su Magestad,
y a los demás que del caso puedan y devan saber.

El licenciado Heronimo Ramirez

*(Los inquisidores aceptan esta petición y mandan recibir la información pedida por el fiscal, examinando a las personas citadas. Mandan al secretario Sebastián de Landeta que llame a la audiencia de la tarde al P. Francisco y al deán de Toledo. Yendo a la posada del deán, halló que había salido para Toledo aquel mismo día muy de mañana. Refirió el recado de los inquisidores personalmente al P. Francisco de Borja, quien prometió acudir a la audiencia (173v-174*r*).*

II

El Padre Francisco de Borja

Valladolid, 19 diciembre 1558

Ante los inquisidores Valtodano y Guigelmo.

...en el audiencia de la tarde paresció llamado y juró de dezir verdad el Padre Francisco de Borja, Comisario de la Compañía de Ihesús.

Preguntando si sabe que alguna persona aya ablado o tratado por scripto y de palabras de dar aviso para (174 v) que, algunas personas que supiesen de cosas de este Sancto Officio, las callasen y encubriesen; y que algunos culpados diesen algunas formas de aliviar sus culpas; y que algunas personas en quienes se ayan encomendado algunos de los dichos que se dan por este Sancto Officio para, rrepresentándoles algunas cosas de favores y amenaças y otros algunos respectos, no lo agan con la libertad que convieve para ynpedir el libre exercicio y huso de este Sancto Officio:

Dixo que en lo que toca a saber que ayan aconsejado o dicho que no dixiesen o que no heran algunos casos tocantes a este Sancto Officio que se deviesen en él dezir, que se acuerda que le an hablado dos o tres personas de las quales en especie no se acuerda y que sobrello rrecorrerá su memoria; y quando alguna cosa que toque a esto se acordase, que lo verná a dezir.

Y en lo que toca a lo de los libros, que se acuerda que el Rector de San Gregorio y fray Juan de la Peña, tornó a dezir que el dicho fray Juan de la Peña le dixo que, en caso que se calificasen las proposiciones de un libro que avía hecho el maestro fray Bartolomé de Miranda, arçobispo de Toledo, en deshonor del auctor dél, que avían de tomar este (175r) negocio muy de veras por los términos devidos y que lo avían de tratar, si fuese menester ante el Papa. Y que deste parescer estavan fray Pedro de Sotomayor y frai Anbrosio de Salazar, porque no abía cosa en el libro que no se pudiese defender. Y que esto se lo dixo el dicho fray Juan [de la Peña] en San Antonio (?) estando sólo en una cámara cabe su celda, y que avía veynte y cinco días poco más o menos. Y que muchas vezes a dicho a este confesante tanbién el dicho rrector casi, tornó a dezir que especialmente que el dicho rrector le a dicho algunas veces: «Aora está mejor o peor en esto del dicho libro fray Domingo de Soto que está aquí». Y que particularmente le dezía que avían avisado al dicho frai Domingo de Soto que en libro quarto que avía scripto, dize que los sacramentos nos hazen ciertos de la gracia y que esto mismo tiene el arçobispo en su libro; que por qué lo condena. Tornó a dezir que no está cierto si lo oyó dezir esto al dicho frai Juan de la Peña o al dicho rrector, aunque le parece que hera el dicho frai Juan.

Y que el dicho rrector dixo a este testigo que el arçobispo de Toledo avía enbiado una firma suya al dicho frai Domingo, en que le dezía que no avía herror en el dicho libro, aprovándolo. Y que con esto el dicho frai Domingo estava algo sentido (175 v).

Iten dixo que el dicho arçobispo de Toledo a tratado con Juan de Vega y cree que por carta que sobrello escrivió, la qual le devieron dar frai Juan de la Peña o el rrector para que le favoresciesen, que se mirase su justicia. Y que quando el dicho arçobispo partió de esta Corte, dexó encargado sobre esto a este testigo y le a scripto en ello dos cartas. Y que Gutierre López de Padilla abló a este testigo muy encarescidamente, pidiéndole que ablase a Su Alteça para que se diese horden acerca del dicho libro cómo el autor dél no perdiese honor. Y que no sabe si Gutierre López o otra persona an hablado sobre esto al dicho frai Domingo.

Preguntado si a entendido que algunas personas ayan dicho que aya avido alguna disensión entre los señores del Consejo de Inquisición o de los señores inquisidores de este Sancto Officio, ansí acerca de lo que se deve hazer en lo de el dicho libro, o en otras cosas: Dixo que a oydo dezir al dicho rrector o frai Juan de la Peña o a frai Luis de la Cruz, a uno dellos, que el señor doctor Andrés Pérez del Consejo, estava muy mal en las proposiciones que del dicho libro (176r) se colegían y que hera muy contrario. Y que de presente no se acuerda de otra cosa alguna sobre ello. Y aviéndosele encargado el secreto desto, lo prometió y firmó de su nombre.

Francisco de Borja

Pasó ante mí Sebastián de Landeta.

III

Fray Domingo de Cuevas

Valladolid, 20 diciembre 1558

Ante los inquisidores Vaca, Guigelmo y Diego González.

...paresció llamado y juró de dezir verdad el Padre Fray Domingo de Cuevas, de la Horden de Sancto Domingo, de hedad de cinquenta años poco más o menos.

Preguntado si sabe o a entendido que algunas personas ayan dicho o aconsejado a algunas personas que les yvan con dudas tocantes a la fee, que no lo dixiesen en el Sancto Officio: Dixo que nunca tal supo.

Preguntado si sabe que algunas personas ayan procurado cartas para señores de esta Corte o de otras partes, para que algunos letrados e personas doctas a quien por el Sancto Officio de la Inquisición están encomendados algunos libros de doctrinas para (176 v) que los vean y digan acerca dello su parescer, aprovando o rreprovando lo que en ellos ay, y que por alguna vía o forma, ansí de favores, amenaças o otros respectos, procuren que en ellos no digan verdaderamente y con libertad su parescer de lo que en ellos sienten: Dixo que lo que en particular sabe acerca dello es que vio y leyó dos cartas del maestro frai Pedro de Sotomayor, que las screvía al Padre Maestro fray Domingo de Soto, en rrazón de un libro del señor arçobispo de Toledo y de las obras del Padre fray Luis de Granada, adonde le dezía y amonestava que abonase todas aquellas obras y le ponía miedo en su honrra y autoridad al padre frai Domingo si no los aprovava y abonava. Y dezía que heran libros sanctos y los más hútiles que él avía visto en rromance. Y que en aquellas cartas sentía mal de los otros theólogos que vían aquel libro, notándolos al parescer de apasionados. Y dezía que no avía nada en aquellos libros que fuese herror, sino que todo fácilmente se podía purgar y abonar. Y que si no es perdida, está la una carta en poder del Padre Maestro Cano y entranbas las cartas heran de una forma casi (177r).

Iten dixo que vio y leyó una carta del dicho arçobispo de Toledo para el dicho frai Domingo de Soto, adonde le dezía en sustancia, porque hera muy larga, que aquel libro suyo no tenía hierro alguno, y que el Padre Maestro frai Pedro de Sotomayor y frai Anbrosio de Salazar se lo avían ansí escripto de Salamanca; y que aún le paresce que dezía quel mismo frai Domingo de Soto se lo avía tanbién scripto, aunque el dicho padre frai Domingo de Soto le dezía que avía en él cosas que enmendar y declarar. Y que también en esta carta dezía que el arçobispo de Sevilla lo hazía de pasión, porque no le avía favorescido en sus yntentos. Y que el Padre Maestro Cano y sus consortes heran como ynstrumentos de esta pasión. Y que también dezía que sobre cierto negocio del padre Maestro Cano screviría y avisarían a Roma contra él, que hera negocio de la Horden, que hera en cosa que tocaba en su persona del dicho Maestro Cano y de su honrra, y dezía que el dicho Maestro Cano y sus consortes hablavan mal de su libro porque no les avía favorescido en su Horden en sus yntentos. Y que la carta hera muy larga (177v) y esto hera en sustancia. La qual está en poder del dicho Padre Maestro Cano. Y que se acuerda que en la misma carta dize el dicho señor arçobispo que enbía cartas e rrazón de su libro y a la Princesa y a los del Consejo del Estado, y que le paresce que nombra a Juan de Vega, Presidente y a don García y Gutierre López.

Y que tanbién vio este testigo una carta de frai Diego Ximénez, conpañero del arçobispo de Toledo, donde en sustancia dezía lo mismo que el arçobispo en la suya; y que la carta se screvía al padre fray Domingo de Soto y que la carta hera del padre Maestro Cano.

Y que antes desto todo, vio este testigo una carta del dicho arçobispo de Toledo para el maestro Cano, donde le dezía que el señor arçobispo de Sevilla exsecutava contra él su pasión y tomava por ynstrumento al padre Maestro Cano, y que esto le dezía en suma. Y esta carta scrivió desde Juste a esta villa.

Y que a oydo dezir al padre maestro fray Domingo de Soto, que el padre fray Anbrosio de Salazar le escrivió una carta junto con la del padre maestro frai Pedro de Sotomayor, de la qual frai Domingo de Soto (178r) estava endignado, porque en el negocio del libro le hablava libre y descomedidamente. Y que el dicho fray Anbrosio, estando aquí en Valladolid quando estava aquí en Valladolid el arçobispo de Toledo, el mes de septiembre, dixo a este testigo que avía leydo una pieça del dicho libro y que le avía parescido que traía cosas muy malas.

Yten dixo que el padre maestro Cano le dixo que el Rector del Colegio que agora es, ques frai Antonio de Sancto Domingo, le avía dicho que el libro hera muy bueno y que en su mano estava si tenía algunas faltas encubrirlas, pues que él entendía aquello mucho mejor que los otros.

Iten dixo que a oydo dezir a fray Hernando Castillo y a otros algunos que el padre fray Luis de la Cruz ablava en este libro en perjuicio de los que le vían y amenaçándoles que les a de suceder mal dello, y que lo que piensa es que lo dixo esto muchas vezes al padre prior de San Pablo.

Preguntado si sabe que aya avido discordia entre los señores del Consejo de la Santa Inquisición y de los inquisidores que rresiden en este Santo Officio y lo que se deva de hazer cerca del dicho libro: Dixo que oyó dezir no se acuerda a quién, delante del padre maestro Cano (178v), que se dezía en San Pablo que el señor arçobispo de Sevilla y los señores del Consejo de la Sancta Inquisición estavan diferentes en lo del libro del arçobispo de Toledo, y que avían reñido y levantándose de las sillas. Y tanbien me dixo el padre prior de San Pablo, que se dize el Maestro fray Juan de Ludueña, que frai Luis de la Cruz le dixo dos vezes que la Serenísima Princesa avía quitado el poder al señor arçobispo de Sevilla y a los señores del Consejo e ynquisidores, en lo que toca a este libro del arçobispo de Toledo. Y que esto es verdad y lo firmó de su nombre.

Fray Domingo de Cuevas

Lo que va de mi mano, pasó ante mí Sevastián de Landeta, notario; y lo demás por ante el secretario Juan Alonso.

IV

El obispo Fray Melchor Cano

Valladolid, 20 diciembre 1558

Ante los inquisidores Valtodano y Guigelmo

...paresció e juró de dezir verdad el señor Obispo Fray Melchor Cano, de la Horden de Sancto Domingo.

Preguntado si sabe que alguna persona o personas (179r) ayan dicho, aconsejado o persuadido a algunas personas que les ivan a manifestar sobre si vernán a manifestar al Sancto Officio cosas de dudas tocantes a la fee, que no las manifiesten a los inquisidores: Dixo que no sabe cosa alguna dello.

Preguntado si sabe que algunas personas ayan procurado cartas para señores de esta Corte o de otras partes, para que algunos letrados o personas doctas a quien por el Sancto Officio de la Inquisición están encomendados algunos libros de doctrinas para que los vean y digan acerca dello su parescer, aprovando o rreprovando lo que en ellos ay, y que por alguna vía o forma ansí de favores, amenaças o otros rrespectos, procuren que en ellos no digan verdaderamente y con libertad su parescer de lo que en ello sienten: Dixo que lo que en esto sabe es que el señor arçobispo de Toledo scrivió cartas a los señores del Consejo del Estado, las quales, a lo que este testigo entiende por ciertas palabras que oyó al dicho señor arçobispo en Alba, aunque no las vió en que si bien se acuerda le dio a entender que, quando el señor arçobispo (179v) de Sevilla y los señores del Sancto Officio procediesen adelante en lo que tocava a su libro con la pasión que procedían, que los dichos señores, que el Consejo de el Estado y la Princesa se atravesarían a atajarlo: por las quales palabras le paresce a este testigo a ley de conjetura, que desto tratavan las cartas. Y que sabe aver scripto las dichas el dicho señor arçobispo, por una carta que escrivió al maestro frai Domingo de Soto, y que ansí es público. Y que las dichas cartas vinieron a mano del Padre Maestro frai Diego *(sic)* de Soto.

Iten dixo que también sabe que a escripto a este testigo el dicho señor arçobispo de Toledo, que el señor arçobispo de Sevilla estava apasionado y que le dezían que le tomava a este testigo por ministro de sus pasiones y que ansí lo a escripto en otras cartas. Y que también le dezía en la carta que avía de llevar esto al Rey y al Papa, porque sabía que en el libro no avía hierro, sino para los que con pasión le mirasen.

Iten dixo que tanbién sabe que el Rector del collegio de San Gregorio, que se dize frai Antonio (180r); tornó a dezir que lo oyó dezir, que avía dicho el dicho rrector al Prior de San Pablo, que es el mesmo frai Juan de Ludueña, ablando a propósito de este libro del arçobispo de Toledo, que le avían de desenterrar los huesos a este testigo, o otra amenaça semejante. Y que esto lo oyó dezir este testigo al mismo Prior de San Pablo. Y también oyó dezir a fray Domingo de Aponte, collegial del collegio de San Gregorio, que el dicho Rector ablando; tornó a dezir que, tratando una vez sobre cierto regalo que le avía de hazer en el collegio a este testigo, mostró mal rostro el dicho rrector y le dixo que frai Melchor destruya a la Provincia y al arçobispo. Y que también lo a oydo que a dicho esto otras muchas vezes.

Iten dixo que el mismo rrector fray Antonio de Sancto Domingo una o dos vezes le persuadió a este testigo que diese salidas a glosas a las cosas que el señor arçobispo de Toledo dezía en su libro, pretendiendo que heran cosas fáciles y descuydos ligeros y declarados por el mesmo auctor (180v) en otras partes, y que estava en la mano de este testigo hazer pequeño este negocio o grande, porque los señores inquisidores no estavan tan advertidos si este testigo no los despertase y escarbase.

Iten dixo que otra vez lo dixo el dicho rrector a este testigo que estava este testigo apasionado en el libro de frai Luis de Granada, y que por esto tenía el dicho rrector quexa de este testigo. Y que estas pláticas sienpre an pasado a sólas.

Iten dixo que sabe que el señor arçobispo de Toledo le pidió a este testigo con instancia por una carta suya y en Alba después, que le diese las proposiciones que tenía anotadas en el libro suyo. Y que después de averle este testigo certificado que no sabía de este libro cosa chica ni grande, sino por vía de el Sancto Officio y que hera ynfidelidad contra el dicho Sancto Officio darle las tales proposiciones quebrantando el secreto que le estava encargado, fray Diego Ximénez, compañero del dicho señor arçobispo (181r) le escrivía a este testigo, que el señor arçobispo le cargava mucho aquella culpa y estava quexoso de este testigo y que él no le sabía satisfazer de aquella quexa. Y que lo mismo a oydo, no acuerda a quién, que el Rector o frai Juan de la Peña le an cargado a este testigo por ofensa, quexándose deste testigo.

Iten dixo que tanbién a oydo no se acuerda a quién que el dicho rrector e frai Juan de la Peña y frai Luis de la Cruz an solicitado alguno o algunos theólogos señaladamente al Prior de San Pablo, que buelvan por el libro y que le defienda a su poder. Y que tanbién cree que an hecho con frai Anbrosio de Salazar lo mesmo, que el dicho arçobispo de Toledo a solicitado a frai Pedro de Sotomayor y frai Ambrosio de Salazar y al maestro frai Pedro de Soto, Prior de Talavera. Y que esto lo sabe, porque en una carta que el dicho arçobispo le ecrivió al Padre Maestro frai Domingo de Soto, le dize que ynbía parescer el de frai Pedro de Soto y de frai (181v) Anbrosio y que tanbién ynbiaría el de frai Pedro de Soto [Sotomayor?].

Iten dixo que también scrivió a fray Domingo de Soto el dicho señor arçobispo, e no se concluyó este capítulo.

Iten dixo que sabe que el Maestro frai Pedro de Sotomayor scrivió al Padre Maestro frai Domingo de Soto una carta de muchas descortesías, llamando a la Theología de los que el Sancto Officio avía llamado para examinar estos libros «animal y diabólica» y dixiendo que «no se rresumía toda la Theología en los que aquí estavan y que no faltarían theólogos que firmasen lo contrario». Y que esto sabe porque vio la dicha carta.

Iten dixo que a oydo dezir, no se acuerda a quién, que al Padre Maestro frai Domingo de Soto le amenaçavan algunos amigos de el dicho señor arçobispo de Toledo, que si él en este caso fuese rrecio en lo tocante a la censura del dicho libro, que le mirarían sus libros. Y que también (182r) allarían qué censurar y escrevir contra él. Y que no sabe que los seglares a quien scrivieron las dichas cartas, ayan ablado sobre ello a los dichos theólogos a quien está encomendado el libro.

Preguntado si sabe que alguna perssona aya dicho que aya división entre algunas personas del Sancto Officio: Dixo que a oydo dezir, y cree que al Padre Maestro frai Domingo de Cuevas, que al Prior de San Pablo o a otros, que no sabe quantos les avía dicho frai Luis de la Cruz que, después de venido el Maestro frai Domingo de Soto en el Consejo de la Inquisición, estavan diferentes y partidos en lo tocante al libro del dicho arçobispo de Toledo. E que cree que el Prior de San Pablo sabe mucho desto y que esto es la verdad so cargo de el juramento, y prometió el secreto.

Y firmólo de su nombre Frai Melchor Cano *(182v)*

V

Padre maestro fray Juan de Lugdueña

Valladolid, 22 diciembre 1558

Ante el lic. Valtodano y lic. Guijelmo.

...juró en forma de derecho el padre maestro Fray Juan de Lugdeña, prior de el monasterio de Sant Pablo, de hedad de hasta cinquenta años.

Fue preguntado si sabe que alguna persona o personas ayan dicho, o consejado o persuadido a alguna perssona que fuese a tomar parescer sobre casos que se debrían manifestar ante este Sancto Officio, dándoles por parescer que no viniesen a dezir sus dichos e lo que sabían a este Sancto Officio: Dixo que no se acuerda de tal.

Fue preguntado si sabe que alguna perssona aya procurado o cartas o puesto algún obstáculo o impedimento de hodio o de favor o de temor contra alguna perssona para que no dixese su parescer libremente acerca de algunos libros de los quales están mandados ver e qualificar por el Sancto Officio de la Inquisición: Dixo que no sabe mas de que acerca de unos libros que hizieron el maestro Miranda, arçobispo de Toledo, e fray Luis de Granada, se le quexó a este testigo una vez fray Antonio de Sancto Domingo, rector de el collegio de Sant Gregorio, de el maestro fray Melchor Cano, deziendo que no tratava el dicho maestro fray Melchor Cano en este negocio como hombre sin passión, sino como hombre apassionado; e que temía que lo avía de borrar todo, porque nunca avía tenido por amigo al arçobispo de Toledo ni a fray Luis de Granada. Y este testigo le respondió que no creya que el maestro fray Melchior Cano tuviese passión ni mala affectión, antes le tenía por un hombre muy recto e de muy buen consejo, e que mi-(183v) rava muy de veras por la honrra de este hábicto. E que, porque él quedase más satisfecho, este testigo diría al maestro Cano todo lo que le dezía, e que él le respondería mejor que este testigo, porque de aquellos negocios este testigo no sabía nada. E assí lo dixo este testigo al maestro Cano y él le respondió. Yten dixo que un día, pocos días ha, el padre fray Luis de la Cruz, le dixo a este testigo que avían escripto al maestro Soto fray Ambrosio de Salazar y [y fray Pedro de Sotomayor] que residen en Salamanca, que avían escripto ciertas cartas tocantes a este libro de el arçobispo e que estava lastimado el maestro Soto; e que no le dixo quien más le avía escripto, ni le dixo lo que contenían las cartas en particular.

Preguntado si sabe que algunos cavalleros o señores de esta Corte, se ayan entrometido a tratar de esta materia: Dixo que no lo sabe.

Preguntado si sabe que alguna perssona aya dicho e publicado que en el Consejo o en la inquisición, estand ellos conformes en esto que toca a esta materia que le está preguntada: Dixo que nunca tal oyó. Fuéle leydo su dicho. Dixo que está bien escripto. Encargósele el secreto e firmólo de su nombre.

Fray Juan de Ludeña

VI

Fray Domingo de Soto

Valladolid, 22 diciembre 1558

Ante los mismos

E in continenti en la dicha audiencia entró Fray Domingo de Soto, de el qual fue recivido juramento...

Preguntado cerca de lo susodicho, conviene a saber, si sabe que algunas perssonas ayan consultado a algunos theólogos sobre si magnifestarán en este Sancto Officio alguna cosa, y ellos le ayan dado por consejo que no lo magnifestasen: Dixo que no sabe tal cosa ni se acuerda que perssona tal aya hecho.

Preguntado si sabe que alguna perssona aya tratado (186r) por cartas o por palabras, que alguna perssona o perssonas de las que estavan encargadas de qualificar algunos libros por esta Inquisición no digan libremente que paresceres, representándoles inconvenientes de favores o de hodio o de otras cosas que puedan turbar la libertad de las personas que han de hazer la qualificación de los dichos libros: Dixo que ninguna cosa de esto sabe, excepto que en una qualificación de uno de los libros, que es el Catechismo de el arçobispo, le han escripto que se puede salbar sin que aya error; e que las perssonas que le han escripto sobre ello son fray Ambrosio de Salazar y el maestro fray Pedro de Sotomayor. E aquí tanbién, disputando e hablando, fray Juan de la Peña le dezía lo mesmo. E que entre otras cosas que le escrevían, dezían que tantas cosas se podían hurgar, que aun en los libros que ha escripto este confesante; e luego dixo que en sus papeles que en las escuelas le avían escripto sus discípulos, podría aver cosas que le tachar. E que él en las dichas cartas le escrevía lo susodicho, que aunque no avía error, que era bien que se arregrase el libro por la malicia de los tiempos.

Preguntado si sabe que algún señor o cavallero de esta Corte aya tratado acerca de lo susodicho con alguna persuasión en perjuizio de la libertad que en este caso se deve tener: Dixo que algunos le han hablado, Gutierre López de Padilla y el Regente Figueroa, deziéndole que, en lo que toca a la ffee y al seguro della, que no perdone nada, sino que haga lo que Dios manda; pero que si conforme a la fee e a la religión se pudiere hazer, que mire lo que toca al arçobispo. Item dixo que ansí mismo ha recibido cartas del arçobispo defendiendo su libro que no ay en él errores, aunque confiessa que ay algunas cosas que se podrían poner por otras palabras mejores por el peligro de los tiempos.

Fue preguntado sy sabe que alguna perssona aya dicho o (184v) publicado que acerca destos libros y de esta materia aya contrarias oppiniones, e que están diferentes así en el Consejo de la General Inquisición como en esta inquisición: Dixo que le paresce que lo ha oydo al rector de el collegio de Sant Gregorio, e que la diferencia que dezía que avía era que unos querían más rigor e otros menos.

Fray Domingo de Soto

Fuéle leydo su dicho e ratificóse en él e firmólo de su nombre. Fuéle encargado el secreto. Fuy presente yo Julián de Alpuche, secretario.

VII

Carta y declaración de S. Francisco de Borja

Valladolid, 24 diciembre 1558

IHUS

Muy Rvdo. y muy magnífico mi señor en Christo: Dé Nuestro Señor a V. S.ª muchas y muy buenas Pascuas. Yo no la tuviera buena, si dexara de embiar a V. S.ª este papel por el qual verá lo que se me acuerda en aquel negocio. Si va tarde, no ha sido falta de voluntad en obbedescer, sino que la muerte de el señor Juan de Vega e la ocupación de el repartir la limosna que los testamentarios de Su Magestad han mandado que se diese, me ha tenido tan occupado, que aun agora no se haze esto sin travajo. El que nació para nuestro bien, guarde a V. S.ª e [dé] sus dones e gracias de buenos años en su servicio. Amén.

De V. S.ª siervo en el Señor
Francisco *(185r)*

Su S.ª e mercedes lo mandaron poner en lo que toca a este negocio.

IHS

Lo que después acá se me acuerda es que, quando prendieron a don Gabriel de Rojas, avisé yo poco antes a la Señora Marquesa de Alcañices para que avisase al Sancto Officio de algunas cosas o cartas que él dezía que recebía, segúnd el me lo avía dicho; paresciéndome que si ella no lo hazía, yo lo huviera de hazer. E díxome que ella estava bien segura, porque avía tenido escrúpulo e lo avía comunicado con letrados o letrado de el collegio de Sant Gregorio, e le avían dicho que no estaba obligada. E no contentádome yo e teniendo escrúpulos, pues avía venido ansí noticia, luego entendí cómo estava preso el don Gabriel e con ésto quedé quieto.

Tanbién me embió a dezir una perssona que avía savido por un official de el Sancto Officio que hazían processo a otra perssona; e dubdando yo si era obligado a dezirlo, lo consulté con el padre fray Juan de la Peña, e embióme a dezir que no; e yo especialmente lo he dexado porque la perssona que me lo embió a decir, suele encarescer las cosas e algunas vezes puede ser que se cree de ligero. De otra consulta me paresce que se hizo otra vez con el padre fray Pedro de Sotomayor, cathedrático de Salamanca, e sospecho que dixo que tampoco avía obligación, aunque de esto no se me acuerda bien ni me determino bien en qué materia era.

Bien entiendo que en ninguna cosa de estas materias han tratado estos padres de aconsejar que se dexase de dezir cosa importante ni que toque en crimen de heregía, sino que yo, como escrupuloso en este caso, no hallo quietud hasta que se notifique a los superiores.

Tanbién me acuerdo que me dixo el otro día el señor Marqués de Távara, que le avía dicho su hijo don Pedro, que andava tan público lo de el libro de el arçobispo, que le parescía estava obligado a gastar en ello buena parte de su renta por salir con su abthoridad. Yo le dí a entender que era mejor camino el que se avía tomado, mostrando obediencia e humildad con los señores inquisidores; e lo mesmo respondí al Abbad de Valladolid, que me dixo en sustancia casi lo mesmo, a lo menos tirava a ello. E así nunca más les he oydo hablar en ello, ni creo lo dezían a fin de que se hiziese (185v).

Tanbién dexé de dezir el otro día cómo yo avisé a Su Alteza de cómo devía de andar con tiento en este negocio, porque entendía que don García de Toledo e otros, según creo, le hablavan en ello, e después la hallé también en este parescer, que no ha sido menester más advertir, mostrando estar bien en que se haga de parte el arçobispo el recognoscimiento devido, segúnd lo traté yo con Su Alteza y después con el Rmo. de Sevilla. Tanbién creo que el otro día me engañé, que, quando dixe que el padre rector de Sant Gregorio me dixo el sentimiento de el padre fray Domingo de Soto, no creo era él, sino el padre fray Juan de la Peña, aunque importava poco ser el uno o el otro; descargo en ello mi conciencia. E digo que es verdad todo lo que aquí digo; e lo demás que se me acordare, si me mandaren que lo diga, lo diré tanbién con la obbediencia e recatamiento que devo a V. S.ª e a esos señores. E por seer assí verdad, lo firmo de mi nombre.

En Valladolid a veinte e quatro de deziembre año de mill e quinientos e cinquenta e ocho.

Francisco de Vorja

VII

Petición del fiscal licenciado Ramírez

Illes y muy Rdos. señores: El Licenciado Ramírez, fiscal en este Sancto Officio, ante V. S.ª e mercedes parezco e digo: que por información que ay en este Sancto Officio, de la qual hago presentación, consta e paresce que en poder de el maestro fray Melchor Cano e de fray Domingo de Soto e de otras perssonas, están ciertas cartas e avisos, ansí de fray Bartholomé de Miranda, arçobispo de Toledo, como de otras perssonas, tocantes a los negocios e cosas que en este Sancto Officio se tratan, las quales conviene que se exhiban e vean lo que en ellas se contiene. Por ende, a V. S.ª e mercedes pido e suplico provean e manden que el dicho fray Malchior Cano e fray Domingo de Soto e otras qualesquier perssonas que tengan cartas o avisos sobre los negocios tocantes a este Sancto Officio, las exhiban e entreguen (186r) ante V. S.ª e mercedes originalmente, sin quedar traslado alguno, dentro de un breve tiempo so graves penas e censuras. Para lo qual y en lo necessario, ynploro el Sancto Officio y pido justicia.

Respuesta

Valladolid, 5 enero 1559

En la audiencia de la Sancta Inquisición de Valladolid, cinco días de el mes de enero de mill e quinientos e cinquenta e nueve años, presentó el pedimiento supra escripto ante el señor Licenciado Valtodano, de el Consejo de la General Inquisición e el Licenciado Vaca e Diego Gonçalez, el promotor fiscal e pedió lo en él contenido.

E luego Su S.ª e mercedes dixieron que, avida opportunidad, se llamen los rreligiosos que tienen las dichas cartas e luego mandaron expresamente que se llamen a esta audiencia. Fuy presente yo, Julián de Alpuche, secretario.

(Corregido con el original por mí Sebastián de Landeta)

Don Carlos de Seso y el arzobispo Carranza

Un veronés introductor del protestantismo en España (1559)

Los historiadores antiguos y modernos de la Reforma en Italia silencian completamente el nombre de un italiano que figura en los anales del protestantismo español del siglo XVI: don Carlos de Seso. Su nombre va asociado a los famosos autos de fe de Valladolid de 1558-1559, apareciendo entre los reos como uno de los principales sembradores de ideas heterodoxas en el entorno de la capital castellana [1]. Es verdad que no aparece su proceso inquisitorial particular; mas su nombre aflora en otros procesos y singularmente en el del arzobispo de Toledo fray Bartolomé Carranza. Esta conexión con la causa del arzobispo deriva de la esporádica entrevista que mantuvieron ambos en mayo de 1554, cuando Carranza era simple fraile dominico y se disponía a acompañar al príncipe don Felipe a Inglaterra. Este incidente, visto a la luz del clima represivo imperante en 1558-1559, fue objeto de minuciosas pesquisas inquisitoriales, encaminadas a inculpar al dominico de no haber denunciado a tiempo a quien luego apareció como cabeza de los círculos protestantes castellanos. La documentación que se va acumulando al respecto aporta no pocas noticias sobre el hecho y sobre su protagonista don Carlos de Seso y extiende su luz informativa hasta corrientes espirituales italianas de la mitad del siglo XVI [2].

Desde el punto de vista estrictamente procesal, interesaba particularmente dilucidar el significado y contenido de la entrevista entre Seso y Carranza. Noticias que bordean el episodio nos permiten esclarecer la personalidad espiritual de este inquieto italiano. Presentar un esbozo biográfico o cuanto podamos saber sobre su doctrina y actividades proselitistas haría excesivamente largo este trabajo. Por esta razón nos ceñiremos en él a analizar detalladamente la documentación recogida en el proceso de Carranza, dejando para otra ocasión el estudio completo sobre Carlos de Seso apoyado en otras fuentes [3].

Muchos son los testigos que desfilan ante los inquisidores y que de una u otra forma aportan noticias sobre Seso; todos ellos irán apareciendo a lo largo de estas páginas. También recogeremos con especial cuidado *seis* fragmentos documentales del proceso de Carranza que corresponden a otras tantas declaraciones perso-

1. Cf. M. Menéndez Pelayo, *Historia de los heterodoxos españoles* III, Santander 1947, 397-400, 431-436.

2. Manejamos constantemente en este trabajo bajo la sigla DH los tomos ya editados del proceso de Carranza. Citamos con la sigla *Proceso*, con su tomo y folio correspondientes los que aún se conservan inéditos en la Real Academia de la Historia.

3. En atención a los estudiosos italianos interesados en el tema, reproduciremos en nuestro trabajo abundantes documentos, editados o inéditos, para facilitarles su estudio. Por la misma razón modernizo su ortografía.

les de don Carlos en su propio proceso y que por su relación con el de Carranza pasaron al de éste. La primera de ellas es del 18 de junio; la postrera surgió poco antes de su muerte, cuando conocía ya la sentencia que le esperaba. Aun dentro del género procesal, ofrecen importantes variedades: en efecto, en unos casos se trata de respuestas verbales al interrogatorio de los jueces; en otros, de réplicas a la llamada publicación de testigos; en dos, de declaraciones espontáneas y escritas por el reo, y por lo tanto más conscientemente elaboradas. En todos los casos se presuponen datos insertos en su perdido proceso, que a veces se pueden adivinar por las respuestas. Con todo, siempre nos encontramos ante documentos cuya fuente directa es el mismo don Carlos de Seso y que los suscribió con su nombre. Aunque se trate de una copia notarial y no de los papeles originales, su garantía jurídica e histórica es completa. Todos ellos se conservan en el tomo I del proceso de Carranza, que guarda la Real Academia de la Historia, en Madrid. Hay una segunda copia de estos textos en el tomo XVI del mismo proceso, sólo ofrece la variedad de añadir algunas acotaciones de época, que aportan nueva luz sobre el asunto [4].

ALGO SOBRE EL PERSONAJE

Quienes se han ocupado de Seso agrupando algunas noticias son E. Schaefer y Menéndez Pelayo. Ellos nos proporcionan los datos elementales para una primera descripción del italiano. Don Carlos de Seso procedía del norte de Italia, exactamente de Verona. El se declaraba en algún modo discípulo de Juan de Valdés; el concienzudo investigador alemán supone que sólo pudo serlo por haber *leído* sus escritos, ya que Valdés murió en 1541. No sabemos cuándo vino por primera vez a España; sí que vivió primeramente en Logroño y que, relacionado con la corte, fue nombrado corregidor de Toro hacia 1554. En otoño de 1557 vivía en Villamediana, cerca de Logroño. Se había casado con doña Isabel de Castilla; atraída ésta a las nuevas ideas religiosas por su marido, volvió al catolicismo a raíz de la desgracia de éste.

Desde el punto de vista de credo religioso, la evolución de don Carlos parece tener su momento decisivo hacia 1550 con motivo de un viaje a Italia. A su vuelta de Verona, traía en el alma nuevos gérmenes y en sus cofres algunos libros y papeles significativos; con gran discreción comenzó a sembrar sus nuevas ideas con amplios planes para la evangelización de España. Ganó para su causa a su esposa; a una sobrina de ésta, doña Catalina de Castilla; al sacerdote y licenciado Diego Sánchez, de Villamediana y al licenciado Francisco de Herrera; y tuvo amplia influencia en la conversión al protestantismo de Pedro Cazalla, uno de los principales encausados [5].

LA CAPTURA DE DON CARLOS

Don Carlos de Seso fue apresado en la frontera de los Pirineos navarros justamente cuando se disponía a abandonar España. Iba en compañía del dominico fray Domingo de Rojas, hijo del marqués de Poza, gravemente comprometido en el

4. DH II, 42-59.
5. M. Menéndez Pelayo, *o. c.*; E.H.J. Schaefer, *Beiträge zur Geschichte des spanischen Protestantismus und der Inquisition* I, Gütersloh 1902, 251-252, 265-266.

nacimiento de los grupos protestantes vallisoletanos [6]. Tal compañía no hacía sino comprometer seriamente al italiano; éste va a ser el primer punto del que responda en las actas del proceso de Carranza. Se le acusa de favor prestado a un hereje para escapar, y de pretender ausentarse él mismo. Un dato figura al frente de su declaración: tenía —el 18 de junio de 1558— 43 años, lo que ayuda a fijar su nacimiento hacia 1515. A las acusaciones o sospechas, responde así:

Que este confesante iba a la sazón que la dicha petición dice, a Italia, porque había sabido la muerte de su madre y de un hermano suyo, como dicho tiene en su confesión. E que nunca fue su intención de ir a tierra de herejes ni vivir con ellos ni tener opinión de ellos; e quien lo contrario de esto dice, le levanta testimonio. E que en lo demás que la dicha petición dice, que es verdad que ese confesante fue preso juntamente con fray Domingo de Rojas; y que él le había dicho en Logroño que iba a Flandes al arzobispo de Toledo, sin decirle por qué. E que si supiera que él iba ausentado, que nunca le diera favor ni siquiera irse con él, e que se remite a lo que tiene confesado. Y que esto mismo confesó e dijo el dicho fray Domingo a tres personas, es a saber, al alcaide, alguacil e nuncio de Calahorra, de la Inquisición [7].

Desgraciadamente no poseemos la confesión anterior a que alude don Carlos. Se disculpa de la comprometedora compañía de Rojas, arrojando sobre éste mayores culpabilidades, e incidentalmente sobre el arzobispo de Toledo, y él se busca un *alibi* que justificase su viaje a Italia, mencionando la muerte de su madre y de un hermano.

Confesión escrita de don Carlos de Seso (1558)

Los extractos de su proceso saltan sin fisuras nueve días para mostrarnos a don Carlos pidiendo tres pliegos de papel con la intención de «decir cierta cosa que pasó grave con una persona eminente del reino». Probablemente para entonces se le habían dirigido cargos que hacían muy problemática su pacífica salida de España. El 30 de junio comparecía ante los inquisidores Hernández de Valtodano, doctor Riego y licenciado Guigelmo, con dos escrituras en mano: la primera era una petición, cuyo texto no se recoge; la segunda una *confesión*, «escrita en un pliego de papel e firmado de su nombre». Más tarde tendremos ocasión de matizar juicios sobre esta confesión; de momento es preciso escuchar al reo. Dice así:

Habrá cuatro años, si bien me acuerdo, que yo dije a Pedro de Cazalla, cura de Pedrosa, venido yo de Zamora de hablar al Presidente don Antonio de Fonseca, estando allí el Rey nuestro señor, que no podía saber ni entender e que dubdaba, siendo verdad que sobre Jesucristo nuestro Señor cayese la pena debida a nuestros pecados e que su muerte era nuestra paga e justicia para satisfacer a Dios, que hubiese purgatorio para los que morían unidos con Jesucristo nuestro Señor.

De lo cual el dicho Pedro de Cazalla se escandalizó; e a lo que pareció, lo dijo a fray Bartolomé de Miranda, que es al presente arzobispo de Toledo. El cual me escrebió a Logroño que veniese aquí a Valladolid, porque tenía una cosa que hablarme que me cumplía. Yo vine. E venido en la capilla de San Gregorio, me dijo: «¿Vos habéis hablado a alguna persona algo de purgatorio?». Yo le dije que sí; que a Pedro de Cazalla había dicho lo que tengo dicho. El me dijo: «Mañana a tal hora vamos a mi celda e allí verná Pedro de Cazalla y os hablaré». Yo lo hice así, e vino Pedro de Cazalla también juntos.

6. Cf. Schaefer, *o. c.*, 248-249, 305, 311-312. En 1570 el licenciado Torre recordaría su intervención en el apresamiento de don Carlos y fray Domingo de Rojas. Cf. J. Simón Díaz, *La inquisición de Logroño (1870-1580)*: Berceo 1 (1946) 96.

7. La relación de Seso con Rojas fue mucho mayor de lo que dejan entrever estas declaraciones. Aunque pudiera ser cierta la muerte de su madre y hermano, en este contexto resultan un *alibi* para justificar su viaje.

Me dijo el dicho padre fray Bartolomé de Miranda: «Vos habéis dicho que dubdais del purgatorio; ¿en qué os fundais?». Yo le dije que en la superabundante paga que por nuestros pecados se había dado a Dios, que era la sangre, pasión e muerte de Jesucristo nuestro Señor, hijo de Dios e verdadero Dios; la cual paga de mucho sobraba a las debdas de los verdaderos fieles y escogidos de Dios, e otras razones le dije que *traía escriptas en un papel por memoria*, que no se me acuerdan. A lo qual me respondió, que ningunas razones eran bastantes para que yo me apartase de lo que tiene la santa madre Iglesia, y que me aconsejaba que ansí lo hiciese, porque no todos iban tan limpios de este mundo ni llevaban tanta fe, esperanza y caridad, que fuesen derechos al cielo; e me dijo otras razones que no me acuerdo.

Yo le dije qué grande caridad e merced me había hecho su paternidad, e que yo procuraría de reducir mi credulidad como su paternidad me lo mandaba. Díjome que, si tuviera tiempo, que él satisficiera a todas las razones en particular que yo le mostrase; pero que estaba de camino para ir con el Rey nuestro señor, e que, venido, holgaría de buena voluntad por mi quietud de satisfacerme más particularmente, e que para entonces las guardase e que agora me quietase con que ansí lo tiene la santa madre Iglesia. Yo dije que lo haría, e me dijo: «Mirad que esto que aquí ha pasado quede aquí enterrado, e que por ningúnd evento lo digáis».

Yo, no sabiendo si ofendía a nuestro Señor en decillo y a la caridad del prójimo, [he] estado perplejo si con buena consciencia lo podía decir o no, hasta que por vuestra señoría me fue dicho que sí podía; e si hasta agora no le he dicho, no ha sido por pertinacia, sino por la causa dicha.

Yo me fui luego a mi casa e quieté mi espíritu, creyendo que muchos que no llevaban tan entera fe, esperanza e caridad y santa contrición de sus pecados como se requiere para gozar luego de Dios, iban a purgatorio; e juntamente con esto creyendo que los que mortificasen su carne e se empleasen en servicio de nuestro Señor e muriesen con conoscimiento de sus pecados, confesados como lo manda la santa madre Iglesia, y se supiesen aprovechar del tesoro que tenían en Jesucristo nuestro Señor, que para estos tales no había purgatorio. E así en mis hablas, que son las que he dicho firmadas de mi nombre, no me acuerdo haber tratado cosa particular.

El intento mío en hablar de Jesucristo nuestro Señor, nunca fue apartar a nadie de lo que tiene le sancta madre Iglesia, sino de que fuese conoscida la grande obligación en que somos a Dios por tan singular *beneficio* como nos había hecho en darnos a su Hijo Jesucristo nuestro Señor en la cruz por nuestros pecados: y que este conocimiento nos estimulase a amarle e servirle con toda diligencia, apartando de nosotros toda cosa torpe e indigna de hijos de Dios, e que conosciésemos por esta singular merced el amor que Dios nos tiene, e nos reduciésemos a tener el crédito digno de tal padre.

E sabe Dios que digo verdad; e si no la digo, él sea en mi condenación: que mi intención, como tengo dicho, nunca fue dogmatizar ni presumir de enseñar, ni jamás hice juntar a nadie para efecto de hablarles en estas ni otras pláticas; sino que, si venía ocasión de hablar en cosas de Dios, hablaba lo que se me ofrecía, sin tener harte ni propósito ninguno particular. E he dicho junto con esto que debemos de confiar, haciendo lo que es en nosotros, con la gracia de Dios, que él hará merced de librarnos de mil infiernos e mil purgatorios que hubiese.

Así que yo confieso haber creído que no había purgatorio, e me humillo en todo e por todo e sugjeto a lo que tiene e cree la santa madre Iglesia. E digo, como obediente su hijo, protesto vivir e morir de aquí adelante en lo que ella tiene e cree. E así mesmo me conozco por gravemente culpado, seyendo yo de la profesión que soy, tratar cosas semejantes. E por el escándalo que he dado, pido a Nuestro Señor Dios perdón e a vuestra señoria penitencia con misericordia.

Don Carlos de Seso [8]

La versión de don Carlos de Seso sobre hechos pasados y sobre las propias ideas, expuesta en bello y fino estilo, parece diáfana y sincera. ¿Era así? Aunque superficialmente parezca centrarse sobre la cuestión del purgatorio, en realidad va involucrada en ella toda una concepción acerca de la redención por Cristo y de su eficiencia. Seso matiza muy pulidamente sus conceptos, llegando a restarles toda heterodoxia. Ensalza por un lado la satisfacción ofrecida por Cristo y su infinita eficacia; y afina bien en la exposición de las condiciones que se requerían para que su eficacia fuese plena. No niega el purgatorio, sino afirma que para los que mueren unidos a Cristo, hacen lo que deben con la gracia de Dios, se emplean en servicio de Dios y mueren con conocimiento de sus pecados confesándolos como lo manda la iglesia, no hay purgatorio; o de otra forma, que confiaba que Dios los libraría

8. DH II, 44-46.

de él. Quienes no llevaban tanta fe, esperanza, caridad y contrición, «iban a purgatorio». En esa línea parece que actuó fray Bartolomé: aceptada la teoría como correcta, simplemente recalca que «no todos iban tan limpios de este mundo ni llevaban tanta fe, esperanza e caridad, que fuesen derechos al cielo».

Si de la teoría descendemos a los hechos, comprobamos la iniciativa de Pedro de Cazalla, secundada por Carranza, de hacer venir a Valladolid al laico italiano aficionado a teologías. Posiblemente vino sin saber el motivo exacto de la llamada. La entrevista está narrada con viveza y palabras medidas. Fue un verdadero diálogo. Apremiado por los preparativos de su viaje a Inglaterra con el príncipe don Felipe, Carranza no disponía de tiempo y reposo para entrar en honda discusión teológica. Fundamentalmente se limitó a invocar un argumento de autoridad —el de la iglesia— y a recalcar que «ningunas razones eran bastantes para que yo me apartase de lo que tiene la santa madre iglesia». Carranza se mostró dispuesto a darle más amplia satisfacción en otra ocasión más propicia; entre tanto le rogaba que se «quietase» con el argumento de autoridad invocado y que guardase absoluta reserva sobre aquella entrevista.

Por su parte, don Carlos de Seso volvió a su casa y quietó su espíritu, según esta confesión. En realidad —siempre según su declaración —persistía en la distinción señalada: *muchos* no llevaban tras esta vida las condiciones requeridas, e iban al purgatorio; *algunos* morían con tales condiciones y se aprovechaban de tal suerte del tesoro de los méritos de Cristo, que para ellos no había purgatorio. Si esto atañía a sus convicciones personales, por lo que respectaba a la difusión de ideas don Carlos se confesaba extraordinariamente discreto y animado de alto espíritu. Nunca intentó apartar a nadie de lo que sentía la iglesia; sino que conociesen todos la obligación que teníamos hacia Dios por tan singular *beneficio* como era habernos dado a su Hijo muerto en la cruz por nuestros pecados. Esta consideración nos había de estimular a amar y servir a Dios y a apartar de nosotros toda cosa torpe e indigna de hijos de Dios. Para despejar sospechas añade al fin de su confesión algunos complementos de matiz, de importancia: «Debemos de confiar, haciendo lo que es en nosotros con la gracia de Dios, que él nos hará merced de librarnos de mil infiernos e mil purgatorios que hubiese».

Por lo demás, afirma que nunca tuvo intención de dogmatizar, ni presumió de enseñar, y que nunca hizo juntar gente para enseñarles estas cosas; cuando se ofrecía ocasión de hablar de cosas de Dios, «hablaba lo que se me ofrecía sin tener arte ni propósito ninguno particular». Invoca a Dios por testigo de la verdad de su exposición y la cierra con un reconocimiento humilde de su error, que sorprende al lector. En efecto, confiesa finalmente haber creído que no había purgatorio, y se humilla y somete a la doctrina de la iglesia, con protestas de vivir y morir en ella. Esta demasía en el reconocimiento de sus culpas, este sentirse «gravemente culpado», reconocer el escándalo dado y hasta la mención explícita del contraste entre su condición o profesión y tales disquisiciones teológicas, tienen un cierto aire de teatral sumisión que desemboca en la demanda de perdón a Dios y de «penitencia con misericordia» a sus jueces. Como veremos, don Carlos decía algo y ocultaba mucho.

Declaraciones complementarias de don Carlos

A pesar de que don Carlos aseguró que nada encubría en su confesión, los jueces podían poseer —y de hecho poseían— datos que hacían necesaria una ulterior exploración. Gracias a ella podremos conocer más noticias sobre este curioso sujeto. Recogiendo el contenido de sus respuestas, podemos sintetizar su meollo en los siguientes resultados: don Carlos dice que nunca hasta la entrevista ya conocida habló ni escribió en su vida a fray Bartolomé Carranza. Confesó que había venido a aquellas ideas teológicas un año antes de haberlas platicado con Cazalla: por lo tanto hacia 1553. Interrogado de dónde vino a tener aquellas ideas y qué ocasión tuvo para ellas, repuso que «*de oirla en Italia predicar y engrandescer el beneficio e muerte de Jesucristo nuestro Señor, e haber hablado con los predicadores que predicaban, e que esto lo oyó en Verona*». La referencia es de sumo interés. Fue preguntado si había tenido algún libro en que se negase la existencia del purgatorio; respondió un tanto evasivamente que «tenía las razones que dijo al dicho fray Bartolomé escriptas de su mano, en un cartapacio que *había sacado de otros escriptos de mano de lengua italiana*» y que no se acordaba haberlos leído en los libros de los herejes alemanes, y que ya había declarado los libros que había leído, en su confesión primera [9]. Nuevamente nos quedamos deseosos de conocer su contenido.

Varias son las preguntas que siguen sobre la entidad de la entrevista con Carranza y sobre el resultado de la misma. Don Carlos discretamente afirma que le pareció que Pedro de Cazalla «iba satisfecho» de la misma. Preguntado si él personalmente quedó satisfecho, respondió con la distinción ya conocida: creyó que los que no llevaban entera contrición, fe, esperanza y caridad, no iban derechos al cielo; los que se supiesen aprovechar del tesoro de la muerte de Cristo, «iban derechos al cielo». Fijada aparentemente la posición doctrinal, las preguntas recayeron sobre su difusión y actividades proselitísticas. La pregunta no daba lugar a escapatorias: se deseaba saber si posteriormente había tratado sobre el tema de la justificación, «entendiéndola particularmente hasta venir a decir que no había purgatorio». Don Carlos se remitió al sentido doble expuesto en su confesión, reiterando explícitamente: «No entendiendo *jamás* ni pretendiendo que se entendiese que para *todos* no le había, sino para los que dicho tiene, y esto después que el padre fray Bartolomé de Miranda le habló». Una anotación marginal de la copia del tomo XVI del proceso revela el ánimo de los jueces: «Está convencidísimo de lo contrario». Desde tales supuestos se estrechó el cerco a las evasivas y se le encargó que respondiese «confesando y negando, sin dar declaración ninguna».

Don Carlos invocó de nuevo el juramento hecho y dijo resueltamente que no se acordaba haberlo dicho afirmativamente. Para agotar el turno de preguntas se insistió en querer saber de él si, después de la entrevista con Carranza, creyó verdaderamente que había purgatorio y hasta cuándo perseveró en esta fe. El hábil don Carlos utilizó nuevamente su distinción sabida: después de aquella entrevista, ha creído que hay purgatorio para los que no saben aprovecharse de los méritos de Cristo, y no para los que supiesen aprovecharse. Los artilugios se rompieron cuando los jueces le dijeron que según se podía entender de la acusación fiscal y de las pruebas que se aducirían oportunamente, constaba que de cuatro años a esta parte —esto es de 1554 a 1558— había tratado con *muchas personas* sobre aquella materia y se presumía que no se había apartado de su opinión. Don Carlos persistió en su defensa: «Dijo que su intención en todo lo que ha hablado no ha sido *general*, que se tuviese que no hay purgatorio; sino en *particular* de los que dicho tiene». No escapó a los inquisidores una frase misteriosa de la confesión escrita de don Carlos: «¿Por qué causa le dijo Carranza que quedase enterrado lo pasado y por ningún evento lo dijese?». Don Carlos respondió sencillamente que creía que «por beneficio de este confesante, porque no le viniese daño». También dijo que no se acor-

9. DH II, 49.

daba haber platicado de nuevo con Cazalla sobre aquella materia, aunque la anotación marginal inquisitorial supone lo contrario: «Está convencido de que lo hizo» [10].

Mientras estas confesiones y declaraciones hacía don Carlos, habían declarado por su lado fray Domingo de Rojas y Pedro de Cazalla [11]. Alguna sospecha debían albergar los inquisidores, ya que el notario inquisitorial Esteban Monago extiende un certificado diciendo que Seso y Cazalla estaban presos en cárceles separadas y distantes, e incomunicados. Seso estaba en una cárcel que antes era audiencia del juzgado de bienes del santo oficio; Cazalla estaba en otra cárcel, que lindaba con un corral de la de Villazán y había ingresado antes que el italiano. Había mucha distancia de lugar entre ambas, y estaban muy apartadas una de la otra y no se podían comunicar Seso y Cazalla en manera alguna si no fuese por tercera persona, «por estar como está el patio de las casas de este santo oficio e algunas otras cárceles en medio de las dichas cárceles, que casi están las dichas dos cárceles la una contra la otra las más apartadas que hay en este santo oficio» [12]. Tan reiteradas afirmaciones obligan a pensar que alguna sospecha tenían los inquisidores acerca de la posible comunicación entre los dos presos.

Un mes más tarde, en la audiencia del 21 de julio, don Carlos añade un particular sobre la frustrada huida de España con fray Domingo de Rojas. Por él sabemos que pasaron por Pamplona. El día que entraron en la capital navarra, Seso preguntó «con mucha importunidad» a su compañero de viaje dominico por qué quería huir adonde estaba el arzobispo de Toledo. Esta declaración desmiente lo que dijera en su confesión, esto es que no sabía que fray Domingo huía de España. La respuesta de fray Domingo, confesada ahora, disipa toda duda: «Porque sospechaba que le querían prender e por la deshonra que recibiría la orden si le prendiesen, con consentimiento de ella, se iba al arzobispo. E que también creía que a este confesante —don Carlos— le llamarían a la inquisición, porque decían que había hablado de la justificación» [13].

Habla Pedro de Cazalla

Para estas fechas los inquisidores sabían ya muchas cosas sobre don Carlos de Seso por declaración de otros presos. Una de las más importantes y directas era la de Pedro de Cazalla, el antiguo corregidor de entuertos. Su testimonio tiene singular valor y es preciso recogerlo con puntualidad: está extraído de la confesión escrita que presentara a los inquisidores el 5 de mayo de 1558, dice así:

> Yo, Pedro de Cazalla, cura de Pedrosa, digo: que, siendo requerido de parte de los muy reverendos señores inquisidores si sé o imagino la causa porque fui traído preso a esta sancta casa de la Inquisición, dije e manifesté lo siguiente: Primeramente, digo que habrá cuatro años que, comunicando con don Carlos de Seso, un caballero cuya amistad ha más de catorce años tengo, me dijo que creyese que a nosotros los hombres fueron hechos e cumplidos los prometimientos en los cuales se nos prometio e dio Jesucristo, para que el que en El creyese, hubiese la vida eterna; y que esta fe había de ser tal, que la precediese la penitencia, conviene a saber, la remisión del pecado y dolor e arrepentimiento de él, e el conocer la imposibilidad que de nuestra parte había para remediarle si no era abrazando la pasión e muerte de Jesucristo e aceptándola por nuestra, como dada del Padre eterno. Y que de esta fe, para ser viva e justificativa, habían de seguirse obras cristianas, conviene a saber, la observancia de los mandamientos.

10. DH II, 48-49. Declaración del 30 de junio de 1558.
11. Pedro de Cazalla el 4 de mayo y días siguientes y fray Domingo de Rojas a partir del 13 de mayo. Cf. DH II, 5 ss y 62 ss.
12. DH II, 49-50.
13. DH II, 50.

Lo cual, como fuese doctrina que me hacía fiar de Dios mucho e tener de él buen crédito, como de buen Padre, y no me quitase el obrar, antes me pusiese obligación de ello, abracé e dióme satisfacción, en especial que por ella entendí unos dos sermones de Pasión que había leído del muy Rdo. señor Arzobispo de Toledo, fray Bartolomé de Miranda, los cuales predicó en Valladolid, en el monasterio de Santa Catalina, en los cuales trató esta mesma doctrina, e donde particularmente dijo que por la fe viva entre el alma y Cristo se hacía un desposorio espiritual y se hacía un divino trueque: que el alma recibía los bienes del esposo Jesucristo y el mesmo Jesucristo recibía los de la esposa, en manera que el alma podía decir e tratar las riquezas de Jesucristo por suyas e decir «mis azotes», «mis espinas», «mi haber»; e por consiguiente Cristo reputaba por suya la hacienda del alma su esposa, que eran los pecados, y que como propios los había satisfecho según aquello del profeta [Is 53, 8], *propter scelus populi mei percussi eum*, y en otra parte [Is 53, 6], *posuit in eo iniquitatem omnium nostrorum.*

Iten digo que me dijo el dicho don Carlos que con esta fe e crédito que de Dios habíamos de tener e confianza en la muerte de su Hijo, no se podía compadescer el purgatorio: porque de tal suerte habíamos de creer ser perdonados e reconciliados con Dios mediante la muerte de su Hijo, que ninguna cosa quedase que no se nos perdonase, según lo del profeta [Ps 50, 9] *lavabis me et super nivem dealbabor*. La cual proposición, como fuese contra la determinación de la Iglesia, me causó escándalo y aflicción, y esta plática no pasó adelante por entonces.

Iten digo, que, como el dicho don Carlos me quedase con escrúpulo y desasosiego por una parte viéndose obligado a denunciar de él, e por otra forzándome el amor que le tenía a no lo hacer, vine aquí a Valladolid e comuniqué el negocio con el dicho señor Arzobispo de Toledo. E me acuerdo que Su Señoría dijo luego que yo le propuse el caso, sin saber la persona: «Oh! válame Dios, con hombres que descienden a tantas particularidades!», preguntándome quién era e yo se lo dije. Mandóme le llamase ante Su Señoría e *todos tres juntamos (sic!) tratamos* del negocio. Yo propuse lo que el mesmo don Carlos me había dicho; e por los términos e palabras el dicho don Carlos dio al dicho señor Arzobispo algunas razones que le movían a creer lo ya dicho, las cuales no le confutó el dicho señor Arzobispo, antes se divirtieron en hablar de algunos doctores de Alemaña. En conclusión, el dicho señor Arzobispo me mandó no hablase más en el negocio ni de ello hiciese escrúpulo e no vio más Su Señoría al dicho don Carlos ni a mi, porque Su Señoría estaba de partida para Inglaterra: ninguna de las cuales cosas yo advertí por entonces, hasta después, como adelante diré.

Iten digo que, de ahí a un mes que esto pasó, fue proveído el dicho don Carlos por corregidor de Toro, que es tres leguas de Pedrosa a do yo soy cura, al cual dicho don Carlos comunicaba yo como antes, con propósito de no tratar con él más en la materia pasada, ni él la trataba conmigo. Acaesció que un día, estando yo solo junto a la puerta de mi iglesia pensando en el *beneficio* de Cristo e su muerte, se me ofreció que no había por qué parar en el negar el purgatorio y para esto se me ofrecieron algunas razones: la primera, que, creyendo no le haber, confesábamos de Dios haber recebido mayor misericordia e ser la pasión de Jesucristo abundante para toda remisión. La segunda razón que se me ofreció, fue no hallar en el Evangelio ni en Sant Pablo nombrado expresamente este lugar del purgatorio, como en muchos lugares está nombrado expresamente el cielo y el infierno. Lo tercero que se me ofreció fue acordárseme del poco o ningún escrúpulo que el señor Arzobispo había hecho del caso que con Su Señoría comuniqué, sabiendo Su Señoría que *había yo entendido no quedar el dicho don Carlos reducido* en aquel caso de la plática que allí pasó. Lo cual todo junto digo que me venció para que yo creyese no haber el dicho purgatorio [14].

Omitimos el resto de la confesión de Pedro de Cazalla por no interesar al tema de nuestra investigación. La presentación de su *Turmerlebnis*, a la puerta de la iglesia de Pedrosa, en la que parecen germinar las ideas depositadas en su alma por don Carlos, tiene un aire sencillo y personalísimo. El afán por endosar al arzobispo y a su moderada réplica a don Carlos, la responsabilidad de esta especie de conversión y tranquilidad de espíritu, es hábil maniobra de un preso, cargado con otras muchas serias culpas, en trance de declinar o repartir responsabilidades. El cotejo de esta declaración con la de don Carlos, presenta discrepancias no desdeñables, sin perjuicio de la posible verdad de cada una de ellas, Le unía una vieja amistad con don Carlos desde hacía catorce años, lo que nos hace remontar hacia 1544. Las dudas acerca del purgatorio aparecen enmarcadas en un contexto distinto: en pri-

14. DH II, 5-8. En el texto de la nota 84 Carranza puntualiza que la entrevista fue un domingo del mes de mayo de 1554. Un mes más tarde fue nombrado don Carlos corregidor de Toro.

mer lugar no aparece para nada la sutil distinción tan repetida por don Carlos, sino que se cuestiona la existencia del purgatorio.

En segundo lugar, este punto aparece en conexión con el misterio de la redención y satisfacción de Cristo. Si por un lado parece ofrecer resabios de doctrina luterana, por otro la mención del *beneficio* de Cristo —palabra que hemos subrayado en las declaraciones de don Carlos y Cazalla— se diría que nos remite a la célebre obrita que con título parecido apareciera en Italia unos años antes. Inclina algo más a la segunda suposición, la alusión expresa a las obras cristianas y al cumplimiento de los mandamientos como condición para que tal fe en la Pasión de Cristo pueda ser considerada como «viva e justificativa». Dejamos de lado la alusión a los dos sermones de Carranza y a algunas ideas expuestas en los mismos, ya que poco interesan para nuestro principal asunto. El modo de entender esta fe en Cristo no se compadecía con el purgatorio en la mente de don Carlos, de creer a Cazalla. Por otra parte éste fue consciente de la contraposición de esta doctrina con la católica. Nos habla de escrúpulo, aflicción y escándalo. Probablemente eran verdaderos, ya que le impulsaron a llevar el caso a fray Bartolomé de Miranda, venciendo la resistencia que experimentaba en denunciar a un amigo. Cazalla es menos explícito relatándonos la entrevista de ambos amigos con el fraile dominico. Coincide con Seso en particularidades de interés: fue única la entrevista, Carranza tenía prisa porque estaba de partida para Inglaterra, y éste le recomendó el mayor secreto. Añade nuevos datos: el dominico no le refutó las razones a don Carlos, «se divirtieron en hablar de algunos doctores de Alamaña». En la maduración ulterior de las ideas de Cazalla, para nada se menciona nuevo trato con don Carlos.

Tras la confesión del reo, los inquisidores quisieron averiguar con mayor precisión algunas cosas. Por las nuevas respuestas de Cazalla completamos los detalles del incidente narrado. Así dice Cazalla que Carranza escribió a Seso «una carta escripta e firmada de su propria mano delante de este confesante, la cual este confesante leyó, e contenía que él estaba de camino e convenía que hablasen antes que se fuese, por ende que viniese luego». Cazalla cerró, selló y envió aquella carta. Acerca de la entrevista, Cazalla dirá que Seso *sacó un papel* en el cual traía escriptas ciertas razones e fundamentos en que se fundaba para decir que no había purgatorio». Y añade que don Carlos dijo a Carranza que «su intención era creer que no había dicho purgatorio *para sí mesmo:* e que si podía creer aquello, que Dios le hacía aquella merced» [15]. ¿Era sincero este importante complemento de Cazalla? ¿Por qué no lo dijo en la confesión? ¿Era esta concordancia la que hizo sospechar a los inquisidores secretas comunicaciones entre ambos reos?

Cazalla también precisa la actitud de Carranza y no pierde ocasión de diluir su propia responsabilidad:

> El dicho fray Bartolomé de Miranda le dijo que Dios le podía hacer aquella merced de que para él no le hubiese. E que el dicho don Carlos dijo también que se sometía a la corrección de la sancta madre Iglesia de Roma. E que a todo esto respondió el dicho Arzobispo, digo que el dicho Arzobispo no le confutó ni reprobó las dichas razones, antes dijo que no se tratase más de ello e que quedase sepultado. E que por entonces creyó este confesante que el dicho don Carlos *quedaba reducido* a lo que tiene la Iglesia Católica, por no lo advertir, como dicho tiene en su confesión más claramente. Y que la mayor causa, y aun casi fuerza que podía caer en constante varón, que le movió a este confesante a creer que no había purgatorio, le movió el poco caso que había hecho el dicho fray Bartolomé de Miranda en el negocio. Y que está cierto que otra persona que él no bastara a persoadirle, tornó a decir, a dubdarle a este confesante que no había purgatorio [16].

15. DH II, 11.
16. DH II, 11-12.

En declaraciones posteriores Cazalla va precisando algunas cuestiones de detalle. Así nos dice que cuando don Carlos acudió a Valladolid «había sospechado el negocio a que le llamaban y que por esto vino prevenido... el día antes que se juntasen todos tres en Sant Pablo, digo en el colegio, que fue en la celda del dicho fray Bartolomé de Miranda, le topó este confesante al dicho don Carlos en la calle, y entonces el dicho don Carlos dijo a este confesante que entendía la causa para que el dicho fray Bartolomé le llamaba, y que este confesante le dijo que era ansí, y que el dicho don Carlos le tornó a decir que se juntasen, pero que no le dijo que venía prevenido de aquellas razones» [17].

Los inquisidores repararon una contradicción entre la confesión escrita primera y las declaraciones posteriores de Cazalla en un punto que tenía suma importancia para precisar el fruto de la entrevista de Seso con Carranza: en efecto, en la primera dijo Cazalla que Seso «no quedaba reducido» y en cambio en la segunda afirmaba lo contrario, esto es, que quedó «reducido», esto es convencido en la materia del purgatorio. Cazalla no se acordaba de las razones que trajera escritas don Carlos; pero del resultado de la entrevista llegó a puntualizar lo siguiente a propósito de la contradicción advertida:

La causa de esto es que, como tiene declarado, el dicho don Carlos dijo al dicho fray Bartolomé de Miranda que su intención no era negar el purgatorio generalmente, y que en aquel sentido se lo había dicho a este confesante (?). E lo segundo, porque el dicho don Carlos también dijo que con todas aquellas razones que le movían, se sometía a la Iglesia: que por entonces no advertió en ello tan enteramente para decir que no quedaba reducido; e que después que notó más en lo que entonces pasó, le paresce que no quedó reducido según que lo dijo en la primera confesión. E que agora ve, según que tiene declarado este confesante, que el dicho don Carlos no quedó reducido, sino que todavía tuvo que no había purgatorio, porque *lo ha comunicado con él después este confesante e ha entendido de él en que está que no hay purgatorio* [18].

La contradicción advertida, probablemente fue calculada: el afirmar que don Carlos persistió en su doctrina era un modo de endosar mayor responsabilidad a Carranza, y así disculparse Cazalla de haber aceptado el mismo error. Cazalla ahora salva su contradicción, diciendo que más tarde pudo descubrir que don Carlos seguía aferrado a sus ideas, puesto que lo entendió de la comunicación posterior con el mismo. Tal afirmación ponía en evidencia la falsedad de lo declarado por don Carlos. La curiosidad de los inquisidores se extendió a los doctores de Alemania de que hablaron Carranza y Seso; Cazalla no los sacó de sus dudas, ya que no se acordaba de qué doctores trataron, ni del contenido de la conversación; sí afirma que no nombraron hereje alguno y que el único tema de la conversación fue el purgatorio [19].

VERSIONES DE LA ENTREVISTA EN LOS CÍRCULOS DE SESO, CAZALLA Y ROJAS: DOÑA FRANCISCA DE ZÚÑIGA, LAS MONJAS DE BELÉN

Cazalla y Seso eran dos de los participantes en la entrevista con Carranza. Si su testimonio tiene la ventaja de proceder de fuente originaria, tiene la tacha de emanar de dos reos apresados. Los contrastes entre sus deposiciones ponen un tanto en cuarentena la verdad íntegra de sus declaraciones. Aún hacen más delicada la hermenéutica histórica de este suceso en apariencia intrascendente, pero sumamente

17. DH II, 12-13.
18. DH II, 13.
19. DH II, 14.

trascendental en el proceso inquisitorial concreto, las noticias sobre el mismo suceso que llegaron a los inquisidores procedentes de otros presos. Al menos una cosa resulta evidente: *el suceso no quedó enterrado*, como lo aconsejara Carranza, *sino que fue difundido y con intenciones muy precisas*. Es verdad que el testimonio de quienes no participaron en la entrevista tiene de por sí menor valor y depende de cuanto sobre aquélla pudieron contar Cazalla y Seso. Si los otros testigos decían verdad, reflejan al menos lo que pudieron saber de la entrevista a raíz de las declaraciones de los dos participantes. Merece la pena escucharlos para situarnos mejor en el ánimo de los inquisidores que, haciendo honor a su nombre, fueron los primeros en inquirir e investigar la verdad, aunque fuera con fines procesales. Por otra parte estas minucias nos introducen plenamente en el mundo espiritual clandestino del protestantismo castellano y en el mundo correlativo de la represión inquisitorial.

Doña Francisca de Zúñiga

Doña Francisca de Zúñiga, hija del licenciado Baeza, sometida también a proceso, relata que hacia noviembre de 1557 le habló Juan Sánchez, uno de los herejes más netos, en contra del purgatorio. Sabiendo Cazalla que doña Francisca estaba *dispuesta a denunciar* a Sánchez, vino a ella y le habló «diciéndole que esto del purgatorio no era artículo de fe... e que él ansí mismo había estado muy escandalizado cuando don Carlos de Seso así mismo se lo había dicho, e que había ido al maestro Miranda, y tratado que quería denunciar de don Carlos, el dicho maestro Miranda se lo estorbó, porque le dijo que no era menester venir en tantas particularidades», y con esto aseguró a doña Francisca para que no denunciase a Sánchez. Más que ante nuevas noticias, nos encontramos ante una *instrumentalización* de la entrevista famosa, con la fundada sospecha de que tal versión de la entrevista no era sincera, sino interesada por parte de Cazalla, quien así encubría con nombre de Carranza las propias convicciones, encaminándolo todo a evitar una denuncia de la acongojada doña Francisca que podía resultar fatal.

Que el nombre de Carranza anduviese en boca de los principales rectores de los nuevos conventículos es cosa evidente. En círculos reducidos o en ámbitos más amplios, aunque cerrados, como el de las monjas del monasterio vallisoletano de Belén, fray Domingo de Rojas jugaba con el nombre de fray Bartolomé, que por entonces luchaba denodadamente con el protestantismo en Inglaterra y Flandes, dejando caer que participaba en sus nuevas doctrinas, que «en algo de ello estaba, aunque le faltaba mucho para ser cristiano», etc.. Las monjas de Belén lo creyeron así y se lo dijeron en alguna tertulia a doña Francisca de Zúñiga: la fuente explícita de tal suposición era siempre fray Domingo de Rojas. Las citadas monjas conocían la entrevista de Carranza con Seso y Cazalla, por confesión intencionada de éste. Dice así doña Francisca:

> E que antes y entonces había entendido esta confesante *de las dichas monjas*, que sabían que Pedro de Cazalla se había escandalizado de cuando don Carlos le dijo que no había purgatorio, e sobre ello habían ido al dicho fray Bartolomé, el cual había aplacado al dicho Pedro de Cazalla e no les había dicho si había purgatorio ni si no, *e que esto sabían por relación del dicho Pedro de Cazalla, e que después que el dicho Pedro de Cazalla o las dichas monjas estaban certificadas en que no había purgatorio, entendieron que lo había hecho el dicho arzobispo porque creyesen que no le había* [20].

20. DH II, 26-27.

Unos meses más tarde aporta doña Francisca nuevas precisiones sobre el caso, que en realidad confirman lo anterior: «Lo que después se ha acordado es que, cuando tiene dicho que las monjas de Belén decían que el maestro Miranda estaba en estos errores, contaba la dicha doña Francisca, la monja [21], lo que había aconsejado a Pedro de Cazalla cuando se escandalizó de que don Carlos le había dicho que no había purgatorio, e que sobre ello se habían juntado ante el maestro Miranda, y que el dicho maestro Miranda no se declaró que le hubiese, sino que había dicho que para qué era menester venir en tantas particularidades, e que más había tenido que hacer en aplacar a Pedro de Cazalla, que en reprender al dicho don Carlos. E que ansina había hecho que no denunciase el dicho Pedro de Cazalla del dicho don Carlos» [22].

ISABEL DE ESTRADA

De nuevo nos encontramos con Pedro de Cazalla como protagonista y fuente de la versión de los hechos que nos proporciona Isabel de Estrada, otra de las presas del grupo protestante:

El dicho Pedro de Cazalla tornó a hablar a esta confesante en Santa Cruz; e alabándole al dicho don Carlos del espíritu que tenía, le dijo que también él había andado muy desconsolado e pensó irse del reino e denunciar del dicho don Carlos en esta inquisición, y que con este propósito había venido de Pedrosa aquí —a Valladolid— e había tomado consejo con fray Bartolomé de Miranda, el cual decía que le había aconsejado que enviase a llamar al dicho don Carlos a Logroño donde estaba, e que así lo había hecho. E venido don Carlos a esta Villa, se juntaron todos tres en el aposento del dicho fray Bartolomé de Miranda; e allí había entendido, que el dicho fray Bartolomé de Miranda había tratado más de sosegar la consciencia del dicho Pedro de Cazalla, que no de reprender al dicho don Carlos por aquellas opiniones. E de allí dijo Pedro de Cazalla que había quedado sosegado en creer que no había purgatorio. E que al tiempo que esta plática pasó el dicho Pedro de Cazalla con esta confesante, ya él estaba tornado a confirmar en creer que no había purgatorio.

Si en estas dos versiones hemos encontrado a Pedro de Cazalla como fuente directa de las mismas, ahora nos vamos a encontrar a don Carlos de Seso en la declaración de la citada Isabel de Estrada; su testimonio deja malparada la sinceridad del italiano:

Después otro día, estando los dichos *don Carlos* e Pedro de Cazalla y Catalina Román y esta confesante en casa del dicho Pedro de Cazalla, hablaron en las turbaciones que cada uno de ellos habían tenido en creer estas cosas del purgatorio que tiene declaradas, e también trataron del trabajo que en ello había padescido el bachiller Herrezuelo. Y entonces *dijo el dicho don Carlos* e dijo: «Acuérdome que, habiendo yo de ir a hablar al Maestro Miranda cuando me llamaron de Logroño, la noche antes tomé papel y tinta delante de un crucifijo, comencé a pensar las cosas que había de decir al Maestro Miranda; y ofreciéronseme tantas cosas, que *no escribí nada*, sino que *llevé todo en la memoria.* E que entre otras razones que consideró que le había de decir, fue: «Este es Cristo crucificado en la cruz que purgó mis pecados aquí; luego éste es mi purgatorio». Y entendiéndolo *de esta manera* podía decir al dicho Maestro Miranda que creía que había purgatorio. E así después dijo a esta confesante, que, si le apremiasen. que dijese que había purgatorio, creyéndolo *de esta manera.* E esto dijo dos o tres veces delante de Catalina Román e Pedro de Cazalla e Juan Sanchez e Antón Domínguez, estando en Pedrosa en casa de Pedro de Cazalla, habrá más de año y medio, porque era corregidor estonces en Toro.

Un poco más atrás añade Isabel de Estrada que en esta misma ocasión decía don Carlos de Seso, que, cuando fue a visitar a Carranza, «le abrazó e besó con mucho regocijo e mucho amor [23].

21. La declarante es persona distinta de la monja del mismo nombre y apellido.
22. DH II, 34.
23. DH II, 38-39. Los dos párrafos de Isabel de Estrada corresponden a su declaración del 11 de julio de 1558. La plática referida de don Carlos es del final de 1555 o principio de 1556.

Este testimonio desvirtúa totalmente la aperente candidez de Seso: o actuó con redomada malicia ante Carranza y mintió ante los inquisidores, o en el clima entusiasta y proclive a las confidencias de la «comunión de la casa de Pedro de Cazalla», como llama Isabel de Estrada al conventículo, cada uno gustaba de hinchar libremente sus aventuras espirituales.

LOS HERMANOS DE CAZALLA: EL DOCTOR Y JUAN VIVERO

La familia de Cazalla nos va a proporcionar aún otras dos versiones del hecho que nos ocupa. La primera procede del doctor Cazalla, antiguo predicador de Carlos v. He aquí sus palabras:

> Del Arzobispo que es de Toledo oyó decir, bien pocos días antes que aquí viniese [24], que cuando don Carlos enseñaba a Pedro de Cazalla, que debe haber cuatro años, e hasta el tiempo que digo no lo supe, Pedro de Cazalla recibió grande escándalo en ver que don Carlos *negaba tan de veras el purgatorio* y de ello dio parte Pedro de Cazalla al dicho Rvdmo. de Toledo fray Bartolomé de Miranda, el cual envió a llamar a Logroño, donde estaba, e todos tres juntos trataron la materia del purgatorio. Y dijiéronme que vieron que el *Arzobispo había hecho acogida a las razones de don Carlos*, e que le abrazó e le pidió las dichas razones por *escripto* y él las dio. E dijéronme que había tenido más que hacer el Arzobispo en aplacar a Pedro de Cazalla que en confutar a don Carlos. E que lo que con instancia les pedía era que aquellas cosas quedasen allí sepultadas e que no se tratase más de ellas [25].

Por su parte Juan de Vivero, hermano de los Cazalla, confiesa haber oído de labios de Pedro de Cazalla la víspera de Reyes de 1558, que «al principio que don Carlos le había hablado sobre estas materias, había él venido aquí a Valladolid con determinación de denunciar en el sancto oficio del dicho don Carlos; e que antes que lo hiciese, lo había comunicado con el dicho maestro Miranda. E que también le dijo que el dicho maestro Miranda hizo con él que no lo denunciase hasta que él hablase al dicho don Carlos, e que ansí le había enviado a llamar el dicho maestro Miranda por carta que le escrebió. E venido el dicho don Carlos, le había sobre ello *hablado primero al dicho don Carlos* e que *después les habló a entrambos* los dichos don Carlos e Pedro de Cazalla, e que le dijo otras cosas que no se acuerda, mas de que le dijo: "Esto quede aquí sepultado o no habléis más en ello". E que ansí el dicho Pedro de Cazalla había quedado asegurado, e que entendió del dicho maestro Miranda que no le había parescido mal aquello. También le dijo el dicho Pedro de Cazalla haberle dicho el dicho don Carlos que el maestro Miranda *le había pedido por escripto por qué razones fundaba* el dicho don Carlos aquellas opiniones e que él se las *había dado por escripto* y el dicho Maestro Miranda las había guardado. E que después oyó decir e referir esto mismo que toca al dicho maestro Miranda en Pedrosa, que lo contaba el dicho Pedro de Cazalla delante de doña Juana e de fray Domingo» [26].

También remonta a Pedro de Cazalla la información aportada por doña Catalina de Reinoso, monja del monasterio de Belén, presa en el santo oficio: «Más me dijo Pedro de Cazalla, preguntándole yo *cómo se había convertido*: que, estando don Carlos en Toro por corregidor, que era muy grande amigo suyo, que estando un día juntos, le había dicho don Carlos que no había purgatorio, y que él se había

24. El doctor Cazalla fue apresado el 24 de abril de 1558. Cf. Schaefer I, 310.
25. La declaración del doctor Cazalla es del 4 de marzo de 1559. Cf. DH II, 150-151.
26. DH II, 159-160.

escandalizado y que había venido aquí a denunciar de él. Y que topó con el maestro Miranda y él se lo estorbó que no denunciase del dicho don Carlos, procurando de aseguralle, e que por esto lo dejó. E que también me dijo que había hecho promesa de nunca más tratar con este hombre —¿Carranza o don Carlos?— y esto le decía el dicho Pedro de Cazalla con gran lástima, deciendo que había perseguido la iglesia como Sant Pablo, y esto puede haber un año que se lo oí decir en este caso» [27]. Esta conciencia de antiguo perseguidor de la iglesia —protestante— aparece en Cazalla a principios de 1558.

Fray Domingo de Rojas

Dejando el círculo de los Cazalla y sus secuaces, veamos un nuevo testimonio, el del compañero de Seso en la frustrada huida, fray Domingo de Rojas, igualmente preso en las cárceles de la inquisición. Por él conocemos algunos pormenores acerca de la prisión. En efecto, nos dice que después que fueron presos por el comisario de la inquisición y los tuvo en su casa y dio de comer, los llevó a una torre; en casa del comisario pudieron saludar al obispo de Pamplona, don Alvaro de Moscoso, quien los abrazó e hizo asentar en sendas sillas, quedando solos en su compañía. La amabilidad del obispo fue un tanto entibiada con la frase de reproche que dirigió a Rojas, vestido de seglar: «Otro camino es éste e hábito que no el que llevó vuestra merced al concilio». Rojas le respondió que el hábito lo llevaba en el corazón y que había pretendido llegar al arzobispo de Toledo, «porque entendió que acá en Valladolid le querían prender». La frase que sigue, así como esta última, son ambiguas; Rojas añade que «en tocar a este confesante, tocaba al arzobispo de Toledo». ¿El amenazado de prisión era entonces el arzobispo? Ante tal insinuación el obispo de Pamplona fue explícito: «Al arzobispo no le tocaba nada de cosa semejante» [28].

Páginas más atrás se va a referir Rojas a la ya conocida entrevista; en este caso la fuente informativa, es doble: remonta a Pedro de Cazalla, y Seso, y a su propia hermana de Rojas, doña Elvira de Rojas, marquesa de Alcañices. Esta vez se rompe un poco la monotonía de los relatos conocidos y nos encontramos con pinceladas descriptivas de sumo interés. La confesión de fray Domingo de Rojas, antiguo discípulo de Carranza, reza así:

Dijo que ya ha dicho que oyó a la Marquesa [de Alcañices], hermana de este confesante, e a Sabino Bernal, cura de Tiedra, que Pedro de Cazalla había tenido escrúpulo de cierta comunicación que había pasado entre él e un amigo suyo, e que Sabino no le dijo quién era el amigo, e la Marquesa le dijo después que el amigo era don Carlos; e que fray Bartolomé de Miranda, después de haberle dado parte de ello, le había atajado, corregiendo el dicho don Carlos, como lo tiene ya dicho.

E que después que estuvo en estos errores [fray Domingo de Rojas], o Pedro de Cazalla o don Carlos, contándole lo que había pasado, les repreguntaba este confesante si había atajado aquello fray Bartolomé de Miranda como quien estaba contento con la corrección fraterna, o si había sabido solapallo como hombre que no le había parescido mal aquella opinión.

E le dijieron a este confesante que lo que sabían era que, en entrando don Carlos, e propuesta la razón por que le llamaba y entendido el error de que estaba el Pedro de Cazalla escandalizado, le preguntó fray Bartolomé a don Carlos que le dijiese por qué razones se había persuadido a creer

27. DH II, 196-197. Doña Catalina sitúa la entrevista inexactamente cuando don Carlos era ya corregidor de Toro.

28. DH II, 73-74. Fray Domingo era hijo del marqués de Poza, don Juan de Rojas, y de doña Marina Sarmiento; era hermano de doña Elvira de Rojas, marquesa de Alcañices. Había sido discípulo de Carranza. Cf. Schaefer I, 248.

una cosa contra lo que tiene la Iglesia. E que el dicho don Carlos le pidió de espacio aquella noche para dar razón de sí por escripto; e trayéndole otro día un pliego de papel, dice que las leía fray Bartolomé de Miranda a solas llorando. E que, acabado de leer, le dijo llorando: «Todo esto no basta para excusar a un hombre que se aparta de la Iglesia». E que en algunas cosas en que magnificaba la Pasión de Cristo, parécele a este confesante que le dijo que mostró que le contentaban; pero que lo demás se lo corregió, e le pidió de palabra que nunca más tal pensase ni de tal tratase. E que le parece cierto que le dijo don Carlos a este confesante, como loándose mucho a sí: «Pero en fin, yo no negué a Jesucristo delante de él», dando a entender que no había negado aquel artículo, que era no haber purgatorio, sino que le había dicho que no saldría de alli ni se trataría más de ello.

E que después que ha visto lo que ha pasado e pasa, ve este confesante que aquella blanda corrección fue causa de todos estos males. E que ansí dice e jura de nuevo, por Dios e por su verdad, que sabe, como un hombre puede saber, e le consta, que el dicho *don Carlos es el primero principio e total fundamento de este estrago*, es a saber, de los que están en esta casa presos, que son los que este confesante conosce por lo que tiene en sus confesiones declarado. E que no se le acuerda que otro fuese principio de estos errores ni que en ello hubiese otro misterio. E que si otra cosa han declarado e depuesto algunos, es mentira [29].

A medida que nos alejamos de las fuentes directas de la entrevista van surgiendo detalles cuya autenticidad es difícil de asegurar. En la versión de Rojas existen dos entrevistas entre Carranza y Seso, con una noche por medio en la que Seso habría escrito el pliego con sus razones. La reacción de Carranza se presenta con nuevos matices: si, en efecto, desechó las razones aducidas como insuficientes para justificar el apartamiento de la iglesia, aceptó las frases en que se ensalzaba la pasión de Cristo. Carranza corrigió a Seso; pero éste se envanecía de haber engañado al fraile dominico y de no haber negado a Cristo ante aquél. El curso de los hechos posteriores, en los que tuvo parte tan activa el propio Rojas, le hace ver la «blanda corrección» de Carranza como causa de los errores que se siguieron, máxime teniendo en cuenta que considera a don Carlos como primer principio y total fundamento del estrago doctrinal. Era demasiado fácil y simple endosar a Carranza retroactivamente responsabilidades que no tenía ni imaginaba, y que dependían mucho más del proselitismo de Seso y Rojas que de la blanda corrección del arzobispo.

DOÑA CATALINA DE CASTILLA

Podemos cambiar un tanto de registro y fuente informativa atendiendo a la declaración de doña Catalina de Castilla, presa en el santo oficio. No hay que olvidar que doña Catalina era sobrina de la esposa de don Carlos, doña Isabel de Castilla. En su declaración aparece al descubierto don Carlos de Seso, incansable y hábil propagandista de sus ideas espirituales, en climas del más riguroso secreto:

29. DH II, 82-83. Entre los abundantes infundios vertidos por Rojas está el de haberse atribuido cierta veteranía en punto a nuevas ideas y en haber envuelto en el caso, por prestigiarse a sí y a su doctrina, a Carranza. Así lo confesó paladinamente el 10 de abril de 1559: «Fuele dicho que bien sabe que hay información que *habrá trece años* que sabía estas cosas. Dijo que el mayor yerro que hubo en el negocio es que, *para persuadir* a otras personas a ello e *para abtorizar* este negocio, este confesante dio a entender que fray Bartolomé de Miranda estaba en este artículo de la justificación. E que en esto, por el paso en que está que no piensa vivir, dice que pretendía: lo uno, dar a entender a las personas que lo decía, que este confesante era ya viejo en este artículo y enseñado muchos días había en él; e solo por vanidad que no pareciese que se lo habían pegado, así de presto, lo decía». Sin embargo añade este último llegado, que aun antes de saber que Cazalla y los demás fuesen luteranos, oyó decir a Pedro de Cazalla que le parecía que Carranza estaba en las mismas ideas, lo que ratificó Rojas diciendo «que sí estaba en esta verdad». Cf. DH II, 77-78.

Señores: Yo tenía muy gran deseo de servir mucho a Dios, e así preguntaba a don Carlos de Seso cómo le podría servir mejor. E la cabsa de preguntárselo yo a él era porque le tenía por muy buen cristiano, y él me decía que él me mostraría cómo podría servir a Dios más que antes. Y el día de Sant Juan del año de cincuenta y siete, estaba leyendo en un libro; y él dijo que, si yo le prometía a juraba de no decirlo a nadie, ni a mi marido aunque me casase, que él me lo leería e me diría qué quería decir, e yo se lo prometí así. Y entonces leyóme el libro, que era escripto de mano y en lengua castellana, y lo que contenía en el libro era de la justificación de Jesucristo, deciendo que pagaba Jesucristo por nosotros la culpa e la pena, e que nosotros no teníamos que pagar más, sino que de nuestros pecados quedábamos limpios, e la justicia divina con aquello quedaba pagada de nuestros pecados. E dióme el libro para que lo leyese, e yo lo leí, e en el libro había muchas autoridades de Sant Pablo e de Sant Pedro e de Sant Juan, e todas ellas venían a entender que no había purgatorio, porque con la muerte de Jesucristo eran perdonados nuestros pecados e satisfacíamos al Padre, e yo lo crei ansí [30].

Un mes más tarde doña Catalina completa su declaración al respecto:

E que también le dijo a esta confesante el dicho don Carlos de Seso, que creía que tenía estas cosas fray Bartolomé de Miranda, Arzobispo de Toledo. E dijo que lo sabía, porque el fray Bartolomé de Miranda le había enviado a llamar a Valladolid para hablalle, porque Pedro de Cazalla se confesó con el Arzobispo, y entonces Pedro de Cazalla no tenía más que la justificación, y el Arzobispo supo que don Carlos tenía la justificación y envió a llamarle, como dicho tiene. E que habló al dicho Pedro de Cazalla e al dicho don Carlos, e les dijo que no tuviesen aquello, porque en España no se sufría. E dijo don Carlos a esta confesante que en la manera de decille [Carranza] la reprensión, le paresció que tenía lo que él; e que se entienda que esta justificación de que trataron es con el purgatorio que se sigue de ello, e que en todo esto trató el Arzobispo de Toledo, e que el dicho Arzobispo de Toledo les dijo que no tratasen más de ello... [31].

Si es aceptable el testimonio de doña Catalina, los modos de actuar de don Carlos eran sutiles y arteros, especialmente frente a la psicología femenina. Rodea de misterio sus doctrinas, para recubrirlas luego de secreto y autorizarlas con el prestigio de Carranza. Nada se nos dice del libro que manejaba para su proselitismo. ¿Serían los escritos de Juan de Valdés, los sermones de Ochino o el tratadito *Il beneficio di Cristo?*

No escapó a los inquisidores la importancia del testimonio de doña Catalina de Castilla, informada directamente por don Carlos de Seso. Muerto éste y penitenciada ella, todavía podía resultar interesante su declaración de cara al proceso del arzobispo Carranza. Nunca sabremos las motivaciones últimas que actuaron sobre el ánimo de doña Catalina: ¿afán de verdad, remordimientos, deseo de merecer alguna remisión por parte de la inquisición? Lo cierto es que en 1561, exactamente el 26 de noviembre, comparecía ante los inquisidores Riego y Guigelmo el rector del colegio de la Compañía de Jesús en Valladolid, P. Jerónimo del Portillo, para entregar una confesión escrita de parte de doña Catalina, «reconciliada e penitente en cárcel perpetua». En el proceso de Carranza solamente se consigna un párrafo, concerniente al arzobispo y que interesa directamente a nuestro asunto:

30. DH II, 189-190.
31. DH II, 190. Cazalla, Rojas y Seso son los que difundieron la creencia de que Carranza participaba de sus ideas; mientras, éste estaba combatiendo herejes en Inglaterra. Doña Catalina de Castilla, sobrina de don Carlos por parte de su esposa, perfila en dos declaraciones posteriores la que hemos recogido en el texto. «En lo que toca a lo que le dijo don Carlos del arzobispo de Toledo, que también le dijo que el dicho arzobispo le dijo e persuadió que no se tratasen más aquellas cosas el uno al otro, *porque era malo*». «E en lo que toca a la dicha ratificación de nuevo declaró del arzobispo de Toledo, que aquello lo dijo porque con lo demás se lo había dicho así el dicho don Carlos. E que declara esta confesante que el dicho don Carlos, después de haberla dicho la justificación que tiene declarado, e cómo de él se seguía no haber purgatorio, le dijo también del dicho arzobispo de Toledo lo que tiene declarado». Declaraciones del 29 de mayo y 12 de junio de 1559. DH II, 191.

Digo que, recorriendo mi memoria, me acordé que don Carlos me dijo que para cuando habló con el Arzobispo de Toledo, *escrebió en un papel cosas muy buenas*, e que se las mostró e leyó, e que el Arzobispo le tomó el papel escripto e le puso sobre una mesa. E *don Carlos, sin que el Arzobispo lo viese, lo volvió a tomar, y el Arzobispo lo buscó después antes que don Carlos se saliese, mas don Carlos no le quiso decir que él había tornado a tomar el papel escripto, aunque vio que el Arzobispo lo buscaba*. E dijome don Carlos que lo que allí en aquel papel había escripto, que eran cosas muy excelentes. E también me dijo que el Arzobispo le había dicho a él, e a Pedro de Cazalla que no hablasen más en aquellos negocios [32].

Tal párrafo pasó a engrosar los capítulos de acusación contra Carranza. Meses más tarde se pidió a doña Catalina la ratificación de sus declaraciones anteriores y de esta última confesión escrita presentada. Doña Catalina se ratificó, no sin añadir nuevas precisiones de interés: indicó que el tiempo en que se entrevistó don Carlos con Carranza, era cuando éste «estaba de camino para Inglaterra»; y algunas reservas: «No se acuerda ciertamente». Dijo que don Carlos le había dicho que Carranza les había dicho a él y a Cazalla, «que si más sabía que hablaban en aquellas herejías —tornó a decir que no le dijo *herejías*, sino en aquellas cosas— que denunciaría de ellos al santo oficio».

Tales añadiduras fueron objeto de nuevo interrogatorio: respecto a las palabras amenazantes de Carranza, doña Catalina reiteró su duda, refugiándose en un «le parece que se lo dijo». La conminación de Carranza para que no hablasen más de aquellas cosas, era «porque en España no se permitían», aunque luego apunta incertidumbres y duda si la expresión fue, que «aquellas cosas no se permitían». Un último complemento aflora en las declaraciones de doña Catalina: cuando ella participó en la herejía, don Carlos y los demás «tenían lenguaje de *llamar cristianos a los que estaban en aquellas herejías*». Pues bien, «estando el dicho don Carlos usando de este lenguaje, dijo a esta declarante, a lo que le paresce, por estos mismos términos, que el *arzobispo estaba cristiano* o era cristiano» [33].

ANTONIO LÓPEZ Y FRANCISCO VIVERO

Otro testigo nos informará sobre las consecuencias del proselitismo de don Carlos; sus noticias proceden también de comunicación con Francisco de Vivero, clérigo de la estirpe de los Cazalla, teñido de herejía y luego arrepentido. De él pudo saber el clérigo Alonso López, de Ciudad Rodrigo, preso un tiempo con Vivero:

Estando este que declará preso en el Santo Oficio de la Inquisición en compañía de Francisco de Vivero, clérigo, e después que el dicho Francisco de Vivero estaba ya convertido de su herejía, este que declara le preguntó: «Señor, ¿dónde salieron estos negocios?». El cual dicho Francisco de Vivero le respondió: «Dios se lo perdone al Arzobispo de Toledo, porque, si no fuera por él, no hubiera tanta gente presa como aquí estamos». Y este que declara le preguntó la causa por qué. El cual dicho Francisco de Vivero le respondió que don Carlos había hablado aquellas herejías a Pedro de Cazalla, su hermano; el cual dicho Pedro de Cazalla su hermano se había alborotado cuando se las oyó, e que había ido a fray Bartolomé de Miranda, arzobispo que al presente es de Toledo, para si denunciaría de ello a la Santa Inquisición. E que el dicho arzobispo había enviado a llamar al dicho don Carlos. E que después que había ido el dicho don Carlos, el dicho Arzobispo lo retrajo al dicho don Carlos e les dijo a ambos que no se hablase más en ello. A cuya causa el dicho Pedro de Cazalla no lo había denunciado. E que el dicho don Carlos había sido corregidor en Toro, e Pedro de Cazalla había sido cura de Pedrosa, que es cerca de Toro, e allí se habían con-

32. DH II, 927.
33. DH II, 928-929.

versado con otros, e de allí había venido a pervertirse el dicho Pedro de Cazalla, y el dicho Pedro de Cazalla a sus feligreses e a sus hermanos, e de allí había sucedido. Y el dicho Francisco le dijo un día, veniendo de audiencia, que ya debían saber los señores inquisidores lo que le había contado del Arzobispo, porque el señor Licenciado Valtodano, tomándole un dicho, había dicho hablando de don Carlos: «Dios se lo perdone a quien estorbó que no se denunciase de él, porque estonces lo quemaran *cum odore suavitatis* e no hubiera tanto mal» [34].

Aunque nada se nos añada sobre la entrevista Carranza-Seso, asoma en estas consideraciones, tanto del reo Vivero como del inquisidor Valtodano, una visión retroactiva del alcance histórico que tuvo el ocultamiento de las ideas de Seso a la inquisición en 1554. Mas entonces, don Carlos no actuó con claridad ni dejó entrever sus ideas y mucho menos las actividades proselitistas que desplegaría años más tarde. Y no deja de ofrecer aspectos irónicos que Pedro de Cazalla, que calmó sus escrúpulos con la actuación de Carranza y se retrajo de denunciar el caso, se convirtiera pronto en uno de los capitostes del protestantismo castellano. Por lo demás, Vivero confesaría a López que «con las personas que había comunicado las herejías e sabía que tenían las dichas herejías, *estaban todas presas e que no quedaba ninguna*, e que no dijo de persona otra alguna que hubiese enseñado herejías ni las tuviese» [35].

Don Luis de Rojas

Vengamos al último testigo que depone sobre nuestro tema. Se trata de don Luis de Rojas, sobrino de la marquesa de Alcañices y de fray Domingo de Rojas; aunque estuvo algún tiempo preso en el santo oficio, obtuvo la reconciliación. Su testimonio es del 20 de mayo de 1559 y recibió notables complementos en 1560. Don Luis hizo saber a los inquisidores que le remordía algún escrúpulo y recibió en la cárcel la visita del doctor Riego, al que declaró lo siguiente:

Dijo que no sabe si fue don Carlos o fray Domingo [de Rojas] o Pedro de Cazalla, cura de Pedrosa, e que cree e le paresce que fue fray Domingo, le dijo a este confesante que fray Bartolomé de Miranda, Arzobispo de Toledo que agora es, estaba en lo de la justificación e purgatorio. E que fue de esta manera lo que le contaron: que el don Carlos había tratado con el cura de Pedrosa lo de la justificación e purgatorio; e que después de esto, dende a ciertos días, formó escrúpulo del dicho cura de lo que le había dicho del purgatorio e con este escrúpulo vino a esta villa de Valladolid a consultarlo con el Maestro Miranda, Arzobispo de Toledo. Y en efecto le dijo al dicho Maestro que cierta persona le había dicho lo de la justificación e purgatorio. Y el dicho Maestro le dijo: «Decíme quién es». E que el dicho cura no se lo quería declarar. Y el dicho Arzobispo le dijo: «Si yo acierto, ¿decírmelo heis?» E el dicho cura le respondió que sí. E luego el dicho Maestro dijo: «Pues es don Carlos». E el dicho cura le respondió que sí era. Y el dicho Maestro le dijo al dicho cura Cazalla: «Pues esperaos aquí en esta villa». E así esperó el dicho cura, y el Arzobispo envió a Logroño a llamar a don Carlos.

E vino e le juntó con el dicho cura Cazalla, e cree que fue en el Colegio. E que antes que los juntase con el dicho cura, dijo el Arzobispo al don Carlos: «Mirá que me dice que decís que no hay purgatorio», e que le diese por escripto en qué se fundaba, o se lo dijese. Y el dicho don Carlos se lo trajo después por escripto en un papel, e el Arzobispo lo leyó e que leyéndolo, se le iban las lágrimas por los ojos al dicho Arzobispo. E que acabándolo de leer, le dio paz en el rostro al dicho don Carlos, e le dijo que aquélla era la verdad e lo que tenía la Iglesia Católica e los Apóstoles, e que con esto se fue el dicho cura sosegado a su casa.

Iten dijo que le paresce que le dijo-tornó a decir que le dijo, e que cree que don Carlos se lo dijo, que un año entero había estado con el dicho fray Juan de Villagarcía; tornó a decir, que había estado con el dicho fray Juan de Villagarcía en hacerle entender lo de la justificación e que había quedado en ello el dicho fray Juan de Villagarcía, e que cree que fue en esta villa, estando en el

34. DH II, 197-199.
35. DH II, 199.

Colegio de San Gregorio. E que sabe este confesante que también a don Pedro e a doña Mencía dijeron lo del Arzobispo de Toledo que arriba tiene dicho, e que cree que fue el que se lo dijo fray Domingo e don Carlos, como tiene dicho. E cree este confesante que lo que le dijeron del Arzobispo *era por persuadir a este confesante para que más fácilmente creyese los errores que le enseñaban con la abtoridad del dicho fray Bartolomé de Miranda.* E lo mismo cree que le dijieron por fray Juan de Villagarcía. E que cree este testigo que doña Beatriz de Vivero sabrá de esto, porque le paresce que le oyó decir [36].

Esta declaración en vísperas del magno auto de fe de Valladolid del 21 de mayo tuvo su historia, según confiesa más tarde el mismo don Luis. Según él, la noche anterior al auto, después de haber sabido el resultado de su causa por los inquisidores, «se le acordó a este testigo de lo que había oído decir de fray Bartolomé de Miranda, arzobispo de Toledo, e de fray Juan de Villagarcía; e por no volver más al santo oficio, si paresciese ser obligado a decirlo, lo comunicó con los lectores de San Francisco que le pusieron en compañía aquella tarde para que le consolasen, cuyos nombres no sabe. E que le dijieron que les parescía bien decillo, e así luego pedió la abdiencia e lo declaró, como estará asentado en su proceso, a que se refiere» [37]. Tal es el contexto de la declaración que hemos recogido anteriormente y que liga perfectamente con las noticias que sobre este hecho diera a Carranza fray Luis de la Cruz en carta que luego comentaremos [38].

El escrúpulo que padeció don Luis de Rojas afectaba de lleno a la fama de Carranza y tenía mucho que ver con los infundios sembrados por Seso, Rojas y Cazalla. Merece la pena seguir de cerca la declaración completa de don Luis de Rojas:

E de nuevo declarando las causas del escrúpulo que tenía, dijo que, cuando mostraban a este testigo aquella desventura de errores que confesó, le dijieron don Carlos, fray Domingo, Pedro de Cazalla, doña Beatriz —uno o más de estos cuatro, que no se acuerda cuál ni cuáles ni cuántos de ellos, e que aunque agora este testigo no está cierto de la persona o personas que se lo dijieron, ni si los nombró o declaró en la otra declaración a que está referido, pero que si los nombró entonces que lo diría acordándose mejor como había menos tiempo que se lo habían dicho, a que se remite— e que lo que así le dijieron es que don Carlos de Seso había inducido a la perversa secta de Lutero en lo que toca a la justificación a Pedro de Cazalla, e que después que le tuvo asentado en aquello le vino a decir que no había purgatorio. E que de aquello el dicho Pedro de Cazalla se había escandalizado y se había venido a Valladolid, o estando en él se fue a Sant Pablo o al Colegio de San Gregorio al Maestro Miranda, al cual había dicho cómo don Carlos de Seso le había dicho que no había purgatorio, e que de aquello el dicho Pedro de Cazalla se había escandalizado: digo, e que de aquello él estaba escandalizado, e que no sabía si por la excomunión era obligado a decirlo en la Inquisición, e que por este escrúpulo no decía Misa.

E quel el dicho Maestro Miranda le había dicho al dicho Pedro de Cazalla que se sosegase. E lo que le paresce a este testigo, que también se le refirió haberle dicho el dicho Maestro a Pedro de Cazalla que bien podía decir Misa e que esperase allí algunos días, que no se acuerda cuántos, e que le daría la respuesta. E que en este tiempo el dicho Maestro Miranda hizo correo a don Carlos que estaba en Logroño o en un lugar suyo, mandándole que luego veniese, porque era cosa en que le iba mucho. E que a lo que a este testigo le paresce, le dijieron que entonces el dicho Maestro Miranda le escrebió una carta, diciendo en ella a don Carlos que su venida era cosa que le iba la vida e la honra e la hacienda, e que veniese luego, porque él estaba para ir con el Rey.

E que con esto el dicho don Carlos había venido por la posta a este villa. E que a lo que cree también le dijieron que, luego que el dicho don Carlos se apeó, fue a Sant Pablo a hablar con el dicho Maestro Miranda, e que había topado en el primero patio de Sant Pablo, antes de entrar en

36. DH II, 583-584. Don Luis de Rojas, de 26 años, hijo de don Sancho de Rojas, era sobrino de la marquesa de Alcañices, de fray Domingo de Rojas y de otro don Luis de Rojas, capellán real. Su testimonio, tan importante, será excluido por los inquisidores de la llamada publicación de testigos, *ibid.*, 583.
37. Declaración del 12 de julio de 1560. DH II, 585.
38. No escapó a los inquisidores la concordancia de este testimonio con lo que decía fray Luis de la Cruz; de hecho incluyen delante de la declaración de Rojas el párrafo correspondiente de la carta del dominico, *ibid.*, 584, nota 1.

portería ni en la Iglesia, con el dicho Pedro de Cazalla, el cual se había turbado e medio desmayado de veer al dicho don Carlos, e que el don Carlos le había esforzado mucho; e que también le paresce habérsele dicho a este testigo, que le había dado paz en el rostro, e que después de haber hablado se habían ido ambos a hablar al Maestro Miranda. E que, habiendo mandado salir fuera de la cámara al dicho Pedro de Cazalla, se habían quedado *solos* los dichos don Carlos e Maestro Miranda.

E que en el encuentro de los dichos don Carlos e Pedro de Cazalla, que no está cierto este testigo si le dijo que fue la primera vez que el dicho don Carlos fue al Maestro Miranda o si fue la otra segunda vez que luego declarará. E que cuando estaban *solos dichos Maestro Miranda e don Carlos*, le dijo el Maestro Miranda a don Carlos que si era verdad que él había dicho a Pedro de Cazalla que no había purgatorio y en qué lo fundaba. E que no se acuerda, pero que le paresce que también se le dijo el dicho Maestro Miranda le había preguntado por el otro artículo de la justificación. E que el dicho don Carlos le había dado de palabra algunas razones por donde lo fundaba. E que no está cierto este testigo si también se le dijo que el dicho don Carlos de suyo había quedado de dar al dicho Maestro por escrito las razones de los dichos fundamentos. Pero que oyó que fue de un modo de estos dos, e que no está este testigo cierto si también le dijieron que al dicho Maestro Miranda se había declarado el dicho don Carlos haber dicho a Pedro de Cazalla que no había purgatorio o si lo demás que dicho tiene solamente.

E que le dijieron también a este testigo que, a lo que le paresce, otro día (que es cuando tiene dicho dubdar que don Carlos topó con el dicho Pedro de Cazalla), había ido el dicho don Carlos adonde estaba el Maestro Miranda, e le había dado *por escripto* las razones de los fundamentos de los dichos errores antes que el dicho Pedro de Cazalla entrase al Maestro Miranda o en su presencia: que no se acuerda este testigo cuándo se le dijo. E que el dicho Maestro Miranda había tomado el papel donde iban los fundamentos de los dichos errores e los había leído; e que de placer contentalle mucho, se le iban al dicho Maestro Miranda las lágrimas por el rostro bajo. E que no se acuerda, aunque tiene alguna presunción de parecelle que también se le dijo, que después de haber visto los fundamentos del dicho don Carlos, que el dicho Maestro Miranda le había aprobado aquello por bueno.

E que también le dijieron le había abrazado e besado a don Carlos en aquella sazón, después de haber visto las dichas razones. E que no se acuerda si le dijiéron que esto había pasado delante de Pedro de Cazalla, o si luego había entrado adonde estaban entrambos. Pero que le dijeron que el dicho Pedro de Cazalla había entrado donde estaban entrambos a un tiempo o a otro, e que el Maestro Miranda le había asegurado al dicho de Cazalla e quitado el escrúpulo que tenía, e que así se había vuelto don Carlos a su casa e Pedro de Cazalla a su curazgo. E que le parece a este testigo haber oído sobre esto que el dicho don Carlos decía que le parescía que no había escripto mejor cosa en su vida que aquello, deciéndolo por los fundamentos de los dichos errores, e que no está cierto si lo oyó al don Carlos mismo. E que entre el dicho Maestro Miranda e don Carlos se había *perdido el dicho escripto*, e que nunca lo habían hallado (o entre el dicho Pedro de Cazalla).

Iten dijo que si en lo que agora ha declarado acerca de las dichas dubdas o escrúpulos e de lo que en ellos oyó, hay repugnancia o alguna contradicción a lo que sobre ello antes había dicho según que tiene declarado, que se remite a la primera declaración, porque su intención no es contradecirse en cosa alguna. E que todo lo que ha dicho es verdad por el juramento que hecho tiene e que no tiene odio alguno a las personas a quien esto toca ni alguna de ellas, e que lo dice por la obligación del juramento que se le ha tomado, e prometió el secreto [39].

Nos encontramos con la declaración más extensa acerca del lance Seso-Carranza-Cazalla. Las inseguridades e incertidumbres de que está sembrada, denotan sin duda un esfuerzo por ajustarse a la verdad. A cierta distancia del hecho relatado y de la muerte de Seso y Cazalla [40], el testimonio de don Luis de Rojas posee una serenidad y desinterés que lo hacen digno de estima. Sólo podía tener un valor procesal respecto al proceso en curso del arzobispo Carranza [41]. De cara a él se derivan de esta declaración dos capítulos un tanto contrapuestos: el primero, el infundio interesado vertido por Seso y fray Domingo de Rojas por autorizar su doctrina y persuadir a otros: que fray Bartolomé de Miranda compartía sus doctrinas. El segundo

39. DH II, 585-586. Don Carlos es una de las fuentes principales de esta información detallada de don Luis de Rojas.
40. Ambos fueron condenados a muerte en el auto del 8 de octubre de 1559.
41. Carranza fue preso el 22 de agosto de 1559.

capítulo, el relato circunstanciado de la entrevista que nos viene ocupando. Seso aparece como el responsable del desvío de Pedro de Cazalla. Según esta versión la conversación entre ambos acerca del purgatorio fue el remate de una labor previa de captación, cuya base era la doctrina acerca de la justificación. Lo que pone en cuarentena el grado de adhesión de Cazalla a las nuevas doctrinas, es su actuación de hecho ante fray Bartolomé Carranza, ya que aparece subjetivamente dispuesto a denunciar a don Carlos, agitado por escrúpulos y retraído de decir misa. Mal se aviene todo esto con una convicción y con decisiones formadas. Y lo cierto es que Pedro de Cazalla dio pasos que evidencian la sinceridad de sus dudas y escrúpulos; y no simplemente con deseo de aclararse personalmente, sino con ánimo de pasar el asunto a la inquisición.

También es de notar el forcejeo entre Carranza y Cazalla por descubrir la persona responsable y la certera intuición del dominico en dar con el inculpado, don Carlos. Esto supone alguna noticia anterior sobre el italiano, cuyas inclinaciones teológicas debían tener alguna notoriedad. Se confirma por otra parte la iniciativa tomada por Carranza de llamar a don Carlos, con plena conciencia de la gravedad del asunto. Esto suponía poner al descubierto al denunciante, cuyo desmayo al encontrarse con Seso en Valladolid describe con tonos muy vivos don Luis de Rojas. Según don Luis, Cazalla no asistió al diálogo entre Seso y Carranza, sino que se le mandó salir fuera de la celda del dominico. Esto convierte a don Carlos en el *único testigo* de la entrevista, prestando más autoridad y responsabilidad a su testimonio ante la inquisición y a cuanto relatara a sus amigos a raíz de la entrevista.

Respecto a ésta, el testimonio de don Luis de Rojas parece confirmar la existencia de dos encuentros: uno primero de saludo en que se abordó el problema de fondo someramente y don Carlos se comprometió a poner sus razones por escrito. El segundo tuvo lugar al día siguiente, y don Luis duda si fue en esta segunda ocasión cuando toparon Seso y Cazalla. Don Luis también corrobora la existencia de un papel escrito por don Carlos, entregado por éste a Carranza sin la presencia de Cazalla. El italiano estaba satisfechísimo de los renglones escritos. ¿Cuál era su contenido exacto? ¿Contenía las razones que expuso don Carlos en su primera confesión ante la inquisición, donde planteaba correctamente —sobre el papel— el tema del purgatorio? [42]. Esto explicaría mejor la satisfacción y emoción de Carranza al leerlo, dada su inclinación conocida a ensalzar los méritos y grandeza de la pasión de Cristo. La desaparición misteriosa del papel que registra don Luis de Rojas, se explica si don Carlos tuvo la habilidad de sustraerlo, según refirió anteriormente otro testigo. La verdad profunda de la entrevista es que don Carlos acertó a plantear de modo correcto el tema de que se le acusaba, pero engañó miserablemente a su interlocutor. Sus actuaciones posteriores ante sus adeptos muestran que era ducho en equívocos y subterfugios. El trato benigno y afable que recibiera de Carranza dejó en él huella imborrable, que reverdecería en el momento de su muerte, como lo veremos más adelante. La doblez de don Carlos, juntamente con sus protestas de humildad y rendimiento, vencieron la buena fe del dominico. Este se encargó de apaciguar a Pedro de Cazalla. Carranza, de partida para Inglaterra, sepultó el lance en el olvido. Seso y Cazalla tornaron a sus casas. Lejos de olvidar aquella entrevista, la narraron en los círculos clandestinos de sus adeptos, doraron sus errores con el supuesto apoyo de Carranza; una vez presos por la inquisición, quisieron endosar

42. Cf. la primera declaración de don Carlos al comienzo de este artículo. Sin embargo, anticipando hechos, añadiré que Carranza desmintió siempre categóricamente haber visto tal papel. ¿Existió el papel; no lo vio Carranza? ¿Qué hay de verdad en este punto, o de producto de la fantasía de don Carlos, único narrador de la entrevista?

a la benignidad de éste la responsabilidad de sus posteriores pecados. Sólo en una cosa tenían razón: si la denuncia de Cazalla a Carranza hubiera tomado el camino de la inquisición, acaso hubiera sido muy distinta la suerte de los focos protestantes castellanos. Esta responsabilidad retroactiva era el cargo más fuerte que podía presentar la inquisición contra el blando dominico.

No acabó aquí la confesión don Luis de Rojas. El 9 de noviembre de 1561 volvieron a él los inquisidores para que ratificase su importante deposición del 20 de mayo de 1559. Se encontraba recluido en el monasterio de San Benito de Valladolid, cumpliendo su pena. Ratificó su declaración anterior; pero como si quisiera dejar bien asentado algo muy importante, añadió:

> E por descargo de su conciencia de nuevo dijo que le paresce que debieron decir las personas que tiene dicho a este testigo lo que toca al Arzobispo de Toledo *por abtorizarle sus errores*. E que le paresce esto porque fray Domingo dijo a este testigo, o delante de este testigo a don Carlos, una de estas cosas: que había querido escribir al Arzobispo declarándose con él acerca de estos errores, e que don Carlos le había dicho que no lo heciese porque el Arzobispo le había dicho que no le escrebiese cartas en que tocase de aquello ni le enviase otros papeles que el don Carlos decía que él le quería enviar o había enviado escriptos de su mano, porque se podrían perder. E que agora por ventura le ha parescido a este testigo que *aquello por ventura le dijieron a este testigo por abtorizarlo con el Arzobispo aquellos errores*, e que en esto como en lo de más se afirma e ratifica [43].

A dos años de la muerte de Seso y Rojas aún seguía manando recuerdos la memoria de este superviviente. ¿Qué hay de verdad en estas noticias, sino la sospecha de la malicia con que actuaron Rojas y Seso? Estos ya no podían replicar ni dar cuenta de sus palabras y acciones. Mas conviene registrarlo todo a título de inventario para reforzar nuestras cautelas en la exégesis de los documentos inquisitoriales.

El tercer hombre: fray Bartolomé Carranza

Hasta ahora nos hemos ocupado de los testimonios de Seso y Cazalla y de las versiones de la entrevista que éstos hicieron correr entre sus amigos. Hemos podido comprobar los condicionamientos de las declaraciones de ambos, a causa de la situación personal que atravesaban; y no deja de apreciarse en ellas cierto interés por envolver a Carranza en las *consecuencias*, entonces imprevisibles, del asunto, sobre todo por parte de Pedro de Cazalla. Era excesivamente cómodo pretender exonerarse de graves responsabilidades contraídas con posterioridad, repitiendo que intentaron aclarar las cosas y que el dominico les mandó que el incidente quedase sepultado. Al menos en este segundo punto, poco caso hicieron de la recomendación don Carlos y sobre todo Pedro de Cazalla. Quienes ante la inquisición hacían recaer en Carranza la responsabilidad de no haber denunciado, se habían encargado de difundir el hecho, comentarlo a su gusto, encomiar las propias fidelidades a la nueva doctrina y hasta autorizarla con la supuesta blandura de Carranza. Tal es el saldo que arrojan las declaraciones de los testigos que hemos examinado, cuya proximidad a los protagonistas Seso y Cazalla es mayor o menor. Si no nos aclaran excesivamente sobre lo que realmente ocurrió en la celda de Carranza, sí nos ayudan a adivinar las interesadas versiones del hecho que daban ambos protagonistas, así como de la actuación del dominico. Hora es de que cedamos la palabra a este último, no sin antes anticipar algunos elementos valorativos.

Carranza también sería apresado por la inquisición; pero esto no ocurriría hasta

43. DH II, 870.

agosto de 1559. Sin embargo, mientras gozaba de libertad, quiso despejar la incógnita de sus relaciones con Seso. De creerle al dominico, una sola vez se entrevistó con Seso y ésta es la que ya conocemos. Especular sobre una oculta y profunda amistad resulta vano y descaminado. He ahí un primer supuesto cierto. Por carta del mismo Carranza al licenciado Herrera, a quien ofrecía un puesto en el gobierno de la diócesis, sabemos que don Carlos le había escrito a Flandes, probablemente para felicitarle por el nombramiento de arzobispo de Toledo. Carranza no respondió por falta de tiempo y encargó a Herrera, amigo por lo demás de don Carlos y después apresado como él, que cumpliese con el cortés italiano [44]. Nada podía hacerle sospechar en febrero de 1558 el curso que tomarían los acontecimientos dos meses más tarde.

Hacia primeros de junio llegaron a Flandes noticias alarmantes de España: se habían descubierto focos luteranos en Valladolid, Palencia, Toro, etc... La princesa informó a Felipe II de la captura de Seso y fray Domingo de Rojas [45], y con mayor extensión y detalles lo hizo el inquisidor general dos semanas más tarde; tras referir la prisión del doctor Cazalla, sus hermanos y hermanas y otros, añade el inquisidor en su relación: «Y también enviaron con gran diligencia a tomar los puertos para prender a los que se habían ausentado. Y plugo a Dios que se prendieron en Navarra don Carlos de Seso, vecino de Logroño, que fue corregidor en Toro, y a fray Domingo de Rojas, que iba en hábito de seglar: que fue gran ventura, porque ya tenían salvoconducto del virrey de Navarra para pasar a Francia, que con engaño le habían sacado al virrey, y llevaban cartas de encomienda de algunas otras personas para la princesa de Biarne (!) y para las guardas de los puertos. Y así fueron traídos presos, y juntamente con el licenciado Herrera, alcalde de sacas de Logroño, que, demás de ser participante en lo principal, había disimulado y dado favor a fray Domingo y a don Carlos para pasarse. Trajeron al fraile con el mismo hábito que le tomaron, de lego, y así está en la cárcel, sin haberle consentido que tome sus há-

44. Carta del 28 de febrero de 1558. Cf. DH II, 299-300.

45. Es de notar que en carta del consejo de la inquisición a Felipe II del 12 de mayo de 1558 en que se mencionan las personas apresadas en las cárceles de la inquisición, se habla de «otras mandadas prender y se ha procurado que lo mismo se haga de algunas que se han ausentado». En postdata añadida, se dice, como última noticia:« Con los que se habían ausentado se han hecho las diligencias posibles y ha sido servido nuestro Señor que se hayan habido los más principales». Estos *principales* no eran otros que Seso y fray Domingo de Rojas; logró huir de España Juan Sánchez, pero fue apresado en Flandes y conducido a España. Esta carta se encuentra en el Archivo General de Simancas, Estado 129, f. 77.

En la carta de la princesa mencionada en el texto, que es del 14 de mayo, se dice: «Se han prendido ya a fray Domingo de Rojas, que se había huido de aquí y le alcanzaron a él y a don Carlos de *Sese*, vecino de Logroño, corregidor que fue en Toro, en Navarra». Ibid., Estado 129, f. 107-109. Más detalles acumula el inquisidor general en carta del 14 de mayo dirigida a Carlos V: «Habíasenos absentado fray Domingo de Rojas y don Carlos de Seso, vecino de Logroño, corregidor que fue de Toro; que ya estaban en Navarra cerca de la raya de Francia para pasarse en Bearne con salvoconducto y cartas de recomendación que allí les habían dado, y entre otras diligencias que por otras partes se habían dado para tomarles los puertos, plugo a Dios que por una buena diligencia que puso Pedro de Lamprio, nuncio del consejo de la Inquisición que por aquellas partes se había enviado, fue preso fray Domingo de Rojas en hábito de seglar, y é con don Carlos de Seso y también el licenciado Herrera, alcalde de sacas en Logroño que se halló culpado, y fueron traídos a la cárcel de la Inquisición de esta villa, donde están a muy buen recaudo juntamente con los otros que han sido presos sobre este negocio contenidos en el memorial que va con ésta. El nuncio hizo muy buena y señalada diligencia, por donde meresce que Vuestra Majestad le haga merced de algún oficio o asiento en la casa de esta Corte, porque otros se animen a hacer bien sus oficios». Simancas, Estado 129, f. 128. Desconocemos la entidad de los salvoconductos de Seso y Rojas y el sentido de sus intenciones de pasar al Bearne. Con todo, el dato nos sitúa ante una huida, y no ante un viaje por razones familiares, como dijo Seso.

bitos. Trajéronlos con doce arcabuceros, familiares del santo oficio, y a caballo venían los oficiales que se habían enviado a buscarlos. Y de esta manera venieron por todo el camino hasta Valladolid, sin consentir que se hablase uno a otro ni que otra persona alguna les hablase. Y por todos los pueblos por donde pasaron salían muchas gentes, hombres, mujeres y muchachos, a verlos, con demostración que luego los quisieran quemar. El fraile tenía gran miedo que sus parientes le habían de matar en el camino. Proveyóse que los metiesen en Valladolid de noche, porque, según la gente está indignada contra ellos, pudiera ser que lo hicieran» [46].

Estas noticias sembraron la consternación en la corte bruselesa de Felipe II, y naturalmente llegaron a conocimiento de Carranza, recién nombrado arzobispo y bien introducido en los medios cortesanos. No escapó a su curiosidad —e inquietud— la presencia de don Carlos entre los culpados. En carta a fray Juan de Villagarcía del 17 de junio escrita desde Flandes comenta sucintamente las malas nuevas de España, con mención expresada de don Carlos, «aquel caballero que vivía en Logroño y vuestra reverencia conoce», y añade: «De este don Carlos creo esto, porque me lo dijeron; cuando salimos de Valladolid yo le ví e *me pareció que estaba dañado* en algunas opiniones. El es natural de Verona e le conoscen los de casa del señor cardenal. Vuestra reverencia pregunte por él a Donato Rullo e Mons. Prioli antes que les diga este subceso; e después, dígaselo si le pareciere. Deseo infinito saber cierto lo que en esto hay, porque no se sabe sino así, poco a poco; a saber, la origen que ha tenido. E quisiera saberlo mucho acá e comenzar luego del remedio; e si no, deseo pasar a España presto por saber la verdad de esto, que me tiene espantado. Entre tanto roguemos a Dios unos por otros, que de El ha de venir el remedio» [47].

Al lógico espanto que suscitaba el hecho del descubrimiento de luteranos en Castilla, se añadía en Carranza la natural curiosidad e inquietud al saber confusamente que se hallaban entre los culpables un discípulo querido como fray Domingo de Rojas y el curioso caballero italiano que pasara un día por su celda en compañía de Pedro de Cazalla. Lo que visto desde lejos se hacía increíble, era sin embargo realidad. Carranza zarpaba poco después hacia España y tendría presto ocasión de averiguar mejor la verdad de aquel caso extraño ocurrido durante su ausencia de España.

El llegaba a Valladolid, la capital castellana donde se instruían los procesos contra los presos, a mediados de agosto de 1559 [48]. Por aquellas fechas el inquisidor general daba a entender a Carlos V a través de la princesa doña Juana, que los luteranos decían algunas cosas sobre el arzobispo de Toledo; y que si se tratara de otra

46. Esta amplia relación del inquisidor general de la que hemos extraído el párrafo citado, no lleva fecha; debe ser de primeros días de junio de 1558. Se encuentra en Simancas, Estado 129, f. 110. La importancia otorgada a la captura de Seso y Rojas aparece reflejada en carta del secretario Juan Vázquez a Carlos V del 24 de mayo del mismo año: «Ya he avisado a Vuestra Majestad cómo se prendió al Maestro Cazalla por la Inquisición, y después a fray Domingo de Rojas y a don Carlos de Seso que se había ausentado, y los alcanzaron en Navarra: que éste y un hermano del dicho Cazalla —se refiere a Pedro, hermano del Doctor— eran los ministros de esta herejía luterana, de que trataban». Simancas, Estado 129, f. 33 y 177.

47. DH II, 499. En este juicio espontáneo e íntimo de Carranza, cuyo alcance nos escapa, confiesa sin más precisiones «me paresció que estaba *dañado* en algunas opiniones». Carranza confirma el origen de Seso, haciéndolo oriundo de Verona. El lector habrá reparado que en alguna ocasión se transcribe su apellido como Sese. ¿Sería Sezze o Sessa? Carranza apunta hacia una nueva pista al suponer que lo conocerían algunos italianos que estaban al servicio del cardenal Reginaldo Pole, como monseñor Priuli y Donato Rullo. Los inquisidores seguirían esta indicación, pero el resultado fue muy exiguo.

48. Carranza entró en Valladolid, procedente de Flandes, el 14 de agosto de 1559.

persona, lo hubieran prendido [49]. A pesar del aislamiento de los presos y del secreto con que se llevaban sus sumarios, se filtraban noticias y sin duda debió llegar a Carranza algún aviso sobre declaraciones que le comprometían. Probablemente hizo gestiones para averiguar la verdad y defenderse. Nos consta de una muy importante en la que expresamente se quiere cubrir de responsabilidades por su pasada relación con don Carlos de Seso.

Carta de Carranza al inquisidor Guigelmo

Carranza, el «segundo hombre» de aquella entrevista, va a dar cuenta de la misma al inquisidor Guigelmo en carta que le dirige desde Toledo en noviembre de 1558. Con ella poseemos una relación del protagonista que nos faltaba. En la carta se refiere en primer lugar a fray Domingo de Rojas, lamentando vivamente su caída y deseando que haga penitencia de sus principales pecados, y también «de los menos principales, que son los *testimonios que levantó* a quien no se lo tenía merescido». Con ello deja ver que estaba informado sobre las declaraciones de fray Domingo, que, en el afán de defenderse, había comprometido seriamente al propio Carranza. En el punto que especialmente nos interesa, esto es, el de su relación con don Carlos, Carranza por iniciativa propia relata al inquisidor lo sucedido cuatro años antes. Dice textualmente así:

Lo mesmo he deseado del italiano que está preso, llamado don Carlos, aunque no le conozco, porque en mi vida le vi ni hablé sino *sola aquella vez* que le trujieron al Colegio de San Gregorio, que le hablé por *media hora* poco más o menos, e nunca antes ni después le hablé. E tengo entendido que de la manera que a mí *me engañó*, lo ha hecho con otros después acá que yo estoy fuera del reino. A mí me acesció con él lo que dice Salomón, *Qui ambulat simpliciter, ambulat confidenter* [Prov 10, 9]. Yo había oído decir de este hombre bien a muchos, pero que también hablaba mucho en materias de religión, que son fuera de su profesión; y a fray Alonso de Castro, de la Orden de San Francisco, y a un compañero suyo que llamaban fray Gaspar de Tamayo, que vino esta jornada conmigo, de Flandes, y ahora vive en Salamanca, había oído decir lo mesmo, porque vino en su compañía desde Trento hasta cerca de Logroño. Estando yo en Trento los oí después hablar bien de él e de la compañía que les había hecho [51].

Como subcedió, queriéndonos partir para Inglaterra, que Pedro de Cazalla, hermano de Doctor Cazalla, vino a mí al Colegio algo escandalizado de haberle oído hablar mal en la materia del purgatorio, yo le dije que le trujiese allí, porque había oído decir muchas cosas de él, e yo le examinaría; e visto lo que decía, proveeríamos del remedio. Creo que me dijo que le escribiese yo un renglón a que luego vernía. De esto no me acuerdo bien. En fin, él vino y *entró sólo* en mi celda y yo le dije cómo aquel clérigo estaba escandalizado de él, especialmente de la materia del purgatorio: que me dijese lo que había dicho de aquello e hiciese satisfacción al clérigo de su escándalo, e que yo había oído decir otras veces que hablaba en muchas cosas fuera de su profesión; que yo

49. El texto del billete que enviara la princesa gobernadora de España, doña Juana, decía exactamente: «Olvidóseme decir a Vuestra Majestad que el Arzobispo de Sevilla [Inquisidor General], me dijo que avisase a Vuestra Majestad de que estos luteranos decían algunas cosas del de Toledo [el Arzobispo Carranza], y que Vuestra Majestad estuviese recatado con él cuando fuese. Hasta ahora no hay nada de sustancia; mas díjome que, si fuera otra persona, que le hubiera ya prendido. Pero que se mirará más lo que hay y se avisará a Vuestra Majestad de ello». Simancas, Estado 128, f. 395. Ya sabemos algunas de las cosas que decían acerca de Carranza los presos; cuál es su realidad y cuál su apariencia jurídica.

50. M. Menéndez Pelayo, *o. c.* VII, 641-643 publicó esta carta; también figura en DH II, 307-309.

51. Este detalle perdido en la declaración de Carranza merece ser destacado, ya que proporciona un interesante dato para la biografía de Seso: su presencia en el concilio de Trento. Por otra parte pone de relieve que las aficiones teológicas de Seso, eran conocidas para Carranza y para los dos franciscanos a los que acompañó desde Trento a España. Más tarde podremos puntualizar a qué período tridentino corresponde este viaje.

le amonestaba que mirase, y no pensase que estaba en Italia, donde le castigarían las obras, porque en España le castigarían las obras e las palabras si no miraba cómo hablaba, pensando que en él no habría mas de aquella soltura de hablar como la tienen en su tierra. El, juntando las manos delante de los pechos, me conjuró con muchas palabras diciendo que él no era teólogo ni sabía letras, y que él había enseñado en aquella materia como había oído a otros letrados, señalóme *dos perlados* que estaban en el Concilio de Trento, e rogóme que yo le dijese en mi conciencia lo que sentía en aquello, que él jamás sentiría ni hablaría de otra manera sino como yo se lo dijese; e que si en algunas palabras había errado, era por no entender ni saber.

Yo, como le ví tan humillado e hacía tantas protestaciones, creíle y díjele: «Yo conocí en Trento los perlados que vos me nombrais [52], pero nunca les oí hablar en esa materia, sino como católicos e como enseña la Iglesia. Pero, pues vos os remitís a mi conciencia, yo os quiero decir la verdad, y lo que digo aquí os diré en el tribunal de Dios. Y díjele lo que la Iglesia tiene del infierno y del purgatorio como lo solemos enseñar de aquellos dos lugares, de los cuales en el uno son atormentados eternalmente los que mueren en pecado mortal, e en el otro temporalmente los que mueren en gracia sin haber hecho entera satisfacción de sus pecados».

El lo recibió con grande humildad, e haciéndome muchas gracias por haberle enseñado, e prometiéndome grande enmienda de sus pláticas. Yo le dije que me agradeciese aquélla, y que no le apretaba con más rigor; que si entendía que no se emendaba en su manera de hablar, que se lo pagaría todo junto. El tornó a prometer más la enmienda y ansí se fue. En verdad que *yo pensé que remediaba una alma*, pensando que no había en él más de aquella soltura de hablar que había visto en su tierra, aunque a él nunca en ella le ví ni en España más del poco tiempo que duró esta plática. Salido yo de allí, encontré al Pedro de Cazalla en el Colegio y le dije que pensaba bastaba la diligencia que estaba hecha e porque decía que por ignorancia había errado sin saber que erraba; que agora estaba enseñado de la verdad, prometía de enmendarse, y que por venir mal enseñado de su tierra, le debíamos creer por esta vez. Pero que, pues ya no pecaría por ignorancia, si le viese hablar mal, que luego diese aviso al oficio de la Inquisición. Esta es la historia de aquel hecho, e la he referido a vuestra merced, porque, según se usan ahora mucho los falsos testimonios, e pues *entonces estuvo ese italiano falso conmigo*, podría ser que también lo estuviese allá. E si otra cosa dijere contraria a lo que aquí digo, que entienda que es mentira e maldad. E por lo que debe a su oficio, le ruego procure de examinarlo e averiguar la verdad, e hallará que es ésta que va aquí escripta.

En una postdata añade: «Olvidóseme decir que *nunca en la plática este italiano confesó haber dicho herejía o error alguno contra la fe, sino que todo fue protestaciones de humildad, diciendo que no sabía letras e que le enseñase la verdad e que aquélla seguiría él, a cuya causa tomé yo con el medio que tengo dicho*».

Con esta tercera pieza fundamental ante la vista, rica en detalles y matices, pero diversa de las anteriores en puntos fundamentales, tenemos otra versión del suceso. Parece claro que fue la única entrevista entre Carranza y Seso, e incluso que fue a solas sin la presencia de Cazalla. Nos enteramos de que don Carlos gozaba de cierta fama positiva en lo que respecta a su persona y de que era notoria su afición a teologías y cosas espirituales. Nos causa sorpresa la noticia bien fundada de su presencia en el concilio de Trento, atestiguada nada menos que por fray Alonso de Castro y por fray Gaspar Tamayo, ambos franciscanos.

Sobre las motivaciones de la entrevista, sigue en pie la iniciativa de Pedro de Cazalla y la llamada por parte de Carranza. El punto de partida de la misma fue el escándalo sufrido por Cazalla; la materia de la cita, la doctrina acerca del purgatorio. No deja de ser pintoresca la amonestación de Carranza por la «soltura en el hablar» del italiano, y el contraste apuntado entre el clima italiano y el español. De creer a Carranza, la actitud de don Carlos estuvo dominada por la docilidad, la confesión de su ignorancia y la protesta de enmienda, acompañadas del típico gesto italiano de las manos en piña ante el pecho. Con todo don Carlos pretendía excusarse mencionando la doctrina de *dos* prelados italianos presentes en Trento,

52. ¿Quiénes eran estos dos obispos a los que aludía Seso y que eran conocidos para Carranza? En otro documento que más tarde veremos se les designa genéricamente como legados. Cf. nota 70.

punto rebatido por Carranza. La actitud de éste pareció limitarse a recalcar la doctrina tradicional de la iglesia acerca del infierno y el purgatorio. Nada se dice de papeles escritos, argumentos, o benevolencias del dominico hacia el inquieto italiano. Prometida la enmienda, Carranza pesó que «remediaba un alma». Luego pudo sosegar a Pedro de Cazalla. La aparente ignorancia de Seso sirvió de excusa para no proseguir acción alguna contra él. Sin embargo dice haber encargado a Cazalla que si en adelante erraba, ya que no le escusaba la ignorancia, diese aviso a la inquisición. «Esta es la historia»... lo contrario es «mentira e maldad». A posteriori, reconoce Carranza haber sido engañado y haber cometido un acto de ingenuidad; y como para ponerse a salvo de la acusación de encubrimiento, añade en la postdata que Seso nunca confesó haber dicho herejía o error alguno contra la fe, sino que todo en él fueron actos de humildad y sometimiento. Nada dice Carranza del secreto impuesto a raíz de la entrevista, ni de complacencias habidas con la persona del italiano y con sus ideas. Evidentemente existen también en él intenciones defensivas, modulaciones suavizadoras, acaso ocultaciones. ¿Quién de los tres testigos se aproxima más a la verdad?

Alerta contra falsos testimonios: una carta de fray Luis de la Cruz, O. P.

Las suposiciones finales de Carranza sobre los falsos testimonios de Rojas y Seso se vieron parcialmente confirmadas por la carta que le escribiera fray Luis de la Cruz en mayo de 1559. El había asistido a varios de los que salieron en el auto de fe de Valladolid unos días antes. Mientras los consolaba y esforzaba, quiso saber de los reos cómo dieron crédito a aquellas herejías. Las noticias de fray Luis no podían menos de suscitar alarma. En efecto, don Luis de Rojas le había confesado que le *decía fray Domingo de Rojas que todo aquello lo había revelado Dios a Carranza y fray Juan de Villagarcía*, y así lo había declarado ante los inquisidores [53]. Para contrarrestar el mal efecto de semejante noticia, fray Luis le añadía que supo por dos inquisidores que, preguntando a fray Domingo cómo persuadía a los demás de sus errores, había confesado que «*levantando*» que Dios se lo había revelado a Carranza, «pero que era esta maldad e testimonio falso». Todo esto comprometía gravemente a Carranza; los rumores se hinchaban. Y fray Luis terminaría diciéndole en su carta que habían oído decir a un padre guardián de San Francisco, que reservaban a Seso, Rojas, Pedro de Cazalla y otros para un nuevo auto, hasta que trajesen preso al propio Carranza. La raíz queda suficientemente expresada en declaraciones posteriores de fray Luis: fray Domingo, Juan Sánchez, don Carlos de Seso, «todos estos dicen que cada uno en su manera *se quieren defender con el Arzobispo de Toledo*» [54]. No conocemos la respuesta de Carranza a fray Luis sino por declaración de éste: según él le respondió «habiendo lástima de ellos, porque habían caído en aquellos errores; que lo que de él decían, que era mentira» [55].

53. La versión de fray Luis de la Cruz en su carta coincide con la deposición de don Luis de Rojas, que hemos analizado anteriormente.
54. Carta de fray Luis de la Cruz a Carranza del 30 de mayo de 1559. DH II, 713.
55. El 9 de septiembre de 1559 fray Luis de la Cruz hizo extensas declaraciones sobre su pasada actuación con los presos luteranos, y concretamente con don Luis de Rojas. Cf. DH II, 717. Pasando por alto la viveza con que se describe el interesante diálogo que mantuvo en la prisión con el ya arrepentido don Luis de Rojas, merece anotarse lo que atañe a nuestro objeto de estudio. Don Luis reconoce haber sido persuadido por fray Domingo de Rojas, quien a su vez

Todavía hay algo más que decir sobre la entrevista. Si Seso y Cazalla fueron el manantial, no siempre limpio, de información sobre la misma en los círculos de sus adeptos y simpatizantes, también nos encontramos con rastros de la entrevista en los medios afectos a Carranza. Sus declaraciones completarán nuestra información y añadirán algunos datos de interés acerca de don Carlos de Seso.

Versión de la entrevista en los medios carrancianos

1. Fray Juan de Villagarcía, O. P.

En dos ocasiones ha asomado Villagarcía a lo largo de este trabajo: la primera en labios de los procesados y como presunto favorecedor de sus doctrinas. La fuente de la noticia fue don Luis de Rojas; mas la fuente del infundio fue precisamente don Carlos de Seso, quien se ufanaba de haber conquistado tras un año de fatigas a fray Juan para la doctrina de la justificación. La segunda vez fue en la carta que dirigiera Carranza a Villagarcía, sugiriéndole que se informase sobre Seso por los italianos que vivían con el cardenal Pole. Fray Juan de Villagarcía, que había explicado teología en la universidad de Oxford durante la restauración católica inglesa, se vio envuelto en estas acusaciones; y apresado en Flandes, padeció varios años de proceso inquisitorial en España, del que salió inocente según el Monopolitano[56]. Ahora sólo nos interesan las noticias que nos pueda proporcionar sobre don Carlos de Seso.

Fray Juan inició sus declaraciones en Valladolid el 20 de septiembre de 1559, cuando también Carranza estaba preso. Tenía treinta años y era profesor de San Pablo de Valladolid; había llegado preso la víspera[57]. Entre confesiones voluntarias y respuestas a acusaciones formuladas se fueron sucediendo las audiencias del proceso de Villagarcía, que sólo conocemos por los extractos que pasaron al de Carranza. En una de esas respuestas topamos con estas pinceladas sobre la personalidad de don Carlos de Seso:

autorizaba sus errores diciéndole que «el arzobispo de Toledo tenía que Dios se lo había revelado o descubierto (una palabra de éstas) lo de la justificación, e lo de la certidumbre a fray Ambrosio de Salazar». El proselitismo de Rojas no se arredraba ante la calumnia conveniente a sus propósitos. Como fray Luis de la Cruz replicara a don Luis que «nunca tal a ellos pasó por pensamiento —se refiere a Carranza y Salazar— don Luis le respondió «que esto del Arzobispo de Toledo se le había olvidado decir ante los señores inquisidores, e que aquella tarde lo había comunicado con un Lector que le habían dado para que le consolase —era la víspera de la lectura de las sentencias— que es de la Orden de San Francisco, hijo de Villena, Licenciado, que se llama Orantes; e que el dicho Orantes le había aconsejado que lo dijese. Y que este confesante le dijo: «Yo aseguro que él sí lo diría, porque bastaba ser el Arzobispo de Toledo fraile dominico y él francisco, para daros priesa que lo dijérades, porque bien víades vos que *mentía* fray Domingo; y ese es estilo de los herejes, dar por abtores de sus herejías a personas principales». «De semejante confidencia deducía fray Luis de la Cruz que fray Domingo de Rojas, Pedro de Cazalla y don Carlos, cada uno a su manera se querían defender con el Arzobispo de Toledo». Cf. DH II, 718-719. Puede verse una exposición más amplia sobre este personaje en mi artículo *Fray Luis de la Cruz, O. P., y los protestantes de Valladolid. La difusión de una consideración de Juan Valdés*, recogido en este libro, 157-211.

56. Fray Juan López, obispo de Monopoli, *Quarta parte de la historia general de Santo Domingo y de su Orden de Predicadores* (Valladolid 1615), 411-412, relata esta prueba de Villagarcía y ensalza su ciencia y su rara virtud.

57. Cf. DH II, 483.

Me paresce haberme dicho un día Fonseca, un buen hombre de aquí, que le descontentaba su manera de un don Carlos, aunque no se acuerda que le dijese de cosa de fe, sino de *ser parlón doquier que se hallaba e hablaba con demasiada soltura en cosas de Dios*; e que yo dije que por cierto que le tenía por buen hombre. E aquello lo eché más a indiscreción suya, que a falta de fe que la tuviese. E que después que este confesante, digo Fonseca, *(sic!)* a quien dí yo siempre gran crédito de cuerdo e buen hombre, se me resfrió e perdí mucho de la opinión e concepto que tenía del dicho don Carlos, como también de oir otras cosillas. E uno me contó un día que (era Pedro de Cazalla), que el dicho don Carlos, cuando se comulgaba en Santa Clara, se vestía el más galán vestido que tenía, lo cual le paresció liviandad.

E también oí hablar un día del Arzobispo de Toledo, de manera que me paresció de menos ser y autoridad el dicho don Carlos que antes de él tenía. E decía el dicho Arzobispo que, estando en Trento y estando el dicho don Carlos en casa del obispo de Calahorra, le había conoscido allí, e hablaba de él dicho Arzobispo de manera que le paresció que no le tenía en aquella estima [58].

«Parlón», «suelto en hablar de cosas de Dios», liviano y presumido en el vestir, son rasgos que perfilan la personalidad de Seso. El paso del italiano por Trento recibe nueva confirmación, con un detalle significativo: vivía con el obispo de Calahorra. Esta preciosa pista nos permite esclarecer algunos hechos: no era otro este obispo que don Bernal Díaz de Luco, quien tomaba posesión de la diócesis el 28 de mayo de 1545. Llegó a Trento en mayo de 1546 donde tomaría parte activa en el concilio, dejando traslucir sus grandes dotes de teólogo y sobre todo de canonista. Su estancia en Trento se prolongó hasta empalmar con la convocatoria siguiente de 1551. Llega a Calahorra a principios de febrero de 1553, falleciendo en 1556 [59]. Este celoso obispo, sincero reformador, escritor fecundo, humanista notable, corresponsal de san Ignacio de Loyola, fue quien hospedó a don Carlos. No hay que olvidar que don Carlos antes de ser corregidor en Toro (1554), vivía en Villamediana, cerca de Logroño. ¿Acaso lo llevó consigo don Bernal como acompañante y familiar para servirse de su conocimiento de la lengua italiana? De la declaración de Villagarcía además se deduce que, si don Carlos se captaba la simpatía de quienes lo conocían superficialmente, la admiración concebida se desinflaba un tanto al conocerlo más profundamente.

No terminan aquí las noticias de fray Juan de Villagarcía. En mayo de 1560 lo encontramos de nuevo dando cuenta de ciertas particularidades de la carta que le escribiera Carranza desde Flandes a Inglaterra en junio de 1558. Villagarcía justificó su relación personal con el cardenal Pole, quien le llamaba a su casa muchas veces y mandaba entender en lectura de libros, visitas de universidad y otros asuntos religiosos. Conoció en casa del cardenal al napolitano Donato Rullo y al veneciano monseñor Priuli, como los había conocido también Carranza en Trento.[60] Más menuda cuenta tuvo que dar de la frase que figuraba en la carta que le dirigiera Carranza y en la que se hacía mención expresa de don Carlos de Seso [61]. Las res-

58. DH II, 486.

59. Este recuerdo tridentino de Carranza, relatado por fray Juan, si bien no precisa el grado de conocimiento de don Carlos y puede significar una mera noticia, añade un detalle al paso de don Carlos por el concilio: estaba en casa del obispo de Calahorra. Este no puede ser otro que don Bernal Díaz de Luco, cuyo pontificado abarca las dos primeras etapas conciliares (1546-1553), únicas a las que pudo acudir don Carlos. Cf. C. Gutiérrez, *Españoles en Trento*, Valladolid 1950, 592-606.

60. DH II, 502. Sobre el literato y prelado veneciano Alvise Priuli, fidelísimo servidor del cardenal Pole, cf. P. Paschini, *Un amico del Cardinale Pole*, Roma 1922. Sobre Donato Rullo recoge bastantes noticias Carlo de Frede, *La restaurazione cattolica in Inghilterra sotto Maria Tudor nell carteggio di Girolamo Seripando*, Napoli 1971, 25-42 y 109-130.

61. La frase incluida en la carta, ya citada, mencionaba a don Carlos, «aquel caballero que vivía en Logroño y que vuestra reverencia conoce». Cada frase de esta carta fue objeto de interrogatorio por parte de los inquisidores.

puestas de fray Juan no corresponden a nuestra expectación, ya que son escasas las novedades que ofrecen sus declaraciones. Fray Juan repite que oyó a Carranza hablar de don Carlos dos o tres veces «fríamente, como a hombre que no le estimaba» y refiriendo lo que había visto en Trento en casa del obispo de Calahorra. Dijo también que había sabido por carta de fray Antonio de Arce «que una de las cosas que le oponían al arzobispo era no haber denunciado de don Carlos uno o dos errores que él le había comunicado, pero que nunca el arzobispo se lo dijo» [62]. El interés de Carranza por saber si los italianos que vivían con el cardenal Pole conocían a Seso, se debía a una normal curiosidad y a la suposición de que lo habrían conocido en Trento. La recomendación de preguntarles sin decirles el triste fin de Seso en España era una cautela para mejor asegurar la eventual información [63]. Por lo demás fray Juan cumplió con la recomendación de Carranza y preguntó por Seso a Donato Rullo. Este había visto alguna vez a Seso y sabía que era de Verona, pero no supo decir cosa particular de él; en cambio le remitió a otro italiano, «criado del cardenal, que estaba en Italia, Datario, llamado Ormaneto, porque era también natural de Verona» [64].

Los inquisidores quisieron apurar aún más el testimonio de Villagarcía y formularon un nuevo interrogatorio al que someterle. ¿Cuáles eran las «ciertas cosillas» de don Carlos que había oído decir? Fray Juan se remitió a sus declaraciones anteriores, reiteró la pérdida de estima de don Carlos que atravesó, y añadió que «nunca más le vio después, sino una vez de paso en el colegio». En este postrer encuentro en el colegio, le dijo don Carlos que «por qué no se acordaba más de él e otras cosillas a este propósito, e le habló de decir que holgaría que le fuese a visitar en las vacaciones». Fray Juan «se excusó de ello, diciéndole que no podía». Todo esto ocurría, puntualiza fray Juan, antes de su ida a Inglaterra, como tiempo de medio año [65]. ¿Qué significaba la frase de la carta de Carranza en que decía que le pareció don Carlos «dañado en algunas opiniones»? ¿Qué supo exactamente fray Juan sobre don Carlos antes de partir para Inglaterra? Su respuesta es rotunda:

Dijo que nunca jamás el Arzobispo, ni antes que pasase en Inglaterra ni estando en ella, ni después hasta que esta carta le escribió, nunca dijo a este confesante que supiese error contra la fe del dicho don Carlos; e que esto se muestra bien por la carta, por las palabras de ella. E ansí mismo el don Carlos nunca a este confesante dijo cosas de aquellas opiniones, más de que este confesante tiene relatado. E que esto echa este confesante de parte de don Carlos a una de dos cosas: Porque no le tenía por tan docto como al Arzobispo, o porque quizá se debió recelar de este confesante, acordándose de algunas palabras que este confesante le dijo. E que de parte del Arzobispo lo echa, porque también de suyo era callado. E que este confesante de sí sabe decir que, si entendiera este confesante que le decía el dicho don Carlos la doctrina de Lutero, que él le descubriera a la Inquisición; e la opinión de Santo Tomás tornó a decir que entonces no la sabía [66].

62. DH II, 509.
63. DH II, 509.
64. DH II, 510. Niccoló Ormaneto, colaborador de Pole, salió de Inglaterra en 1557; amigo de san Carlos Borromeo, trabajó en la reforma del clero romano bajo Pío v y vino de nuncio a España (1572). Cf. *Encicl. Cattolica* IX, 359. Una carta similar dirigió al mismo tiempo Carranza a Francisco Delgado, cuando éste se encontraba al servicio del cardenal Pole, sin decirle el por qué de su pregunta ni informarle sobre la prisión de Seso. Según declararía en 1562 el propio Delgado, sus averiguaciones en el palacio de Pole fueron muy escasas. Supo de monseñor Priuli que «el origen del don Carlos era de Verona, que allí había de aquel linaje, e que en casa del Cardenal no tenía amigos el dicho don Carlos; e que *eran dos hermanos, e el otro estaba en servicio del Rey de Francia*». Cf. DH II, 944-945.
65. DH II, 523. Por lo tanto a comienzos de 1554 o fin de 1553.
66. DH II, 524. Más tarde nos volveremos a encontrar con la citada opinión de santo Tomás.

Nunca más volvió a tener noticias de don Carlos hasta que recibió la carta de Carranza. También había recibido la referida carta de fray Antonio de Arce, en que se cargaba al arzobispo el no haber denunciado a don Carlos de Seso y a fray Juan el haberlo confesado. Al tiempo de recibirla, fray Juan se había limitado a poner en su margen: «A lo que piensa, que nunca tal le confesó». Por último también dice que un compañero de cárcel, llamado Juan de Avila, le había dicho que sabía o había oído que don Carlos «había comunicado algunos errores al arzobispo, e que el arzobispo le había dicho que no era así como el dicho don Carlos tenía en un papel o en un libro, e que se lo enviase a Inglaterra e que de allí le satisfaría» [67].

2. El obispo de Orense, don Francisco Blanco

Un nuevo testimonio de calidad viene a añadirse por parte del círculo carrancista: es el del obispo de Orense, don Francisco Blanco, notable teólogo, asistente al concilio de Trento, antiguo oyente de Carranza [68]. Su presencia ante los inquisidores está justificada por la carta que escribiera a Carranza antes de que éste fuera preso y que había caído en manos de la inquisición, así como por el voto que dio acerca de los comentarios sobre el catecismo cristiano del arzobispo de Toledo. Concretamente en la carta, cuyo texto íntegro desconocemos, recomendaba a Carranza, entre otras cosas, que respondiese a lo que le pasó con don Carlos de Seso. El consejo de don Francisco Blanco se debía, según se deduce de su declaración, a que aquél le había escrito una carta «en que le decía que le escrebía al Licenciado Guigelmo la relación de lo que había pasado con don Carlos de Seso antes que partiese para Inglaterra, rogándole que, pues don Carlos era vivo y estaba preso, averiguasen la verdad con él [de] aquel fecho; e que este declarante dio esta carta al dicho inquisidor Guigelmo» [69].

El testimonio de don Francisco Blanco adquiere mayor importancia, no sólo porque conoció la carta a Guigelmo sino porque había hablado con Carranza sobre el asunto pocas semanas antes de su prisión. Dice así:

> E que lo que pasó con don Carlos según entendió por una relación que tenía fray Antonio de Santo Domingo, Rector del Colegio, e después entendió este declarante del mismo Arzobispo estando en Alcalá este verano próximo pasado [hacia mayo-julio de 1559], es que, estando para partirse el dicho Arzobispo para Inglaterra, vino al dicho Arzobispo Pedro de Cazalla, cura de Pedrosa, e le dijo que allí estaba un caballero que hablaba libremente cerca del purgatorio, e qué se haría sobre ello. E que el Arzobispo le respondió que le llamase, que quería entender de él lo que era; e después acordaron lo que convenía hacerse. E venido el dicho don Carlos, el Arzobispo le reprendió, porque, siendo lego, se metía en cosas fuera de su profesión, e que mirase que, si en su tierra castigaban las malas obras, que en ésta castigaban también las malas palabras. Y el dicho don Carlos se le humilló e dijo que él no tenía otra cosa sino lo que tenía la Iglesia, e que él había dicho lo que había dicho porque *dos Legados* del Concilio lo decían así. E que el dicho Arzobispo le dijo lo que debía tener de la Iglesia, e que aquello quería tener. E que entonces el dicho Arzobispo le dijo, abonando los Legados, le declaró la verdad, e le tornó a amenazar que de ahí adelante no hiciese cosas fuera de su profesión; e que con esto le envió, no le teniendo por hereje, sino por hom-

67. DH II, 525. ¿Es un nuevo dato fidedigno que añade Juan de Avila, o responde a la versión de los hechos de Seso y Cazalla?
68. Cf. C. Gutiérrez, *o. c.*, 382-394.
69. DH II, 404-405. Por otra declaración de Blanco sabemos que poseía copia de una relación del incidente con Seso el dominico fray Antonio de Santo Domingo, muy afecto a Carranza. Cf. DH II, 406. Cuando Carranza fue preso y secuestrados sus papeles aparece inventariada entre ellos una «Relación del caso de don Carlos de Seso»: *Ibid.* II, 340 y 392. ¿Será análoga o igual a la que incorporamos a este trabajo más atrás?

bre que con *libertad de italiano* hablaba en lo que no sabía. E que, teniéndole por desengañado e corregido, dijo al Cura de Pedrosa que por entonces bastaba aquello; pues iba por Corregidor a Toro, le ternía allí por vecino: que mirase por él; e si no se enmendase, lo denunciase al Santo Oficio [70].

La versión de don Francisco Blanco corresponde perfectamente con la de Carranza sin mayores aditamentos; sólo aporta una nueva clarificación respecto a los dos obispos, a cuya doctrina solía hacer referencia don Carlos de Seso: esta vez se los designa como legados del concilio. Este extremo recibirá su aclaración definitiva unas páginas más atrás.

3. El dominico fray Pedro Serrano

El 10 de noviembre de 1561 declaraba ante la inquisición el dominico fray Pedro Serrano. El interrogatorio a que fue sometido versaba sobre las noticias que podía tener sobre el proceso de Carranza. Su primera respuesta, única que interesa a nuestra investigación, es la siguiente:

Dijo que lo que sabe y ha oído es que la persona del dicho Arzobispo la ha tenido por muy buen cristiano y religioso más ha de cuarenta años. Y que después que está preso, ha oído decir que le tienen preso porque don Carlos de Seso le preguntó si había purgatorio y disputó el dicho don Carlos de Seso con él, y el dicho Arzobispo le probó y concluyó que le había, y el don Carlos quedó confuso y pidió perdón. I diz que esto paso allí en el Colegio de San Gregorio a instancia de fray Juan de Villagarcía, el cual rogó al dicho Arzobispo que le respondiese a aquella dubda, porque el dicho fray Juan era amigo del don Carlos, porque se había ido a holgar a Logroño unas vacaciones y el don Carlos le había allí regalado, y el fray Juan decía que era muy su amigo don Carlos y muy espiritual hombre. Y dicen que porque el dicho Arzobispo no denunció del dicho don Carlos, le tienen preso: el cual Arzobispo dicen que dejó de denunciarle, seguiendo *la opinión de Santo Tomás*, que dice que al que está corregido, no se ha de denunciar [71].

Aunque fray Pedro narre demasiado sucintamente la entrevista Carranza-Seso, y sitúe a fray Juan de Villagarcía entre los amigos de don Carlos, todo el énfasis de su declaración, a los años de la prisión de Carranza, está en la afirmación de que está preso por no haber denunciado a don Carlos. Fray Pedro aparece bastante alejado de los sucesos y habla por rumores en todo cuanto dice. Lo más notable de su dicho es el añadido final: Carranza no denunció a don Carlos por seguir la *opinión de santo Tomás, según la cual no hay que denunciar al que está corregido*. Esta extraña afirmación perdida merece alguna atención, ya que la volvemos a encontrar en otro testigo importante a quien reservábamos para este momento. No es otro que fray Juan de la Peña, dominico, catedrático de Salamanca, amigo de Carranza.

4. Fray Juan de la Peña, O. P.

El dominico fray Juan de la Peña, antiguo alumno de Carranza, tomó parte muy activa en la defensa de éste. El 15 de marzo de 1559 —antes, por lo tanto de la prisión de Carranza— había recibido catorce proposiciones anónimas para que

70. DH II, 404-405. Llamamos la atención sobre un detalle mínimo: los *dos obispos* italianos a cuya doctrina se remitía don Carlos según lo que hemos visto anteriormente, ahora se transforman en legados. Sin poder precisar más, es posible que se refiera a los cardenales Pole y Morone o a los obispos de Sinigaglia, Cava y Fièsole. Cf. Dermot Fenlon, *Heresy and Obedience in Tridentine Italy. Cardinal Pole and the Counter Reformation*, Cambridge 1972, 140 ss.

71. DH II, 794.

las calificase. No se le decía que procedían del catecismo de Carranza, aunque él lo supo adivinar sin dificultad. En una calificación extensa en que hace honor a su título de maestro de teología desmenuza los sentidos posibles de las frases sometidas a examen, defendiendo al inominado, aunque bien conocido autor. Al término de su censura, firmada en San Gregorio de Valladolid el 18 de abril de 1559, añadía esta declaración importantísima para nuestro asunto:

Lo que a mí el Presentado fray Juan de la Peña, Regente de Teología del Colegio de San Gregorio de esta villa de Valladolid, de la Orden de Predicadores, me paresce que debo decir a los señores del Santo Oficio de la Inquisición para descargo de mi consciencia, es lo siguiente:

Lo primero digo que me acuerdo que el Rvdmo. Arzobispo de Toledo, fray Bartolomé de Miranda, poco antes, a mi parescer, de la partida de su Majestad a Inglaterra, me dijo que le habían dicho había aquí una persona que hablaba mal en cosas de luteranos. E a lo que me paresce, yo concebí que era hombre que, o era hereje o habla como tal; no me acuerdo se explicase la materia particular en qué era lo que la tal persona había errado. Declaróme también que era *hombre noble y estimado.* E trató conmigo el dicho Arzobispo del remedio que se ternía para remediar esta persona. No me he podido acordar qué resolución se tomó, porque ha mucho. E pasado aquel punto, nunca más se me acordó de ello, hasta que se descubrió el mal e las herejías de fray Domingo de Rojas e don Carlos: e entonces, así por las señas de don Carlos, como porque, hablando en esto con el canónigo Sabino Estete, que tenía entendido de mucho antes que este don Carlos hablaba atrevidamente y pensaron que se había reconciliado por la Inquisición, caí en ello e tuve por cierto que era el mesmo don Carlos la persona de quien me había hablado el Maestro Miranda.

Y por entonces, digo cuando se descubrió este mal, yo pensé que el don Carlos se había absuelto e reconciliado por el Santo Oficio, e ansí luego lo dije a los señores inquisidores e con este cuento cómo el Maestro Miranda había comunicado conmigo lo dicho e que mirasen si estaba este hereje reconciliado; e mirado, se halló que no había memoria de ello, según se me dijo. Esto también lo dije al fiscal del Santo Oficio estando con los señores inquisidores, que llanamente lo traté e lo dije como aquí lo tengo dicho, salvo que entonces yo pensaba que *nos habíamos resuelto el Maestro e yo de que de secreto se reconciliase aquel hombre.*

Después que vino el Arzobispo, trayéndole yo a la memoria este caso, me dijo que no se había hecho esta denunciación, sino que le había corregido e confiado se enmendara, habiéndole enseñado la verdad de nuestra santa fe católica. Yo no me he podido acordar resolutamente lo que allí resolveríamos; pero bien me parece cierto que en la plática trujimos a la mente la doctrina de Santo Tomás en la II-II, q. 33, a 7, adonde dice, cuando hay pecados ocultos, «quod cadit in nocumentum proximorum, corporale vel spirituale, puta si aliquis occulte tractet ut civitas tradatur hostibus, vel si haereticus private homines fide vertat, et quia ille qui sic occulte peccat, non solum in se peccat, sed etiam in alios, opus est statim procedere ad denuntiationem, ut hujusmodi nocumentum impediatur, nisi forte aliquis existimaret quod statim per secretam admonitionem posset hujusmodi mala impedire». De la cual doctrina se colige que Santo Tomás no excluye la correctio del todo y en todo caso, aún de herejía. E ansí creo yo que nos devimos resolver: que él le hablase; e hablado e tratado, podría entender lo que se debía hacer.

Nunca yo más supe poco ni mucho qué se hizo, ni si le habló ni no, hasta que, como dije, venido el Arzobispo, me dijo lo que dicho tengo. E también debió resolverse en pasar con la corrección dicha, porque según él me dijo, más le tuvo por hombre que *erraba* que no que *hereticaba*; e como se le humilló e subjetó tanto, parescióle por entonces que *los tiempos en España estaban más seguros*, que podía esperar la enmienda, como me dijo a mí el hijo mayor de don Juan de Mendoza, que fue Corregidor de Zamora, que un Padre que era Guardián en San Francisco de Toro, siendo allí Corregidor don Carlos, le había corregido otra vez, e el traidor hereje se había humillado.

Este hecho me aseguró a mí e asegura hasta hoy que por entonces el Arzobispo no era hereje; porque yo he hecho conmigo y aun hablando con otros esta razón: o fray Bartolomé de Miranda era hereje en aquella sazón, o no. Si lo era, ¿a qué propósito comunicaba conmigo del remedio de aquel hombre que le decían que erraba, pues yo no lo sabía ni le conoscía ni sabía quién era? Si no era hereje, ¿cómo es creíble que de la primera vez que don Carlos le habló, le pervertiese e hiciese hereje? Esto yo no lo puedo creer, y así he tenido e tengo por cierto que el Arzobispo trató en el negocio *con buena e santa intención,* *como le paresció según prudencia por entonces*, aunque el subceso haya enseñado que se había de haber hecho lo contrario e no haber usado de corrección con tal mal hombre, ni haberse de usar en semejantes casos de herejía, antes se debe siempre aconsejar que denuncien luego, de los que se entendiere que son herejes. Este dicho yo no lo dije entonces jurídicamente como ahora, porque no me pareció que hacía el caso. Y como es cierto que yo le había contado llanamente e no me le pidieron como me pidieron otras cosas que sabía de fray Domingo, descuidé hasta agora, que, preso el Arzobispo, me paresció se debía decir para que los jueces tomen de él lo que fuere en provel en contra.

Iten el dicho Arzobispo me ha dicho, que el que le dijo de don Carlos era Pedro de Cazalla, que está preso por el Santo Oficio. E también me dijo después que hubo corregido a don Carlos e le paresció que quedaba enmendado, había dicho a Pedro de Cazalla que no denunciase de él; que tuviese aviso si más le viese tratar cosas semejantes, y luego denunciase de él. Esto he yo sabido de él después que vino de Flandes; que antes no supe quién era el que le había dicho de don Carlos, ni conoscí en mi vida ni hablé al dicho don Carlos, ni sabría decir ahora éste es [72].

Esta declaración espontánea de fray Juan de la Peña, meses antes de ser preso el arzobispo, tiene un incalculable valor, porque sitúa el problema en un nuevo contexto. Nada añade a lo que ya sabemos sobre la entrevista en sí; pero ofrece importantes noticias sobre la actuación de Carranza y sus motivaciones, de las que fue excepcional testigo. El caso de don Carlos, llegó a fray Juan en forma de consulta amistosa desprovisto de todo revestimiento personal. Peña entendió que se trataba de un «hombre noble y estimado». Más tarde pudo ligar un tanto las cosas, cuando supo por Sabino Astete que era don Carlos quien «hablaba atrevidamente». La prisión de don Carlos despejó la incógnita de fray Juan de la Peña. Con todo, él pensaba que la intervención de Carranza habría conducido a una reconciliación de don Carlos con la inquisición; punto que vio desmentido por los inquisidores. La venida de Carranza a España acabó de aclararle todo: Carranza no había denunciado al italiano, sino que se había limitado a corregirle, confiando en su enmienda. Fray Juan hace un esfuerzo por recordar el consejo que diera a Carranza unos años antes al respecto; y no tiene dificultad en admitir, envuelto en dudas, que habrían resuelto de consuno tratar con el inculpado y ver después lo que procedía hacer. Fray Juan no tiene inconveniente en responsabilizarse de esta decisión pasada, invocando para ello la doctrina moral de santo Tomás. Recompone el caso, encuadrándolo en criterios morales de prudencia: el inculpado erraba, no hereticaba; se humilló y sujetó tanto, que su enmienda parecía asegurada; «los tiempos en España estaban más seguros». Con todo no reprime un impulso de rabia cuando reconoce a posteriori la humillación fingida del «traidor hereje».

No contento con este planteamiento teórico-práctico, se plantea el significado de la consulta que le hiciera Carranza: no tenía sentido, si el consultante era hereje o simpatizaba con los errores del inculpado; menos creíble era que don Carlos lo hubiese ganado a su causa con una entrevista. Fray Juan asevera con seguridad su certeza sobre la «buena e sana intención» de Carranza en el asunto; obró conforme a moral y prudencia, aunque reconoce a la luz de los hechos posteriores, que se debía de haber hecho lo contrario, esto es, denunciar al hereje. Es sin duda un juicio certero sobre lo pasado, y por otra parte muy valiente, ya que comprometía gravemente a su autor. Nada menos que el consejo de la inquisición y el mismo inquisidor general se ocuparon de ello; decidieron que el inquisidor Riego interrogase a fray Juan sobre cuantos puntos de la declaración estimare oportuno, y en particular sobre dos: si Carranza le confesó lo que ha declarado estando ya preso don Carlos, y si fray Juan había recomendado a más personas que no denunciasen al santo oficio [73]. Si el primer punto perseguía el esclarecimiento de la declaración de fray Juan, el segundo iniciaba nuevo camino y sometía a juicio las actuaciones del dominico.

72. DH II, 278-281. Sobre la personalidad de fray Juan de la Peña puede verse el extenso artículo de V. Beltrán de Heredia, *El maestro fray Juan de la Peña*: Ciencia Tomista 52 (1936) 325-356.

73. DH II, 283.

De los hechos a los principios: teoria moral sobre la denuncia

El 7 de septiembre de 1559 comparecía nuevamente fray Juan de la Peña. Frisaba los cincuenta años. De nuevo se refugió en la ignorancia sobre Seso, al tiempo en que le consultó Carranza: no supo nada de la persona, fuera de que era «hombre lego e caballero», ni Carranza le confió la naturaleza de los errores de don Carlos. Tampoco precisó más el consejo concreto que en aquella ocasión diera a Carranza. Los inquisidores le preguntaron por qué entonces no dio cuenta de todo a la inquisición, «como persona que entendía en negocios del santo oficio e tenía de ellos más práctica», y por lo tanto estaba en mayor obligación, «pues que también tenía entendido lo mal que estos herejes se corrigen y reducen». Fray Juan de la Peña respondió: «Entonces este declarante tenía muy poca plática de lo del santo oficio, e que este declarante no lo declaró por no pensar que estaba a ello obligado, ni hasta hoy lo ha pensado que lo esté: porque teniendo el negocio entre manos un hombre como fray Bartolomé de Miranda, e que era él la persona a quien se había venido a decir de aquel hombre, e este declarante no sabía quién era, y el maestro Miranda estaba encargado de hablarle e de ver el remedio que se ternía en lo que se debía de hacer. E que así justamente le paresce que este declarante pudo descuidar del negocio, mayormente que el dicho fray Bartolomé no le dijo más de consultársele el caso secretamente para lo que él haría, sin decirle la persona». Fray Juan confiesa además que supo nuevas noticias sobre don Carlos y Cazalla por medio de Sabino Astete «algunos días antes de la presión de los sobredichos» [74]. En cambio Carranza se lo contó cuando volvió a España. Las circunstancias de la confidencia y los comentarios subsiguientes son recordados por la feliz memoria de fray Juan:

> El propósito a que este declarante le trajo aquello a la memoria al Arzobispo, fue para saber qué era lo que había hecho en el dicho negocio, porque entonces este declarante así en común tenía concebido que se había el negocio denunciado en la Inquisición de secreto; e como entendió de antes de esta Inquisición cuando se descubrieron estas herejías, por esto le advirtió e preguntó lo que había hecho en aquel negocio. E que el dicho Arzobispo respondió que no se había denunciado, porque le había parescido que *bastaba corregirle.* E que esto fue e pasó con el dicho Arzobispo de Toledo agora un año, veniendo con él de Burgos acá e otras veces. E que sin dubda ninguna entonces a entrambos a dos les paresció que se debiera de haber denunciado de ello. E que esto mismo le ha dicho después otras veces, por no lo haber hecho, pesándole de ello, no obstante que por entonces no pecase por ventura el dicho fray Bartolomé [75].

La conversación íntima primera entre los dos amigos, caminando de Burgos a Valladolid, hay que situarla entre el 11 y 14 de agosto de 1558 [76]. ¿Por qué, conocida la blanda corrección de Carranza y los daños que luego se siguieron por obra de Seso y los demás, no denunció el caso fray Juan? Esta era la pregunta que se hicieron y le hicieron los inquisidores. Fray Juan tuvo su explicación que alegar: «Este declarante lo dijo aquí en el santo oficio *llanamente* estando aquí algunos de los señores inquisidores, como lo tiene declarado; e que como le pidieron dicho de otras cosas o no de aquello, que así lo dejó; e también se le ofresció, por si no trataban de ello

74. DH II, 283-284. Cazalla fue apresado el 20 de abril y don Carlos entró en prisión el 10 de mayo (1558).
75. DH II, 285-286.
76. Cf. Salazar de Mendoza, *Vida y sucesos prósperos y adversos de fray Bartolomé de Carranza*, ed. de A. Valladares, Madrid 1788, 42-43.

por ser el arzobispo de Toledo prelado, e también se le ofresció ser el caso tan notorio. E que también es verdad, por el juramento que hecho tiene, que nunca lo dejó por malicia»[77].

El segundo capítulo se refería a otras actuaciones análogas de fray Juan de la Peña y a sus motivaciones para ello: ¿le habían pedido más personas parecer sobre denunciar o no al santo oficio, qué casos eran, de qué cualidad, a qué personas tocaban? Que la pregunta no era lanzada en el vacío nos lo muestra la respuesta de fray Juan:

Dijo que a este declarante muchas cosas se le comunicaban en confesión —digo algunas de ellas— e otras en secreto: el cual, según la regla de la Teología que entiende, en su consciencia no está obligado a declarar, porque no entiende que de ello se siga peligro al Santo Oficio de callarlo, porque no es de hereje ni herejía que corra peligro alguno a la honra de Dios e a su Iglesia. Y que, como dicho tiene, nunca dijo a nadie que callase, sino en casos que le parescía que, conforme a su consciencia, no podía obligarlos a lo declarar.

E más dice: que cuando se descubrieron estas herejías, que le acusó la conciencia de haber dicho a algunas más que declarasen, que no que callasen. E que una de las causas porque se ha movido a decir esto fue, porque el Rvdmo. Señor Arzobispo de Sevilla [Inquisidor General] le avisó una vez al Padre Maestro fray Domingo de Cuevas e a este declarante, que mirasen que algunas personas decían algunas veces cosas en el Santo Oficio e preguntado que cómo no lo habían dicho, respondían que porque lo habían comunicado con fulano o fulano o allá en el Colegio, aunque no se acuerda bien de esto del Colegio. Y otra vez el dicho Arzobispo le asomó una cosa de esto, como cosa que entendía que alguno había dicho haberle dicho que no estaba obligado a decir algo. E que porque se podría por alguno tomar ocasión de él de lo que tiene dicho, quiso prevenir e declarar lo que tiene dicho. E que en lo demás, si alguna cosa en particular se le preguntare, responderá a ello llanamente todo lo que entendiere en su conciencia que es obligado[78].

Esta cuádruple invocación de la conciencia en quien podía presumir de tenerla debidamente formada implica una extrapolación de la esfera de lo anecdótico a la de lo categorial, y brinda una interesante veta para el estudio del contraste entre la mente inquisitorial y la teológica, entre el orden legal y el moral. Fray Juan representa sin duda una cierta resistencia a la identificación de ambas, de indudables consecuencias políticas. Confirma mi suposición la pregunta que formularon a continuación los inquisidores: «Fuele dicho que paresce que lo que se dice en secreto fuera de conciencia, es obligado en juicio el que lo sabe en secreto, preguntado, a declararlo. E que ansí agora dio este declarante una denunciación contra sí e por sí para sanear su conciencia, e que de ella resulta en este juicio de la fe en que estamos, que se le haga, que le está hecho (*sic!*) e que es obligado a declarar a ella e que ansí se le dice que declare lo que supiere». Fray Juan se atreve a dar una lección de moral a sus jueces: «Dijo que es cosa cierta y llana en teología que a preguntas generales no está el preguntado obligado a responder, cuando se saben las cosas en secreto, e de tenellas en secreto no se entiende que viene mal al bien público.

77. DH II, 286. Fray Juan de la Peña contrapone la manifestación espontánea y la procesal: *llanamente y jurídicamente*. No contentos con la respuesta los inquisidores, le formularon nueva pregunta, a la que respondió fray Juan de la Peña: «Fuele dicho que de un caso tan grande y grave como éste e de que tanto daño se había seguido, no bastaba dar así algún poco aviso que de ello diese: porque, si por entero lo declarara, no se dejara de asentar, así para lo que toca al dicho don Carlos, a quien principal tocaba, e a los demás a quien tocaba. E por esto le paresce que le debió de mover aquello alguna cosa. Dijo que no hubo en ello malicia, como lo tiene dicho; e también porque al parescer de todo el mundo el dicho don Carlos era hereje tan notorio e que por esto lo dejó de decir, e también porque este declarante no le había oído nada ni le conoscía al dicho don Carlos». DH II, 286.

78. DH II, 286-287.

Pero que cuando se pregunta en particular de tal cosa o de tal persona, en muchos casos ha de responder, porque se presume que ya el negocio está deducido en juicio y el juez pregunta en particular». Luego narra un caso singular que le había sucedido y que aquí no interesa, sino en cuanto refleja el *modus agendi* de fray Juan: en cualquier hecho denunciable era necesario que constase claramente la entidad de un delito, considerando los hechos y la condición de la persona inculpada. Al fin de su declaración y volviendo sobre el consejo que pudo haber dado a Carranza ante el caso inominado de don Carlos de Seso, se inclina a pensar que, dado su desconocimiento de la persona y del cuerpo del delito, no habría dado parecer resoluto; sino que se habría limitado a, «mirada la doctrina de santo Tomás e la prudencia, hablando a la persona, vería lo que se había de hacer, e entendido lo demás que era necesario» [79].

En un clima en que abundaba la denuncia, la acusación indiscriminada y vaga, la suspicacia sobre la materialidad de palabras, etc... la mención de la conciencia, de cautelas, de filtros que depurasen la densidad de las culpas, era un modo de desolidarizarse de la represión político-legal-religiosa y de abrir fisuras en su cómoda identificación. La más responsable moral no coincidía totalmente con la praxis inquisitorial: eran dos esferas diferentes... al menos en algunos ámbitos. Años más tarde, cuando ya fray Juan era catedrático de Salamanca, todavía fue molestado por la inquisición en torno el viejo caso: no era verosímil que cuando le consultó Carranza el caso de don Carlos, «no le hubiese declarado la persona». Fray Juan respondió netamente que «además de lo que a ello tiene respondido, dijo que «antes no es verisímile que el dicho maestro le hubiese declarado la persona o personas, porque es muy ordinario entre los religiosos y letrados comunicar casos de conciencia secretos e nunca decir las personas, si no es cuando la misma persona da licencia para ello» [80]. Fray Juan salvaguardaba la intimidad de la conciencia y ponía coto a las desmedidas ansias inquisitoriales por penetrar en ella. Nos hemos alejado de la persona de don Carlos de Seso para ver convertida la inexistente denuncia de sus errores en paradigma de un problema jurídico-moral más amplio.

De nuevo Carranza: acusación fiscal

Hemos agotado la serie de testigos que se refirieron de una forma u otra al italiano y a su entrevista con Carranza. Muchos de ellos sucumbieron en los autos de fe de 1559 de mayo y octubre; en este último sería condenado a muerte don Carlos. Sin embargo el caso de don Carlos siguió siendo objeto de interrogatorios inquisitoriales en razón de la responsabilidad que correspondía en él al arzobispo Carranza. Ni qué decir que el capítulo de don Carlos engrosó desde el principio la lista de cargos contra él. Preso en agosto de 1559, el fiscal presentaba su primera acusación el 30 de septiembre. De sus 30 puntos, hay dos que hacen referencia directa a nuestro asunto. En efecto, se le acusa de haber «tenido e creído e dado a entender e comunicado con otras personas, que en la otra vida no hay purgatorio donde las ánimas de los defunctos purguen e satisfagan enteramente de sus pecados». El n. 5 es aún más pertinente:

Iten digo que el Rvdmo. Arzobispo, *sabiendo* y *entendiendo que cierta persona era hereje* e tenía e creía y estaba deñado en algunas opiniones contra nuestra santa fe católica, y en presencia del dicho Arzobispo referió algunas razones para fundar uno de los errores que tenía e creía —las

79. DH II, 287-289.
80. DH II, 871-872. Esta declaración es del 13 de noviembre de 1561.

cuales el dicho Arzobispo no le confutó ni reprobó— aunque la dicha persona mostró e paresció no quedar reducido del dicho error e herejía, que era tener en la otra vida no había purgatorio. Y debiendo el dicho Rvdmo. denunciar en el Santo Oficio de la dicha persona e de los errores e opiniones que supo y entendió que tenía contra nuestra santa fe católica para que se proveyese del remedio que convenía, no lo hizo, antes lo *calló e encubrió* y encomendó el secreto de ello, encargando que por ningún evento se descubriese y que quedase allí sepultado. De lo cual se han seguido y resultado grandes inconvenientes e muy perjudiciales en la república e religión cristiana. E por cabsa de que el dicho Rvdmo. Arzobispo no corrigió ni denunció de la dicha persona como debiera, otras muchas personas vinieron a creer los dichos errores e hereticaron contra nuestra sancta fe católica, como paresce e resulta por información bastante, de la cual hago presentación.

El fiscal anota al margen: «Testigo, Pedro de Cazalla, don Carlos y la carta que el arzobispo escribió a Villagarcía. Este capítulo se pone ansí por la culpa que de ello resulta contra el arzobispo, y presupuesto que el arzobispo, según tengo entendido, está prevenido y avisado de ello y parece que conviene sea avisado de ello» [81]. La decisión fiscal en la acusación, propia de su oficio, rebasa lo que arroja el dossier documental; eliminando muchos matices que obligaban a precisar mejor el cuerpo del delito, y falseando los resultados del conjunto de declaraciones, convierte a Carranza en *encubridor consciente de un hereje*. Una cosa resulta cierta: por ingenuidad o por malicia, la actuación de Carranza condujo de facto al nacimiento de los focos luteranos castellanos.

En la primera respuesta verbal Carranza calificó el capítulo de acusación como «malo y falso, como Judas fue malo en lo que hizo», añadiendo: «Hasta hoy nunca hubo hombre que Su Señoría sentiese ser hereje, que le encubriese, sino que lo publicó por tal y lo dijo donde debería y en otras partes que no era obligado. Porque nunca lo sentió de nadie, si no fue en Inglaterra...» [82].

Unos días más tarde y tras más madura reflexión respondía por escrito a las acusaciones del fiscal. Por lo que respecta a la doctrina del purgatorio, se remitió a su enseñanza pública: cuantas veces trató en sus clases la materia de la justificación, propuso la doctrina católica sobre el purgatorio. Lo mismo hizo en su libro impreso sobre la misa al exponer su carácter satisfactorio por los difuntos. Cuando fue provincial de la orden urgió el cumplimiento de la oración por los difuntos, y lo mismo hizo siendo arzobispo con el cabildo de Toledo exigiendo el cumplimiento de las fundaciones en favor de difuntos. Más aún, añade, «es ésta una de las mayores devociones que he tenido después que tengo juicio para entender lo que es hacer bien por las ánimas de purgatorio, e así en cosas que se han ofrescido he hecho voctos de hacer bien por ellas e lo mesmo he aconsejado a muchas personas que han tenido comunicación conmigo» [83].

En la acusación en que veladamente se aludía al incidente con don Carlos, la respuesta de Carranza fue igualmente categórica, descubriendo certeramente la fuente de la inculpación:

Es falso testimonio que me impone quien tal dice así en esto como en todo lo demás contenido en el dicho capítulo, porque nunca persona del mundo pasó tal cosa conmigo como allí se dice. Pero, porque presumo que lo diga por don Carlos de Seso, que fue preso en esta Inquisición de Valladolid por hereje e con cierta ocasión me habló una vez el año cincuenta e cuatro un domingo después de comer por el mes de mayo muy pocos días antes que me partiese para Inglaterra, doy por escripto lo que con él pasé en la scriptura que presento con ésta escripta de mano de Jor-

81. ACST I, 246-247. El fiscal es consciente de que Carranza está avisado del asunto.
82. ACST I, 255.
83. DH IV, 144-145.

ge Gómez, criado mío, en dos pliegos de papel e firmada de mi nombre. Todo lo demás que en este capítulo se contiene fuera de aquello es falso. E si el dicho don Carlos dice o ha dicho otra cosa, yo le mostraré que, como entonces me mentió, miente también ahora como malo [84].

En trance supremo de aclarar lo pasado y con el énfasis puesto en el escrito que presentaba para ello firmado de su nombre, nos encontramos ante la más extensa declaración de Carranza acerca de la entrevista con don Carlos: era el único superviviente. Es verdad que en ella se entremezclan incisos dentro de la narración escueta. Todo resulta del máximo interés, tanto para hacer luz sobre el incidente como para completar el esbozo de la personalidad de don Carlos. Aunque la declaración escrita de Carranza sea un tanto larga, la incluimos enteramente, tanto por su valor documental, como por haber permanecido hasta el presente inédita y totalmente ignorada. Dice así:

Esta es la escriptura a que me remito en el capítulo quinto, la cual di en respuesta de él:

En la Villa de Valladolid, el año de mil e quinientos e cincuenta e cuatro, pocos dias antes que el Rey don Felipe se partiese para Inglaterra, vino a mi al Colegio de Sant Gregorio un hijo de Cazalla, que dicen llamarse Pedro de Cazalla, e me dijo que había oído hablar algunas veces a un don Carlos de Seso en materias de religión, como de la justificación de los pecadores y del purgatorio, sobre lo cual había hablado con él particularmente e, a su juicio, mal, porque en sus palabras parescía negarlo. Que qué me parescía a mí que había de hacer.

Yo le dije: «Esta es una cosa grave. Satisfaceos primero del hecho e de la verdad, e después se tomará el remedio que conviene. E mirad bien lo que os dijo: porque, aunque yo no conozco a ese hombre ni he hablado ni visto en mi vida, he oído decir bien de él» y es ansí que algunos colegiales del dicho Colegio con quien él hablaba, decían que era hombre muy leído e que trataba de estas materias de religión más de lo que parescía convenir a la profesión de su estado, lo cual les oi decir muchas veces, pero ninguna que dijesen mal de él, antes le alababan por hombre sabio e católico; digo bueno, aunque curioso en tratar cosas fuera de su hábicto. Iten fray Alonso de Castro, de la Orden de Sant Francisco, predicador de su Majestad, me dijo en Trento partiendo para España, que traía consigo una muy buena compañía, que era a este don Carlos de Seso, natural de Verona, casado en Logroño; e después, él e su compañero fray Gaspar de Tamayo me dijeron muchas veces que habían venido juntos hasta Pamplona y les había hecho muy buena compañía, los cuales hablaban de él con mucha satisfacción e sin ningund escándalo. De esto es testigo el dicho fray Gaspar de Tamayo, que vive en Salamanca. Iten don Antonio de Fonseca, obispo de Pamplona, Presidente del Consejo Real, me dijo en su casa tres o cuatro dias antes que esto pasase, que enviaba a su tierra, que es la ciudad de Toro, un corregidor muy buen hombre. Yo le dije que, en tomarle más para allí que para otra parte, era parcial. Respondióme que era verdad. Preguntéle quién era la persona. Dixo que don Carlos de Seso. Yo, maravillado que a un hombre extranjero, por bueno que fuese, heciesen corregidor en Castilla —porque no sabría el estilo de la tierra ni de la gobernación de ella— le dije: «No conozco a ese hombre; pero he oído decir muchas cosas de él, e trata más de teólogo que de caballero. ¿Quién ha informado a vuestra señoría de él?». Respondió: «Fray Bernardo de Fresneda, confesor del Príncipe, ha dado relación de su persona e le ha procurado este oficio. E yo, por su buena información e la de otros, le he nombrado para mi tierra». De esto será testigo el dicho fray Bernardo de Fresneda *, confesor del Rey; y pues él le procuraba oficio, él sabrá si era buen hombre e católico, o no. E si entonces era malo, todos nos engañamos.

Con estas cosas e otras muchas que oí decir, no creí que había en él mal alguno por entonces, ni me satisfice del Pedro de Cazalla por seer mozo e de poca experiencia en aquellas materias. E así le dije: «Yo pienso que ese hombre debe de hablar con la libertad que en su tierra —que es tierra de Venecia donde con espada e capa hablan en aquellas materias de Teología que podría yo hablar— e por esto trata en España al estilo de su tierra. Parésceme que debéis de traelle aquí e, presente él, entenderemos la verdad de lo que pasa, y entonces veremos lo que se debe hacer».

El me dijo que le escrebiese, porque no estaba en Valladolid. Dijele que no le conocía para escribirle. Respondióme que, aunque no le conociese, tenía por cierto que vernía luego escrebiéndole yo una cédula, e así lo hice e dí la cédula al dicho Pedro de Cazalla. La cual en sentencia con-

84. DH IV, 151.

* *Al margen se lee*: «Lo que aquí se dice de fray Bernardo de Fresneda es para contar el caso como pasó, no para traelle por testigo».

tenía —porque de las palabras no se me acuerda— que aquí se había ofrecido un negocio que convenía comunicar con él; que veniese allí. Por esto sin conosceros, os escribo estos renglones para este efecto.

Enretanto, comuniqué esto con dos o tres personas del Colegio para ver lo que les parecía (como lo solíamos hacer sin nombrar la parte, ofreciéndose casos así dubdosos), una de las cuales era fray Juan de la Peña, Lector de Teología en el dicho Colegio, aunque de las otras no tengo memoria.

Pasados algunos días, venieron al dicho Colegio los dichos Pedro de Cazalla e don Carlos de Seso; e *quedándose fuera el Cazalla, entró solo don Carlos* en mi celda, e le dije: «Señor. Yo no os conozco. Pero sin conoceros, me paresció que os podía llamar con esta ocasión. Muchas veces he oído tratar de vos y decir que hablais en materias de religión con más libertad de la que conviene a vuestro estado. E agora me lo ha confirmado lo que este clérigo me ha dicho, el cual está escandalizado de vos. Es menester que a él e a mí nos satisfagais. Dice que hablais mal, e particularmente en la materia del purgatorio, dando a entender que no le hay. Decidme qué habeis dicho e sentido en esto».

El, poniendo las manos delante de los pechos como para orar, me dijo con grande humildad: «Señor. Yo no soy teólogo ni sé Teología. Yo he hablado como he oído hablar en mi tierra a hombres letrados con quien he tratado. E si he errado en algo, es por no entender. Vuestra reverencia me diga lo que tengo de saber; que yo me remito a su conciencia que no hablaré ni sentiré de otra manera» deciendo esto con mucha humildad. Después de haber porfiado un rato amonestándole yo que me dijese lo que pasaba, me rogó muchas veces que le enseñase la verdad, sin confesarme jamás que huviese dicho ni sentido error alguno.

Yo le dije: «Pues quereis ser enseñado e remitís vuestra alma a mi conciencia, yo lo quiero hacer. Sabed que todos los que mueren en esta vida mueren en una de tres maneras: la primera que unos mueren en pecado mortal y éstos son condenados en el infierno para siempre; la segunda, que otros mueren en gracia, habiendo hecho entera satisfacción de sus pecados en esta vida e se van luego al cielo; la tercera es de otros que mueren en gracia, pero antes de haber hecho entera satisfacción de sus pecados y éstos van al purgatorio, donde por tiempo padescen por sus pecados, hasta haber enteramente satisfecho por ellos. E los que después de esta vida padescen en la otra temporalmente, decimos estar en el purgatorio». Esto le enseñé así con tanta distinción, temiendo que con ignorancia no estuviese engañado en alguna cosa de este artículo. «Esto enseñan los santos e lo tiene así la Iglesia y ésta es mi conciencia que vos queréis saber. E como os lo digo, os lo diré en el tribunal delante de Dios. E si otra cosa habéis hablado, es error condenado por la Iglesia. E no penséis que estais en vuestra tierra: porque, si en ella os castigan las obras, en España os castigarán las obras e las palabras. E mirad de aquí adelante cómo hablais e no cureis de materia en lo que no os habeis de meteros ni es de vuestra profesión. E dad gracias a Dios por haber topado quien con tiempo os pueda enseñar e corregir. Yo me satisfago e creo de vos que, si en lo pasado habeis errado en alguna cosa, ha sido por ignorancia, como decís; e que en lo por venir os enmendareis. Porque si no lo haceis, estais en parte donde sereis muy bien castigado». E prometiendo muchas veces con grandes sacramentos de hacerlo, así se fue e nunca más le vi, ni antes de esto le había visto en mi vida.

Ido el don Carlos, *topé con el Cazalla* solo e le dije: «Este hombre me paresce que ha hablado como yo decía e así no confiesa haber tenido error alguno, sino dice que con ignorancia ha hablado en algunas materias más de lo que sabe e promete mucho de enmendarse. Creo que lo hará, porque lleva gran miedo e yo le he amenazado mucho. Parésceme que por agora basta esto, pues no sabemos cosa cierta y este es hombre extranjero e debe de pensar que en España tienen la mesma licencia de hablar que en su tierra, y engáñase. Pero si viéredes que se desmanda a hablar en esa materia del purgatorio o en otra, decilde luego a los inquisidores».

Esto es en sustancia lo que pasó. E yo me partí dentro de ocho días para Inglaterra e nunca más los ví ni supe cosa de lo que después entre ellos pasó, hasta que oí decir en Flandes el año de mil e quinientos e cincuenta e ocho, que estaban presos en Valladolid por la Inquisición. Esto es el hecho de lo que pasó, e doy en respuesta del capítulo quinto de la acusación. E si fuera de lo que aquí está dicho o contra ello él o otro ha dicho o dice alguna cosa, yo me obligo a mostrarle que como parece haber mentido entonces, miente también agora [85].

Descrita así la *species facti*, Carranza añade algunas páginas con consideraciones jurídicas de tipo defensivo encaminadas a despejar la acusación de hereje o fautor de herejes y la sospecha que recaía sobre su actuación pasada: él enseñó, como siempre lo había hecho, la verdad católica. No pudo sentir que su interlocu-

85. DH IV, 187-192.

tor era hereje, ya que no le confesó haber dicho error alguno contra la fe, y no «le pudo apremiar a más de lo que él le quiso decir». Riñó a don Carlos porque hablaba de materias ajenas a su profesión, le amonestó a que no lo hiciera y a que diese satisfacción al escandalizado Pedro de Cazalla. Enseñándole la verdad, no pudo ser fautor de errores. Ni antes ni después trató más con don Carlos, a quien sólo vio en aquella ocasión por espacio de una hora. En segundo lugar, su actuación quedaba libre de sospecha por el hecho de haber comunicado el asunto con otros hombres de letras para pedir su parecer y acertar en la solución. De querer encubrir al delincuente, no hubiera consultado con fray Juan de la Peña y con otros. En tercer lugar, la discreción puesta en el caso era exigida por la condición del consultante y del consultado: el primero era «persona pública que estaba en un lugar público como Valladolid y en oficio público»; el consultado Carranza entendía en negocios de la inquisición de Valladolid y del consejo supremo de la inquisición y «por el crédito de su persona venían a comunicar con él negocios en público y en secreto muchas personas de todos estados... e como a tal le comunicaron muchas cosas de esta cualidad, a cada una respondía lo que según Dios, derecho e conciencia sentía, e algunas veces llevó negocios de esta suerte a la inquisición, e otras envió a ella las personas que a él venían, e otras no convenía hacerse esta diligencia ni la cualidad del negocio lo requería. E como en ésta, a lo que entonces pudo juzgar, no entendió necesidad, no hizo más de lo que tiene dicho, pretendiendo hacer su oficio e acertar en este caso como en otros». Concluye su razonamiento recalcando un dato cronológico: la esporádica, breve y única entrevista tuvo lugar en mayo de 1554 y pocos días después marchó a Inglaterra; nunca más supo de sus interlocutores Seso y Cazalla, «porque eran hombres que él no conoscía ni había tratado en su vida sino aquella vez que le consultaron en Valladolid». Ellos fueron presos en 1558 y, según decían (¡), habían caído en sus errores en 1557. La conclusión era obvia: «paresce claro que el consultado no pudo ser parte en su mal ni saber que fuesen malos, ni ellos pueden dar color a sus culpas con lo que entonces pasó». Justamente en este tiempo Carranza se empleaba en Inglaterra en castigar herejes y predicar contra ellos. «Considerando todo —termina Carranza— verán los que hubieren de juzgar lo que de esta verdad resulta, a cuyo juicio se somete»[86].

Este extenso relato sobre la entrevista de don Carlos confiesa Carranza que «estaba escrito *desde que aquí entré* e guardado para dar cuenta de ello teniendo a quién»[87]. En esta breve confidencia no poco sorprendente, nos encontramos dos datos significativos: el primero, el de la redacción de esta especie de memoria antes del apresamiento; el segundo, el énfasis puesto en la circunstancia de que, por fin, tenía a quién comunicarlo. En realidad, ambos datos guardan conexión, ya que Carranza intentó por muchos caminos ofrecer la sustancia de esta información al santo oficio cuando vino de Flandes y encontró preso a don Carlos. Precisamente en una extensa adición al texto celosamente guardado, se explaya a este respecto; adición por lo demás obligada, ya que el viejo episodio constituía un capítulo de la acusación fiscal y de la publicación de testigos.

Agora, vista la demanda del fiscal, digo que todo lo del dicho capítulo contrario a esto es falso, e ninguno puede decir otra cosa; e si él o otro la dice, no trata verdad. E por aclarar ésta hice yo instancia muchas veces el año de cincuenta e ocho [1558] con el Arzobispo de Sevilla que me oyese e tomase satisfacción de mí, porque entendería la poca o ninguna culpa que yo tenía, e nunca lo quiso hacer, por lo cual me quejé de él muchas veces.

86. DH IV, 192-194.
87. DH IV, 194.

E antes de esto, luego que llegué de Flandes a Valladolid, de palabra e después por cartas dije a los inquisidores de la dicha villa, sabiendo que aquel hereje estaba preso, que mirasen lo que decía del caso que tengo referido: porque si decía más de lo que aquí está dicho, se averiguase su mentira, porque sabía que todos los herejes eran mentirosos e así él dijo a algunas personas, como en el capítulo se dice, que me trajo razones para su error e yo no se las confuté. Diríalo, como es costumbre de hereges decirlo, mentiendo para engañar a algunos con mi abtoridad; porque nunca me trajo razón ni jamás me confesó haber dicho error alguno, como lo tengo dicho. E lo mesmo es si él o otro alguno afirma que yo le encargué el secreto, deciendo que por ningún evento se descubriese, porque nunca tal pasó. E porque la cualidad del caso lo requiere, juro como cristiano que esto es verdad y que en sustancia no hay otra cosa: porque, si otra cosa entendiera, como lo entendí cuatro años después sabida su presión, que yo hiciera con él lo que hice con otros (que es denunciarle en el Santo Oficio de la Inquisición); a este fin procuré que veniese a Valladolid e consulté el negocio con otros letrados.

Otrosí digo que, por lo que entonces pasó, las personas que después cayeron en sus errores no se pueden excusar ni defender su culpa ni dar color alguno a ella: lo primero, porque yo nunca vi hombre de ellos sino al Pedro de Cazalla, e aquella vez sola que me habló; e yo le dije que, si otra vez oía hablar a aquel hombre en aquellas materias, lo dijiese luego a los inquisidores. E si esto él hiciera cuando después trataron de ellas, no viniera el mal que vino. Lo segundo, porque si, como algunos quieren decir, ellos eran ya malos y venieron a mí para tentarme como lo hicieron con otros, aquello no solamente no los defiende, pero agrava más su pecado. Lo tercero, porque ellos vinieron a dogmatizar errores tan feos como sacramentarios, e para esto no pueden tomar color alguno de lo que conmigo hablaron. E así, cuanto a lo contenido en este capítulo quinto, no tengo más que decir.

De las cartas que refiero en el capítulo tercero haber escripto a los inquisidores de Valladolid para que entonces se apurase esta verdad como aquí la tengo referida, tomó la una ellas el Arzobispo de Sevilla y está en su poder. E si entonces no se aclaró como lo pedí e hice instancia en ello un año entero, suya es la culpa [88].

Este amplio relato y las glosas sobre sus derivaciones e interpretaciones constituyen la pieza fundamental de la explicación carranciana. En el relato existen algunos extremos verificables por otras fuentes, como el de la consulta con fray Juan de la Peña, que evidentemente se aviene mal con cualquier intención encubridora; en otros puntos la versión carranciana contrasta manifiestamente con las variadas versiones de Rojas, Cazalla y sus amigos. El hecho de que el relato, escrito antes de la prisión, hubiese sido guardado hasta este momento, podía inducir a pensar que Carranza se sentía de alguna manera implicado en un hecho culposo. Pero esta eventual ocultación interesada del papel encuentra su explicación lógica en las múltiples tentativas de aclarar las cosas cuando aún estaba libre y el presunto cómplice todavía vivo, tentativas que se vieron frustradas ante el mutismo y el aparente desinterés del inquisidor general y de otros inquisidores. Las tentativas son rigurosamente históricas, puesto que además de intentarlo de palabra, lo intentó también por escrito en cartas a uno y otros. Cierto que una denuncia por parte de Carranza en 1554 hubiese evitado el desarrollo posterior de los acontecimientos y que el desinterés de la inquisición en 1558 no evitaba lo ya ocurrido. Con todo resulta sorprendente —y acaso menos desinteresado de lo que parece— este nulo deseo por averiguar la verdad, cuando aún era posible el careo de las versiones de Carranza, Seso y Cazalla. Si Carranza inicialmente se inhibió de toda denuncia, luego quiso remediarlo y hay evidencia de ello. En cambio resulta extraña la conducta de la inquisición. Mientras actuaba tan escrupulosamente en otros asuntos no ahorrando esfuerzos por completar su información, ¿por qué en este caso no se tomó declaración a los inquisidores mencionados por Carranza? Por último, aún admitidas versiones dispares del hecho fundamental, era claro que lo más perjudicial para Carranza eran las derivaciones posteriores que los reos, y sobre todo Cazalla, querían vincu-

88. DH IV, 194-195.

lar a la conducta de Carranza. En este particular los argumentos *ad hominem* del arzobispo parecen muy concluyentes: el afán disculpatorio de Cazalla al endosar sus errores a la blanda corrección de Carranza era un puro truco. Si Seso y Cazalla eran herejes en 1554, esta excusa no los defiende, sino que agrava su delito, porque simularon la consulta. Si cayeron en herejía después, cuando Carranza vivía en Inglaterra, nada tenía que ver el arzobispo en ello. Implicados personalmente en el error, mal podían escudarse en el hecho de que Carranza no los hubiera denunciado. Y sobre todo eran tantos y tan graves los errores de los principales encartados de Valladolid —«vinieron a dogmatizar errores tan feos como sacramentarios»—, que resultaba ridículo pretender cargarlos a la cuenta de una esporádica y breve entrevista: «para esto no pueden tomar color alguno de lo que conmigo hablaron»

A pesar de todo, la inercia procesal hará que el fiscal insista sin variación alguna en su acusación, aduzca la declaración de Seso en la publicación de testigos y haga perdurar el tema durante largos años. Carranza se remitirá repetidas veces a lo ya respondido, mas en una ocasión vuelve a tratar extensamente del asunto en uno de sus aspectos: fue cuando se le leyeron las declaraciones ya conocidas de fray Juan de la Peña, divididas en tres capítulos. Carranza repuso:

A los tres capítulos del testigo veinte e cinco [fray Juan de la Peña]... respondió que Su S.ª tiene dicho otras veces que, queriéndose sanear y entender lo de aquel Don Carlos, deseando acertar en ello e poner el remedio que convenía antes que el dicho Don Carlos le hablase, luego que le dijeron de él que hablaba en estas cosas, comunicó aquel caso con algunas personas para ver si le conoscían ellos o habían oído decir algo de él, e tomar su parescer en el remedio, como lo solía hacer en todos los negocios que era consultado en el dicho Colegio. E que ha procurado mucho acordarse las personas a quien lo comunicó, e que nunca se ha podido acordar sino el de solo uno, que es de fray Juan de la Peña.

E que, venido Su S.ª de Flandes el año de cincuenta e ocho [1558], procurando saber esto, dijo al dicho fray Juan de la Peña (porque era uno de los que comenzaban a leer allí en el Colegio Teología): «Yo comuniqué con algunos e deseo saber quién son». E que el dicho fray Juan respondió que él era uno de ellos, que andando Su S.ª deseoso de saber aquello, le dijo: «Hanme dicho que anda aquí un caballero e, como caballero, que habla en estas materias de religión, e temo no haya en él algún mal. Querría me dijésedes si sabéis algo de él o le conocéis». E que esto es en sentencia lo que le dijo. E que después le rogó que procurase de saber otros a quien hubiese comunicado lo mesmo en el dicho Colegio, e que nunca se lo dijo ni a Su S.ª se le ha podido recordar.

Fuele dicho que, pues que cuando el dicho Señor Arzobispo vino de Flandes, entendió que en esta villa que el dicho Don Carlos estaba preso en la Inquisición e tenía memoria de lo que había pasado con él, que paresce debiera manifestarlo en la Inquisición, pues pudiera seguirse de ello algún buen efecto. Dijo que la cosa que más Su S.ª deseó, venido a Valladolid, es ésta, e lo tentó hacer los días que estuvo en Valladolid, e aun después de ido quiso venir acá, si no se lo estorbaran personas. Los días que estuvo en Valladolid, que serían obra de veinte días, sabiendo Su S.ª que estas cosas tratan los inquisidores ordinarios en la Inquisición ordinaria e que allí se examinan los presos, procuró declarar lo que había pasado con el Don Carlos para aclarar el hecho, e si él o el Pedro de Cazalla habían dicho otra cosa más de lo que había pasado, averiguar la verdad e aclararla con ellos mesmos. E sabido quiénes eran los inquisidores de aquí [Valladolid], Su S.ª no conoscía de ellos sino al Lic. Vaca. E procurando de hablarle, le dijeron que estaba malo e impedido, de manera que Su S.ª no le pudo ver. E le vino a ver el otro inquisidor, Guigelmo, por ocasión de un beneficio que le habían dado en su arzobispado de Toledo, e a éste declaró lo que había pasado con el dicho Don Carlos, e le dijo en una cámara alta del Colegio e después abajo otra vez: «Mirad, señor, que herejes son malos hombres, e todo hereje es traidor e mentiroso. Yo temo que éste haya dicho o diga otra cosa de la que pasó. Ahora que está aquí, si ha dicho más el otro de lo que yo os he dicho, yo quiero hacerles conoscer la verdad, pues que estamos a tiempo que lo puedo hacer». E el dicho inquisidor le dijo que no era menester e que no se pusiese en ello, e que no había cosa que perjudicase al honor de Su S.ª. E por entonces se sosegó de hacer más instancia en ello. E después acá la otra vez en una sala baja del Colegio, deseando siempre aclarar aquello e dándole pena ciertas cosas que le dijieron del Señor Arzobispo de Sevilla [Inquisidor general] que parescía que decía o hacía algo en perjuicio de Su S.ª, le tornó a decir en sentencia casi lo mismo, e que el dicho inquisidor le tornó a sosegar en lo mesmo como antes.

E después de esto, por cosas de queja que tenía del dicho Señor Arzobispo de Sevilla, para lo que tiene dicho e tomar en todo más satisfacción envió a llamar, digo a rogar, a Don Diego de Córdoba que se llegase al Colegio, porque no conoscía entonces a otro de los señores del dicho Consejo, si no es al Doctor Andrés Pérez y él no le había querido ver. E lo mesmo hizo con el Lic. Camino, le envió a llamar, porque no conoscía a otro de los oficiales. E con ambos, cada uno por sí, comunicó esto e otras cosillas de unos papeles que le habían dicho que había tomado el Señor Arzobispo [de Sevilla]. E ambos a dos le respondieron excusando algunas cosas del arzobispo, e que no se acuerda en particular las palabras que le dijieron.

E después de esto, deciéndole cosas que se platicaban en Valladolid, temió siempre que el dicho Don Carlos o Pedro de Cazalla dijiesen otra cosa o más de lo que habían pasado con Su S.ª, para poner o dar alguna defensa e excusa a sus delictos, e le pesó mucho no haber apretado e aclarado el negocio como lo había deseado estando aquí en Valladolid. E trató de volver de Toledo a Valladolid, e para esto lo escrebió a algunas personas graves, e allá también en Toledo lo comunicó; y entre ellos, lo escrebió una vez o dos al mesmo inquisidor Guigelmo en sentencia lo que antes le había hablado, teniendo siempre lo que tiene dicho. E que esta carta tomó el dicho Señor Arzobispo de Sevilla, e Su S.ª pedió en el proceso de la recusación que se pusiese en el proceso, e no sabe lo que se hizo sino que el Señor Arzobispo cuando se la pedieron dijo que era verdad tenerla él e que la buscaría. Aunque a algunos de los sobredichos paresció que veniese a Valladolid, los más e los más graves se lo estorbaron. E sabe que algunos de ellos lo comunicaron con los inquisidores de Valladolid, e después de su comunicación se lo estorbaron.

E que lo mesmo trató con el Señor Arzobispo de Sevilla unas veces de palabra, aunque no se acuerda que se lo dijiese tan en particular, si no es de lo que toca al libro [Catecismo]; que en esto le habló una vez en el Colegio e otra en su casa. Pero que desde Toledo le escrebió Su S.ª veces, e particularmente con el alcaide Morillas, que le habló de su parte en Toledo, le envió a rogar que, pues que él no le podía ver, que le hiciese merced, si alguna cosa había o le habían dicho de Su S.ª, que tomase su satisfacción, porque estaba aparejado de hacerla como el menor hombre del reino. E si fuese tal, habría cumplido con su oficio; e si no, podría proceder como le paresciese más justificadamente. E el dicho alcalde venido a Valladolid, escrebió a Su S.ª lo que le había dicho de su parte. E le tornó a escribir otra carta ofreciéndole toda la satisfacción que quisiese, la cual carta era para el alcalde para que él la ofreciese de parte de Su S.ª, así de lo que toca a papeles como de cualquiera otra cosa. E que esta carta leyó el dicho Señor Arzobispo e la tomó en su poder. E estas e otras diligencias hizo, demás de lo que escrebió a los señores del Consejo juntos. E una de las quejas mayores que ha tenido del Señor Arzobispo es que, procurando Su S.ª todo un año de hacer esto, él no diese lugar a ello, a parescer de Su S.ª. E que esto es lo que hizo e deseó hacer en aquello.

Fuele dicho por los dichos señores jueces que, demás de por lo que tocaba a la persona de Su S.ª, que por lo que tocaba a las causas de Pedro de Cazalla e de Don Carlos, paresce que Su S.ª tenía obligación de manifestar en la Inquisición lo que con ellos había pasado, pues el dicho Don Carlos había dado señal de que no estaba muy firme en las cosas de la fe católica. Dijo que dos cosas hubo entonces por las cuales le paresció entonces de estar desobligado de hacer más diligencia de la que hizo, o que le excusaban de no entender que tuviese más obligación: la una fue decir a los inquisidores que pudo hablar e otras personas del Santo Oficio la realidad de la verdad de lo que había pasado, e decirle ellos que no había necesidad de hacer nueva diligencia e que no había para qué; pues, si la hobiera, era fácil de decirle ellos que lo hiciese, pues que en Su S.ª vían voluntad de hacerlo, e parescerle que bastaba decírselo a ellos. La segunda causa fue no haber entendido Su S.ª del Don Carlos, cuando le habló, estar ni haber estado en error alguno, amonestándole muchas veces que se lo dijiese porque se pondría remedio, e nunca se lo confesó. E después que supo que estaba preso, creyó que debía ser malo e que lo había sido antes, e sospechó que él habría corrompido a otros [89].

Si algo se deduce de la lectura de estas páginas es la eficaz voluntad puesta por Carranza para aclarar cosas, cualquiera que hubiese sido su responsabilidad anterior. No implica en sus explicaciones a muertos o desaparecidos, sino a hombres que se encontraban ahora al otro lado del foso, esto es, el inquisidor general, a miembros del consejo de inquisición o a inquisidores de Valladolid. Si el primero no le dio anteriormente la mínima posibilidad de expresarse, los segundos no escu-

89. Publicación de testigos, DH IV, 390-391. Réplicas de Carranza, 427, 430-431, 434. Publicación de la declaración de fray Juan de la Peña, 409-410. La réplica larga de Carranza inserta en el texto, 441-444.

charon, ni dieron mayor importancia aparentemente a sus declaraciones o expresamente le disuadieron de oficializarlas. Cuando ahora eran mencionados con sus nombres, guardaron silencio, obedeciendo acaso normas del gremio o consignas personales. ¿Acaso no podía responsabilizárseles, de ser ciertas las palabras de Carranza, de haber contribuido a que éste no denunciase, aunque sea tardíamente, el caso?

Declaraciones de Carranza en Roma (1568)

Cuando el proceso de Carranza pasó a Roma, aún siguió tratándose la cuestión de sus relaciones con don Carlos. El arzobispo insiste en algunos puntos ya sabidos: la entrevista fue a solas con Seso y éste no le mostró escrito alguno:

> Faciam, quamvis certus sim nullum attulisse ad me scriptum aut ostendisse; si forsan aliquam secum afferebat, quod ego nescio, cum nullam ostenderit. Deinde scio nunquam illum ad me venisse nisi semel quando a me fuit examinatus. Alter vero, scilicet Petrus de Cazaglia, venit ad me bis, semel cum illo et ante solus... Ut dixi in mea responsione, ea vice qua dictus don Carolus fuit a me examinatus, venerunt simul ad collegium ipse et Petrus de Cazaglia, et ad me ingresus est in cellam meam *solus* don Carolus... Quod certum est quod dictus don Carolus mansit solus cum a me examinaretur. Quo autem ad ingressum, si forsan Petrus de Cazaglia ingressus est cum dicto don Carolo ad priorem partem cellae, quae habet duas cameras separatas, cuius ego non recordor, sed certum est statim egressum extra cellam et mansisse alium solus, quem ille deducebat ad me.

Los jueces preguntaron a Carranza por qué no quiso que estuviese presente al encuentro Pedro de Cazalla como testigo. Carranza respondió, añadiendo algún detalle más:

> Quod factum est scio. Cur autem ille non remanserit praesens nescio si forsan natum est ab illis, vel quia mihi non visum est necessarium cum prius iam audissem Petrum, et quia nunquam venit in mentem esse illum don Carolum malum —postea apparuit— sed forsan liberius fuisse loquutum in materiis theologicis quas ille nesciebat, ut fecerunt aliqui de quibus nuper tractatum erat in Officio Inquisitionis et fuerant admoniti et correcti, ut quidam Carolus de Antenonis, florentinus, qui detentus et correctus quia licentiosius loquebatur in materiis religionis, fuit dimissus [90].

El 13 de septiembre de 1568 se sometió a examen la carta de Carranza a Villagarcía en que se mencionaba a Seso, y preguntaron a Carranza si él sabía que don Carlos hubiese estado en Trento. Quizá este último punto pudiera tener algún interés para los jueces romanos en relación con otros procesados italianos. Nada nuevo dijo Carranza esta vez. Ya anteriormente había declarado al respecto, el 16 de julio. Entonces repuso «Nec Tridenti nec alibi in vita illum vidi, nisi ea vice et ea hora qua explicata est in processu. Non opus est me cogitare de hoc, quia sum certus praedictum hominem nunquam cognovisse nec vidisse; et multo minus cognovi episcopum Calagurritanum cui ille erat affinitate coiniunctus quia mortus erat multis annis ante inchoatum Concilium» [91]. En esta segunda respuesta añadirá un detalle que nos sirve para fijar el paso de Seso por Trento: Carranza dice que él no supo esta noticia personalmente, sino que se lo oyó al franciscano fray Alfonso

90. Citamos por la copia notarial del proceso romano que se conserva en Madrid, Archivo Histórico Nacional, *Inquisición*, 4.446, leg. 2, f. 66r.

91. *Ibid.*, f. 65v. El obispo «affinitate coniunctus» con Seso que aquí menciona Carranza es el noble don Alfonso de Castilla, pariente de su esposa, obispo de Calahorra (1523-1541), que falleció el 8 de febrero de 1541, y por tanto no pudo asistir a Trento. Cf. G. Van Gulik-C. Eubel, *Hierarchia Catholica Medii et Recentioris Aevi* III, Münster 1923, 145.

de Castro: «discendens a Tridento *propter infirmitatem*, dixit mihi se invenisse societatem quandam bonam usque ad Hispaniam, et nominavit istum Carolum, quem dicebat esse uxoratum Locronii, cum quo dicebat se convenisse, ubi dixerit non recordor, vel Tridenti vel veniens illud iter» [92]. Esta noticia perdida nos aclara dos puntos. Don Carlos estaba ya casado antes de 1546 con una mujer española de la distinguida estirpe de los Castilla, cuando aún no contaba 30 años. Su paso por Trento fue en su primera fase, ya que fray Alonso de Castro se retiró enfermo del concilio en 1547. Venía de Trento y hay que suponer que pasaría por Verona, su tierra natal. La alusión a los dos obispos o legados queda también fijada al menos cronológicamente. Dejo a los investigadores italianos la labor de seguir esta pista.

Con esto tenemos el dossier completo de la versión carranciana de los hechos y algunas apreciables noticias sobre don Carlos. El lector se encuentra hoy ante la misma incertidumbre que los antiguos inquisidores acerca de un hecho, transmitido en dos versiones bastante diferenciadas. Sin responsabilidades procesales o judiciarias por medio, hoy nos vemos más libres para tratar de ir al fondo de la verdad histórica. Fundamentalmente cada versión favorece los puntos de vista y los intereses de cada uno de los bandos que respectivamente la sustentan. Podrían hacerse diversas consideraciones generales sobre cada una de las versiones y sus apoyos documentales. La versión de Carranza se aviene bien con su condición de teólogo y director de conciencias; su arrepentimiento tardío, nacido de la amarga experiencia posterior, resulta lógico teniendo en cuenta que no anduvo con contemplaciones cuando se encontró en Inglaterra y Flandes con herejías manifiestas. La clave de su actitud se encierra en una palabra: *fue engañado*. La versión de Seso, Cazalla y de sus cómplices se aviene con su condición de inculpados que tratan de responsabilizar a Carranza de su ulterior evolución espiritual. La palabra clave de su defensa es ésta: *blanda corrección*; aún más, *asentimiento*.

También podríamos preguntarnos si hay que otorgar igual calidad moral a un arzobispo y un obispo, a eminentes teólogos dominicos como Peña y Villagarcía, por un lado; y a Seso, Cazalla, Rojas, que utilizaron manifiestamente el engaño en sus campañas proselitistas; o a las pobres mujeres o personajes que se dejaron persuadir por aquéllos. Sin embargo, sin menospreciar estos considerandos, podemos intentar sopesar con mayor rigor crítico todo el acervo documental que hemos ido hilvanando a lo largo del artículo.

Exégesis de los documentos

Para poder extraer de este *puzzle* de declaraciones procesales la verdad histórica que se oculta entre sus concordancias y contradicciones, es necesario recomponer el hilo de la transmisión de las noticias sobre la entrevista Carranza-Seso. La hipótesis inicial a mi juicio más probable es que la entrevista fue a solas entre el italiano y el dominico; antes y después de la misma interviene en ella Pedro de Cazalla. En este supuesto los *únicos testigos estrictos* de la misma son Seso y Carranza: Cazalla depende en su versión de lo que le pudo contar don Carlos. Reducidas a esta doble fuente todas las noticias, podemos seguir sus derivaciones. Una cosa es clara: el negocio no quedó sepultado como quiso Carranza según versión de Cazalla. Quien

92. *Ibid.*, f. 118v. Si Carranza, estando en Trento, oyó a Castro y su compañero Tamayo *recordar* el viaje a España hecho en compañía de don Carlos, es lógico suponer que Carranza lo oyó en la segunda fase del concilio y que el viaje tuvo lugar en la primera. Mas, la alusión a la enfermedad que motivó el viaje de Castro, nos saca de dudas, ya que consta que por tal causa se ausentó del concilio en 1547. Cf. C. Gutiérrez, *o. c.*, 41-42, y DH II, 308.

mejor guardó reserva fue el mismo Carranza; bajo anonimato consultó el caso con Villagarcía en 1554; años más tarde, preso ya don Carlos, lo comunicó a don Diego de Córdoba, a los inquisidores Guigelmo y Camino, a don Francisco Blanco, obispo de Orense, a fray Juan de la Peña, al rector de San Gregorio fray Antonio de Santo Domingo. En ese estrecho círculo se cierran las comunicaciones de Carranza.

Don Carlos, que aseguró ante la inquisición no haber vuelto a hablar del caso, habló de él a Isabel de Estrada, a Catalina de Castilla, a Luis de Rojas y sobre todo a Pedro de Cazalla. Este fue quien menos recato tuvo en airear el asunto, ya que consta que lo divulgó entre muchas personas: Francisca Zúñiga, Isabel de Estrada, Juan Vivero, doctor Cazalla, Catalina Reinoso, fray Domingo de Rojas, monjas de Belén y probablemente Francisco Vivero, Luis de Rojas.

A. CARRANZA	— fray Juan de Villagarcía (1554)	
	— inquisidores Guijelmo y Camino, y Diego de Córdoba (1558)	
	— Blanco, obispo de Orense (1559)	
	— Juan de la Peña	
B. SESO	— Isabel de Estrada	
	— Catalina de Castilla	
	— Luis de Rojas	
	— PEDRO DE CAZALLA	— Francisca Zúñiga
		— Isabel de Estrada
		Dr. Cazalla
		— Juan Vivero
		— Catalina Reinoso
		— fray Domingo de Rojas
		— Luis de Rojas
		— monjas de Belén

Las tradiciones A y B se contraponen en puntos de importancia, aunque tengan también elementos comunes. Si analizamos la tradición B y remontamos a su fuente originaria, don Carlos de Seso, comprobaremos que ya en su testigo capital se aprecian contradicciones y un acento subjetivista que desfigura consciente e interesadamente las cosas. Podemos contraponer la testificación de don Carlos ante los inquisidores, con lo que otros testigos dicen haber oído de sus labios:

Don Carlos de Seso ante los inquisidores (1558)	Don Carlos de Seso ante sus adeptos (1557)
1. Dijo a P. Cazalla que no podía entender lo del purgatorio en el caso de los que morían unidos en caridad a Cristo.	1. Para entonces Seso estaba ya en la doctrina de la justificación. Carranza lo sabía y le dijo que no se sufría en España (Cat. Castilla).
2. Citado con Carranza para el día siguiente, nada dice de razones escritas.	2. La noche anterior se dispuso a escribir las razones de su doctrina ante un Crucifijo: «*No escribí nada*, sino que llevé todo en la memoria» (Is. Estrada). *Escribió* en un papel razones muy buenas, lo llevó a Carranza, quien las leyó; las sustrajo sin darse cuenta Carranza (Cat. Castilla).
3. En la entrevista Carranza le dice que ninguna razón es bastante para apartarse de la Iglesia.	3. Por reacción de Carranza, dedujo que también él estaba en la misma doctrina (Cat. Castilla).

Don Carlos de Seso ante los inquisidores)1588(	Don Carlos de Seso ante sus adeptos (1557(
4. Seso promete reducir su credulidad.	4. No trataría más de ello (Cat. Castilla). Cristo crucificado es mi purgatorio. En tal sentido se podía decir que lo había (Cat. Castilla).
5. Aquello debe quedar enterrado. Quietó su espíritu, entendiéndolo como él lo entendía. Nunca dogmatizó, ni enseñó. Hablaba cuando se ofrecía ocasión, sin tener propósito alguno particular.	5. Habló con otras personas y con propósito de persuadirles de su doctrina.
6. No entendió *jamás* que en general no hubiese purgatorio; no lo había para algunos.	6. Es falso y lo desmentirá en el momento de su muerte.
7. No habló nunca más a Cazalla sobre aquella plática.	7. Habló a Cazalla y a otras personas del incidente y diciendo que Carranza era «cristiano» (Cat. Castilla).

Ciertamente Seso mintió a los inquisidores. Creo que mintió a Carranza no revelándole realmente la doctrina que sustentaba. Desfiguró interesadamente la entrevista, haciendo creer a sus adeptos que Carranza participaba de sus ideas. ¿Qué responsabilidad le cabe en la versión que Cazalla difundió más ampliamente en otros círculos sobre aquella entrevista? La instrumentalización del hecho por parte de Seso y Cazalla es manifiesta, sobre todo por parte de Cazalla. Mientras sembró sus ideas, las autorizó con el nombre de Carranza; cuando se vio preso, quiso inculpar a éste de no haberle permitido denunciar. Antes, y en el proceso, Carranza fue víctima de un juego poco limpio, teniendo en cuenta estos hechos: Seso y Cazalla fueron los principales difusores de ideas netamente protestantes en los años siguientes y utilizaron indignamente el nombre de Carranza para su proselitismo. Nunca más acudieron a Carranza, ni a Cazalla se le ocurrió denunciar. Una vez presos ocultan la verdad y pretenden escudarse en la actuación pasada de Carranza, totalmente ignorante de la evolución que sufrieron sus dos interlocutores.

La versión de Pedro de Cazalla, ciertamente la más difundida, presenta parecidas características. Miente interesadamente haciendo a Carranza partícipe de sus ideas por razones de proselitismo. Queda la duda de si fue engañado por don Carlos en la versión que da de la entrevista. El cliché de Pedro de Cazalla, más o menos rico en detalles, lo hallamos en la tradición que depende de él.

Quien más la pone en cuarentena, aunque tardíamente, es don Luis de Rojas, que recalca el propósito proselitista que inspiraba aquella presentación de los hechos por parte de Seso y Cazalla.

Indudablemente existe otro cliché carrancista de los hechos. Si en el caso de Cazalla y Seso el punto de arranque fue la confesión espontánea de los reos ante los inquisidores, cotejada luego con lo que decían otros testigo, que reflejaban lo que los mismos Seso y Cazalla dijeron al respecto cuando estaban libres; en el caso de Carranza, la primera manifestación de su relato la encontramos en la carta escrita al inquisidor Guigelmo antes de su prisión, seguida de las declaraciones orales o escritas que sobre el asunto hiciera, ya procesado. A la primera habría que añadir además las declaraciones de Serrano, Peña, Villagarcía y obispo de Orense. Como en definitiva la fuente de cada una de las versiones son dos personas individuales, Carranza y Seso, ninguna de ellas podía recibir el refrendo jurídico de dos testigos. Si *jurídicamente* queda por ello cerrado el paso a una rigurosa probanza, no por ello hemos de renunciar a intentar establecer *históricamente* la verdad de los hechos.

En las dos versiones que hemos llamado A y B hay elementos concordantes; otros son contrarios. Además en cada una de ellas hay elementos *únicos* muy característicos, y favorables a cada una de las partes. El lector posee elementos para optar por la probidad y la veracidad de las dos fuentes originarias, aunque su opción no cubra con ello la certeza de los detalles de cada versión. Aún renunciando definitivamente a certezas absolutas, vamos a intentar recomponer las cosas a modo de hipótesis muy probable. El hecho que nos ocupa es susceptible de ser parcelado en sus momentos sucesivos:

1. *Iniciativa.* Uno de los puntos más firmes es el de la iniciativa tomada por Pedro de Cazalla de venir a consultar a Carranza el caso de conciencia que le inquietaba. Cazalla, según confesión propia, era amigo de don Carlos hacía 14 años, lo que nos traslada hacia 1544-1545. ¿Cuál era el ánimo de Cazalla cuando tomó esta decisión? Si lo suponemos plenamente conquistado por las ideas de don Carlos, no cabe imaginar que se plantease la obligación de denunciar a su amigo. El paso dado fuerza a pensar que aún no compartía personalmente las ideas del italiano, aún cuando podía estar más o menos bajo su influjo. Que ante la confidencia de don Carlos, Cazalla padeciese remordimientos de conciencia, dejase de decir misa, pensase en denunciar y se desmayase cuando vio a don Carlos acudir a Valladolid a la cita preparada, indican que la adhesión plena de Cazalla al protestantismo tuvo lugar más tarde. ¿Acaso iba asimilando la doctrina de Seso acerca de la justificación sin mayores escrúpulos, y se alarmó cuando le oyó poner en duda el purgatorio?

También queda pendiente otra cuestión: ¿Qué fue exactamente lo que dijo Cazalla a Carranza: que don Carlos *dudaba* o que *negaba* el purgatorio? Ya hemos podido comprobar que don Carlos poseía toda una hábil táctica para ir insinuando sus creencias. La actitud de don Carlos reflejada por Cazalla ante Carranza ¿iría envuelta en la ambigüedad y hasta en el equívoco que sabía utilizar don Carlos? En la declaración escrita última de Carranza se dice, en contra de sus intereses, que Cazalla le dijo haber oído hablar a don Carlos «en materias de religión, como de la justificación de los pecadores y del purgatorio... a su juicio mal, porque en sus palabras *parescía negarlo*». Me inclino a pensar que éste fue el planteamiento de Cazalla. En tal supuesto, deseaba saber qué hacer y le rondaba la cabeza la obligación de denunciar jurídicamente el caso. Por eso más tarde se arrepentiría ante sus nuevos correligionarios de haber perseguido a la iglesia, como san Pablo, por haber estado tentado de denunciar a quien lo catequizó. La actuación de Cazalla fue sincera; aún distaba mucho de ser protestante.

Nuevamente encontramos concordia entre las dos versiones al referir el resultado de la gestión de Cazalla. Carranza no se inhibió del asunto, ni hizo lo que era más fácil: aconsejar la denuncia. No fue aquella la primera consulta del género que se le presentaba, a él o a otros dominicos. Su actuación está dominada por un sentido de prudencia. Había oído hablar de Seso; era hombre muy leído, sabio, católico; hablaban de él los estudiantes de San Gregorio, los franciscanos fray Alonso de Castro, fray Gaspar de Tamayo. Era extranjero; era un caballero distinguido. ¿Se podía aceptar sin más la denuncia? Cazalla era mozo y sin experiencia. Antes de precipitarse, era conveniente hablar, aclarar el caso, comprobar sus dimensiones exactas. Para ello era imprescindible tratar con el interesado. No tiene demasiado importancia la fórmula: ¿le escribió Carranza, Cazalla, aquél por medio de éste? Don Carlos fue invitado a venir a Valladolid. Probablemente se le insinuó la importancia de la entrevista. ¿Se le expresaron claramente los motivos? Quizá no, porque tal cosa podía comprometer. Bastaba con indicar veladamente que la invitación se debía a motivos graves. Seguramente sorprendió a don Carlos, sobre todo porque quedaba un tanto al descubierto. Mas don Carlos acudió a la cita.

2. *La entrevista.* Sin duda fue la única celebrada entre Carranza y el italiano. Que lo hubiese visto en Trento, no significa que hubiesen tratado. La visita estuvo dominada por la prisa. Ocho días después salía Carranza de Valladolid para embarcar rumbo a Inglaterra. Carranza va dando precisiones cronológicas precisas: fue un domingo, después de comer, a principios de mayo de 1554. Duró una media hora. Mas la entrevista fue precedida por un saludo la tarde anterior en que llegó don Carlos a Valladolid, y se acercó a San Gregorio para dar cuenta de su llegada. Por lo tanto la entrevista tuvo *dos tiempos.*

Según la declaración última de Carranza, habría que situar antes de la entrevista, la consulta hecha a dos o tres personas sobre el caso, sin especificar la persona; uno de ellos fue fray Juan de la Peña. En cambio no consultó con fray Juan de Villagarcía, aunque éste conocía a don Carlos. Muy pocos días antes de la entrevista supo también Carranza que don Carlos iba de corregidor a Toro, por decisión personalísima del presidente del consejo, a recomendación de fray Bernardo de Fresneda. Don Carlos tenía padrinos: nada menos que el confesor del príncipe. La extrañeza lógica de Carranza ante aquel nombramiento no deja de asaltarnos también a nosotros. ¿No hay algún secreto de sangre en la personalidad de este hombre, aficionado a teologías y asomado al concilio de Trento? De todos modos se presentaba a Carranza como persona digna de respeto, aunque tratase de materias religiosas más de lo que convenía a su estado y diese muestras de una rara curiosidad e inquietud espiritual.

Para Carranza había una cuestión fundamental en aquella entrevista: ¿qué había dicho don Carlos exactamente, que provocara el escándalo de Cazalla? Esta pregunta debió ser formulada de algún modo en el momento del primer saludo. ¿Qué decía y en qué razones se fundaba? La tradición carrancista ignora la existencia de un papel en que don Carlos escribió sus razones. La versión de Seso menciona tal papel; mas lo que dijo don Carlos a sus amigos antes de su prisión ofrece patentes contradicciones. Unos le oyeron hablar de razones puestas por escrito, de las que por cierto se ufanaba mucho y las consideraba excelentes; según él éstas llegaron a manos de Carranza, quien se conmovió hasta las lágrimas al leerlas. Entre las variantes de este supuesto se nos dice que tales razones estaban transcritas de un manuscrito de don Carlos escrito en italiano; quizá era el mismo que tan misteriosamente leyó a doña Catalina, repleto de autoridades de San Pablo y San Juan y en que se negaba el purgatorio. También se nos dice que don Carlos recuperó su papel durante la entrevista sin que Carranza se diese cuenta y que el misterioso documento se esfumó de la vista. Contra esto se levanta la confidencia del mismo don Carlos a Isabel de Estrada, según la cual la noche anterior a la entrevista se dispuso a escribir sus razones ante un crucifijo; y aunque se le ofrecieron muchas, no escribió nada, sino que lo llevó todo en la memoria. En aquel trance, como por una iluminación instantánea, descubrió que Cristo crucificado era nuestro purgatorio. Por eso aconsejó más tarde a su catequizada, que, si le apremiasen, respondiese que sí creía que hubiese purgatorio, entendiéndolo de esta manera. La historia del papel ¿es un aditamento debido a la fantasía de don Carlos, amigo de presentar aquella entrevista como la prueba del fuego de su fe y como una victoria en que no negó a Jesucristo, como diría a alguien?

Centrándonos en la entrevista postmeridiana fundamental, surge otro detalle de importancia: acudieron Seso y Cazalla. ¿Estuvieron los dos en la entrevista o *sólo* don Carlos de Seso? Carranza repite insistentemente que estuvo sólo don Carlos, y lo corroboran Juan de Vivero y don Luis de Rojas, quien dice que se hizo salir a Cazalla. La otra versión deja este extremo en la ambigüedad. Cazalla, su más amplio divulgador, se atribuiría papel de protagonista. Opto por la primera hipótesis. Seso y Carranza se entrevistaron a solas y más tarde fue llamado Cazalla para hacerle partícipe del resultado y decisión tomadas. Cazalla no fue testigo, aunque luego sacase partido en favor de sus doctrinas, maltratando la verdad histórica y desfigurando las cosas.

¿Cómo se desarrolló la conversación entre Carranza y Seso? El recibimiento fue cortés y afable. De seguir la versión de don Carlos y sus círculos, Seso expuso sus razones. ¿Para demostrar qué? ¿Que no había purgatorio, o que dudaba de su existencia? ¿Para abonar su *manera* de entender la cuestión, o su *manera* de plantearla capciosa y equívocamente? Ante los inquisidores declaró el correctivo que aplicaba a la cuestión, un correctivo bien calculado y que situaba el problema en ámbitos correctos: los que morían en caridad y sabían aprovecharse de los méritos de Cristo, no pasaban purgatorio; otros sí. A otros enseñó el modo de escurrir el bulto, entendiendo la cuestión de un modo particular y equívoco. Recordando la entrevista, se ufanaba de no haber negado su fe. Otro confidente, don Luis de Rojas, dudaba si don Carlos le declaró a Carranza que no había purgatorio en general. Carranza, por su parte, insiste en que don Carlos nunca confesó paladinamente su error, alias su doctrina; que ocultó la verdad, le engañó, y con la misma insistencia recalca que se excusó diciendo que no era teólogo ni sabía letras. Más aún, a tenor de las declaraciones de Carranza, se diría que don Carlos no respondió a los requerimientos del dominico, sino que le ganó por la mano haciendo protestas de humildad y sumisión, de querer saber la verdad y dejarse adoctrinar, alegando ignorancia.

Probablemente se excusó aludiendo a las doctrinas escuchadas en Italia, y concretamente mencionó a dos obispos —¿legados?— presentes en el concilio de Trento. El hecho de que Carranza los defendiese, supone que fueron mencionados. Lo que seguramente no dijo don Carlos es que pocos años antes había venido de Italia con obras de Lutero, Calvino, Ochino y Juan de Valdés, dato que conocemos con certeza por otras fuentes que ahora no conviene mezclar. La historia del papel y la honradez de don Carlos en presentar el problema quedan muy comprometidas y dudosas.

Llegamos con esto al paso siguiente: ¿qué respondió Carranza? Cazalla y los testigos dependientes de él dirían que Carranza no confutó las razones de don Carlos, que pidió las razones por escrito, que no dijo resueltamente si había o no purgatorio; que estimó la doctrina de Seso poco oportuna en España —«no se sufría». Seso se atrevió a decir que dedujo de la entrevista que Carranza sostenía la misma doctrina que él. Cazalla y los suyos dirán que Carranza estuvo más preocupado en calmar los escrúpulos de Cazalla que en refutar a don Carlos. Y Seso y Cazalla difundirían más tarde, por autorizar su proselitismo, que Carranza compartía sus ideas. Por el contrrio, Carranza dice que adoctrinó a Seso con sencillez, exponiéndole someramente la doctrina de la iglesia, sin descender a argumentaciones teológicas, insistiendo en que ninguna razón bastaba para apartarse de tal doctrina. Así lo escribió a Guigelmo, lo dijo al obispo de Orense y lo repitió varias veces ante la inquisición. Vio a Seso humillado, agradecido por la lección recibida, dispuesto a rectificar. Estimó que había pecado por ignorancia y ligereza, más que por malicia. Creyó que erraba simplemente; no que fuese hereje. Dio por buena la reacción de don Carlos, le vio humillado y corregido, y se satisfizo pensando que «remediaba un alma», y que bastaba por el momento con aquella corrección que parecía haber sido eficaz.

Según la misma versión, ¿llegó a intimidar a los dos amigos consultantes —juntamente, por separado, o primero a don Carlos y luego a ambos juntos? Ciertamente dio cuenta del resultado de la entrevista a Cazalla. Tranquilizó a éste, diciéndole que bastaba con la diligencia hecha; que don Carlos había errado sin saber que erraba; que debían creer a sus palabras y promesas; pero que si continuaba expresándose igual, lo denunciara, pues ya no le excusaba ignorancia alguna. Esto confesó Carranza en su carta a Guigelmo y más tarde en su larga declaración escrita. A los ocho días salía de Valladolid, quizá gozoso por la buena obra hecha; en Inglaterra y Flandes le tocaría topar con protestantes declarados y ciertamente no fue remiso en castigarlos. ¿Acaso recomendó discreción a Seso y Cazalla? Es muy probable. Resuelto el caso en la intimidad y en el fuero de la conciencia, no había por qué llevarlo a tribunales. Que el negocio quedase *enterrado*, supuesto el éxito del mismo, era obligado. Desenterrarlo, airearlo con aires de negocio enterrado, fue obra de Seso y Cazalla; en su caso, además, envolver el negocio en consignas de silencio, no obedecía a prudencia, sino al afán de autorizar sus ideas con el halo del misterio. No cumplieron ciertamente la consigna; la utilizaron, falseando probablemente su intención, con miras proselitistas. Seso, en su primera declaración ante los inquisidores, dio la razón más obvia del silencio impuesto: «Por beneficio de este confesante». El violó el secreto; con ello se perjudicó a sí mismo y arrojó sombras de sospecha sobre el que se lo había aconsejado.

¿Quedó «reducido» o convencido don Carlos? Para Carranza sí, y sólo más tarde reconoció su engaño. En la versión contrapuesta hay matices varios y aún contrarios. Así Cazalla confiesa que en aquel momento creyó que quedaba reducido y más tarde se dio cuenta que no. Seso narraba lo acontecido, apuntándose de algún modo la victoria: admitió el purgatorio, entendiéndolo como él entendía (Seso, Cazalla); se loaba «que no había negado a Jesucristo» (Seso, según fray Domingo de Rojas). Cazalla dirá que Seso no quedó satisfecho; era una forma de hacer responsable a Carranza. Y Seso llegará a afirmar que Carranza quedó convencido que no había purgatorio (Isabel de Estrada). No se componen estas versiones contradictorias. Lo más convincente es suponer lo que ya queda demostrado en otras ocasiones: Seso engañó a Carranza y luego engañó a sus correligionarios amoldando lo acontecido a sus intereses.

Lo que luego se siguió ya lo conocemos suficientemente. En su primera declaración Seso se excusó de no haberlo declarado antes a los inquisidores, alegando que no se comportó así por malicia. Aseguró que no había tratado más del asunto, ni siquiera con Cazalla, aunque luego añada que hablaba de aquellas cosas ocasionalmente, «si venía ocasión». Evidentemente no decía la verdad. La esporádica entrer vista con Carranza fue objeto de confidencias por parte de Seso y mucho más poparte de Cazalla; y de confidencias en que presentaron las cosas a su gusto y las explotaron en favor de sus ideas. Pocos años después Seso y Cazalla aparecen como los responsables principales en el grupo de protestantes castellanos, participando activamente en sus conventículos, adoctrinando a sus adeptos y comprometiendo seriamente a Carranza, a espaldas de éste.

3. *La entrevista juzgada retrospectivamente.* Ninguno de los interlocutores pudo prever lo que ocurriría pocos años más tarde. A pesar de la entrevista, los hechos siguieron su curso imprevisible, descubierto en 1558. Existió efectivamente en Cas-

tilla un foco protestante. A la luz de este hecho nuevo, la experiencia pasada recobraba nuevo sentido. De aquellos polvos, nacieron estos barros. A primera vista aparecían ligados pasado y presente, mas con relación sustancialmente diversa. Para los verdaderamente inculpados de adhesión al protestantismo, la relación era *causal.* Cazalla quiere responsabilizar a Carranza de su firme adhesión posterior al protestantismo, lo que, visto el proceso de Cazalla, resulta ridículo: es un puro truco procesal. Francisco de Vivero, imbuido en la versión de la entrevista de Seso y Cazalla, culpa a Carranza de lo que ocurrió con posterioridad, por no haber denunciado a tiempo. Fray Domingo de Rojas, que hace a Seso «primero principio y principal fundamento de este estrago», pretenderá convertir la *blanda corrección* de Carranza en fuente de todos los males. Acentuar la relación causal entre la esporádica entrevista y lo que después sucedió era un modo de diluir sus propias y graves responsadilidades, arrojándolas sobre quien ignoraba los pasos futuros de sus engañosos interlocutores.

Carranza, que reconoció el engaño sufrido, no admite tal relación causal. Cuando la prisión de Seso, Rojas, etc... le abrió los ojos, comprendió que había sido víctima de su propia credulidad, sobre todo cuando supo de algún modo que los presos le envolvían en acusaciones interesadas. *Entonces* se arrepintió de no haberlos denunciado, según confió a fray Juan de la Peña en el viaje de Burgos a Valladolid. Para él la clave del asunto estaba en el engaño; en segundo lugar, en la imprevisibilidad de lo que ocurriría más tarde. No se puede ser responsable de lo imprevisible. Cuando un inquisidor exclamaba: «Dios se lo perdone a quien estorbó que no se denunciase», hacía de profeta a posteriori, juzgaba retrospectivamente un hecho pasado con datos absolutamente nuevos. La pregunta no es descabellada: ¿Qué hubiera ocurrido *si* Carranza hubiese denunciado a Seso y, como decía el inquisidor, lo hubieran quemado *in odorem suavitatis?* Entre otras cosas curiosas Cazalla no hubiera figurado en los Anales del protestantismo, sino en el de sus delatores. Lo sorprendente es que sobre las declaraciones de los presos se montó una acusación jurídica en forma haciendo a Carranza *responsable* de trato con herejes, de doctrina heterodoxa, de encubridor y fautor..., y de cuanto se siguió *al margen* de la entrevista. Con los datos en la mano, el lector puede orientarse sobre la *species facti:* sobre su verdad *histórica* y sobre sus consecuencias *históricas y jurídicas.*

Don Carlos ante la muerte

Sin salirnos de los límites documentales propuestos al comienzo de este trabajo, nos queda por dar cuenta del final de esta historia. En él se desvelan bastantes cosas. Si en el resto de las actuaciones de don Carlos pudieron influir la vanidad, la doblez o artificios persuasivos, cuando se enfrentó con la muerte rindió culto a la verdad, a su conciencia, a la dignidad humana: y esto es siempre respetable. Claro está que en su proceso inquisitorial el viejo percance con Carranza que nos ha ocupado tanto espacio, no tuvo importancia mayor, junto a otros graves cargos, que sería largo enumerar. Aún sin trasformarlo en principio y fundamento del estrago religioso, como lo quería fray Domingo de Rojas, Seso estuvo seriamente implicado en el nacimiento del protestantismo castellano y fue figura principal dentro de él. En un clima represivo tenso y pasional, y dentro de las normas vigentes en tales casos, la pena de muerte o relajación al brazo secular, como entonces se decía, era el final obvio de aquella causa. No se lo esperaba don Carlos; al menos no lo quería creer.

Cuando se vio irremediablemente ante el duro trance, don Carlos reconsideró su vida y, sabiendo la sentencia que le aguardaba, la víspera de su muerte, «después de haberle puesto personas religiosas que le encaminasen al descargo de su conciencia», la noche anterior al auto de fe, a las doce de la noche, según puntualizan las fuentes, declaró lo siguiente:

Yo he sabido que sus señorías han determinado e me han sentenciado a que sea entregado a la muerte, lo cual nunca yo creí ni me podía persuadir, aunque otra cosa haya dicho, porque nunca pude creer que en este tribunal sentenciaran a nadie a muerte, ni dejaran de dar por libre a quien habían duplicado los testigos, pues ansí es. Y entendido esto, yo no he descargado mi conciencia, *esperando ser libre e por no morir*, pues que de justicia había de ser dado por libre. E visto, como digo, que tengo de ser entregado a la muerte, por descargo de mi conciencia e por confesar la verdad de lo que siento, presento esta declaración e un cuaderno de las causas que para ello me mueven, que son los siguientes:

Yo, don Carlos de Seso, digo que, visto que es Dios servido hacerme merced que yo muera por haber dicho que su Hijo Jesucristo, Nuestro Señor, con su pasión y muerte había justificado a sus escogidos e que él había sido sólo el que había hecho paz entre Dios e nosotros, y que nuestras obras no tenían parte en tan soberana obra como ésta es, lo cual es verdad que lo he dicho y creo por seer la más importante cosa de nuestra salud creer que Jesucristo es nuestra salud, la cual consiste en conocer a Dios, e a Jesucristo, enviado del mesmo Dios, e así lo dice San Juan. E juntamente, con decir e creer que de gracia por Jesucristo éramos justificados, nunca dejé de decir e siempre creí que nuestras obras eran necesarias, pero que no eran causa de nuestra salvación, y esto porque la gloria de nuestra salvación es razón que se dé a Jesucristo Nuestro Señor que sóla la meresce, e no a nosotros que todo mal merescemos. E así muero en ello e por ello de muy buena voluntad.

También dicen sus testigos que yo he dicho que no hay purgatorio para los que mueren en gracia de Dios. Dicen muy gran verdad que lo he dicho, e así lo creo e digo: que para los que mueren en gracia, que es merced de Dios, no hay purgatorio, porque Jesucristo con su sacratísima pasión e muerte satisfizo a la justicia del Padre eterno por los pecados de aquéllos que confiasen en su pasión e muerte con el débito arrepentimiento e circunstancias necesarias. E digo que los que están en gracia de Dios, como son todos los que dicen que están en purgatorio, son justificados, porque lo mismo [es] estar en gracia que ser justificados, y estar justificado es seer hecho justo y esto por la justicia de Jesucristo, que es suya, como dice Sant Pablo [1 Cor 1, 30], que Cristo nos es hecho justicia, santificación e redempción. E si es justo, no tiene que purgar en purgatorio; e no se podría decir Jesucristo nuestro Señor perfecto Redemptor, si no nos hubiese redemido de todo daño debido a nuestros pecados después de esta vida. E a lo que dicen que toda culpa e pena es perdonada, pero que queda la pena temporal que pagar en purgatorio, a esto respondo que cómo es posible que se dé pena alguna a quien no tiene culpa, pues dicen que ya es perdonada; e sería dar pena sin tener culpa, e esto sería comutarme Dios la pena eterna en pena temporal, e no sería redemirme.

E digo que quien quiso por su infinita caridad librarme de la pena eterna, no le faltó caridad para quererme librar de la temporal, que es mucho menor obra. E así creo que a sus escogidos los ha librado, como dicho tengo, de todo daño por sus pecados merescido, y de esta manera y por estas razones digo que creo que no hay purgatorio otro sino la sangre de Jesucristo. E así lo siente David diciendo [Ps 50, 9], *Asperges me hysopo, mundabor; lavabis me et super nivem dealbabor*. Dice que Dios le rociará con el hisopo, que es entendido, con la sangre de Jesucristo, e así ruciado e lavado con esa sangre, no sólo quedará limpio e lavado de sus pecados, pero que quedará más blanco que la nieve. Si el ánima que queda lavada con la sangre de Jesucristo queda más blanca que la nieve, ¿cómo quedan las de los que mueren justificados y en gracia de Dios? Porque si su muerte no los justificase, no irían en su gracia: bien se sigue que no van a purgatorio los que mueren en gracia de Dios.

Yo he dicho en mis confesiones e deposiciones, que creo que después de esta vida hay lugar de purgatorio, en lo cual dije gran falsedad y blasfemia y ofendí a la caridad que Dios e al valor de la pasión de Jesucristo nuestro Señor e de su honra. A lo menos, si pudiera recibir de mí ofensa, recibido la hubiera. Pero recibióla mi alma en no confesar e negar a su misericordia y el valor de su pasión, e por ello pido a Su Majestad perdón, con confianza que por sus promesas e bondad me perdonará e ha perdonado, obra digna de su infinita bondad cuanto menos de mí merescida. E me desdigo de lo que dije que creía que había purgatorio. E también lo dejé de confesar estonces por no decir con quién lo había comunicado, *por no hacer daño a quien no le merescía*, teniendo entendido que habían de seer habidos por herejes e así deshonrados, perdidos e por ventura muertos, e teniéndolo por católico e bueno hacía e mi propria consciencia *(sic!)* e no llevaba remedio el daño.

Demás de esto, tengo creído e creo que creo verdad, que ningún juramento que los hombres me tomen me puede obligar a deponer contra la honra de Jesucristo nuestro Señor ni en daño de mi prójimo, no teniendo yo por malo lo que me preguntan de él e sabiendo cierto que de mi deposición han de resultar nuevas cosas. E así, siempre que juré, entendí en mi ánimo que diría toda verdad que no fuese en deshonra de Jesucristo nuestro Señor ni en ofensa de mi prójimo. E como digo, ésta es la cabsa porque *desde la primera hora no he dicho lo que siento en lo de la justificación e purgatorio*, e no quiero negar que la fragilidad de la carne no tuvo parte en mi maldad. E por el paso en que estoy, que no sé de otras personas algunas en España que esto tengan, sino algunas que me han sido dados por testigos en mi publicación. A los cuales no sólo perdono, pero agradezco haber ellos sido medio para que yo consiguiese tan grande merced como morir por Jesucristo nuestro Señor.

En todo lo demás que soy acusado, por no ser prolijo, digo que creo aquello que creyeron los Apóstoles e cree e tiene la madre sancta Iglesia católica e apostólica, verdadera esposa de Jesucristo nuestro Señor, la cual jamás faltó de la voluntad de su esposo expresa en su palabra, que es la divina Escriptura. E creo e abrazo todo aquello que conforme a la palabra de Dios han declarado e determinado los concilios en Espíritu Sancto congregados, fuera de la cual e sin seer fundado en ella, quienquiera que se haya atrevido a ordenar alguna [cosa] importante a la salud, se ha engañado e ha hecho mal, o no lo acepto, e repudio de mí. E digo que todo lo que he dicho en mis confesiones e deposiciones que no sea conforme a esto, lo doy por ninguno y a esto lo refiero y en esto me afirmo y en ello quiero morir e muero como fiel miembro de la Iglesia, fuera de la cual no hay salud. E digo e concluyo que en sólo Jesucristo espero, en sólo él confío en él e a ál adoro, con él me abrazo, a él tengo por único tesoro mío; e puesta mi indigna mano en su sacratísimo costado, voy, por el valor de su sangre, a gozar las promesas por él hechas a sus escogidos.

Don Carlos de Seso

Credo iustitiam Christi meam esse, 1 Cor 1 [30] et peccata mea iam non mea, Isaias 1 [28], sed Christi esse. No he hecho esto antes de agora, porque nunca, aunque he dicho otra cosa, me he persuadido que vuestras señorías hecieran el agravio que me hacen de deshonrarme y entregarme a la muerte, habiéndome duplicado los testigos tantas veces, e por pensar vivir. E así he sido constreñido esperar hasta lo último. E visto lo que veo, no quiero morir negando a Jesucristo nuestro Señor, el cual sea alabado por tanta merced en los siglos de los siglos. Amen.

Don Carlos de Seso [93]

Este patético documento de quien se aferró a la esperanza de vivir hasta el último instante, es conmovedor y dignifica la persona de don Carlos en el trance de la muerte. Rechazada toda doblez, hace profesión pública de su fe y de las razones que le asistían para ella. Sorprende la delicadeza que muestra en su voluntad pasada de no comprometer a otras personas, «por no hacer daño a quien no lo merescía». Nos deja envueltos en dudas respecto a las personas a quien se refiere: ¿a Carranza, a sus correligionarios, o más bien a las fuentes originarias de sus ideas, a los dos obispos o legados de Trento, a lecturas de autores como Valdés y Ochino? Sorprende igualmente el perdón generoso otorgado a los testigos de publicación de su propia causa. Aún impresiona más su profunda adhesión a Cristo, sobre todo en los últimos párrafos de su escrito, el enaltecimiento de la redención de Cristo y la inconmovible confianza que pone en ella. Nos deja un tanto perplejos su adhesión a la iglesia católica y apostólica, aunque luego ponga todo el énfasis en la sagrada Escritura, incluso como criterio de validez de lo que hayan declarado los concilios. Don Carlos hace profesión de morir como «fiel miembro de la iglesia». ¿Qué entiende por iglesia? Las obras no tienen parte en la «soberana» obra de la justificación, y sin embargo cree que las obras son necesarias. El cuaderno adicional en que exponía su pensamiento no fue incluido en el proceso de Carranza y esto nos priva de una base fundamental para fijar con mayor claridad sus ideas. En su

93. DH II, 54-58.

defecto, hemos de utilizar las que se reflejan en esta postrera declaración, para intentar encuadrar a don Carlos dentro de las corrientes de la época. ¿Fue luterano, calvinista, valdesiano o un espíritu ecléctico abierto a todas esas modalidades?

Ante lo inesperado de aquel vuelco dado a su causa pocas horas antes del auto de fe, los inquisidores no tuvieron un mínimo de piedad con Seso y quisieron estrujar aún más sus recuerdos: era pieza clave del foco protestante español. Dos cuestiones interesaban fundamentalmente: ¿dónde aprendió aquella doctrina y con quiénes la había comunicado? Hemos de seguir hasta lo último la pesquisa histórica. A la primera importantísima cuestión responde don Carlos:

> Señor, que yo *oí predicar la justificación en Italia, en todas esas iglesias*, aunque no se acuerda en particular; e que habrá siete años que estuvo en Italia, tornó a decir ocho años, e que allá oyó predicar publicamente la justificación, e *que de ello inferió lo demás*[94].

Las cosas se aclaran. Además del viaje a Trento en 1546, don Carlos pasa de nuevo por Italia hacia el año 1550-1551, muy probablemente por Verona. Allí bebió el fundamento de su doctrina sobre la justificación, de la que extrajo luego sus conclusiones. ¿No había predicado por aquellas tierras Occhino, cuyos sermones en toscano consta que los trajo manuscritos a España, así como las divinas consideraciones de Juan de Valdés, y otros libros de Lutero, Calvino, Músculo o Müsli?[95]. La conversión de Seso adquiere así contornos precisos de tiempo y lugar, así como de fuente de inspiración.

La segunda pregunta se refería a las personas con quienes había comunicado en Italia y en España lo que escribió en su última declaración escrita y quiénes eran los que sentían así: «Dijo que en España que se refiere a los que dicen que han comunicado con él; e que *en Italia, no se acuerda de ninguno*. E que lo comunicó una vez con Pedro de Cazalla lo del purgatorio, e después pasó con el arzobispo de Toledo lo que dicho tiene, e que después nunca más le vio ni se han escripto an-

94. DH II, 59. No dispongo en España, donde esto escribo, de información bibliográfica suficiente para poder esclarecer este punto. Sin embargo, a título hipotético apuntaría a Ochino como fuente de las ideas de Seso, sin olvidar que Ochino asimiló no pocos elementos de Juan de Valdés. Cf. R. Bainton, *Bernardino Ochino*, Firenze 1940. Las ideas de Valdés sobre la justificación por la fe en Cristo sin obras aparece en la Predica II de Ochino con analogías verbales con las expresiones de Seso; tal doctrina no excluye las obras. Por el contrario los que creen con fe viva ser justificados por Cristo, hacen obras «puras, sinceras e filiales, hechas solo por la gloria de Dios y por el amor que sienten hacia El». Cf. G. Paladino, *Opuscoli e Lettere di Riformatori Italiani* I, Bari 1913, 125-128. Aún son más sorprendentes las analogías en la doctrina acerca del purgatorio. Las frases de Seso son eco de otras de Ochino: «Una sola cosa poté purgare e ha purgato il mondo da' peccati: il sangue di Cristo, col quale lavò i suoi eletti. Però non fu mai, né sarà se non un purgatorio solo, cioè Cristo crocifisso, il quale solo ha fatto la purgazione de' nostri peccati» (*Ibid.*, 177). «Per purgarsi adunque bisogna unirsi a lui con fede». «Non bisogna adunque che l'anime, per salvarsi, passino per il fuoco, ma per Cristo, il quale solo é via per andare a Dio, si come lui proprio disse. Non forse ch'el sia bastato il sangue di Cristo per lavare quelli che per fede se gli uniscano?» (*Ibid.*, 177). Ochino niega todo fundamento bíblico al purgatorio y concluye su Predica XVIII: «Non ci é altro vero purgatorio che Cristo» (*Ibid.*, 179). Por lo demás, consta documentalmente que don Carlos poseía la institución de Calvino en latín, Múscolo sobre san Mateo y san Juan en latín, Brencio sobre san Juan y san Lucas en latín, Calvino sobre las epístolas de san Pablo, «*cuatro o cinco libros pequeños del capuchino, en toscano, que todo era de sermones e consideraciones*», dos libros de consideraciones de Valdés, en toscano e otros muchos libricos en toscano... e otros papeles escritos de mano. M. Menéndez Pelayo, *o. c.* VII, 570.

95. Una versión al español de las *Consideraciones* de Valdés que perteneció a Juan Sánchez, también procesado en Valladolid, acabo de editarla en la Bibliotheca Oecumenica Salmanticensis, Salamanca 1975. En la introducción trato del acarreo de libros por parte de don Carlos y hasta de su posible intervención en la traducción de esta obra valdesiana. Cf. 8-12 y 27-28.

tes de esto». Luego añadiría que no podía afirmar bajo juramento si tornó a comunicar con Cazalla, mas que lo trató con Herrezuelo. Preguntado en general sobre otras personas, dijo que «por el paso en que está, no se puede acordar e que se refiere a sus dichos; e que por el paso en que está, que si no creyese que en decir otra cosa ofendía a Dios, que ya lo diría e que holgaría de entender que otra cosa es más verdad, siquiera por huir de la pena». No debe quedar olvidada una última pregunta relacionada con lo anterior: ¿Qué sintió del arzobispo, cuando dice que le reprendió? «Dijo que *le reprendió como el dicho inquisidor le reprendiera»* [96]. Fiel a su propósito de no dañar al prójimo, nada añadió don Carlos a lo ya sabido, sino la importante noticia de la raigambre italiana de su fe; aún en este caso silenció escrupulosamente el nombre de sus maestros.

La muerte de don Carlos

Al día siguiente se celebraba el magno auto de fe. Era el 8 octubre de 1559. Lo presidía Felipe II con toda la corte. Los reos más importantes eran don Carlos y fray Domingo de Rojas. Se dice que don Carlos increpó al Rey por permitir su muerte [97]. Bajo la superficie de lo pintoresco de este atrevimiento ¿se oculta algo más? ¿Hay en tal actitud más que mero despecho de un sentenciado a muerte? ¿Encierra algún misterio esta actitud sorprendente? ¿Quién era don Carlos de Seso, este caballero italiano llovido del cielo, joven esposo de una española de alcurnia, recomendado por el confesor real Fresneda, y por el presidente del consejo de estado, este extranjero investido del cargo de corregidor, presente en Trento, hospedado por el obispo de Calahorra, con un hermano al servicio del rey de Francia, de linaje veronés, de padres poco nombrados, agitado por cuestiones espirituales, portador de obras y manuscritos comprometedores, a quien Villargarcía llama *noble?* No me resisto a ocultar una noticia perdida en la historia de la inquisición del célebre Llorente, aunque no aporte prueba alguna: «Don Carlos de Seso, noble de Verona, hijo del obispo de Plasencia (Piacenza) en Italia y de una de las primeras familias del país... se casó con doña Isabel de Castilla, hija de don Francisco de Castilla, caballero de la Orden de Alcántara, y de doña Catalina Ladrón de Guevara y Avalos, nieta del obispo de Calahorra don Alfonso de Castilla y prima del deán de Toledo don Diego de Castilla, todos descendientes del rey Pedro el cruel por el obispo de Palencia, don Pedro de Castilla, «nieto de este monarca», etc. [98].

De esta suerte la genealogía de don Carlos así como su matrimonio resultan más explicables. Nacido hacia 1515, pudiera ser hijo de alguno de los Trivulzi que ocuparon la sede de Piacenza, y pertenecían a una de las más distinguidas estirpes italianas [99]. Merece la pena que algún investigador italiano aclare este extremo que explicaría las raras condiciones de la vida de don Carlos, la dignidad que mues-

96. DH II, 59.
97. M. Menéndez Pelayo, *o. c.* III, 436, registra la anécdota, tomándola de la historia de Felipe II de Luis Cabrera. Don Carlos dijo al rey «que cómo le dejaba quemar». La respuesta real es célebre: «Yo traeré leña para quemar a mi hijo si fuere tan malo como vos». Don Carlos, relajado como *impenitente* al brazo secular, fue condenado a la hoguera. Tuvo temple de ánimo para decir momentos antes de sufrir el fuego: «Si yo tuviera salud y tiempo, yo os mostraría cómo os vais al infierno todos los que no haceis lo que yo hago. Llegue ya ese tormento que me habeis de dar» (*Ibid.*, 438).
98. J. A. Llorente, *Histoire critique de l'Inquisition de Espagne* II, Paris ²1818, 235-236.
99. Van Gulik-Eubel, *o. c.* III, 275, nos ofrecen esta lista de obispos de Piacenza en el siglo XVI: Antonio Trivulzi (1508), Vasinus Malabaila (1509), de nuevo Antonio Trivulzi (1519-1525), Cathalanus de Trivultiis (1525-1559), este último designado por Carlos V. Sobre la es-

tra a la hora de su muerte y acaso ese enfrentamiento, camino del cadalso, con el poderoso monarca español. Si por lo que respecta a su alma confiaba totalmente en la sangre de Cristo, ¿no se oculta en ese gesto valiente ante su rey el grito de su propia sangre?

Don Carlos afrontó la muerte con dignidad y nada le apartó de su última confesión. Fue mártir de su conciencia, lo cual siempre es digno del máximo respeto. Además su conciencia le decía que era fiel a Cristo y que se encaminaba al goce de sus promesas. Este gesto último le redime de sus posibles vanidades y fingimientos anteriores. *Un bel morire, tutta la vita onora.* Por encima de todas las trágicas disputas confesionales, hay magnanimidad y belleza en el final de este veronés, cuyo fugaz tránsito por España concluyó en la hoguera inquisitorial. [100]

tirpe de los Trivulzi, abundante en obispos, cf. G. Alberigo, *I Vescovi italiani al Concilio di Trento*, Firenze 1959. Catalano Trivulzi estuvo en el concilio de Trento. ¿Explica esto el extraño paso por el concilio de don Carlos? La política filofrancesa del cardenal Trivulzi ¿explicaría la presencia del hermano de don Carlos al servicio de la corte de Francia? Son meras hipótesis, bastante plausibles. Nada he podido deducir de la consulta de los trabajos de S. Tagliabue, *La Signoria dei Trivulzio in valle Mesdcina, Rheinwald e Safiental*, Milano 1927; del artículo de E. Ancel, OSB., *D'un recueil de documents appartenant a l'heritage du Card. Agostino Trivulzi*: Rev. Benedictine (oct. 1906) se deduce el ligamen de los Trivulzi con la política francesa en tiempos de Clemente VII. De confirmarse la hipótesis apuntada, nada tendría de particular que fuesen ficticios el nombre y apellido de D. Carlos de Seso. Ello hace más difícil seguir su posible identificación en una obra monumental como la de Litta, *Famiglie celebri italiane*, Milano 1819, en cuyo tomo VIII, 164, nos encontramos con un Antonio muerto en 1559 y un Catalano, que estuvo en Trento en 1545. Si la investigación de la filiación de sangre se nos muestra esquiva, aparece con más claridad la filiación espiritual de Seso. Según amable comunicación de S. Caponetto hay un esporádico dato documentado que confirma inequívocamente la pertenencia de Carlos de Seso al grupo calvinista de Verona capitaneado por Negri.

100. Con todo, su nombre queda tan marcado por el estigma, que medio siglo después habrá quien por débil afinidad de apellido, se empeñe a fondo en resaltar su independencia de sangre. Tal es el caso de Jusepe de Sese, del Consejo real, Regente de la Real chancillería de Aragón y consultor del santo oficio. En su *Libro de la gosmographia universal del mundo y particular descripción de la Syria y tierra Santa...* dirigido al muy Ilustre señor don Pedro de Sessé, señor de Cardán, cavallero y Ricohombre de Mesnada, del Reyno de Aragón (Çaragoça, por Iuan de Larumbee, 1619), se creerá obligado en la larga epístola introductoria en que canta las grandezas de su apellido, a ofrecer las oportunas clarificaciones:

«Pero no fue de estos caballeros ni de su apellido aquel don Carlos que quemaron por acto de Santa Inquisición en 8 de octubre de 1559 en la ciudad de Valladolid por los errores de Cazalla, donde asistió el sapientísimo y cristianísimo Rey Don Felipe II, al cual le llama «don Carlos de Sesé, hombre de lustre», Antonio de Herrera, aunque se halla enmendado por el dueño del libro con la verdad que diré. Pero el Doctor Gonzalo de Illescas, refiriendo el mismo acto de Inquisición, le llama don Carlos de Seso, vecino de Logroño; segunda vez le llama don Carlos de Sesa, no afirmándose con seguridad como prudente y sabio Coronista, en el nombre y apellido, que no conocía bien, por no ponerse en peligro de infamar alguna casa principal, como lo es tanto la de Sesé en Aragón, que desde los principios del Reino hasta hoy ha siempre derramado su sangre en servicio de la Santa Iglesia Romana y sus Reyes católicos contra herejes, como están llenas las historias de este Reino y otras y publican bien sus armas puestas entre otras en el castillo de Sant Angel en Roma.

Y aunque con esta variedad de autores tenía obligación cualquiera nuevo Coronista, por razón de dicho peligro, de investigar con más estudio la verdad, pero no guardando esta justa ley Luis Cabrera de Córdoba, moderno Coronista, le llama don Carlos de Sesé, noble, dándole este apellido con error: porque ni fue Sesé ni, a lo que hallo, descendiente de Aragón, antes bien el apellido de este mal caballero aunque noble, fue don *Carlos de César*, señor de la Fonvera y vecino de Logroño, donde jamás fueron heredados los Sesés que pasaron de Aragón a Castilla con el Conde de Luna y sin él en tiempo de las guerras».

El «compañero» de Carranza, fray Diego Ximénez, O. P.

Es muy poco lo que sabemos acerca del dominico fray Diego Ximénez. Fray Juan López, obispo de Monópolis, en su *Tercera parte de la historia general del convento de Santo Domingo y orden de predicadores*, le dedica un breve recuerdo elogioso, diciendo de él: «Fue también hombre de gran virtud y de mucha capacidad y así le trajo siempre consigo don fray Bartolomé de Miranda siendo provincial de esta provincia, y después que fue arzobispo de Toledo le tuvo consigo para gobierno de su arzobispado, conociendo sus partes y muchas prendas» [1]. Marcel Bataillon identifica a este dominico amigo de Carranza con el autor del *Enchiridion o Manual de doctrina cristiana*, publicado en Lisboa en 1552 y reimpreso en Amberes en 1554 junto con el *Sermón de la Magdalena* y la *Exposición del psalmo Miserere* [2].

A pesar de la niebla que cubre su personalidad ante la historia, emergen muchos perfiles de la misma en el proceso de Carranza, mina inagotable de noticias sobre tantas figuras del siglo XVI, ya que Ximénez tuvo que comparecer en tres ocasiones ante el santo oficio. La primera de ellas el 3 de noviembre de 1559, abriendo la serie de testigos que depondrían en la causa de recusación del inquisidor general, don Fernando Valdés. La segunda, en enero de 1560 para responder a cargos que se le hacían a él, en torno a la administración de bienes de Carranza y a cartas que escribió relacionadas con la defensa del arzobispo. En la tercera ocasión, compareció los días 6, 7 y 8 de octubre de 1562, como testigo citado por Carranza para los interrogatorios de abonos, tachas e indirectas [3]. En las dos primeras ocasiones sus declaraciones versan sobre acontecimientos inmediatamente relacionados con la pri-

1. *Tercera parte de la Historia General del convento de Santo Domingo y de su Orden de Predicadores*, por Juan López, Obispo de Monopoli, de la misma Orden, Valladolid 1613, 177.

2. M. Bataillon, *Erasmo y España*, México ²1966, 540-541. De ser acertada esta identificación, suscitaría algunos problemas de cronología. En efecto, Ximénez imprimió su Enchiridion en 1552; pero afirma ese año que «tuvo comenzada» la obra más de once años, lo que nos traslada a 1541. Cuando declara en el proceso de Carranza en 1562 dice tener 46 años. Esto significaría que compuso su obra a los 25 años, hipótesis que me parecería muy dudosa, máxime teniendo en cuenta que confiesa que la escribió a importunación del obispo de México, fray Juan de Zumárraga. La obra está dedicada a Juan III de Portugal el 10 de mayo de 1552 desde el convento de Sto. Domingo de Lisboa, fecha en que nuestro fray Diego Ximénez acompañaba a Carranza en Trento. Por lo demás, el Ximénez Arias, autor de la obra, es designado como *Alcantarensis* en la aprobación de la obra por fray Jerónimo de Azambuja, O. P.

3. Sus declaraciones completas se encuentran preferentemente en los tomos DH I y III, aunque también extraemos datos del II.

sión y proceso del arzobispo; en cambio en la tercera, el contenido de las preguntas le obliga a ocuparse de los años que antecedieron a la desgracia. Por esta razón, dejando de lado el mero orden cronológico de las declaraciones, vamos a seguir el orden que impone su contenido: estudiaremos en primer lugar las deposiciones hechas es 1562, para luego ocuparnos de la recusación del inquisidor general y de las consecuencias que atrajo sobre Ximénez el empeño puesto en la defensa de Carranza.

I. Carranza visto por fray Diego Ximénez

De atenernos a las listas de testigos invocados por Carranza en su favor y al número de preguntas en que habían de ser interrogados, podemos afirmar que el testimonio de Ximénez es de los más solicitados por el arzobispo. En efecto, se invoca su testimonio en 42 preguntas del interrogatorio de abonos, en 36 del de indirectas y en 20 del de tachas. Tan vasto repertorio de preguntas sólo se hace a dominicos muy relacionados con el reo, como Pedro de Sotomayor, Antonio de Santo Domingo, Juan de la Peña, Felipe Meneses, Pedro Serrano, Francisco de Tordesillas, Esteban Cuello y Francisco Ramírez [4].

Aunque residía en San Esteban de Salamanca al tiempo de declarar, fray Diego comparece en Valladolid ante don Cristóbal Hernández de Valtodano, obispo de Palencia, y ante el doctor Simancas; lo hará en tres días consecutivos para responder respectivamente al interrogatorio de abonos, indirectas y tachas. Tenía entonces 46 años: lo suficiente para no haber sido ni condiscípulo ni alumno u oyente de Carranza. Reconoce su amistad con Carranza y da cuenta de las circunstancias de su relación personal con él. *Compañero y compañía* son las palabras que definen su vinculación con el arzobispo; lazos de convivencia continuada, justamente calificados como «particular conversación». Se inició ésta al tiempo en que Carranza había sido elegido provincial de Castilla (1550); Diego Ximénez fue entonces su «compañero» durante seis o siete meses. Grata debía ser para Carranza su compañía, puesto que lo lleva consigo al concilio de Trento (1551) y al retorno del mismo (1553) lo mantiene junto a sí durante más de un año. Escogido por el príncipe don Felipe para formar el séquito que le acompañaría a Inglaterra, Carranza hubo de separarse de su fiel servidor en julio de 1554; al volver en julio de 1558, ya arzobispo, llama de nuevo a su lado a Ximénez, quien lo acompañará ya hasta el instante de su prisión en la noche del 22 de agosto de 1559. Especialmente en este postrer período la convivencia es continua e íntima: «le conversaba muy en particular de noche y de día, sin haber casi hora en el día en que no estuviese con él, así cuando iba fuera como cuando estaba en casa» [5].

Fray Diego podía presumir fundadamente de conocer a Carranza íntimamente como el que más, a raíz de este trato de excepción. Si no son muchos los años de convivencia, sí es singular la calidad de la misma, justamente en los años maduros y ya próximos a la época de la persecución. Para purgarse de parcialidad, dirá ante el tribunal que no ha sido ni «dadivado ni sobornado», y que «desea que venza en el dicho pleito de arzobispo la parte que tuviere justicia» [6]. El fiscal recusará su tes-

4. DH III, 49, 83-91 (abonos); 308, 349-356 (indirectas); 481, 493-498 (tachas).
5. DH 83. Para las fechas del provincialato de Carranza y de su ida y vuelta al concilio, cf. *Ibid.*, 17-20.
6. DH III, 83.

timonio, alegando que Ximénez es «fraile de su orden y su apasionado, criado y discípulo y compañero suyo, y que agora regía y gobernaba su casa»; los hechos consignados son ciertos, menos el que fuera discípulo, al menos en sentido académico [7].

De la vida y milagros de Carranza anteriores a 1550 Ximénez sabía lo que era notorio: los hechos fundamentales de su vida, el buen fruto de su magisterio, el aprovechamiento del colegio de San Gregorio cuando fue regente, su condición de consultor de la inquisición y director de conciencias, su ida al concilio en 1545. Supo del mismo Carranza que había predicado en el auto en que fue ejecutado san Román en 1542 [8]. En cambio adquieren mayor relieve y consistencia los recuerdos del segundo viaje de Carranza a Trento y de su época de provincial. Del primer capítulo, Ximénez evoca el halo de prestigio de que gozó Carranza en el concilio, donde estuvo en su compañía: «Allí todos los prelados como a hombre católico y muy religioso le tenían y acataban en mucho precio y se aconsejaban con él en lo que habían de votar en sus congregaciones donde se trataban cosas de costumbres y de fe; y el que de ellos más amistad y comunicación tenía con él, se tenía por más bien aconsejado y por más religioso. Y esto sabe porque se halló presente y visitaban a los dichos prelados en compañía del arzobispo de Toledo» [9]. A la vuelta del concilio, estando en Milán, y en presencia de muchos frailes que iban con él y del obispo de Segovia, Gaspar de Zúñiga y Avellaneda, discutió Carranza después de cenar con un hereje húngaro sobre el sacramento de la extremaunción, defendiendo la sacramentalidad del mismo sin conseguir convencer a su contrincante [10]. Del segundo capítulo, esto es, de la época del provincialato de Carranza, se pueden espigar algunas noticias en las declaraciones de Ximénez. Al figurar en las respuestas al interrogatorio de indirectas, se refieren a puntos sobre los que Carranza quería disipar toda duda y en tal sentido mutilan un tanto el campo de enjuiciamiento. En relación con las dudas formuladas sobre su creencia en la existencia del purgatorio, Ximénez dirá que «le oyó celebrar muchas misas de difuntos» y que «de ninguno de los prelados de su orden entendió que con más diligencia y cuidado hubiese tratado de esto —de cumplir las memorias y sufragios de difuntos—, y muchas veces vio y oyó reprender al dicho Reverendísimo a prelados de los conventos de que era nimio y que excedía en tratar de esto» [11].

Otros rasgos de Carranza que registra con vigor Ximénez son el de su caridad con los necesitados, su observancia de las penitencias, y su insistencia en un cristianismo vivo y fecundo en obras: «siempre le vi ayunar los ayunos de obligación de la santa iglesia con todo rigor y siendo arzobispo los hacía guardar a todos sus criados. Y lo de las limosnas le vio hacer muchas veces y muy grandes en cantidad; y muchas veces le oyó decir que deseaba dar orden cómo cuando muriese quedasen todos sus bienes empleados en limosnas, de manera que cuando él muriese, muriese su memoria y su hacienda. Y que también sabe que, antes que fuese arzobispo, a todos los que él podía aconsejaba fuesen muy limosneros y así lo eran todos los que trataban con él en particular»... «Hablando [Carranza] con este testigo en par-

7. El fiscal lo recusó en diversas ocasiones, cf. DH I, 34. Ximénez afirma expresamente que no escuchó las lecciones de Carranza. DH III, 83-84.

8. Cf. M. Menéndez Pelayo, *Historia de los heterodoxos españoles* III, Santander 1947, 275-280.

9. DH III, 87. Sobre la revisión de libros en el concilio, declara el propio Carranza, *Ibid.*, 19-20.

10. DH III, 87-88 Cf. C. Gutiérrez, *Españoles en Trento*, Valladolid 1950, 533-534.

11. DH III, 349-359.

ticular en el tiempo que fue su compañero, siempre le vio y oyó burlar y aborrecer a los que pensaban que les bastaba ser cristianos y no hacer buenas obras. Y a ningún hombre de los que ha conocido católicos, en sermones ni fuera de ellos, oyó ni vio hablar tan encarecidamente en decir cuán necesarias son las obras juntamente con la fe para que se salven, como al dicho arzobispo de Toledo» [12]. La alusión a la predicación de Carranza se completa con otras breves pinceladas: en «sermones y pláticas familiares» afirmaba que lo que Cristo padeció es de la iglesia, «pero con efecto no llevan el provecho sino los buenos cristianos que con vida y obras responden a su profesión» [13]. Otro tema preferido de la predicación de Carranza era el de la misa; Ximénez le vio «hablar y predicar católicamente en el sacrificio de la misa, y mejor que a nadie de los católicos que ha visto hablar y escribir en esta razón» [14]. El tema de las «ceremonias» o prácticas externas de la iglesia, tan agitado a raíz del erasmismo y el iluminismo, no estaba ausente de la vida y predicación de Carranza: «siempre conoció del dicho arzobispo ser muy amigo de las ceremonias eclesiásticas y significación de ellas, y así se le oyó predicar y enseñar en pláticas familiares» [15]. También quiere Ximénez salir al paso de una acusación cuando confiesa que «todas las veces que le oyó predicar que fueron muchas y en diversos lugares, siempre le oyó hacer salutación a Nuestra Señora» [16]. Igualmente pone a salvo la piedad y devoción de Carranza para con los santos y sus imágenes: «siempre que estuvo en compañía del dicho arzobispo de Toledo, le conoció ser devoto de imágenes, y en las celdas donde estaba, de propósito las tenía colgadas; y todo el tiempo que anduvo en su compañía después que fue arzobispo, vio imágenes colgadas en sus aposentos, así de Nuestra Señora como crucifijos y de otros santos» [17].

Los recuerdos se hacen particularmente vivos cuando se refieren a la última etapa de la vida pública de Carranza. Dos sucesos, que serían objeto de sendas acusaciones, merecen un juicio decidido por parte de Diego Ximénez: el sermón que pronunció Carranza en San Pablo de Valladolid el 21 de agosto de 1559, pocos días después de su triunfal entrada en la villa cortesana, y la asistencia a los últimos instantes de Carlos v. Para cuando predicó Carranza, ya corrían rumores extraños sobre su persona por la capital castellana. Ximénez, testigo presencial del sermón, llegó a situarse hábilmente junto al púlpito y siguió con especial atención sus palabras. Su juicio, lejos de ser atolondrado y vago, refleja una sensibilidad despierta: afirma que fue católico, «por se haber hallado presente al dicho sermón y junto al púlpito y no le haber perdido palabra de las que dijo, ni haber oído jamás sermón del dicho arzobispo ni de otra persona con tanta atención como oyó aquél. Y que en todo él no le oyó palabra ni sentencia que no fuese católica; ni cree este testigo que la dijo, porque, según la atención que tuvo según tiene dicho, no fuera posible que no la notara y advirtiera» [18]. Exactamente un mes más tarde Ximénez asistía a la agonía de Carlos v en Yuste como acompañante de Carranza; registra con advertencia, que estuvo «junto a la cama de su majestad». Las palabras que profiriera Carranza y de las que le acusarían más tarde, Ximénez las encontró correc-

12. DH III, 350.
13. DH III, 351; cf. 294.
14. DH III, 352.
15. DH III, 352-353.
16. DH III, 355-356. La defensa respondía a una acusación contraria.
17. DH III, 355.
18. DH III, 353. El tema del sermón lo he tratado ampliamente en un estudio *¿Un sermón de tolerancia de Bartolomé Carranza?*, recogido en mi obra ACST II, 227-275.

tas y consoladoras: «no dijo palabra ni sentencia que no fuere católica y de mucha consolación para su majestad y para los que están en semejante agonía» [19]. El confesor del emperador, el jerónimo Juan Regla, acusaría poco después a Carranza de haber dicho frases de sabor luterano. Ximénez deja caer que pudo ver que durante aquella breve permanencia en Yuste, Carranza hizo «poco caso» de Regla, y que éste «se correría, por tener dignidad de confesor de su majestad y porque se tiene por muy letrado» [20].

Después de los funerales del emperador, Carranza entró sin demora en su diócesis para iniciar una intensa y fecunda etapa de actividades pastorales: es en este punto donde la convivencia y comunión de ideales se hizo mayor entre los dos dominicos y donde los juicios de Ximénez, sobre todo acerca de la intimidad de Carranza, son de importancia excepcional. Su proximidad, día a día y hora a hora, lo mismo fuera de casa que dentro de ella, permitieron a Ximénez ahondar en el alma de su admirado hermano de hábito: lo acompañó en sus actividades, compartió su vida frugal, participó de sus ideales, fue el limosnero de sus bienes. Ximénez «se halló presente casi todas las veces que predicaba y confirmaba», el arzobispo, le acompañó en la visita pastoral a las parroquias de Toledo; fue testigo del fervor con que celebró Carranza la navidad dando la comunión a los de su casa y comiendo con ellos; le vio lavar los pies a los pobres el jueves santo y ayunar a pan y agua el viernes santo; fue con Carranza la víspera de navidad a visitar la cárcel de Toledo, donde el arzobispo predicó, obsequió a los presos con una comida y dio la fuerte suma de 200 ducados para ayudar a pagar lo que algunos debían. Ximénez fue el confidente del arzobispo en punto a limosnas hechas, y conocía a los tres limosneros de Carranza y a algunos estudiantes a los que les ayudaba a pagar sus estudios; precisamente al tiempo de su prisión trataba Ximénez con el arzobispo de un vasto programa de ayuda a numerosos estudiantes pobres [21]. Conocía muy de cerca el «grandísimo cuidado» que ponía el arzobispo en la provisión de beneficios curados; en nada usaba de tanta diligencia como en esto, «sin respetos de parientes ni de amistad, sino sólo dándolos a los dignos y suficientes» [22].

El juicio de Ximénez, que pone especial énfasis en su condición de compañero asiduo de Carranza, tiene particular relieve en lo que respecta al tenor íntimo de vida del arzobispo y a sus maneras de sentir y pensar. Ximénez airea enfáticamente su situación privilegiada para saberlo todo acerca de Carranza [23]. «Jamás le vio hacer ni decir cosa que no fuese de muy religioso y cristiano y católico». Sabe personalmente que quitó imposiciones económicas onerosas a sus súbditos toledanos. Certifica la honestidad de vida del arzobispo, «así en hechos como en palabras», y recuerda una vez más que, «por haberle conversado tan en particular y en tantos años, no fuera posible dejar de saber lo contrario, si lo hubiera, aunque fuera muy poco y escondido». Compañero diario de mesa del arzobispo, admiraba su templanza en comer y beber y su observancia de los ayunos de la iglesia y aun «todos los viernes, que son de ayunos de su orden, aunque sin obligación de pecado mortal y venial». Había seguido de cerca el círculo de amistades del arzobispo y nos dice que «siempre le vio

19. DH III, 355. También este punto lo he tratado ampliamente en el capítulo *Carlos V y Carranza*, en la misma obra, I, 287-333.
20. DH III, 497.
21. DH III, 84-86.
22. DH III, 85.
23. DH III, 86. «Le conversaba muy en particular de noche e de día sin haber casi hora en el día que no estuviese con él, así cuando iba fuera como cuando estaba en casa».

muy amigo de los virtuosos y católicos; no solamente de los que lo eran, pero aun de los que tenían apariencia de ello. Y ninguna cosa había que tanto le moviese a ser amigo y bienhechor de alguna persona, como saber de él que era virtuoso y cristiano; y siempre vio que todos los que le conocían, le tenían en esta opinión, y conoció a muchos que él quería bien, muy virtuosos y muy cristianos. Y jamás se acuerda haber conocido hombre a quien el arzobispo tuviese afición de veras, que no fuese muy religioso y muy cristiano o con apariencias de ello» [24].

Una excepción a esta norma pudiera ser don Carlos de Seso, el caballero italiano, que condenó la inquisición. Para ésta, la esporádica relación que mantuvo con Carranza era un capítulo de acusación contra el arzobispo, bajo pretexto de haber ocultado a un heterodoxo y de supuesta amistad con él. Ximénez, prevaliéndose de su trato íntimo con Carranza, nos dirá como cosa sabida por comunicación con el arzobispo, que éste conoció a Seso «de fama y de muy poca conversación»; también oyó decir muchas veces a Carranza que no había sospechado que Seso fuese hereje, y que creyó que con sus consejos había remediado sus dudas. Ximénez además asegura por su parte que, antes de ser procesado, Seso aparecía como hombre devoto y cristiano y «como tal lo alababan todos los que lo conversaban». El personalmente no lo conoció «sino el día que lo quemaron». Finalmente, y una vez más «por ser compañero», no ignoraba las gestiones de Carranza, antes de ser procesado, para aclarar ante los inquisidores licenciados Guijelmo y don Diego de Córdoba lo acaecido entre él y Seso en una entrevista, esporádica y única, acerca de temas religiosos [25].

Como remate de sus declaraciones de abono, Ximénez emite un juicio global sobre su amigo y señor, en el que sintetiza toda la firmeza de su convicción sobre la inocencia de Carranza y las razones profundas de tal firmeza. Su declaración obedece a una pregunta del interrogatorio presentada por Carranza: «Iten si saben que es propia cualidad y condición de herejes, manifestar sus errores a las personas que entienden atraer a ellos, como la experiencia lo muestra. Y es así que, pues el dicho Rmo. de Toledo, siendo religioso y vivido siempre en comunidad y tantos años lector de Teología y predicador y consultor del Santo Oficio y con quien han comunicado muchas personas eclesiásticas y seglares de mayor, mediano y menor estado y habiendo aconsejado a tantas y tan señaladas personas y dado su voto y parecer diversas veces así en el concilio como fuera de él, por la gran autoridad, vida, letras y ejemplo y crédito que de él tenían su majestad y todos los demás, y después arzobispo de Toledo de tan gran renta y provisión de oficios y beneficios y juntamente tantos criados y súbditos: verosímil cosa es, que, si él hubiera ofendido a nuestra santa fe católica, debiera haber comunicado y persuadido necesariamente a algún íntimo amigo, pariente, criado suyo o a otro alguno, en España, Inglaterra o Flandes, ofreciéndosele tanta oportunidad para ello. Y no habiéndolo hecho, antes perseguido tanto a los herejes y enseñado siempre sana, católica y muy provechosa doctrina, los testigos le tienen por fiel y católico cristiano» [26].

Desde el punto de vista subjetivo la argumentación, de indudable fuerza moral, nos revela la conciencia limpia de Carranza. Las convicciones religiosas profundas y personales se han de traslucir por fuerza. Su vida había transcurrido en el candelero de una actividad pública como maestro y predicador, como consultor oficial o teólogo conciliar, rodeado de una tupida red de relaciones esporádicas o conti-

24. DH III, 84-86.
25. DH III, 351 y 295-296. Cf. M. Menéndez Pelayo, *o. c.* III, 397-400.
26. DH III, 445.

nuadas, superficiales o profundas, en diversos tiempos y países. No podía dejar de haber alguien, siquiera del reducto íntimo de amigos, criados o parientes, a quien no hubiera intentado atraer a su pretendida heterodoxia. Ximénez pertenece sin discusión a este posible reducto último. Arrostrándolo todo y dando un testimonio al menos de fidelidad y de convicción personal —y según estimo, de verdad objetiva—, responde así a la sugestiva pregunta:

Dijo que le parece todo lo contenido en la dicha pregunta. Y por las razones de ella, *tiene* y ha tenido siempre este testigo al dicho señor arzobispo por católico y verdadero cristiano, porque esto es cosa que se compadesce con estar preso por el Santo Oficio: porque muchas veces acaesce estar uno justamente preso y salir muy inocente, y porque los jueces son obligados a creer los testigos, aunque sean falsos, no sabiendo que lo son.

Y dijo este testigo que, como dicho tiene, *cree cierto y tiene* al dicho Rmo. arzobispo por católico: porque, si otra cosa fuera, según el mucho tiempo que trató al dicho Rmo. arzobispo en tan particular conversación como dicho tiene, no era posible, si él fuera hereje, que no le dijera algo en esta razón. Y pues, como dice la dicha pregunta y es común opinión de todos los santos, ningún hereje, principalmente siendo docto como lo es el dicho Reverendísimo, se contenta con ser él sólo hereje, antes sumamente desea enseñar, y no se pueden contener en no engañar a otros de enseñar su falsa doctrina para que se multipliquen en ella muchas gentes, y principalmente los que tienen por más amigos y menos doctos que ellos: y así pues, el dicho arzobispo de Toledo, siendo tan docto y mucho más que este testigo, y tratando con él tan en particular y en tantos años, si fuera hereje, le hubiera comunicado su herejía o a lo menos insinuádole algunas cosas, y lo mismo hubiera hecho a otras muchas personas con quien tuvo familiar conversación y ellas le tenían por muy docto y por muy santo y con facilidad le creyeran todo lo que les dijera.

Y este testigo no sabe de ninguno de todos cuantos conosce, que el dicho Reverendísimo les haya comunicado cosas semejantes, antes sabe que son muy religiosos y cristianos, porque los conoce de habla, vista y conversación.

Y también dice este testigo que, si el dicho arzobispo de Toledo estuviera engañado en cosas de la fe, por haber tratado con él como dicho tiene tantos años este testigo con el dicho arzobispo de Toledo con tan particular conversación y trato, no fuera posible que alguna vez en sus hechos o dichos no hubiera visto u oído alguna cosa de que este testigo se escandalizara y pudiera sospechar algo del mal que en el dicho arzobispo hubiera: porque es imposible, principalmente en cosas de herejes, que se puedan disimular tantos años y con personas que de noche y de día estaban en su compañía como este testigo lo estuvo.

Y por estas razones dice lo que dicho tiene, y le paresce que en ley del Evangelio, supuesto lo que ha visto y entendido, está obligado a creer lo que dicho tiene y a tener al dicho arzobispo en opinión de católico y cristiano hasta que otra cosa declaren los señores jueces del Santo Oficio.

Y siéndole leído dijo que está bien escripto [27].

En punto a objetividad, el juicio de Ximénez tiene especial valor en aquella parte que refleja su propia experiencia: nadie mejor situado que él para enjuiciar la persona de Carranza en sus más íntimos recovecos. La inducción que hace sobre la fama pública del arzobispo encierra no pequeño peso y como argumentación teórica es correcta: sin embargo, no imaginaba Ximénez que otros pudieran suscitar dudas sobre expresiones de Carranza vertidas en escritos y apuntes, en conversaciones familiares o en el púlpito. En punto a sinceridad, el tono de la declaración es tan neto, que no deja el mínimo resquicio a la duda subjetiva. La certeza es una condición subjetiva de ánimo y de tal podemos calificar la de fray Diego. Por último, en punto a fidelidad y adhesión a Carranza, Ximénez da un alto testimonio de amistad y de valentía. A pesar de la salvedad hecha —se puede estar justamente preso y ser inocente—, salvedad en la que íntimamente no creía, había que derrochar valor para afirmar en aquella situación y tras varios años de prisión del arzobispo, que *cree cierto y le tiene por católico*. Imperativos de conciencia y ley evangélica le dieron fuerzas para sostener su juicio con firmeza.

27. DH III, 89-91.

II. El proceso de Carranza visto por Ximénez

Despejada esta primera incógnita de tipo personal, veamos ahora cómo enjuicia Ximénez el proceso y la prisión del arzobispo. Para calibrar su testimonio, hemos de tener en cuenta dos puntos: él vivió junto al arzobispo todo ese año dramático que va desde agosto de 1558 hasta agosto del año siguiente, en que es preso. Dada su intimidad con Carranza, podemos decir que *ambos* disponen de idéntica información, siguen paso a paso el desencadenarse de la tormenta y la contemplan desde un ángulo afín en total compenetración de sentimientos y pesares. Ximénez es además testigo del impacto producido en el ánimo de Carranza por el clima hostigante hasta el momento mismo de su aprisionamiento. En segundo lugar, hemos de tener en cuenta que toda esta amarga e intensa experiencia la conocemos fundamentalmente por las declaraciones del propio Ximénez, pero hechas dentro de interrogatorios procesales, con las limitaciones que el respeto a la inquisición le imponían. Fuerzas encontradas se disputan el ánimo de declarante, persuadido de la inocencia de Carranza: la amistad y la fidelidad, que le pueden obcecar y en cualquier caso le impulsan a revelar secretos para defender a su amigo y a vigilar sobre lo que podía comprometer a Carranza; y el miedo a la inquisición y al inquisidor general, a decir cosas amargas y ganarse represalias o comprometerse a sí mismo. Todo esto supuesto, dejemos hablar a fray Diego, uno de los hombres especialmente informados, al menos de lo que afecta al punto de vista del arzobispo.

La primera ocasión en que aparece testificando y la que ahora más nos interesa es precisamente la del proceso de recusación del inquisidor general, don Fernando Valdés. Naturalmente la razón de ser de este proceso es la más propicia para verse obligado a enfrentarse con toda la trama de la causa del arzobispo y con muchos de sus protagonistas. Carranza invoca a Ximénez como testigo en *todas* las preguntas del interrogatorio, muy cerca de las treinta. Ximénez es el primer testigo que abre la serie, en Valladolid el 3 de noviembre de 1559, dos meses largos después del encarcelamiento del arzobispo. Su declaración comprende cerca de diez páginas impresas [28]. El centro de preguntas y respuestas no es otro que el inquisidor Valdés, aun cuando de rechazo aparezcan otras figuras ligadas a él. Los testigos declaran requeridos por unas preguntas, que, como es obvio en un proceso de recusación, afectan directamente al inquisidor general, y no precisamente para canonizar su celo por la verdad y la justicia. Ximénez es primordialmente testigo que certifica lo que sabe y ha vivido, y hasta aquello en lo que ha participado. En este caso certificar es refrendar una acusación y consecuentemente acusar; además, acusar al inquisidor es denunciar de algún modo el proceso.

Ximénez es interrogado sobre dieciséis preguntas; a ninguna responde que no la sabe, aunque en un caso dice saberlo por haber oído muchas veces al arzobispo. Sin embargo Carranza le presentó en *todas* las preguntas y no sabemos por qué se

28. DH I, 70 (citación por parte de Carranza el 25 de octubre); I, 83-92 (declaración de fray Diego el 3 de noviembre de 1569). Fray Diego Ximénez fue el primero de los testigos en comparecer y declarar. Sus declaraciones pusieron en evidencia que la recusación de Valdés era digna de ser atendida e indujeron a los jueces árbitros a proseguir su información, no obstante el empeño puesto por el fiscal en recusar el testimonio del dominico: éste era uno de los principalmente atacados por el fiscal, quien reprocha a los jueces el haberlo escuchado y alega «el gran daño y perjuicio» que se seguirá en el proceso del arzobispo. Las razones del fiscal eran la amistad de Ximénez con Carranza, el interés que se les seguía en la causa y hasta la posibilidad de que estuviesen «instruidos de lo que podrían negociar y procurar en favor del arzobispo». DH I, 38-39.

le escamotearon casi la mitad de ellas [29]. No todas las respuestas tienen la misma importancia y lo mismo ocurre con las preguntas; sería ingenuo pretender aislarlas del conjunto, verdadero ataque macizo de piezas conjuntadas. En algunos puntos se pone de relieve el antagonismo de pensamiento y vida entre Carranza y Valdés o se airean roces personales: este es el caso del pleito sobre el adelantamiento de Cazorla: un viejo pleito, y no sólo de honor, entre la mitra de Toledo y el comendador de León, el insaciable secretario de Carlos v, Francisco de los Cobos. Al morir sus protagonistas, el arzobispo Silíceo y el comendador, el pleito pasó a otras manos: Carranza y la viuda, doña María de Mendoza. El caso no figuraría en la recusación de Valdés si no apareciera éste como favorecedor de la causa de la viuda del comendador y contrario a la mitra de Toledo. Ximénez sabe muchas cosas sobre esta querella. Ha visto a Carranza tratar del asunto con sus letrados en el Colegio de San Gregorio en agosto de 1558 y sabe que no es ninguna fruslería, ya que el adelantamiento vale más de veinte mil ducados de renta; ha leído el Motu proprio de Paulo IV en que ampara los derechos de la silla toledana y acompañó a Carranza cuando lo presentó en el consejo real; sabe, porque fue público y notorio, que inmediatamente acudió Valdés a casa de doña María, para tratar del negocio y favorecerla; vio la carta en que el agente de Carranza, el licenciado Osorio, comunicaba a éste que Valdés recibió en su casa a los letrados de doña María y éstos secundaron los consejos de Valdés en el asunto. La razón de esta protección, pública y notoria, no es otra que la condición de Valdés: «fue íntimo amigo» del comendador y de su esposa; por esa razón cree que lo será de su hijo, el marqués de Camarasa, parte directamente afectada por el pleito [30].

El contraste en modos de vivir aparece referido a tres puntos de gran significado pastoral: la residencia, la aceptación de ocupaciones ajenas a la solicitud episcopal, y el uso de los bienes de la iglesia. Ximénez subraya la tesis sostenida de palabra y por escrito por Carranza sobre el deber de residir, bajo pena de pecado mortal y concluye: «por esta razón cree que el ilustrísimo de Sevilla [Valdés] no le terná buena voluntad, por ser de contrario parecer en la obra, por haber doce años que está fuera de su arzobispado», y esto pese a que el rey le había mandado ir a residir, como lo oyó decir «muchas veces a muchas personas por cosa notoria» [31]. Carranza

29. DH I, 70. Hay que notar que Ximénez fue invocado como testigo en *todas* las preguntas del interrogatorio, que eran 30. Sin embargo no fue interrogado sobre las preguntas 9-12, 15-18, 21-22, 26-30, muy importantes para conocer la actuación del inquisidor Valdés. ¿Fue intencionado este escamoteo?

30. DH I, 83-84, cf. 73-74. Sobre Cobos, cf. H. Kenigston, *Francisco de los Cobos, secretary of Emperor Charles V*, Pittsburg 1958. Sobre el Adelantamiento de Cazorla, F. Rivera Recio, *El adelantamiento de Cazorla*, Toledo 1948.

31. DH I, 84 y 75. Damos a continuación el texto de una de las cédulas reales por las que se mandaba a Valdés residiese en su iglesia: «El Príncipe. Al Arzobispo de Sevilla. Muy Rvdo. nuestro Padre Arzobispo de Sevilla del Consejo de Estado de su Majestad, Inquisidor general contra la herética pravedad en los reinos y señoríos. Ya sabéis cómo Su Majestad Carlos V, por servicio de nuestro Señor y descargo de su conciencia y la de los perlados destos reinos y bien de los fieles cristianos questán a su cargo, tiene ordenado y mandado que continuamente residan en sus iglesias, como son obligados y lo disponen los sagrados cánones, eceptis los que estuviésedes ocupados en cargos, y que vosotros también residiésedes en vuestras iglesias cada año a lo menos noventa días, entrando en ellos la cuaresma, y lo demás repartiésedes como viésedes que menos falta pudiésedes hacer en vuestros cargos y más provecho en vuestras iglesias.

Y porque a mí me tiene Su Majestad encargado que haga cumplir lo susodicho, os ruego y encargo que, guardando aquello, vais a residir este año en la dicha vuestra iglesia, a lo menos los dichos noventa días, entrando en ellos la parte desta cuaresma que pudiéredes llegar a estar en ella: que en ello, demás de hacer lo que debéis y sois obligado, Su Majestad y yo rescibiremos mucho placer y servicio. De Madrid, a XI de febrero de MDLIII años. Yo el Príncipe. Refren-

sostenía también, en público y en privado, que los prelados no debían aceptar presidencias de audiencias para residir en ellas, dejando sus iglesias, y que estaban en «mal estado» los que esto hacían. Valdés era «de contrario parecer, porque siempre ha sido presidente de Consejos y Chancillería y hasta agora no los ha dejado» [32]. En punto a bienes eclesiásticos, Carranza condenaba el que los prelados creasen mayorazgos con ellos. Ximénez da por público —«común opinión y pública fama»— que Valdés había comprado «muchos lugares en gran cantidad de dineros y en ellos mucha hacienda», y ello «para mayorazgo de un sobrino suyo»; tal intención era más verosímil, por cuanto había casado a ese sobrino «con persona de mucho linaje y calidad». Esta conducta de Valdés provocaba comentarios poco favorables a su persona en muchos «escandalizados de lo uno y de lo otro, murmuraban del dicho arzobispo de Sevilla». Por estas razones estimaba Ximénez que Valdés no le sería «aficionado» a Carranza, «por afirmar éste con tanta insistencia lo contrario que hacía el señor arzobispo de Sevilla» [33]. Carranza y Valdés representaban dos ideales y estilos contrapuestos aunque tal antagonismo no sea la causa motiva exlusiva de su enfrentamiento. Ximénez insinúa finalmente el alcance psicológico de este contraste: Valdés no le tenía «buena voluntad» ni podía ser «aficionado» a Carranza [34]. La positiva desafición y mala voluntad se mostrará en otras circunstancias, singularmente en el modo de actuar en la preparación del proceso de Carranza, como lo veremos inmediatamente. Para ordenar de algún modo la selva de noticias, dividiremos la materia en apartados distintos, aunque complementarios.

Carranza ante el proceso

Cuando el arzobispo llega a España el verano de 1558 se percata inmediatamente de que le amenazan negros nubarrones, pone todo su empeño en evitar un escándalo nacional, su propia infamia y el hundimiento de sus planes pastorales en Toledo. Para ello intentará una doble acción: la cobertura de votos de teólogos favorables a su *Catecismo*, el punto inicial visible de quienes le quieren perder, y la aclaración de su caso ante la inquisición, personalmente o por oficio de terceros, pero *en línea reservada.* Para la primera gestión acudió a numerosos teólogos de nota; Ximénez pudo leer los pareceres que emitieron [35].

No obstante la fuerza moral que pudiera tener el consensus de estos teólogos favorables al *Catecismo*, sus votos no tuvieron la menor eficacia ni impidieron que la preparación del proceso siguiera su curso. La batalla había que librarla, no fuera, sino dentro de la misma inquisición; Carranza agotó todos los recursos. Intentó

dada de Juan Vázquez. Señalada del Lic. Menchaca» (Archivo de Simancas, *Libros de Cámara*, n. 321, f. lr.). Sobre la ausencia o residencia pasajera de Valdés en sus numerosas diócesis, cf. J. L. Novalin, *El Inquisidor General Fernando de Valdés*, Oviedo 1968, 74 ss 109 ss y 170 ss.

32. DH I, 84-85 y 75. Cf J. L. Novalin, *o. c.*, 95 ss, donde habla de Valdés como Presidente de la Real Chancillería.

33. DH I, 85 y 75. Sobre el ubérrimo testamento de Valdés y los litigios entre numerosos parientes agraciados, cf. G. Novalin, *o. c.*, 376-378. Sobre el litigio que mantuvo con Carlos a propósito de un importante empréstito al que se resistió Valdés (1557), *Ibid.*, 287-293.

34. DH I, 85. Véase la declaración completa, que repiten otros varios testigos.

35. DH I, 85. Tales teólogos fueron el arzobispo de Granada, los obispos de León (Andrés Cuesta), de Orense (Francisco Blanco), de Almería (Antonio Corrionero), egregias figuras de Trento. Además los dominicos fray Pedro de Soto, confesor de Carlos v, fray Pedro de Sotomayor, catedrático salmantino, el rector y regente de San Gregorio de Valladolid, el magistral de Toledo, doctor Delgado, y el de Cuenca, doctor Vergara, el catedrático complutense doctor Bartolomé Torres, la misma universidad de Alcalá, etc. Cf. III, 303-357.

plantear el caso en doble entrevista con Valdés en agosto de 1558, sin resultado positivo alguno [36]. En noviembre del mismo año y en abril del 59, escribió dos cartas a Valdés, ofreciéndose a hacer con su catecismo cuanto pareciese conveniente al bien del reino. Ximénez leyó ambas cartas y sabe que el menos una de ellas llegó a manos de Valdés; de la respuesta de éste, «con palabras secas y desapegadas», se colegía que no quería recibir satisfacción alguna [37]. El «comedimiento y sumisión» de Carranza se estrelló contra el muro inexpugnable de Valdés [38]. Intentó la mediación de terceros, movilizando a fray Antonio de Santo Domingo y fray Juan de la Peña; Ximénez leyó el escrito que éstos dirigieron a Valdés, así como su nulo efecto [39]. Intentando esquivar la cerrazón personal de Valdés, Carranza se dirigió al consejo de la inquisición; Ximénez, por su parte, acompañó la demanda con una carta personal al obispo de Palencia, Hernández de Valtodano. Este le acusó recibo de los dos documentos, pero le repuso que «no se respondía a ella, porque no era costumbre del consejo responder a cartas particulares» [40]. Además de estos trámites de tipo oficial, Carranza intentó aclarar su situación por relaciones personales con hombres situados en el vértice de la inquisición. La prisión de don Carlos de Seso, con quien una vez se había entrevistado en 1554, produjo temor a Carranza: queriendo purgarse de eventuales sospechas, comunicó en agosto de 1558 con muchas personas los términos de aquella entrevista, y entre ellas con algunos inquisidores u oficiales del santo oficio. Particularmente lo comunicó a don Diego de Córdoba, del consejo de inquisición, al fiscal Camino y al inquisidor Guigelmo. Ximénez conoce todos estos extremos y además leyó la carta que el arzobispo escribió al licenciado Guigelmo [41]. Carranza intentó otra gestión por medio del alcalde de casa y corte, licenciado Morillas y por el confesor imperial, fray Pedro de Soto y otras personas, ofreciendo a Valdés «toda la satisfacción que de él quisiese, así en lo del libro como en todo lo demás». Esta angustiada «instancia, un año entero», no obtuvo el menor fruto; una de las más graves quejas de Carranza contra Valdés fue la de no «le haber querido *jamás oír* ni tomar de él satisfacción alguna, ofreciéndosela tantas veces, para proceder en el negocio más justificadamente» [42]. Todo esto significa que, a pesar de su buena voluntad, estaba condenado a asistir inerme a su ruina y al progresivo cerco y acoso de su persona.

Para procesar a Carranza, Valdés tuvo que hacerse con una autorización especial de Paulo IV, gestionada en Roma por el sobrino de Valdés, el deán de Oviedo. Aunque el documento obtenido era genérico —*contra quoscumque episcopos*— la voz común decía que tenía un objetivo preciso: el arzobispo de Toledo. Y la voz común podía fundar sus certeras sospechas en expresiones del propio deán en Roma [43]. Armado con la autorización pontificia, era menester una fundamentación teológica seria para proceder contra Carranza; toda vacilación en la censura o división de opiniones obstaculizaba los intentos de Valdés, que vigilaba más *sobre la ortodoxia que sobre la verdad.* Sus manejos son denunciados claramente por Ximénez, identificado en noticias y puntos de vista con Carranza. Valdés no encomendó la censura a fray Juan de la Peña, censor ordinario del santo oficio. Intentó enco-

36. DH III, 302-303. Ximénez no desconoce esta doble, pero inútil entrevista: cf. DH 354.
37. DH I, 79-91; III, 354.
38. DH III, 354.
39. DH III, 354.
40. *Ibid.*
41. DH III, 296-351.
42. DH III, 303 y 296-297.
43. DH I, 90-91.

mendar la censura del catecismo al obispo de Orense; mas, al saber de él que aprobaba el libro, no se lo confió. Más descarada resulta la actuación con el doctor Delgado, canónigo toledano: se le había entregado el catecismo para su censura y a los pocos días le preguntó Valdés su opinión sobre el libro, y como fue positiva, «Valdés le quitó el libro y no consintió que diese su parecer». Delgado lo había confesado en el palacio arzobispal ante Carranza y Ximénez, hacía cinco meses [44]. En cambio, Valdés encomendó la censura a Melchor Cano; Ximénez cree que Valdés entendió que Cano era «desaficionado» a Carranza, «por ser cosa notoria y que se platicaba entre seglares y frailes... entre todos los que tenían noticia de entrambos, que son muchos». Además había leído diversas cartas escritas a Carranza por personas principales de la corte, en las que le decían que Valdés había mandado a Cano a Flandes con cartas de recomendación y «gran cantidad de dinero del santo oficio para su camino y gastos» [45].

En contraposición al favor dispensado a Cano, acre censor de la obra de Carranza, en mayo de 1559 Valdés cometerá nueva violencia: sabedor de que la universidad de Alcalá se disponía a publicar una censura aprobatoria del catecismo, firmada por todos sus teólogos, ordenará al comisario del santo oficio en Alcalá, Juan Martínez, que «no dejase dar parecer a *nadie* de la universidad sobre *ningún* libro, sin licencia particular del santo oficio, o sin que primero mostrase el parecer al santo oficio». Ximénez añade que «en toda la universidad se entendió que la dicha prohibición se entendía por el libro del arzobispo de Toledo, y así se lo dijeron a este testigo muchos de los que tuvieron noticia de la dicha carta, aunque en la carta no decían nada particular del dicho libro». Y remata la declaración concluyendo con fina ironía que «cree que el arzobispo de Sevilla tiene enojo y poca amistad con el de Toledo» [46]. Complemento de esta medida arbitraria que arrancaba a tan célebre universidad la facultad y libertad de calificar teológicamente, y convertía esta misión en monopolio exclusivo de la inquisición, son los edictos que Valdés mandó leer en Toledo y Alcalá hacia la misma época, prohibiendo los libros de doctrina cristiana impresos desde el año 1550 fuera de España. Carranza cumplió con tales edictos, porque Ximénez escuchó su lectura en la catedral de Toledo y Alcalá; pero descubre las intenciones de Valdés al declarar que «aunque eran generales, a todos les pareció, y ansí lo decían, que eran por el libro del arzobispo de Toledo, porque desde el año de cincuenta acá no sabe que haya venido otro libro impreso de fuera del reino en romance y de doctrina cristiana, sino el libro del dicho arzobispo de Toledo» [47].

No faltaron amigos que, o ignorantes de esta triste realidad o acaso por no ver otro resquicio de salvación, aconsejaban a Carranza que se sujetase a los inquisidores; así lo confiesa fray Felipe de Meneses, quien recibió una larga carta de respuesta del arzobispo en la que le exponía las gestiones hechas; esta carta se la leyó a fray Diego Ximénez, quien la retuvo en su poder [48]. Parecida recomendación hizo a Carranza un amigo fiel, el arzobispo de Valencia don Francisco de Navarra. Enterado de que se ponían reparos al catecismo de su amigo, le aconsejó en carta que se «sanease» sometiendo el libro al juicio del consejo de la inquisición, invitación que apoyó con otra carta dirigida precisamente a Ximénez. Carranza le respondió apelando a su celo por las cosas de inquisición, bien conocido del prelado valenciano;

44. DH I, 86-87.
45. DH I, 85-86, 89.
46. DH I, 80, 87.
47. DH I, 92. El *Catecismo* fue impreso en Amberes, por Martín Nucio (1558).
48. DH III, 59-60.

Ximénez, por su parte, le repuso que «si enviaba su libro y le sometía al consejo de la santa general inquisición, que después no los podría recusar». Navarra concluye su declaración diciendo que «le pareció muy mal». Probablemente pensaba ingenuamente sobre el éxito de buenos oficios ante la inquisición e ignoraba la negativa de ésta a tomar en cuenta la buena voluntad de Carranza [49].

Como contrapunto de estas voces amigas hay que decir algo de sombras enemigas, que actuaban al amparo de Valdés y de la inquisición. Hemos mencionado anteriormente a Melchor Cano. Llamado por Valdés, así como Domingo de Soto, para preparar la calificación teológica del *Catecismo*, ambos recibieron sendas cartas de Carranza, leídas por Ximénez, en las que significándoles la «pasión y odio» con que actuaba Valdés, les representaba su responsabilidad en colaborar con éste. Ambos respondieron defendiéndose; lejos de servirle de algo esta intervención, se convertiría en un cargo más contra Carranza, al llegar a conocimiento de Valdés [50]. La hostilidad de Cano arreció al ser privado del provincialato, mediante gestión hecha por Carranza ante el general de la orden a petición de «padres graves» de la provincia. «Cano se quejaba a muchas personas de ello»; y de la queja pasó a mayor animosidad. Ximénez había leído la carta que escribiera a Carranza su amigo, el dominico fray Ambrosio de Salazar: en ella le confiaba que Cano en persona le había dicho que «porque el arzobispo de Toledo no había querido escrebir a su favor al general de su orden ni al papa, había mirado el libro del dicho arzobispo con mucha curiosidad y atención» [51]. La privación del provincialato, según Ximénez, vino del general a Carranza, y éste encargó su ejecución al vicario, fray Pedro de Soto. Cano partió a continuación para Flandes y Roma, sin recatarse en decir que iba contra el arzobispo de Toledo [52]. Designado como provincial con el apoyo de Carranza fray Alonso de Hontiveros, la facción canista dominó el capítulo de Plasencia y reeligió de nuevo a Cano. Los que «eran y al presente lo son muy íntimos amigos del maestro Cano, consiguieron privar del provincialato a Hontiveros y erigir a Cano; la intervención de Carranza les hizo quedar «muy desabridos y, como íntimos amigos del dicho maestro Cano, muy enemigos del dicho arzobispo de Toledo, y así lo mostraban en sus hablas todas las veces que se ofrecía hablar de este negocio» [53].

Otra personalidad que actúa contra Carranza, aunque envuelto en penumbra es el franciscano fray Bernardo de Fresneda, confesor de Felipe II. Ciñéndonos por ahora a lo que nos diga de él fray Diego Ximénez, hay que señalar que escribió una carta, desde Francia o Roma, a fray Pedro de Soto, «en favor del maestro Cano y en perjuicio del arzobispo de Toledo» [54]. No faltó alguna denuncia directa de Fresneda contra Carranza, que figura en los tomos de cargos [55]; pero hay otras acciones más feas e insidiosas, de las que tuvo noticia directa Ximénez. El capellán real Delgado, notorio y confeso amigo de Fresneda, a quien debía su capellanía, según personas que convivieron con él en Flandes y lo conocían bien, había estado en el palacio del cardenal Pole, en Inglaterra, «a ruego del dicho confesor Fresneda, para que *espiase* lo que hablaban el dicho Cardenal y el arzobispo de Toledo». Delgado

49. DH III, 159. Esto ocurría en otoño de 1558.
50. DH I, 24, 91. Ximénez conoció tales cartas y respuestas.
51. DH III, 495. Entre los *padres graves* se contaba fray Domingo de Soto, quien escribió una dramática carta a Carranza incitándole a intervenir en el asunto. La publica V. Beltrán de Heredia, *Domingo de Soto. Estudio biográfico documentado*, Madrid 1961, 675-685.
52. DH III, 495.
53. DH III, 496. Otros dominicos tachados no tuvieron intervención importante en el proceso; alguna la tuvo fray Luis de la Cruz: cf. 498, y fray Domingo Cuevas.
54. DH III, 493.
55. DH II, 560-564, 883-884.

confesó expresamente al mismo Ximénez que «no había visto cosa ninguna que le escandalizase y que así lo dijo muchas veces al dicho confesor». Esto que podría interpretarse como excusa del vil oficio ejercido ante un criado fiel de Carranza, no es sino la prolusión de un desenlace amargo e inesperado para el espía; por confesión de Delgado, Ximénez supo que Fresneda, «porque no le decía que el dicho cardenal [Pole] y el arzobispo de Toledo (que entonces era fray Bartolomé de Miranda), trataban cosas malas y de herejía, le mostró mal rostro y no le hizo más amistad. Y suplicándolo el dicho Delgado al dicho confesor que le trujiese en su compañía a España, no lo hizo; y decía que todo había sido por la causa que tiene dicha» [56].

Más allá de la animosidad personal, Carranza considera a Fresneda como el responsable de la aversión al arzobispo suscitada entre los franciscanos. Ximénez parece ratificar esta suposición, remitiéndose a personas que habían tratado con los hijos de San Francisco, a quienes habían «oído muchas palabras feas en desacato del arzobispo de Toledo, como a hombres que le querían mal» [57]. La tensión pudo adquirir mayor virulencia a raíz de un suceso, en el que Ximénez fue parte principal, por lo que su declaración es particularmente autorizada. Guarda relación con la apología escrita por fray Miguel de Medina contra Domingo de Soto. Ximénez confiesa que «vio el libro... y por hallar en él muchas herejías y errores luteranos, avisó de ello al vicario de Alcalá... el cual recogió los libros que había escrito el dicho fray Miguel de Medina. Y después que el arzobispo de Toledo vino a España y fue informado de las herejías y errores del dicho libro, mandó que se fuese adelante con lo hecho (que es que no se dejasen vender los libros y que se recogiesen): lo cual los frailes de la orden de San Francisco sintieron mucho e hicieron grandes diligencias para que no pasasen adelante. Por lo cual cree este testigo que estarán indignados y que desearán hacer mala obra al arzobispo de Toledo» [58].

De todo este mundo hostil, con sus diversas gamas y matices, y sobre todo con sus distintas posibilidades de ataque eficaz, era sin duda el de la máquina inquisitorial, con Valdés al frente, el más temible y realmente amenazador. Contaba con autorización pontificia genérica para procesar a obispos y con la apoyatura de censuras teológicas adversas, a Carranza, firmadas por prestigiosos teólogos como Domingo de Soto y Melchor Cano. Era inútil intentar contrapesar tales dictámenes introduciendo en el seno de la inquisición los numerosos y no menos prestigiosos que habían aprobado el *Catecismo*. El asunto había tomado ya un sesgo jurídico y sólo en él cabía forjarse alguna esperanza. Acaso por desenmascarar la intención oculta que latía en la consecución del breve pontificio, Carranza intentó un recurso, por medio de su agente en Roma, que al menos evidenciase la entraña de todo. Ximénez sabía que el arzobispo había escrito una carta a Roma —no acierta a precisar si al mismo papa o al licenciado Céspedes—, en la que manifestaba que «no quería que se revocase el breve que se había dado para inquirir contra los obispos, sino que se *diese otro particularmente contra él*, para que se averigüase la verdad de su inocencia. Y que esto decía a muchas personas que le avisaban, así por cartas como por de palabra, que trataban de prenderle» [59]. Con ello quedaría patente el blanco concreto al que apuntaba el breve obtenido de forma genérica. No conozco el texto de esta carta; ciertamente no alteró el curso de los acontecimientos. Simultáneamente Carranza acudió en busca de amparo al rey Felipe II en la primavera de

56. DH III, 497-498. Acaso el móvil secreto de la aversión de Fresneda era su despecho por no ser arzobispo de Toledo: cf. 504, 509, 512, 516.
57. DH III, 475, 494.
58. DH III, 475, 494-495. Este incidente es estudiado por V. Beltrán de Heredia, *o. c.*, 433 ss.
59. DH III, 88.

1559, quien desde Flandes le dio seguridad, insinuándole que no acudiese a nadie fuera de su persona: lo que significaba poner reparos a sus eventuales gestiones ante el romano pontífice. Con esta seguridad, que resultó fallida, a Carranza sólo le quedaba esperar, con sumisión fatal, el correr de los días y los meses angustiosos, y no ciertamente en la inconsciencia o ignorancia.

Mientras la inquisición se encastillaba en el silencio ante todas las súplicas de Carranza con el socorrido pretexto del secreto mantenido en sus negocios, era del dominio público, no sólo que iban a juzgar a Carranza, sino que lo iban a *prender*. El rumor se hacía cada vez más insistente y divulgado a medida que nos acercamos al día en que se convirtió en realidad. El inseparable compañero de estas últimas semanas, registra el rumor in crescendo y, lo que vale infinitamente más, el estado de ánimo de Carranza en tal situación; a propósito de los que de palabra y por carta avisaban al arzobispo que «trataban de prenderle», añade: «porque se decía muy público en todo el lugar y se espantaban del dicho reverendísimo, y así le decían muchos a este testigo [fray Diego Ximénez] cómo no hacía ninguna diligencia contra esta fama que tan pública era. Pero siempre vio este testigo al dicho reverendísimo muy seguro e jamás dejó le hacer las cosas que tocaban a la buena gobernación de su arzobispado, aunque, como dicho tiene, le daban mucha turbación y por muchas partes, diciendo que le querían prender». El mismo Ximénez fue testigo único de un diálogo dramático por estas fechas: —«Señor, si hay algo en este negocio, V. S.ª lo declare para que se ponga remedio en ello»; a lo que respondió el arzobispo «con juramento, que ninguna cosa había que le remordiese la conciencia y que antes deseaba que se tratase este negocio con rigor para que se averigüase la verdad» [60].

Los temores y rumores se materializaron la víspera del día fatal, sin engaño y ni escape posible. Ximénez evoca aquellas horas con la fuerza de quien las ha vivido intensamente: efectivamente Carranza «fue avisado el día antes». Fue fray Juan de la Peña quien se presentó alarmado ante Carranza y Ximénez —y cree éste que estaba también fray Pedro de Soto—; ya para entonces habían llegado cartas de Valladolid, avisando de la salida de los inquisidores de la corte para el triste cometido. Llegaba la hora increíble. El relato de fray Diego es conciso, pero expresivo: «Señor —dijo fray Juan de la Peña al arzobispo— aquí me dicen que está el alguacil del Santo Oficio, e sélo porque un criado nuestro topó a un criado del dicho alguacil y le dijo cómo estaba aquí. E que, al parescer de este testigo, *no se turbó el arzobispo*, e a los que allí estaban les paresció que debía venir a *otra cosa*, e así no se habló más en ello» [61].

La esperanza es ciega y se resiste a reconocer lo que está ante sus ojos. Don Rodrigo de Castro y don Diego Ramírez con corchetes alquilados, que eran vasallos de Carranza, señor temporal de Alcalá, no fueron a *otra cosa que* a prender al arzobispo mientras realizaba su visita pastoral y se proponía ir a Valladolid [62]. Todas las esperanzas se venían abajo ante la cruda realidad: concluía la vida pública del arzobispo, se cerraban unos meses dominados por la angustia y la incertidumbre y se abría la penosa etapa de sus diecisiete años de prisión y proceso. A los ojos de Ximénez, que se vería violentamente apartado de su señor y amigo, existe un responsable principal: el inquisidor Valdés. Al juicio conclusivo con que cerrábamos la primera parte, referente a Carranza, corresponde aquí otro juicio global sobre

60. DH III, 88-89.
61. DH III, 88.
62. DH I, 90.

Valdés, en el que repite datos ya conocidos y añade nuevos, envueltos todos en una acusación un tanto refrenada: la de apasionamiento temperamental, y la de pasión específica contra Carranza.

Comúnmente el dicho señor arzobispo de Sevilla es tenido por apasionado. Y preguntado en particular entre qué personas, dijo que entre muchas de mucha calidad, cuyos nombres no se acuerda: aunque se acuerda que dan por razón de esto, haber mandado Su Majestad que S. S.ª Rma. del dicho señor arzobispo de Sevilla no entendiese en los negocios del Consejo Real, como es notorio, y esto, por ser el oficio más preeminente del reino, no se suele mandar si no es por semejantes cosas.

Y este testigo cree que particularmente el dicho señor arzobispo de Sevilla es apasionado contra el arzobispo de Toledo, por muchos agravios y notas que ha dado a su persona:

Lo primero, porque, cuando el arzobispo de Toledo vino a esta villa [Valladolid] de Flandes, no le visitó, hasta tanto que se murmuró aquí mucho de ello por muchas personas que lo supieron, de cuyos nombres no se acuerda. Y siendo el dicho arzobispo de Sevilla del Consejo de Estado, ninguna vez que el arzobispo de Toledo fue allá se halló él porque siempre este testigo acompañó al dicho arzobispo de Toledo y estuvo allí y nunca vio al dicho arzobispo de Sevilla.

Lo segundo, porque el señor arzobispo de Sevilla no dio el libro del dicho arzobispo de Toledo a examinar a personas muy letradas. Porque, siendo tal la calidad de la persona y del libro, que se había de dar a personas tales y letrados famosos, no se hizo ansí: porque, entendiendo el arzobispo de Toledo que los señores del Santo Oficio tenían escrúpulo del libro, aunque él lo tenía por muy católico y no sentía cosa mala dél según este testigo se lo oyó decir al dicho arzobispo de Toledo, no confiándose en su parescer, rogó a muchos letrados, los más famosos del reino, a quien Su Majestad había dado prelacías en su reino, como son el arzobispo de Granada, obispo de León, obispo de Oviedo, obispo de Almería, obispo de Orense y otros doctores que son el Doctor Delgado, canónigo de Toledo, el doctor Torres, catredático en Sigüenza, Maestro Mancio, catredático en Alcalá y a otros muchos doctores catredáticos en la dicha Universidad, y a muchos Maestros y Presentados en la Orden de Sto. Domingo, que, por ser muchos, este testigo no los nombra, que le viesen y examinasen y diesen sobre él su parescer y le avisasen si había algo en él que no fuese católico, para enmendallo y corregillo. Y entonces se entendió que todos estos susodichos no habían dado parecer en el dicho libro a instancia de los dichos señores del Santo Oficio, siendo ansí que mucho antes desto lo habían dado a los dichos Maestros Cano y fray Domingo y otros que dieron parecer en el dicho libro. Y aunque este testigo tiene por famosos letrados al Maestro Cano y al dicho fray Domingo de Soto, por ser el dicho Maestro Cano no aficionado ni amigo del dicho libro; y porque entramos, según han dicho a este testigo personas religiosas de San Pablo, que el señor arzobispo de Sevilla en tanto que estaban examinando el dicho libro, los regalaba, convidándoles muchas veces a su casa y enviándoles a San Pablo cosas de regalos de comer. Y esto le dijo fray Francisco de Tordesillas y fray Francisco Ramírez, los cuales le dijeron que habían visto muchas de estas cosas y otras las habían oído decir que pasaron ansí.

Tras explicar a los inquisidores que él había visto las cartas, muchas de ellas autógrafas, que escribió Carranza a prelados y teólogos pidiéndoles su voto y así mismo los pareceres que éstos le enviaron, fray Diego Ximénez aduce otros dos hechos que, a su juicio, demuestran la pasión de Valdés contra Carranza:

Lo otro, porque el modo de la presión fue con mucho exceso: porque, no siendo llamado por el Santo Oficio, sino por sola una cédula de la Princesa, en la cual no decía que viniese para negocios del Santo Oficio —porque este testigo la leyó toda, y luego que la vio, mandó aparejar su partida y desde a ocho o nueve días partió de Alcalá camino derecho de Valladolid sin torcer a ninguna parte, yendo por sus jornadas—, en Tordelaguna, lugar principal de su arzobispado que está en el camino de Valladolid a Alcalá, le prendió por mandado del Santo Oficio D. Rodrigo de Castro y D. Diego Ramírez, inquisidor de Toledo, trayendo para la dicha prisión los vasallos del dicho arzobispado con que lo prendieron y trujeron preso a Valladolid. Lo cual todo sabe porque estaba en compañía del dicho arzobispo de Toledo y lo vio, y todos los que en esto hablan, tienen esto por agravio porque se pudiera hacer sin nota tanta del dicho arzobispo.

Lo último, porque puede haber quince o veinte días que es público y notorio que mandaron vender el señor arzobispo de Sevilla —según lo oyó decir que ello había mandado a los que tenían las dichas acémilas y otras bestias— en lugar adonde se venden los bienes confiscados, que es la plaza mayor junto a San Francisco, las dichas acémilas y otras bestias a quien más diese por ellas; y aunque se pudiera hacer de derecho, por el escándalo y grandísima nota que se dio en ello se presume que no tiene buena voluntad el arzobispo de Sevilla al de Toledo [63].

63. Todo este amplio texto, en DH I, 86-90.

Bajo el eufemismo de una presunción y con esa última pincelada de la venta en subasta de las acémilas de Carranza en la plaza mayor de Toledo, cruel humillación innecesaria, concluye su terrible alegato fray Diego Ximénez, el hombre que vivió con mayor intensidad y dramatismo la tragedia del arzobispo. Actor y espectador de la misma, aparece extraordinariamente informado de todos sus entresijos. En la mayoría de los puntos sus afirmaciones se encuentran respaldadas por otros testigos, cuyas declaraciones omitimos. Es un extremo de importancia suma para calibrar lo que era sencillamente verdad, o lo que podía poner el afecto ciego. Fray Diego aduce hechos indiscutibles y se adentra en el mundo de las intenciones personales de muchos protagonistas de este drama. Posiblemente no dice toda la verdad. No olvidemos que su alegato hay que encuadrarlo en el marco de una declaración inquisitorial y que era nada menos que el inquisidor general el blanco de sus ataques. Fray Diego es el primer testigo que comparece ante el árbitro Juan de Isunza, el 3 de noviembre de 1559. Todo en el ambiente le impulsaba al temor y a la cautela, a poner freno a su alma dolorida. También había de mostrarse atento a las implicaciones adversas a Carranza que pudieran derivarse de sus palabras, aunque la designación de un juez árbitro garantizaba algún tanto la libertad de los testigos. Y digo algún tanto, porque, a pesar de todo, la vigilancia próxima de los inquisidores no hacía concebir demasiadas ilusiones de independencia.

El mismo día en que se disponía a declarar fray Diego, el fiscal licenciado Camino recusaba a todos los testigos invocados por Carranza, como amigos y favorecedores del arzobispo y reclamaba que no fuesen admitidos a declarar, sin que antes respondiese Carranza a las tachas que les iba a oponer a todos ellos: de hacerle caso no hubiera quedado un solo testigo hábil, ya que en lista inacabable recusa al conde de Benavente, al almirante de Castilla, al abad de Valladolid, al obispo de Orense, a Gutierre López de Padilla y don Antonio de Toledo, a San Francisco de Borja, Bartolomé de Las Casas, doctores complutenses, e innumerables dominicos como Pedro y Domingo de Soto, Peña, Sotomayor, Hontiveros, etc. Juan de Isunza recibió la petición, pero ese mismo día recibió la declaración de Ximénez. Al día siguiente, el fiscal formulaba nueva queja, por agravio: Ximénez era criado y apasionado, discípulo y compañero de Carranza, regía su casa y ha negociado en la causa como en cosa propia y «le va mucho interese y honra en ella». De haberlo examinado se sigue «gran daño y perjuicio» y más si se admiten los demás testigos. El fiscal declara nulo lo hecho y apela al papa. Los árbitros recibieron la petición y se reservaron el derecho de proceder sobre ella más tarde, prosiguiendo la citación de los testigos durante dos meses [64].

En enero de 1560 el fiscal volvió de nuevo sobre su demanda [65] y pudo dar más cuerpo a las tachas puestas a Ximénez: «Fray Diego Ximénez es fraile de su Orden e su apasionado, criado e discípulo e compañero del dicho arzobispo de Toledo de antes que fuese arzobispo; e que agora, al tiempo de su presión, regía y gobernaba la casa y estado del dicho arzobispo, y no lo dice ni manifiesta en su dicho, antes dice que no tiene afección a la causa; y consta de lo contrario, porque es *el que más principalmente* en España ha solicitado este negocio y, después de preso el arzobispo de Toledo, se fue a Valladolid adonde estaba la Corte, e agora es venido aquí a la Corte a seguir esta causa y se ha juntado con el Lic. Céspedes, agente del dicho arzobispo de Toledo. E ansí mismo le va interese en la dicha causa, porque tiene rescibidos de la hacienda del dicho arzobispo de Toledo seis mil ducados,

64. DH I, 29-37.
65. DH I, 60-61.

poco más o menos, de los cuales, aunque se le han pedido descargo, no se descarga ni da cuenta de ellos»[66].

Carranza, aislado y ajeno al curso que seguía el proceso de recusación, hubo de responder a esta última acusación del fiscal contra los testigos. En lo que toca a Ximénez, da cuenta de tres cosas: reconoce a Ximénez como su compañero; alega ignorancia sobre las gestiones que pueda hacer por su causa después de la prisión. En punto a dineros, niega que recibiera *seis mil* ducados; de los que pudo recibir, estando viviendo con él, dice que serían por orden suya propia y «eran para hacer algunas buenas obras que Su S.ª le mandó hacer, y que de éstos no tiene por qué dar descargo ni cuenta a nadie, ni la debe dar sino a Dios y a Su Señoría»[67].

III. Dineros y cartas de fray Diego Ximénez

Llegados a este punto, es preciso dar un giro nuevo a nuestro trabajo. Hasta el momento presente hemos visto a fray Diego, apoyado en sus recuerdos y vivencias, defender el nombre de su amo, y acusar a sus enemigos. Escarbando en su memoria, podía aportar innumerables datos de interés, relacionados en su mayor parte con su experiencia personal. Todo esto lo expuso en sus declaraciones. Declaró en la recusación contra el inquisidor Valdés el 3 de noviembre de 1559, y respondió a los interrogatorios de abonos, tachas e indirectas los días 6, 7 y 8 de octubre de 1562 respectivamente[68]. Su primera actuación (1559) tan decidida en favor de Carranza y tan adversa al inquisidor general, rompió el fuego y abrió la recusación de Valdés. Tal decisión comprometía seriamente su propia persona y le acarreó consecuencias inesperadas. De acusador pasaba a acusado: concretamente tenía que responder al capítulo con que cerrábamos la parte anterior. ¿Recibió una fuerte suma de dinero del arzobispo y —lo que se sobrentiende— lo empleó en favor de la causa del mismo? En su ardoroso trabajo por amparar a su amo y amigo, en que tanto se afanó, «el que más principalmente en España», ¿cuáles fueron exactamente los pasos que pudo dar? Probablemente nunca podremos conocer toda la verdad, clara y lisa; pero sí podemos añadir importantes complementos gracias al proceso a que se vio sobremetido el propio fray Diego, oculto hasta hoy entre los fondos del Archivo Histórico Nacional[69]. Ximénez tuvo que refrescar de nuevo sus recuerdos, pero esta vez ante documentos concretos con los que tenía que ver: libranzas y cartas.

La insatisfacción del fiscal respecto al descargo de Ximénez, ya anotado, acerca de dineros recibidos, tomaba nuevo cuerpo ante números muy precisos. No sabemos cómo pudieron llegar a conocimiento de la inquisición. Los cargos se referían a cantidades concretas percibidas por fray Diego Ximénez en 1558 y 1559 de las rentas del arzobispo. Eran en conjunto cerca de 6.000 ducados, o su equivalente en maravedís 2.226.731. Cantidad tan importante procedía de pagos hechos por el mayordomo de Ocaña (Hernando de Frías), por el de Calatrava (Rodrigo de Martibáñez), por el de Alcaraz (Miguel de Santamaría), por el del partido de Alcalá (Damián de Pinto), etc. También aparecen otras entregas hechas por el citado Damián de Pinto, por Alonso de Montalvo, receptor del partido de Toledo, y por el tesorero del arzobispo, Alonso de Herrera. Las fechas de entrega van desde el 15 de

66. DH I, 329.
67. DH I, 336.
68. DH I, 83 y III 83, 349, 493.
69. *Inquisición,* 2.105, n. 15. Lo publicamos íntegramente en apéndice y a él nos referimos continuamente en las páginas siguientes mientras no se diga lo contrario.

noviembre de 1558 —Carranza entró en Toledo el 13— hasta el 2 de agosto de 1559, esto es, tres semanas antes de la prisión del arzobispo.

El 9 de enero de 1560 comparecía fray Diego Ximénez ante los inquisidores Ramírez y Briceño y se le presentaba el detallado pliego de partidas recibidas de las que tenía que dar cuenta. Sus descargos tuvieron lugar el mismo día 9, el 10 y el 16 de enero. Ante tales cargos, respaldados la mayoría de ellos por cartas de pago, fray Diego no pudo menos de admitirlos. Sin embargo, insistió en dos puntos: no tenía dinero alguno en su poder, y lo gastaba a discreción en limosnas y obras de acuerdo con el arzobispo: «De todos los dichos dineros, por las Ordenes que recibió como sacerdote, poniendo la mano en su pecho, dijo que no tenía ningunos en su poder ni en el ajeno muchos meses ha, sino que se gastaron en cosas que Su Señoría del dicho Rmo. señor arzobispo de Toledo mandó; que se los daba y mandaba dar por no le pedir cuenta dellos, porque muchos dellos eran para limosnas y para cosas que tocaban a su conciencia que no quería que nadie supiese lo que se haría dello, y que para dar cuenta desto no tiene más que decir».

Insatisfechos los inquisidores con la respuesta, apuntaron a hechos que a su juicio pudieran tener relación con el gasto del dinero: el viaje a Roma del canónigo de Toledo Pedro Manrique, camarero mayor de Carranza y muy favorable a él en las declaraciones que hizo en el proceso [70]. Fray Diego respondió que Manrique había ido a Roma para asuntos de su canongía, y a preguntas más directas repuso, que no llevaba despacho alguno tocante a la causa de Carranza y menos aún dineros, «porque había muchos días antes que el dicho don Pedro se partiese que este testigo no tenía blanca, como tiene dicho». Al día siguiente, 10 de enero, la fueron presentadas diversas libranzas de sumas entregadas que importaban fuertes sumas de maravedís. En algunos casos, dio cuenta de su destino: pasaron al arca del arzobispo, pagó algunas pensiones o préstamos, entregó a agentes del arzobispo, la mayoría fue para limosnas y obras, etc... Sin embargo, en línea de principio, se negaba rotundamente a dar cuenta de ello a otro que a su señor. Lo que parece un retruécano defensivo, pudiera muy bien ser verdad, ya que concuerda con el desprendimiento y la actividad limosnera de Carranza, quien repetía frecuentemente que lo único suyo era el hábito que llevaba y el resto había de ser para los pobres [71]. Las excusas y negativas de fray Diego para dar explicaciones ante quien no tenía el menor derecho a pedírselas, revelan su extraordinaria intimidad con el arzobispo y la caridad de éste; así dirá de los tan traídos y llevados dineros que «no los recibió para dar cuenta de ellos, no anotaba en qué los gastaba ni hacía memoria dellos, por ser gastos muchos dellos menudos y en otros en obras pías». Respecto a la administración liberal de Carranza, nos dice que los mayordomos entregaban el dinero a fray Diego antes de hacerse las libranzas y que éstas las hacía el contador para seguridad de los mayordomos a nombre de fray Diego, y ni las echaban de ver el arzobispo o su fiel servidor. Su descuido, aparentemente incomprensible, se debía a su estrecha relación con el arzobispo: éste le había dicho que *«entre él y*

70. El canónigo don Pedro Manrique declara repetidas veces en el proceso y se muestra favorable a Carranza. Cf. DH III, 135-142 y 528-530. Una de sus declaraciones ilumina este asunto de forma inesperada. Aludiendo al conocimiento que tenía Carranza de su prisión inmediata, confiesa que «trayéndole la noche antes que le prendiesen un libramiento de cantidad de dineros hecho de parte de algunos servidores suyos a fin de que hobiese con qué defender su justicia, no le quiso firmar ni usar de otro medio humano más que su limpieza, de que él tenía gran satisfacción». ¿Sería el propio fray Diego quien intentó esta prevención?

71. Esta frase, que debía ser frecuente en labios de Carranza; la atestigua entre otros el canónigo don Rodrigo de Mendoza, DH III, 121.

este testigo no había de haber cosa partida: que gastase como de hacienda propia. Y que, como sabía su voluntad, no hacía memoria en qué lo gastaba, si no era de palabra deste testigo al arzobispo; y así le hacía en muchos tiempos muchas libranzas comunicadas a voluntad». Había una libranza de 3.000 ducados, recibidos por fray Diego el 3 de agosto de 1559, menos de veinte días antes de la prisión. La misma libranza decía que eran para obras pías que habían platicado entre fray Diego y el arzobispo. ¿Era posible que hubiese repartido semejante cantidad antes de la prisión del arzobispo o acaso retenía algún dinero todavía? Fray Diego se encerró en sus negativas: los había gastado en lo que decía la libranza, esto es, en obras pías tocantes a la conciencia del arzobispo, «que no quería que se diese cuenta de ellas»; lo repartió conforme a sus órdenes y antes de su prisión, «eran cosas comunicadas de su conciencia que sabía él a quién las había de dar y cómo las había de repartir» [72]. Y juró solemnemente que de cuantos dineros había recibido, no tenía un maravedí en su poder el día que prendieron al arzobispo. Más aún, recordó al inquisidor Ramírez, que intervino en la prisión, que le había pedido a él y a don Rodrigo de Castro alguna ayuda económica para salir de Torrelaguna. Aún precisó el destino de algunas partidas menudas: ayuda a un estudiante pariente del arzobispo, pago de unos reposteros que se hicieron en Salamanca, etc.

Agotada la curiosidad de los inquisidores ante la resistencia de fray Diego, derivaron las preguntas hacia otros derroteros. Según las preguntas, fray Diego vino a Toledo, llamado por el licenciado Céspedes, agente de Carranza en Roma. Por la respuesta del dominico sabemos que el licenciado trajo unos pareceres de letrados particulares de Roma acerca de la prisión del arzobispo, que, según él, los había comunicado al santo oficio y al consejo de la general inquisición. De su contenido nos dirá que afirmaban que no se habían observado, para la prisión del arzobispo, las normas indicadas en el Breve de Paulo IV, y que además su vigencia había expirado con la muerte del papa, justamente tres días antes de la prisión. Otra noticia importantísima comunicó Céspedes a fray Diego: quería informarse del rey si era verdad lo que decían en Roma los que negociaban contra Carranza: «que el rey estaba muy indignado del dicho arzobispo de Toledo porque había conjurado contra el rey y favoresciendo al rey de Bohemia». La noticia insólita presta al proceso, en la mente de los que la aireaban, un matiz político poco conocido, desde luego no probado y fuertemente improbable. Merecía ser consignada, para embrollar más esta complicada causa.

Los inquisidores quisieron saber más de las andanzas de fray Diego por Toledo. Según confesión propia, vino de mala gana y aun quiso volverse del camino; no lo hizo por no dejar avergonzado a Céspedes. Por lo demás no estuvo ocioso en Toledo: habló con muchas personas, religiosas y seglares, de la causa del arzobispo, y particularmente con el almirante de Castilla y con don Antonio de Toledo; «más les fue a hablar por visitarlos que por otra cosa alguna». El interrogatorio concluye: fray Diego declara que pensaba estar pocos días en Toledo y marcharse a Salamanca. Se le ordenó que comunicase al inquisidor su decisión de salida.

Pocos días más tarde era otra vez llamado por los inquisidores para pedirle nuevamente razón de las partidas que tenía reconocidas. Fray Diego se negó rotundamente a ello y alegó que «no le encargó de estos dineros para dar cuenta dellos ni pensaba dalla a nadie; ni la diera tan en particular como la ha dado, si no fuera

72. En confirmación de las prácticas limosneras de Carranza se podría aducir el testimonio de su servidor, el clérigo Bernardino Bravo: «muchas veces dio limosnas el dicho arzobispo e muchas de ellas pasaron por mano de este testigo»: DH III, 69-70.

por el respeto que tenía al Santo Oficio que se quería informar de él». Alguna particularidad añadió, de poca monta; pero al ser interrogado de nuevo y con rigor sobre el destino de los 3.000 ducados recibidos en las últimas semanas de libertad del arzobispo, su respuesta fue una vez más clara y terminante: «por tener cargo de la conciencia del arzobispo, no puede ni debe declarar muchas cosas de las que se le preguntan»; no recibió ninguna suma para dar cuenta de ella, «era ésta la voluntad del dicho señor arzobispo». Los inquisidores no se dieron por satisfechos y afirmaron su derecho a saber estos extremos. Por ello le mandaron bajo pena de excomunión que no saliese de la ciudad sin cumplir este requisito. Fray Diego insistió en que no tenía más que decir, aunque «piense en ello muchos años»; y protestó del agravio que se le hacía, tanto porque no tenía obligación alguna de dar cuenta, como porque, de no ser por herejía, los privilegios de su orden le hacían exento de cualquier justicia. Se atrevió a suplicar que se revocase el mandato dado de no salir de la ciudad, pero los inquisidores ratificaron lo mandado, con apercibimiento de que, si lo quebrantaba «se procedería contra él como persona que no obedesce los mandatos del Santo Oficio».

Transcurren varios meses hasta que fray Diego comparece ante el inquisidor Diego Ramírez: era el 11 de mayo de 1560. La pregunta protocolaria sobre la rendición de cuentas, recibió la consabida respuesta, con un aditamento: «que lo pregunten esto al arzobispo; que él dirá cómo no le daban los dineros para que diese cuenta de ellos en particular ni en general al dicho señor arzobispo ni a nadie, sino porque los gastase en lo que comunicaba su conciencia con éste que declara».

Cerradas todas las pistas deseables para los inquisidores, quisieron abrir un portillo en sus pesquisas, de tipo personal; y así dijeron a fray Diego que tenían noticia de que él tenía dineros y que «gasta con algunas gentes sustentándose muy bien». De creer a fray Diego, la suposición era completamente gratuita. Repitió que no poseía blanca de los dineros del arzobispo y que no gastó de ellos «en provecho suyo agora ni nunca cosa alguna si no fue agora ha un año un sayo y saya y algunos escapularios que hizo había más de un año, y un mozo que tiene que le sustentan en San Pedro Mártir [convento de Toledo], y éste que declara come en el convento con los otros frailes a costa del convento; y que para algunos otros gastos que como guéspedes suelen tener los frailes, le han proveído sus hermanos de dineros, que tienen bien con que podello hacer». En vista de ello se le levantó la prohibición de salir de Toledo; sólo se le pidió que si saliese de la ciudad, lo notificase al inquisidor y le dijese adónde iba, para poderle de nuevo interrogar sobre los dineros, ya que el descargo que había dado «no se tiene por suficiente».

Mientras parecían apaciguarse las cosas, tenía lugar un hecho nuevo del que se quejaría fray Diego inmediatamente ante los inquisidores, compareciendo el mismo día ante ellos. Mientras él había estado declarando ante los inquisidores, un alguacil de la inquisición había descerrajado su celda conventual en San Pedro Mártir y le había revisado sus cosas y dineros. Obraban en su poder cerca de cien ducados que se los había proporcionado su hermano Juan Ruiz de Velasco, vecino de Sanlúcar de Barrameda; se había apoderado de ellos el citado alguacil. Fray Diego protestaba de la violencia y del escándalo producido y pedía se le devolviesen sus ducados. Los inquisidores se limitaron a decir que proveerían justicia. No sabemos en qué pararon las reclamaciones del dominico.

Varios meses más tarde aparece todavía fray Diego ante los inquisidores. Por su declaración sabemos que había salido de Toledo y había estado en Madrid y Salamanca, volviendo a la ciudad imperial por visitar a fray Melchor Cano, fallecido hacía poco, justamente el 30 de septiembre y en el convento de San Pedro, donde solía morar fray Diego. No sabemos si de hecho llegó a ver con vida a Cano, y menos si llegaron a hablar de la causa del arzobispo, frente al que sostenían posiciones tan contrarias. Esta vez fray Diego tenía que responder de cargos indeclinables. Varias cartas suyas habían caído en poder de los inquisidores. Hoy resultan piezas históricas de sumo interés para el investigador; entonces eran documentos comprometedores para fray Diego. Las cartas figuran unidas al expediente que venimos comentando. Por conveniencias de método iremos dando su texto y las aclaraciones sobre las mismas que hiciera fray Diego ante los inquisidores. La primera iba dirigida al dominico fray Tomás Manrique, maestro del Sacro Palacio, a quien interesó fray Diego en favor del arzobispo. Estaba escrita algunos días después de la prisión de Carranza. Subrayamos en su texto aquellos párrafos sobre los que se centró el interrogatorio.

Fray Diego Ximénez a fray Tomás Manrique

Muy Reverendo Padre nuestro: Cuando las cartas de V. p. llegaron a España, era hecho el mal y prisión del arzobispo, y por eso respondo yo a ellas agradeciendo en su nombre la voluntad y ofrecimientos que en ellas venían, y a lo que yo entendí de la de Su S.ª todo esto se le debe a la confianza que tiene en v. p.; y como a patrón de esto escribiré el estado de estos negocios, para que como a fraile y como a prelado lo favorezca, y trate con Su Santidad que *su justicia y inocencia no padezca por falsas informaciones y voluntades* muy desaficionadas de jueces, de donde ha nacido *persuadirse con más facilidad* que lo pedía la cualidad de semejante negocio, como se va entendido cada día y los mesmos dan muestra, que estuviera mejor por hacer tan gran ruido; pero, ya que es hecho, paréceles que es menos inconveniente que padezca uno que no hacer sospechosa su autoridad y oficio; y v. p. crea que éste *es el mayor mal y la mayor herejía* que contra el arzobispo hay y lo que le hará mayor daño, a lo menos para dilatar el negocio por muchos días. Que si no fuera por este inconveniente, caso fuera muy claro y que en breves horas se manifestara su disculpa, porque *todo el fundamento para en el libro* y no hay otra razón de su prisión sino haber *ciertos teólogos que dicen hay en él más de cien herejías*; y como los jueces saben poco de este menester, aunque se las hagan de cera, no podrán juzgar si son falsas o no; y esto, pues v. p. ha visto el libro y dicho lo que de él le parece, bien fácilmente se persuadirá, que la culpa no es muy grave ni digna de tanto rigor, principalmente que hay acá del mesmo parecer de v. p. y de aprobación del libro cinco obispos, muy grandes teólogos, que son arzobispo de Granada, obispos de León, de Oviedo, de Orense, de Almería y todos los Maestros y Presentados de nuestra Orden, fuera de los que v. p. sabe, y seglares, los mejores teólogos y de más nombre de España y de la Universidad de Alcalá. Y el *obispo de León, que es el doctor Cuesta, de Alcalá, ha hablado a los del Consejo del Sto. Oficio, que lo enviaron a llamar sobre ello y les ha dicho que si el arzobispo hubiera en algún tiempo faltado en la fe o le acusasen de herejías, que con el libro se podría defender y hacer demostración que es católico y cristiano*: *que no les hizo poca confusión* [73].

Torno a decir a v. p. que el mal que hay contra el arzobispo es la censura que algunos han dado del libro, y estos señores, persuadidos con ellas y no siendo servidos de admitir otras que sabían se habían dado de tan buenos letrados y de mejor nombre que muchos de los otros, y teniendo creído que el arzobispo había de defender su libro, les pareció lo tenían convencido de hereje (que bastaba para prendelle y quemalle). Y esto es manifiesto, porque ni ellos dan otra razón de su prisión, ni la saben dar otros que están persuadidos de los mesmos, que *son los de la Casa del Rey*, a quien deseaban ganar la boca. Y los que hasta aquí decían que lo condenaban, que *eran los herejes, sábese de ellos que no dijeron nada* y el primer día de este més los quemaron y fray Domingo de Rojas, que es uno de ellos dejó firmado de su nombre que el arzobispo había siempre enseñado

73. Los censores aludidos son don Pedro Guerrero, arzobispo de Granada; don Andrés Cuesta, obispo de León; Jerónimo de Velasco, obispo de Oviedo; don Francisco Blanco, obispo de Orense; don Antonio Corrionero, obispo de Almería; los dominicos fray Pedro de Soto, fray Antonio de Santo Domingo, fray Juan de la Peña, fray Mancio de Corpus Christi, fray Felipe de Meneses, fray Ambrosio de Salazar, fray Domingo de Soto, fray Pedro de Sotomayor, los doctores de Alcalá colegialmente, etc. Por lo que hace a la actuación del obispo de León, fray Diego es perfectamente exacto. Cf. el capítulo *El obispo de León, don Andrés Cuesta y Bartolomé Carranza*, en mi obra ACTS II, 49-62.

contraria doctrina de sus herejías; y pruébase esto manifiestamente porque los quemaron antes que se pudiesen ratificar en sus dichos, ya que los hubieron dicho [74].

Vea v. p. si hay razón de desear que la inocencia de este señor se manifieste, la cual tengo yo por tan cierta, que, si su causa se pusiese en manos de demonios, no podría dejar de manifestarse.

El estado del negocio está que el arzobispo declinó jurisdicción y apeló de todo lo que contra él se hiciese y ellos se pronunciaron por jueces; y el arzobispo, no apartándose de su declinatoria y apelación, recusó al de Sevilla y en esto está agora y no sé si se ha concluido en ello, que lo llevan muy despacio esperando lo que de allá verná [75]. No se ha puesto gobernador ni en temporal ni en espiritual, ni se ha mudado cosa del gobierno, que también están dudosos, muerto el papa, de lo que deban hacer. En lo que parece que nos hacen agravio es en no querer dar alimentos a los criados y casa del arzobispo y en no dalle letrados para defensión de su causa, ni mandalle proveer de los dineros necesarios para la solicitud de sus negocios, y en tenelle tan apretado y encerrado y con tanta ignominia como al más triste judihuelo del mundo, que creo si de esto tuviese noticia Su Santidad, lo mandaría proveer. Prentenden estos señores que su Santidad les cometa la causa in totum para que ellos sentencien y no conviene a la autoridad de esa Silla ni a la brevedad del negocio: que si la causa de un Primado de las Españas no se trata en Consistorio de Cardenales, no sé que cosa habrá digna de ellos ni del Sumo Pontífice; y si se entendiese la desafición que acá hay en el negocio, de pura conciencia lo advocarían allá o enviarían dos Cardenales que acá lo tratasen, pues tiene el arzobispo también con qué satisfacello y la gravedad de la causa no merece menos que esto [76].

Suplico a v. p. lo tome todo a su cargo, que, aunque su valor no fuese tanto, nuestra justificación y verdad dará fuerzas para ello y se procure el remedio que más conviniere para el buen suceso de esto, que, aunque no se atravesase otro mal que el oprobio y menosprecio que la Orden padece, obliga a v. p. a dolelle mucho y a desuellarse en el remedio de ello. Y porque allá están quien servirá y avisará de cosas más en particular, no alargo más de que acá tenemos firmísimas esperanzas de libertad y gloria, y cada día se nos confirman más y sólo tenemos dilación si en manos de los de acá quedase. Y ansí me daría grandísima pena por no ver al arzobispo en estado que con brevedad pudiese gratificar complidísimamente la voluntad y obras de este negocio. También tenemos mucha esperanza de la libertad de fray Juan de Villagarcía, porque ninguna cosa se halla contra él, más de sospecha de haber sido compañero del arzobispo, y no sería mucho que en breve saliese libre [77]. Acá echan gran culpa de esto al padre Maestro Cano, pero yo creo qne no la tuvo, a lo menos en lo que tocaba a la persona del arzobispo, y así lo dijo a muchos padres de esta provincia; ni creo la terná allá, porque sería escupirse en el rostro. Guarde Nuestro Señor, etcétera. De Valladolid XIX de octubre [1559].

hijo de vuestra paternidad
fray Diego Ximénez

Al muy Rdo. padre nuestro, el padre maestro fray Tomás Manrique, Vicario General de toda la Orden de predicadores, en Roma. fr. D. Ximénez.

Esta importantísima carta es un documento histórico notable. Es exponente de la firme persuasión subjetiva de fray Diego acerca de la inocencia de Carranza a los pocos días de su encarcelamiento. Está escrita en un momento emocional singular, y en ella se vierten conceptos y juicios, en plena libertad y al amparo del se-

74. En este punto se equivoca fray Diego, ya que fueron numerosos los cargos deducidos de las declaraciones de los procesados de Valladolid. Cf. DH II.

75. En cambio en este punto fray Diego, que escribe el día 19, se halla correctamente informado. Las causas de recusación alegadas inicialmente por Carranza, las tuvieron por bastantes los árbitros el 12 de octubre: cinco días más tarde se presentaban los capítulos de recusación. Fray Diego ignora que el 18 había declarado Valdés sobre ello. Cf. DH I, 6-7.

76. En 1562 el doctor Navarro enviaría al rey un dictamen muy severo, contrario a la pretensión de la inquisición de sentenciar en la causa de Carranza. Cf. J. Cuervo, *Carranza y el doctor Navarro*: Ciencia Tomista 6 (1912) 384-395.

77. El dominico fray Juan de Villagarcía, amigo y compañero de Carranza en Inglaterra, fue apresado en Flandes y traído a España. En el proceso del arzobispo figuran algunas cartas que se cruzaron y amplias declaraciones de Villagarcía: DH II, 498-530. El 22 de noviembre de 1561 todavía seguía preso, *ibid.*, 530. Sobre el destinatario de la carta, fray Tomás Manrique, elegido por el nuevo general (1553) como procurador en Roma, cargo en el que cesó en 1561, cf. J. Quetif - J. Echard, *Scriptores Ordinis Praedicatorum* II, Paris 1719-1723, 229-230.

creto, que comprometen seriamente a la inquisición y plantean muchos problemas de fondo. Fray Diego se vio cogido en una trampa de la que no era fácil salir. No era lo mismo exponer confiadamente sus puntos de vista al teólogo Manrique, que tener que dar cuenta detallada, razonada y probada de los mismos. Además comprometía a muchas personas mencionadas en su carta. En tal difícil situación no se amilanó ante el peligro, sino que sostuvo en general sus apreciaciones con gran valentía.

Su declaración es larguísima y merece ser leída enteramente. Desde luego no pudo menos de reconocer la paternidad de la carta, firmada por él. El destinatario, fray Tomás Manrique, era vicario general de la orden y estaba en Roma. Fue elegido más tarde maestro del Sacro Palacio por Pío IV (1565). Había dirigido algunas cartas a fray Diego, creyendo que Carranza estaba en libertad, ofreciéndole sus servicios y respondiendo a algunas cosas que Carranza le había escrito sobre el *Catecismo*. Fray Diego rompió estas cartas en Valladolid. El primer párrafo de su carta por el que se le pidió razón, se refería a la inocencia y justicia de Carranza que padecía «por falsas informaciones y voluntades». El cargo era grave. Fray Diego se defiende aludiendo a la plática muy generalizada que corría por los ambientes: «se platicaba entre todos los que trataban de este negocio, que por ser tantos no tenía cuenta de ellos». Acaso se defiende al decir que se trataba de una apreciación genérica, sin precisar la cuantía y calidad de las falsas informaciones. Pone en contraste la opinión de quienes así pensaban y hablaban acerca de la «mucha santidad y letras» de Carranza con el hecho de que, al haber sido preso por la inquisición, no podía ser sino por informes adversos que «presumían» no eran verdaderos, aunque no constase esto a los inquisidores. La conclusión trata de salvar a la inquisición y a sus acusadores: «Por donde sus mercedes le pudieron prender justamente y él estar sin culpa, y por esto se les hacía verosimil y creían y así lo platicaban que estaba preso por falsas informaciones, y por tener, como tenía, muchos desaficionados y apasionados contra él, así por razón de la dignidad arzobispal como por haber sido perlado muchos años en su Orden y haber castigado y reprendido a muchos por razón de su oficio». Tal apaño, desarreglaba más las cosas y agravaba las acusaciones bajo velos imprecisos.

Todo resultaba genérico: las fuentes de información, los cargos y las personas acusadas. Los inquisidores comenzaron por intentar esclarecer el primer punto. ¿Quiénes decían estas cosas? Si fray Diego no lo precisaba, se entendería que era él quien se responsabilizaba con la acusación. El respondió que era «una cosa tan común y que tantos hablaban en ello»; que por ser compañero del arzobispo, «acudía más gente a él a hablarle y decirle lo que dicho tiene... que como eran tantos, no se acuerda en particular; y que cada uno que lo decía, lo decía como de suyo, por tener al arzobispo por bueno y a los jueces por justos y rectos». Evidentemente esta calculada pérdida de memoria, en quien la había demostrado excelente, era mero recurso defensivo.

El segundo punto se refiere a los jueces que con supuesta «facilidad», se persuadieron a prender al arzobispo, «sin tener fundamento». Fray Diego no da nombres. Se evade en la respuesta y replica que él no niega que tuviesen fundamento; sino que suponiendo que las informaciones eran falsas, creyó que dada la gravedad de la causa, el fundamento había de ser manifiestísimo y no podían serlo las informaciones que se presumía públicamente que debían tener. En este punto se estrecha el cerco a fray Diego: ¿Acaso sabía él las informaciones que tenían los inquisidores o que positivamente eran falsas? Se excusó diciendo que *se decía* que eran falsas y él comunicaba en su carta esta impresión a su prelado y superior, «dándole cuenta de lo que acá pasaba». Pero ¿cómo informaba a su superior sólo de oídas, por qué dice que los que prendieron al arzobispo estaban pesarosos de ello, y quiénes eran éstos? Fray Diego insiste en lo dicho: informó a su superior de lo que se decía; cree que se compadece el haber prendido al arzobispo justamente y el que no tenga culpa, ya que los jueces han de juzgar conforme a la deposición de los testigos, aunque sean falsos, mientras no les conste la falsedad. Y se escabulle una vez más de dar nombres, en este caso de los jueces pesarosos de la prisión, afirmando que se decía en general y que lo supo de oídas. Los inquisidores le hicieron saber, que al no dar explicación detallada y suficiente, quedaba cargado con la responsabilidad de sus afirmaciones.

Hay otro punto, de extraordinaria importancia, para el enjuiciamiento del santo oficio. Fray Diego había escrito que «el mayor mal y la mayor herejía» contra el arzobispo era el hecho mismo de su prisión; porque, una vez ocurrida, a los inquisidores les parecía «menor inconveniente que padezca uno que no hacer sospechosa su autoridad y prestigio». La acusación era muy certera. Junto a altas razones teológicas o políticas que pudieran abonar el necesario prestigio de la inquisición, creemos que históricamente se llevó tal amparo hasta extremos ridículos de celotipia institucional, profesional y de auténtica casta. Veamos lo que respondió fray Diego: «Dijo que, supuesto lo que dicho tiene, que se cree que el arzobispo está preso por falsas informaciones, aunque debieron ser bastantes para que los señores del Santo Oficio le prendiesen, será el mayor mal y crimen haberlo preso, por la autoridad del Santo Oficio, que, por ser persona tan notable el arzobispo y de tan gran dignidad, que *se seguiría gran nota al Santo Oficio, aunque estuviese libre, mandarle soltar* [78]. Y por eso dijo que el mayor mal que tenía era habelle preso, *aunque por eso no cree que dejarán de declarar su libertad, hallándole sin culpa*».

A partir de este momento el interrogatorio se centra sobre afirmaciones vertidas en la carta de fray Diego a propósito del *Catecismo* de Carranza. El había esescrito que la culpa y prisión del arzobispo se debían al *Catecismo* ;se justificó diciendo que lo había oído a muchas personas y en este caso dio dos nombres: le oyó decir personalmente al doctor Figueroa, presidente del consejo de órdenes, que al arzobispo «le echaba a perder su libro, que pluguiera a Dios que no lo hubiera escrito», y supo que decía lo mismo el confesor real (¿sería éste el ya conocido franciscano, fray Bernardo Fresneda?). También había escrito que ciertos teólogos encontraban en él más de cien herejías; repuso ahora que era cierto y mencionó los nombres del maestro Carlos [¿Motiloa?], del franciscano fray Pedro de Ibarra y de un comendador de Santiago. También había escrito que el obispo de León, don Andrés Cuesta, había defendido el *Catecismo* ante la inquisición; fray Diego replicó que así lo oyó a muchas personas y entre otras a Gaspar de Mendoza, hermano del conde de La Coruña, a fray Antonio de Santo Domingo y a Marco Antonio, hermano de Carranza, de quien decían que se lo había oído al mismo obispo. Otras preguntas sobre los nombres de los jueces que decían que la única razón de la prisión era el *Catecismo* o de las personas de la casa del rey que lo daban por bien preso, no obtuvieron respuesta nominal.

Un nuevo capítulo era objeto de interrogatorio. Decía en su carta: «Y los que hasta aquí decían que lo condenaban, que eran los herejes, *sábese* de ellos que no

78. Esta observación, interesante para una sociología de la inquisición, la encontramos también por esas fechas en el grupo de humanistas españoles que estudiaban en Lovaina: «que si una vez prendían un hombre, aunque no hubiese hecho por qué, le habían de levantar algo porque no pareciese que lo habían prendido livianamente». Cf. mi artículo *Españoles en Lovaina*: Revista Española de Teología 23 (1963) 41.

dijeron nada». Fray Diego dice de dónde supo tal noticia: de oirlo a muchas gentes. Pero de uno de los principales encartados, fray Domingo de Rojas, discípulo de Carranza, relajado al brazo secular, dice que supo que antes de morir dejó firmado de su nombre que el arzobispo había enseñado siempre doctrina contraria a las herejías. En la respuesta al interrogatorio, fray Diego se ratifica en lo dicho y nos proporciona noticias precisas y hasta ahora desconocidas: en efecto, él lo supo de fray Pedro de Sotomayor, catedrático salmantino, y de fray Francisco de Tordesillas, que acompañaron a Rojas en el momento de la muerte y le oyeron decir esas palabras; más aún, en aquellos supremos instantes anteriores a la ejecución, les había dicho Rojas a sus piadosos hermanos de hábito que le acompañaban en el trance «que dejaba en poder de su confesor escrito lo que a ellos les dijo el dicho fray Domingo o cosa semejante» [79].

Respecto a las noticias que daba fray Diego sobre los otros herejes castigados, precisó ahora que él afirmaba que no habían declarado cosa que dañase al arzobispo. También esto procedía del comentario general, que apoyaba su suposición en la creencia de que eran quemados antes de la ratificación de sus dichos y esto les hacía pensar que sus declaraciones procesales nada encerraban contra Carranza. Eran objeto de esta suposición concretamente Pedro Cazalla y don Carlos de Seso, y probablemente el licenciado Herrera [80]. Aunque fray Diego daba la noticia de oídas, se quiso saber más exactamente a quién lo había oído decir. Fray Diego se refugió de nuevo en el rumor general, pero dio un nombre: El doctor Morales, de Valladolid, probablemnete el abogado defensor de Carranza [81].

Tres semanas más tarde comparecía otra vez Ximénez ante los inquisidores: era el 31 de octubre de 1560. El interrogatorio recayó aún sobre la carta citada. En ella daba cuenta del estado del proceso —no se olvide que fue escrita el 19 de octubre de 1559— y de la recusación interpuesta por Carranza contra el arzobispo de Sevilla, inquisidor general. Se le preguntó de dónde lo supo; fray Diego repuso que lo supo por el doctor Morales y «que era muy público en toda Valladolid que había pasado lo que él escribía». Es una prueba más de que el tan cacareado secreto inquisitorial, en el caso de Carranza, hacía agua por todas partes.

También decía en su carta que se agraviaba al arzobispo en no querer dar alimentos a sus criados y letrados para su defensa a él. Respecto al último punto, dijo que era del dominio público en Valladolid que no le habían dado los letrados *que pidió*; pues aunque oficialmente tenía dos, uno de ellos se ausentaba con la corte a Toledo y el otro, el doctor Morales, estaba puesto de parte del inquisidor general. Por lo demás, también añadió que se sabía públicamente que Carranza había nombrado abogados al doctor Santander y a otro canonista de Valladolid y que ellos mismos lo habían propalado [82].

79. Fray Domingo de Rojas, discípulo de Carranza, comprometió mucho en sus declaraciones a Carranza, aunque sostuvo siempre su inocencia subjetiva. Cf. DH II, 62-123. Véase su declaración de última hora en 123.

80. Sobre las declaraciones de estos tres procesados, cf. DH II, 5-14, 42-59, 298-300.

81. Nombrado en octubre de 1559: cf. DH II, 372.

82. Carranza nombró inicialmente letrados suyos al doctor Santander, y al doctor Burgos de Paz o al licenciado Atienza. Le fueron ofrecidos los licenciados Montemayor y Cárdenas, el doctor Santander puso algunas dificultades. Carranza aceptó a Montemayor y añadió el nombre del canónigo vallisoletano, Meneses. Rechazado por no ser abogado, el inquisidor Valdés nombró finalmente a los doctores Morales y Vitoria, para que ayudasen a Montemayor y Cárdenas. Carranza nombró al licenciado Delgado; pero, mientras venía de Toledo, se puso a aceptar los servicios de Morales y Vitoria. DH II, 369-372.

Atra acusación vertida en la carta indicada, que los inquisidores pretendían que el papa les concediese la causa in totum para que ellos sentenciasen, Ximénez respondió que era una «presunción común» entre los que hablaban de la causa y algunos decían que lo habían oído a criados del inquisidor general. El comentario era común y nada tenía de extraño: «la cualidad del negocio dio ocasión a que *todo el mundo hablaba en él con mucha libertad*» y no era otra la causa «sino ser la persona del arzobispo de tan gran dignidad y haber sido tenido en opinión de mucha santidad y letras y por esta razón ser uno de los hombres más conocidos que había en el mundo, y como de persona tal hablaban todos en su caso». Las noticias no tienen precio para un estudio sociológico del proceso de Carranza y de la inquisición.

El interrogatorio da un paso hacia adelante al preguntar a fray Diego por qué decía en su carta que este asunto debiera ser tratado en consistorio de cardenales. Fray Diego invocó una razón positiva: las causas de prelados según derecho corresponden al tribunal supremo del papa y los cardenales; no le parecía reprochable, dada la personalidad del arzobispo, desear para él que se cumpliese lo que ordenaban los santos padres y concilios. Mas, los inquisidores insinuaron una motivación negativa: ¿no pretendía con ello que las causas que llevaba la inquisición fuesen sacadas de su jurisdicción?[83]. También se le preguntó quiénes eran las personas desaficionadas a Carranza de las que hablaba en su carta. El se excusó diciendo que era una afirmación general, pero se atrevió a decir que Carranza le había dicho personalmente algunas veces que tenía al inquisidor general «por desaficionado a sus negocios». Los inquisidores quisieron saber las causas de esta repulsa; fray Diego se limitó a mencionar algunas: que Carranza había urgido mucho al rey que enviase al inquisidor a residir en su diócesis y que había importunado al rey para que nombrase a un teólogo para una vacante de inquisición, en contra del parecer del inquisidor. Ambas cosas, según Carranza, las sabía el inquisidor; por eso estimaba que «no estaba bien con él ni tenía afición a sus negocios».

Por último mostraba fray Diego en su carta esperanza de que fray Juan de Villagarcía, amigo de Carranza, aprisionado por la inquisición, se viese en libertad. Justificó su esperanza, diciendo que, aun preso fray Juan, nada se decía contra él en punto a herejía, y aún añadió que alguien había oído al confesor real (fray Bernardo Fresneda), que Villagarcía «no tenía culpa y que saldría libre». Su delito era haber sido compañero de Carranza.

Tal fue el examen minucioso a que se sometió la carta de fray Diego Ximénez a fray Tomás Manrique. El tono confidencial de la carta le permitía explayarse en sus noticias y apreciaciones. Fray Diego aparece informado, incluso sobre cosas muy secretas de la causa; pero desconoce todo el dossier adverso a Carranza que poseían los inquisidores. Cree que toda la acusación se apoya en el *Catecismo* y descarta las alegaciones de los procesados en Valladolid, las cuales, sin embargo, alcanzaban no despreciable volumen. Todo hace pensar que no recoge rumorcillos callejeros, sino información de alto nivel, aunque lógicamente quiera amparar con el anonimato a sus informantes. La fecha de la carta nos sitúa en las primeras semanas del inicio de la causa, aquejada de cierta paralización a raíz de la recusación del inquisidor general como juez. La diócesis de Toledo estaba sin gobierno espiritual ni temporal. La muerte de Paulo IV, quien había autorizado el proceso, también contribuía a esta indecisión. Para esa fecha temprana ya asoma el propósito de intentar sentenciar en España la causa y de disputar a Roma una sentencia que expresamente se había reservado. Tal hecho, contrario al derecho general y a las

83. Cf. el dictamen del doctor Navarro citado en la nota 76.

atribuciones concedidas a la inquisición para el caso, era aún más grave, dada la «desafición» a Carranza que denuncia fray Diego y que le hace pensar que «de pura conciencia» se habría de reclamar la causa desde Roma. Por lo demás, protesta de la apretada cárcel del arzobispo, al que se tiene «como al más triste judihuelo del mundo», y expresa paladinamente la convicción de inocencia, la cual tenía por tan cierta «que, si su causa se pusiese en manos de demonios, no podría dejar de manifestarse». Nada tiene de extraño que muestre «firmísimas esperanzas de libertad y gloria». Menciona el oprobio y menosprecio que padece con esto la orden dominicana para excitar el interés y el celo de fray Tomás Manrique, a quien promete amplias recompensas el día de la libertad del arzobispo. Hay una última alusión digna de ser recogida: fray Diego señala que se echa «gran culpa de esto al padre Maestro Cano». Sin embargo dice que no cree que la tuvo y acepta las excusas que Cano presentó en el capítulo de Segovia (1559); tampoco estima que la tendrá en Roma, ya que en caso contrario «sería escupirse en el rostro» [84].

La segunda y tercera carta sometidas a interrogatorio nos trasladan al otoño de 1558, cuando fraguaba ya la tormenta contra Carraza, recién estrenado como arzobispo de Toledo. Estaban escritas por fray Diego, extremo que reconoció sin dificultad, e iban dirigidas a fray Melchor Cano y fray Domingo de Soto. La carta a Cano estaba firmada por fray Diego en Toledo el 17 de octubre de 1558. Dice así:

Fray Diego Ximénez a fray Melchor Cano

Muy Reverendo padre: Bien me perdonará v. p. no haber respondido más presto a sus cartas. Y para que v. p. no se espante de la mudanza del arzobispo y de su alteración, quiero decir lo que halló en el camino y en Yuste; que el Conde de Oropesa preguntó con admiración por qué se prohibía su libro en la Inquisición, y tratando de esto se entendió que estaba divulgado por muchas partes esto mesmo y pareció que convenía poner algún remedio en ello, pues estaba en ventura de hacerse un disparate sin que v. p. lo pudiese remediar; que con disimulación tomara el arzobispo de Sevilla el parecer de v. p. de lo que hay en el libro y sin consultalle nada de lo [que] ha de hacer, lo mandara prohibir; y hecho este borrón, remediarse ha mal; y de otras cosas que Su S.ª ha hecho en este negocio se podría temer esto, y temerlo hia v. p. si las supiese.

De una cosa está sentido el arzobispo; y no sé satisfacelle. Y es de que v. p., pues había visto el libro y notado lo que en él había de inconveniente, no haberle avisado de las anotaciones, para que, siendo dignas de que se emendase, como lo deben ser si a v. p. le parecen tales, las viera y con más comodidad que agora se proveyera en ello, que esto no era contra la fidelidad que v. p. debía al secreto de la Inquisición, porque no había otra obligación sino no descubrir que el arzobispo había mandado entender en ello. Y pues el libro se podía leer en poder de otros, no se hacía agravio al secreto decir lo que de otros libros se podía sacar y anotar, ya que fuera muy encomendado el no publicallo. Yo confieso que he tenido por cosa digna de sentimiento lo que con el arzobispo se ha hecho y no sé si le ofrecerá otra que con más atención se hubiese de proveer; pues, allende de ser en cosa de fe, donde ni en un pelo no es razón que prendan sus cosas tirando en su doctrina, pierde mucho de lo que le es necesario para la buena gobernación y ministerio de su oficio. No por eso me pare[ce] mal lo que v. p. escribe y lo mesmo parece al arzobispo, y no piensa hacer en esto más de lo que le obliga el evangelio, y v. p. le obligaría si tuviese la noticia que acá se tiene. No escribo más particular a v. p., porque no tengo espacio pero hacerlo en breve. Guarde Nuestro Señor. De Toledo XVII de octubre [1558].

Hijo de v. p.
Fray Diego Ximénez

Al muy Reverendo padre nuestro, el padre maestro Melchor Cano, en San Pablo, de Valladolid. Fray Diego Ximénez [85].

84. Sobre la actuación de Cano, cf. ACST II, 79-225; sobre el capítulo de Segovia concretamente, 137-147.
85. Archivo Histórico Nacional, *Inquisición*, 2.105, n. 15.

La carta está fechada en Toledo el 17 de octubre de 1558. Hacía cuatro días que Carranza había entrado en la ciudad, tras asistir a la agonía de Carlos v en Yuste, que falleció el 21 de septiembre. Precisamente cuando se dirigía al monasterio jerónimo desde Valladolid, topó Carranza con Melchor Cano y quiso saber de él si era cierto que estaba sometido a censura el *Catecismo* y cuáles eran las proposiciones censuradas. Cano se escudó en el secreto profesional de la inquisición, e intentó calmar con vanas palabras al arzobispo [86]. Del primer párrafo de esta carta se deduce que Cano había escrito a Carranza varias cartas que quedaron sin respuesta. La razón no era otra que la «mudanza» obrada en el ánimo de Carranza, cuando pudo comprobar que el supuesto secreto en que se refugió Cano, no existía en realidad. En efecto, Carranza había estado en Oropesa, con el conde, Alvarez de Toledo, y éste le había interrogado con admiración por qué se quería prohibir su *Catecismo*. Tal pregunta abrió los ojos a Carranza y pudo comprobar que la tan secreta censura del *Catecismo* y su posible condenación eran de dominio público. Con intención de remediar lo que califica de «disparate», fray Diego se dirigía a Melchor Cano: el disparate no era otro que la posibilidad de que el inquisidor general pidiese a Cano una censura teológica sin revelarle sus últimas intenciones, para con la autoridad teológica de Cano prohibir el libro sin réplica posible. Fray Diego alude genéricamente a otras actuaciones del inquisidor por las que se puede temer una nueva insidia. La acusación evidentemente iba contra don Fernando Valdés.

La carta prosigue mostrando a Cano el disgusto de Carranza por la conducta que había observado con él al negarle sus observaciones a las proposiciones que había notado en el *Catecismo*. Podía haberle ocultado la comisión encomendada por el inquisidor, por razón del secreto; pero debía haberle comunicado sus observaciones ya que el libro no era secreto, sino público, y Carranza se había mostrado siempre dispuesto a cualquier corrección. Fray Diego expresa su sentimiento por el comportamiento de Cano y comparte con Carranza la sensibilidad frente a acusaciones posibles en materia de fe y frente a la merma del prestigio que necesitaba Carranza para el ministerio y gobierno episcopal. Termina la carta diciendo que Carranza no piensa hacer sino lo que le obliga el evangelio, y lo que le aconsejaría el mismo Cano «si tuviese la noticia que acá se tiene».

Esta sentida carta en la que se toma cargos a Cano comprometía ahora seriamente a fray Diego, por las alusiones claras o veladas al inquisidor general. El interrogatorio correspondiente le forzaría a desvelar sus sentimientos y al hacerlo envolvería en la acusación al inquisidor y a su colaborador. En la carta temía el «borrón» de la condena del *Catecismo*; al declarar, tal borrón se había consumado, y había de dar cuenta de su severo enjuiciamiento. Esta vez fray Diego será bastante explícito. Confiesa que tenía a Cano «por muy desaficionado del arzobispo de Toledo y que tenía muy en poco y despreciaba sus cosas y escrituras» [87]. Confesó que quiso templar su desafición, porque no ignoraba que los inquisidores «le tenían por muy letrado... como lo era, y no debían creer tanta desafición como había entre él y el arzobispo de Toledo». El resultado de tal situación podía ser poco honroso: «Persuadidos con su parecer y censura, porque en aquella facultad estaban obligados a darle crédito, por no ser suya de ellos, pudieran prohibir engañados con la razón susodicha el dicho libro del señor arzobispo le Toledo; y pro-

86. Cf. ACST II, 117-120. Carranza le acusa claramente de haber negado la verdad.
87. Sobre la enemistad de Carranza y Cano se expresa con más amplitud fray Diego en sus respuestas al interrogatorio de tachas, DH III, 495-496.

hibido de esta manera, conviene a saber, con censura de hombre desaficionado y apasionado y por personas que estaban obligadas a darle crédito por la opinión que tenía en letras, pudieran hacer borrón sin culpa de los dichos señores». En la medida en que podía considerar aventuradas las frases escritas, fray Diego intenta disculparse: «Entonces, como no estaba el libro prohibido, le tenía por bueno; y que agora que está prohibido por el Santo Oficio, no lo tiene por borrón, y entonces [no] lo tuviera si pensara que tomaban otros paresceres para prohibir el dicho libro». También quiso buscar disculpas para la acusación que vertía contra el inquisidor general, pero fue emplazado para que respondiera en la siguiente audiencia con mayor claridad.

Acorralado por preguntas que impedían toda evasiva, fray Diego apuntó a algunos de los motivos de queja de Carranza respecto a Valdés en otoño del 1558: el primero se refería al mutismo de Valdés con Carranza, en la entrevista que sostuvieron ambos en el verano de 1558; cuando ya se rumoreaba en público que el *Catecismo* iba a ser sometido a censura, nada quiso decirle Valdés al respecto. El segundo motivo aludía al ofrecimiento de Carranza de corregir o enmendar su libro a indicación del santo oficio, sin que obtuviese repuesta alguna de Valdés [88]. Esta acusación de tipo personal, afectaba de algún modo a los usos inquisitoriales sobre revisión de libros. Los inquisidores interrogaron a fray Diego con una pregunta de gran alcance: «Tratar el Santo Oficio de mirar el libro, no era cosa fuera de su oficio, ni tampoco para que le pesase al señor arzobispo de Toledo: porque, si era tal que pudiese andar y fuese para provecho de la religión cristiana, estando mirado de las personas de cuyo oficio era mirarlo, gran contento era para él; y si no era cosa que fuese para dicho provecho, por muy bueno había de dar el trabajo que en ello se pasaba y venir por lo que por el Santo Oficio se determinaba, si era su intento hacer provecho a la religión cristiana». ¿Acaso era anormal que se procediese así, o significaba «hacer borrones»? Fray Diego dio por bueno que el santo oficio se ocupase en la calificación de obras teológicas y dijo que no tenía eso por borrón, «si no es siendo con censuras de hombres apasionados».

Una última cuestión fue objeto de nuevas pesquisas: el reproche que se hacía a Cano por haber guardado el secreto. Las preguntas se suceden y van de los principios a los hechos. Fray Diego admitió que quien jura secreto ante el santo oficio está obligado a guardarlo y con más razón que ante otro tribunal; igualmente reconoció que faltaría quien forzase a revelar un secreto, tanto natural, como jurado; pero en cosas leves o de poco perjuicio, no tiene por grave el descubrirlas. La tercera pregunta era directa: ¿cómo, con esos principios, censuraba a Melchor Cano y pretendía conocer sus secretos? La respuesta de fray Diego no escabulle la pregunta:

Nunca fue su intención pedir por la dicha carta ni de otra manera al padre Maestro Cano, que sea en gloria, que le descubriese cosa secreta del Santo Oficio, como consta por la mesma que escribió al dicho Maestro; ni en lo que le pedía era contra el secreto que están obligados a guardar los que tratan en el Santo Oficio, y así mesmo Maestro Cano no lo había guardado con otros, pero en las mismas cosas que este deponente le pedía, las había dicho mucho antes a fray Ambrosio de Salazar y al Maestro fray Domingo de Soto y éstos las dijeron al arzobispo y el arzobispo de Toledo lo diría a este deponente; y aun le paresce que él lo oyó al Maestro Soto que el Maestro Cano le había dicho muchas cosas que había notado en el libro del dicho arzobispo de Toledo después que se le había encomendado por el Santo Oficio. E que, allende de esto, no es cosa ordinaria tomar juramento de secreto en el Santo Oficio cuando se encomiendan libros para examinar, e así los examinadores nunca se recatan de ello ni lo guardan, y por esto escribió este declarante pidiendo al dicho Maestro Cano que mostrase las anotaciones, paresciéndole a este declarante que no ofendía, pues las había mostrado a otros.

88. Un complemento de esto en DH I, 87-91.

Ante el hieratismo de unos principios y de un empaque reglamentario, fray Diego respondía con hechos personales y ciertos. La severidad y el engolamiento en la salvaguarda de un secreto era un arma defensiva para mantener intocable el prestigio de la inquisición. En el caso de Carranza el secreto hacía agua, y en la aplicación de las sanciones se observa unilateralidad y cierta intención intimidatoria, que, precisamente por ello, ponen más de relieve hasta qué punto se hallaba comprometida ante la opinión de los más avisados la justicia, el secreto y la insobornabilidad inquisitoriales.

La tercera carta de fray Diego sometida a la lupa de los inquisidores estaba dirigida a fray Domingo de Soto y fechada en Toledo el 25 de noviembre de 1558. Transcribimos su texto del original.

Fray Diego Ximénez a fray Domingo de Soto.

Muy Reverendo padre: Por las cartas que v. p. ha escrito al arzobispo, entiendo lo poco que ha obrado la asistencia del padre Maestro Cano, y sus promesas y seguros no sé si aprovecharán. El arzobispo está muy penado de este descomedimiento y injusticia, que más daño se hará con lo que le podrían hacer perder de opinión y buen nombre, que se estorba con prohibir su libro. No me parecía a mí que era fuera de ley de cristiandad, y v. p. entiende si en ley de caridad había obligación de proveer en el daño que este libro pudiera hacer sin perjuicio del autor. Aviso a v. p. que el arzobispo está muy confiado que estando v. p. presente no se atreverán a nada, sino es por su consejo y parecer, porque temen que el negocio ha de venir a orejas del Rey y no se podrán disculpar de lo hecho sin la aprobación de v. p., y por esta razón insistirán en ello muy de veras, y para hacelle más fuerza el padre Maestro Cano se remitirá a lo que v. p. dijere.

Ya v. p. escribió al arzobispo que en el libro no hay error, aunque tiene cosas que conviene declararse más y corregirse conforme a la censura que acá envió. Y supuesta la cristiandad del arzobispo y la dignidad en que está, bien se sufría tener otro comedimiento y respeto, y v. p. es poderoso para hacer que lo haya, porque lo que v. p. no firmare no se atreverán a determinallo, y mucho menos queriéndolo para lejos, como insinúan. Yo poco entiendo de lo de allá, pero barrunto que está en mano de v. p. El arzobispo escribe al Consejo del Estado y a la Princesa sobre ello y van abiertas las cartas para que v. p. las vea; que si no le pareciese van a propósito, avise de lo que les sobra o falta, para que se tornen a enviar conforme a su parescer.

En lo de la Provincia, de donde nace todo ese mal y porfía, ya tengo escrito a v. p., que me avise de cómo quiere que se haga, que luego se dará orden de ello. Y es menester sea con brevedad porque el tiempo se acorta y por allá me dicen que hay gran negocio para que, aunque la elección fue nula y así está declarado, se apruebe y confirme.

Guarde Nuestro Señor etc. De Toledo XXV de noviembre.

Hijo de v. p
Fray Diego Ximénez

Al muy Reverendo padre el Padre Maestro fray Domingo de Soto, en Valladolid, Fray Diego Ximénez [89].

Para esa fecha, Carranza había perdido toda esperanza en Valdés y en Cano; sin embargo aún esperaba en la eficacia de Domingo de Soto. Fray Diego le expresa que más daño se hará haciéndole perder estimación y fama a Carranza, que tolerando su libro; y le recuerda redobladamente la «ley de cristiandad» y «ley de caridad»: remediar el eventual daño que pudiera causar el *Catecismo*, sin perjuicio del autor. Del alto prestigio de Soto estaba colgada la suerte de Carranza. Fray Diego se lo hace saber repitiéndole frases que podían halagar la vanidad de Soto y ciertamente comprometían su responsabilidad: «El arzobispo está muy confiado que, estando vuestra paternidad presente, no se atreverán a nada si no es por su consejo y parecer, porque temen que el negocio ha de venir a orejas del Rey y no se podrán

89. Archivo Histórico Nacional, *Inquisición*, 2.105, n. 15. La publicó V. Beltrán de Heredia, *Domingo de Soto*, Salamanca 1960, 690-691.

disculpar de lo hecho sin la aprobación de vuestra paternidad, y por esta razón insistirán en ello muy de veras y para hacelle más fuerza el padre Maestro Cano se remitirá a lo que vuestra paternidad dijere». Más abajo le recordará que es «poderoso» para hacer que se guarde comedimiento y respeto a Carranza, «porque lo que vuestra paternidad no firmare, no se atreverán a determinallo y mucho menos queriéndolo para lejos, como insinúan». ¿Alude este *lejos* a Flandes, donde se hallaba Felipe II, o a Roma, donde había que justificar el proceso que se preparaba? «Yo poco entiendo de lo de allá —concluye fray Diego—, pero barrunto que está en mano de vuestra paternidad». A continuación menciona dos cartas de Carranza al consejo de estado y a la princesa. Este punto interesó especialmente a los inquisidores y quisieron saber más acerca de ello. Fray Diego se limitó a decir que las cartas se enviaron a Valladolid y trataban sobre el *Catecismo*; pero que no sabía sill egaron o no. También confesó que había escrito sobre el asunto a otros dominicos como fray Antonio de Santo Domingo, fray Juan de la Peña y otros. El interrogatorio concluye con una frase misteriosa: «porque ha sobrevenido un negocio, que piense en lo que se ha preguntado». Desconocemos el negocio e ignoramos si hubo nuevas declaraciones de fray Diego. En cambio no les preocupó otra frase de la carta en la que se aludía a la división entre frailes de la provincia de Castilla, cuyos protagonistas eran Carranza y Cano. Según fray Diego, de ahí nacía «todo ese mal y porfía». No andaba ajeno al problema fray Domingo de Soto, y por eso se le pide que aconseje rápidamente lo que hay que hacer en Roma. En este último punto la actuación de Soto fue decidida: se opuso al provincialato de Soto e instó a Carranza a que interviniera en tal sentido ante el general de la orden [90]. En cambio brindó a Valdés una censura rigurosa, no sobre la persona y las intenciones, sino sobre la materialidad de las expresiones del libro de Carranza [91]. Este le escribió una dolorida carta el 8 de diciembre de 1558. También le censuraría Fray Pedro de Soto [92]. Fray Diego se hace eco de estos sentimientos en carta escrita desde Toledo a fray Francisco Ramírez el 22 de diciembre del mismo año. En ella le descubre la desilusión sufrida ante la censura de Soto: no ofende voluntariamente al arzobispo, pero le ha hecho «muy mala obra» en su afán de espulgar cosas: «debe su paternidad tener por punto de honra anotar más lugares que los otros». Fray Diego suplica a fray Francisco que le haga llegar copia de las cosas censuradas para satisfacer a ellas y evitar el desprestigio pastoral de Carranza, de quien nos dice que comenzaba a actuar en Toledo con el mayor éxito: trae a la memoria «el estado apostólico», «todos lo acatan y respetan como a santo». Ofrecemos a continuación el texto de esta preciosa carta original y autógrafa de fray Diego. No se hace mención de ella en el procesillo de fray Diego, aunque se encuentra hoy entre los papeles del proceso de Carranza [93]:

90. ACST II, 303 y nota 42. Cf. V. Beltrán de Heredia, *o. c.*, 675.
91. Cf. V. Beltrán de Heredia, *o. c.*, 697-817.
92. La carta de Carranza en ACST II, 289-292; la de fray Pedro de Soto, *Ibid.*, 306-307.
93. Real Academia de la Historia, Madrid, *Proceso de Carranza*, 8, 273r. La publicó V. Beltrán de Heredia, *o. c.*, 696.

Fray Diego Ximénez, O. P. a fray Francisco Ramírez, O. P.

Toledo 22 diciembre 1558.

Muy reverendo padre: Dos cartas de vuestra reverencia he recibido, y la postrera era larga, adonde me refería la tragedia que pasa con lo del libro. Hízome mucha caridad con ello; porque, aunque acá sabemos muchas cosas desas, no tan en particular. Estoy espantado del padre Maestro [fray Domingo] Soto, que tan de veras trate de espulgar cosas y busque razones para hacellas sospechosas: que, para ser el libro de Lutero era exceso, y tanto más siendo de quien hay tanta satisfación de su bondad y cristiandad; que, aunque dijiera manifiestas herejías, se puede presumir que es yerro de palabras y inadvertencia, y no se debía culpar el ánimo. El mal desto es estar tan al cabo y habernos confiado del padre Maestro, que con su autoridad y letras lo había todo de deshacer; pero debe su paternidad tener por punto de honra anotar más lugares que los otros. Estoy satisfecho que no peca contra el arzobispo en la voluntad, pero hácele muy mala obra en haberlo puesto en el estado en que está.

Si fuese posible haber un traslado de lo que él hace, sería cosa muy a propósito para remediar esto con respondelle a ello; a lo menos vuestra reverencia tome las más principales y en las que él tiene más escrúpulo, que con facilidad se le puede satisfacer de otras muchas partes del libro. Acá se hacen todas las diligencias posibles para remedio deste mal, que cierto es muy grande, principalmente comenzando también el arzobispo a usar de su oficio, que hace traer a la memoria el estado apostólico, y todos lo acatan y respetan como a sancto. Paréceme que se debía aconsejar con el padre fray Luis de la Cruz, que él dará orden cómo se haya la censura del padre Maestro.

Guarde Nuestro Señor... De Toledo, XX de diciembre [1558].

Hijo de vuestra reverencia
Fray Diego Ximénez

Al muy Rdo. padre, el padre fray Francisco Ramírez, de Sant Pablo de Valladolid.

Una carta desconocida: S.O.S. a Roma

Si las cartas anteriores nos revelan los afanes de fray Diego por evitar lo inevitable, la carta que dirijiera al cardenal Antonio Carafa el 7 de septiembre de 1559, a pocos días de la prisión de Carranza, muestra sus sentimientos y fidelidad ante el hecho consumado. La carta rezuma pasmo y estupor: «extraños y terribles trabajos de prisión y falsos testimonios», «extraño modo» que en la prisión se tuvo y causas de ella. Igualmente testimonia la persuasión de fray Diego de la inocencia de Carranza. Es verdad que disculpa a los inquisidores, suponiendo que habrán tenido causas bastantes para el paso que han dado; esto no impide que crea ciegamente en la justicia de su amo. El objetivo de la carta es muy preciso: que juzguen la causa el papa y el consistorio de cardenales. La razón de esta apelación es gravísima: confianza en el papa y desconfianza en la inquisición: «para que vean con sus ojos la maldad de los que contra un señor que ha muchos años que vive como santo y en su conversación y doctrina ha sido reputado de muy católico así en opinión del pueblo como de los señores y perlados y del mismo Rey Católico, hayan puesto tan grande e inominiosa mácula». Fray Diego no duda: afirma que la inocencia del arzobispo es *cierta*. Apela para ello a su testimonio personal: en muchos años de particular conversación y trato, jamás le vio ni oyó cosa que no fuese muy católica. Apela al testimonio de los que le conocen desde hacía treinta años. Y apela a la «común voz del pueblo», con una pincelada extraordinaria: «están fuera de sí, turbados de ver cosa semejante y claman a Dios que le libre y manifieste su inocencia». El S. O. S. de fray Diego que transmitiría al cardenal Carafa en nombre de Carranza, ya preso, es una página literaria conmovedora. Su texto hasta hoy inédito, es el siguiente [94]:

94. La carta original se encuentra en la Biblioteca Vaticana, mscr. Barb. Lat., 9.920, 87 r-v.

Fray Diego Ximénez al cardenal Antonio Carafa.

Valladolid 7 septiembre 1559.

Ilustrísimo Señor: El que ésta escribe a V. S.ª Illma. es el compañero del Reverendísimo de Toledo, que Dios ha permitido que padezca tan extraños y terribles trabajos de prisión y falsos testimonios que contra él se han manifestado; y porque el Deán de Talavera, que ésta dará, lleva relación verdaderísima de la prisión y del extraño modo que en ella se tuvo y de las causas della, no las escribo en ésta, mas de suplicar a V. S.ª Illma. le oya y dé entero crédito, porque lo merece su persona y la justificación de la causa y el amor y deudo cercano que el arzobispo le tiene y la mucha confianza que de su persona hacía y en este negocio ha hecho.

Y como patrón y señor, favorezca esta causa, para que se entienda la justicia que el arzobispo tiene, que, aunque estos señores del Sancto Oficio deben haber tenido bastantes causas para tratar dello con tanto rigor, es cierto que se averiguará estar la verdad de nuestra parte, y sin duda ninguna los mismos señores del Sancto Oficio la declararían, quedando en su poder. Pero para la dignidad de su estado y preeminencia, no se debe tratar en otro tribunal que en el de Su Sanctidad y del Sacro Consistorio de los Ilmos. Cardenales, para que vean con sus ojos lo que puede la maldad de los que contra un señor que ha muchos años que vive como sancto, y en su conversación y doctrina ha sido reputado de muy católico, así en opinión del pueblo como de los señores y perlados y del mismo Rey Católico, hayan puesto tan grande e inominiosa mácula. Y podrá V. S.ª Illma. con toda confianza tomar este negocio por suyo, porque la inocencia del arzobispo (91v) es cierta; y el testimonio que le levantan los que contra él deben haber depuesto, se manifesta muy fácilmente.

Lo que yo sé de muchos años que tengo particular conversación y tracto con el arzobispo, jamás le ví ni oí cosa que no fuese muy católica. Y lo mismo dicen los que ha más de treinta años que le cognoscen y la común voz del pueblo están fuera de sí turbados de ver cosa semejante, y claman a Dios que le libre y manifieste su inocencia.

Por amor de Dios V. S.ª Illma. le favorezca, que es tractar de verdad y de negocio propio, y el arzobispo quedará perpetuamente obligado a servir a V. S.ª Illma., como dello hará certificación el Deán, a quien en lugar de su persona el arzobispo envía, por no le tener para por sus letras significar a V. S.ª Illma. lo que de su parte dirá.

Nuestro Señor la Illma. persona y estado de V. S. Illma. guarde y acresciente largos años para bien de su universal iglesia. De Valladolid 7 de septiembre 1559.

Illmo. Señor
besa los pies de V. S. Illma.
Fray Diego Ximénez

No hay duda de que en esta carta gritan la pasión y la amistad, pero también la convicción subjetiva. Manda el corazón con razones que desbordan a la cabeza. Fray Diego ignoraba cosas que sabían los inquisidores; pero no es menos cierto que sabía infinitas que ellos ignoraban sobre Carranza. Podía estar equivocado, pero se manifestaba sorprendentemente seguro. Acaso no abarcaba todos los datos, pero no vacilaba en lo fundamental. Y lo que apreciamos en la carta final podríamos hacerlo extensivo a toda su actuación en el proceso, tanto cuando intentaba detenerlo como cuando repetidas veces compareció en él.

El paso de fray Diego Ximénez por los folios procesales aporta siempre aires de convicción, firmeza y valentía. Y no olvidemos que fue el primero en romper el fuego. Calculadamente le falla la memoria en más de una ocasión. Decimos calculadamente, porque sus intencionadas lagunas contrastan con su puntual recuerdo de muchos detalles y porque en ocasiones es claro que se niega a declarar. Era un recurso jurídico de defensa. Pero en más ocasiones aporta datos que conocía mejor que nadie. ¡Cuántas horas de angustia había compartido con Carranza en los meses anteriores a su prisión! No sólo en punto a dineros no había entre ellos «cosa partida». Nadie le puede disputar el privilegio de haber compartido meses, días y horas de convivencia transparente, en la que se fundieron sus ideales, sus vidas, sus penas y glorias, en suma, su alma. Este contacto íntimo y continuado es la razón última de su seguridad. Pueden envolver a su persona y a la del idolatrado arzobispo mil redes tupidas: la adustez de la inquisición, sus reglamentos, sus informes, las delaciones. El conoce a Carranza y los más formidables ataques no hacen mella en su convicción. Admite la suficiencia de razones adversas *para* los inquisidores y llega a disculparlos a veces: ellos actúan sobre testimonios. Pero para él nunca son *bastantes*. Ciertamente no conocía todas las acusaciones. Presumo que no le hubieran rendido, aunque las hubiera conocido.

Muchas preguntas quedan flotando al término de esta investigación. ¿Se equivocaba fray Diego en esta apreciación firmísima de Carranza, en la defensa de su inocencia, de su santidad, de su vida ejemplar e intachable? ¿Se equivocaba cuando atribuía a ceguedad o malignidad el montaje del proceso? Evidentemente ignoraba más de lo segundo que de lo primero, y por eso se muestra más seguro en ésto que en aquéllo. En ninguna de las dos cosas estaba sólo; muchos pensaron y declararon como él. Acaso ninguno poseyó mejor en conjunto los hilos del drama. Fray Diego, el compañero íntimo de Carranza, es una viva interpelación para los estudiosos de la causa del arzobispo, tanto cuando defiende apasionadamente a Carranza como cuando acomete contra sus adversarios. No basta con descartarlo como apasionado; también esto era un recurso jurídico, propio del fiscal. ¿Qué dosis de verdad encierran sus palabras y cartas? Sus juicios, dada la proximidad única del encartado, gozan de una autoridad moral especial. Es un testigo privilegiado, *omni exceptione maior*. Y no sólo por su ejemplar fidelidad y valentía, sino porque deja malparado aquel malicioso refrán que asegura que «no hay nadie grande para su secretario». En este caso, nadie admiró más al discutido arzobispo que su más íntimo colaborador y compañero. Bastaría esta condición para hacer su testimonio doblemente precioso.

APENDICE DOCUMENTAL *

TOLEDO. CONTRA FRAI DIEGO XIMENEZ

CARGO AL PADRE DIEGO XIMÉNEZ AÑO DE 1 U DLVIII AÑOS (1558)

Los maravedís que se cargan y hazen cargo al padre frai Diego Ximénez, compañero del Illmo. e Rvdmo. Señor el Arçobispo de Toledo, que rescibió e cobró de las cuentas pertenecientes a Su S.ª Illma., del fruto del año de mill e quinientos e cinquenta y ocho, de que a de dar quenta y razón, son los siguientes:

CARGO

OCAÑA: Primeramente se le cargan y hazen cargo dozientos treinta y ocho mill maravedís, que recibió de Hernando de Frías, mayordomo de la mayordomía de Ocaña, como parece por su carta de pago, de ocho de henero de quinientos y cinquenta y nueve [1].

CALATRAVA: Mas se le cargan ciento e noventa y ocho mill e quatrocientos e noventa e dos maravedís, que recibió de Rodrigo de Martiváñez mayordomo de Calatrava, en veinte seis de noviembre de quinientos cinquenta u ocho de que ay carta de pago.

ALCARAZ: Mas se le cargan trezientas e cincuenta e tres mill, seiscientos mavedís, que recibió de Miguel de Santamaría, mayordomo de Alcaraz, en quince de noviembre de quinientos e cinquenta y ocho, de que ay carta de pago.

ALCALA: Mas se le cargan setenta e quatro mill e ochocientos maravedís, que recibió de Damián de Pinto, receptor e mayordomo del partido de Alcalá, en nueve de junio de quinientos e cinquenta e nueve, de que ay carta de pago.

* Archivo Histórico Nacional, *Inquisición*, 2.105, n. 15.

1. Omitimos la anotación marginal de cantidades, en numeración romana, por ir expresada en el texto.

PINTO: Mas se le cargan al dicho frai Diego Ximénez catorze mill e dozientos e ochenta maravedis, que recibió del dicho Damián de Pinto, en honze de jullio de quinientos e cinquenta e nueve, de que ay carta de pago.

PINTO: Mas se le cargan un quento e ciento e veinte e cinco mill maravedís, que recibió del dicho Damián de Pinto, en dos de agosto de dicho año, de que ay carta de pago.

MONTALVO: Mas se le cargan diez e ocho mill e setecientos e cinquenta maravedís, que recibió de Alonso de Montalvo, receptor del partido de Toledo, en nueve de mayo de quinientos e cinquenta e ocho, de que ay carta de pago.

MONTALVO: Mas se le cargan ciento e treinta e seis mill maravedís, que recibió del dicho Montalvo en diez e nueve de noviembre de quinientos e cinquenta e ocho, de que ay carta de pago.

MONTALVO: Mas se cargan treinta a quatro mill e quinientos e veinte e siete maravedís, que recibió del dicho Montalvo en diez de henero de quinientos e cinquenta y nueve, de que ay carta de pago.

MONTALVO: Mas se le cargan mill e setecientos maravedís, que recibió del dicho receptor Montalvo, en veinte e cinco de henero del dicho año, de que ay carta de pago.

MONTALVO: Mas se le cargan siete mill e quinientos maravedís, que recibió del dicho Montalvo, en catorce de hebrero del dicho año, de que ay carta de pago.

THESORERO: Mas se le cargan seis mill e ochocientos maravedís, que recibió de Alonso de Herrera, thesorero de Su S.ª, en diez de abril de quinientos e cinquenta y nueve años, de que hay carta de pago.

V U DIIIº ducados
XXIIIº maravedís

Ansí que suman e montan todos los maravedís que el dicho frai Diego Ximénez recibió y cobró en la manera que dicha es, de que a de dar quenta y razón, dos quentos e dozientos y nueve mill e quatrocientos e quarenta e nueve maravedís.

Mas se le cargan al dicho Padre frai Diego Ximénez decisiete mill y docientos y setenta y dos maravedís, que recibió de Alonso de Herrera, tesorero de Su S.ª, de que ay carta de pago: 2 quentos 226. 721. mr.

5.936 ducados, 21 maravedís.

DECLARACIONES DE FRAY DIEGO XIMÉNEZ, O. P.

Toledo 9 enero 1560

En nueve días del mes de henero de mill e quinientos e sesenta años, ante los señores inquisidores don Diego Ramírez y Licenciado Brizeño, pareció presente fray Diego Ximénez, de la orden de Sto. Domingo. Al qual, como estuvo presente, le fue mostrado un pliego de cuenta de papel horadado, en el qual ay doze partidas de dineros que paresce que ha rescibido, asy de algunos mayordomos como del Receptor Montalvo y Damián de Pinto, y más de Alonso de Herrera, thesorero, diez y siete mill y dozientos y setenta y dos maravedís, que todas las dichas sumas de que paresce que se le haze cargo aver rescibido dize monta dos cuentos y dozientas y veinte y seis mill y setecientos y veinte e un maravedís. E fuele leyda cada partida por sí, para que diga el descargo que tiene de todo ello.

E seyéndole leyda la primera partida e luego todas las demás de verbo ad verbum, como en ellas se contiene, dixo que bien se acordava, poco más o menos de algunas dellas aver rescibido las sumas que en ellas dize; ‖ que, pues dize en las partidas que ay cartas de pago suyas, que será verdad avellas rescibido; pero que la suma en ellas contenida se gastó por la orden que Su Señoría mandava y para el efecto que en algunos de los dichos libramientos se deve de declarar. Y que de todos los dichos dineros, por las órdenes que recibió como sacerdote poniendo la mano en su pecho, dixo que no tenía ningunos en su poder ni en el ageno muchos meses ha, sino que se gastaron en cosas que Su Señoría del dicho Rmo. señor arçobispo de Toledo mandó, que se los dava y mandava dar por no le pedir cuenta dellos, porque muchos dellos heran para limosnas y para cosas que tocavan a su conciencia que no quería que nadie supiese lo que se haría dello. Y que para dar cuenta desto no tiene más que dezir.

Preguntado, so cargo del dicho juramento que se le ha recibido, si sabe que don Pedro Manrique aya ydo a Roma, y dixo que sí ques público que va a roma a su negocio de su calongía. Preguntado si sabe qué despachos lleva el dicho don Pedro tocantes al señor arçobispo de Toledo, dixo que no sabe que lleve ningún despacho del Rey ni de otra persona alguna particular, mas de para el negocio de su calongía y que asy se lo dixo el dicho don Pedro.

Preguntado si este testigo le dio algún despacho tocante al dicho señor arçobispo de Toledo, dixo que no. Preguntado si quedó de embialle algún despacho este testigo al dicho don Pedro tocante al dicho señor arçobispo de Toledo, dixo que no por cierto, ni en el camino ni allá. Preguntado si dio este testigo algunos dineros al dicho don Pedro, dixo que no, porque avía muchos días antes que el dicho don Pedro se partiésse, que este testigo no tenía blanca como tiene dicho. Fuele dicho que porque se ha embiado por las cartas de pago para que las vea y se dé cuenta del dinero de ellas, como conviene, que agora se vaya y guarde secreto y firmólo de su nombre.

Fray Diego Ximénez

Passó ante mí Julián de Alpuche, secretario.

•

Toledo 10 enero 1560

E después de lo susodicho, en diez días del dicho mes de henero del dicho año, ante el dicho señor inquisidor don Diego Ramírez y por su mandado, paresció presente el dicho fray Diego Ximénez, e como estuvo presente, le fue mandado responda e diga verdad de lo que le será preguntado so cargo del juramento que tiene hecho.

E fué le mostrada una librança de contra de dozientos y treinta y ocho mil maravedís, que paresce que recibió del mayordomo. E vista, dixo ques verdad que rescibió la dicha suma. E preguntado en qué se gastó, pues la dicha librança dize que ha de dar cuenta dellos, dixo que la dicha suma con otras muchas que rescibió de los mayordomos y receptores, las entregó en la recámara del Rmo. de Toledo en unas arcas que estavan allí. Y dellos || que gastó el dicho arçovispo cantidad en limosnas, y este testigo gastó también dellos en otras limosnas que mandava dar el arçobispo. Y que se acuerda que pagó de las cantidades que tiene confesadas que rescibió, ochocientos ducados de una pensión que tiene don Juan Pimentel sobre el arçobispado de Toledo, y más otras dozientas y sesenta y un mil maravedís que dio a Alonso de Herera, thesorero, para acaballe de pagar ciertos maravedís que avía prestado al dicho señor arçobispo. Y que de otros gastos en particular que de los dichos dineros que asy rescibió hizo, que no se acuerda; porque, como no los rescibió para dar quenta dellos, no anotava en qué los gastava ni hazía memoria dellos, por ser gastos muchos dellos, menudos y en otros en obras pías.

Fuéle dicho que la dicha librança que le está mostrada y la que de agora se le muestra, que es de ciento y noventa y ocho mill y quatrocientos y noventa y dos maravedís, dize en ellas que ha dado cuenta dellas: que no hay razón porque no la dé particularmente en qué los gastó. Dixo que se refiere a lo que dicho tiene.

Fuéle dicho que asy mismo paresce por otra librança que dize que rescibió trezientos y cinquenta y tres mill y seiscientos maravedís, en la qual dize que ha de dar cuenta en qué los gastó, que la deve de mirar y ver en qué aya gastado los dichos dineros, pues por las dichas librançaş vee que dize que ha de dar cuenta dellos. E aviéndola visto, dixo que se refiere a lo que dicho tiene.

Fuele dicho que referirse a lo que tiene dicho paresce ya fuera de lo que las librançaș dizen, porque se dezía en ellas que ha de dar cuenta; no se gastarían estando en la Cámara, por mano del señor arçobispo ni por mano de otro, sino por la de este testigo, y asy él devría de tener claridad en qué los || gastava, pues dezía en ellas que avía de dar quenta en qué se gastava. Dixo que este testigo no vio la orden de las librançaș quando se hazían, porque antes que se hiziessen rescibía los dineros de los dichos mayordomos y les dava conoscimiento dellos. Y el Contador, para seguridad de los dichos mayordomos, hazía librançaș para este testigo de la dicha cantidad, por la orden que comúnmente se suelen hazer, y por esto ni le echava de ver el arçobispo ni este testigo; que, si se vieran las dichas librançaș, este testigo tuviera cuydado de hazer más memoria de los gastos que hazía de los dichos dineros. Y que también se descuydó por no tener más particular quenta, porque el dicho señor arçobispo le dixo que entre él y este testigo no avía de aver cosa partida; que gastase como de hazienda propria. Y que, como sabía su voluntad, no hazía memoria en qué lo gastava, si no era de palabra deste testigo al arçobispo. Y asy le hazía en muchos tiempos muchas librançaș comunicadas a voluntad.

Fuele dicho que por otra librança de setenta y quatro mil y ochocientos maravedís paresce que los ha recivido, que vea en qué los gastó. Dixo que dize lo que dicho tiene; y aviéndola visto, dixo que la reconoscía como las demás. Fuele mostrada ansí mismo otra librança, XIII U CCLXXX, que diga en qué los ha gastado. E aviéndola visto, dixo que se acuerda que los gastó en lo que dize la mesma librança, que fueron para Osorio, el agente del arçobispo en Valladolid. Fuele dicho que asy mesmo paresce por otra librança, que rescibió tres mil ducados en dos de agosto de LIX que diga qué se hizieron y en qué los ha gastado. Y aviéndola visto, dixo que reconoce averlos recibido e que los ha gastado en lo que dize la dicha librança, que fue en cosas pías tocantes a su conciencia del dicho señor arçobispo, que no quería que se diese quenta dellas. Y preguntado, dixo que las repartió conforme a la || orden que tenía del dicho señor arçobispo. Preguntado si lo repartió antes que fuese preso el dicho señor arçobispo, dixo que sí: como heran cosas comunicadas de su conciencia, que savía él a quién las avía de dar y cómo las avía de repartir.

Fuele dicho que paresce del poco tiempo que passó quando se hizo la librança hasta el tiempo que fue preso, no aver mucho lugar para repartir tanto dinero, y asy quél devía de tener alguna parte dello por repartir, y no averlo gastado; que, aunque diga la dicha librança que heran para ciertas obras pías que avían platicado entre ellos, que paresce no averse podido repartir en tan breve tiempo: por tanto que todavía diga si tiene algunos dineros por repartir o los tenía al tiempo que fue preso el dicho señor arçobispo. Dixo que por el juramento que tiene hecho, que de todos quantos maravedís ha recibido desta librança y de todas las demás que le cargaren y han encargado, no tenía un maravedí en su poder ni en poder ageno el día que prendieron al dicho señor arçobispo; y que tuvo necesidad de pedir al dicho señor Inquisidor que está presente y a don Rodrigo de Castro que le hiziessen limosna de algunos dineros para poder salir de Torillaguna *(sic!)*.

Fuele mostrada otra cédula de XVIII U DCCL maravedís que avía recibido Gerónimo Suárez por poder deste testigo. E dixo, aviéndola visto, que es verdad y que se dieron a un pariente del arçobispo que estudia, y que esto fue antes que viniese el arçobispo de Flandes y por libramiento del Licenciado Mérida.

Fuele asy mesmo pedida quenta de CXXXVI U maravedís que parescía aver cobrado por noviembre de LVIII de Montalvo, que diga en qué se gastaron. E aviéndola visto, dixo ques verdad y que la dicha suma se gastó en cosas muy menudas de la recámara del dicho señor arçobispo. Fuele pedido que por otro libramiento y carta de pago de || treinta y quatro mill e quinientos y veinte y siete maravedís, que dé en qué los gastó. E aviéndola reconoscido, dixo que éstos se gastaron en los reposteros que se hizieron en Salamanca, como lo dize la librança.

Fuele mostrada otro conocimiento e librança de cinquenta reales que recibió de Antonio Montalvo. E aviéndola reconoscido, dixo que no se acuerda en qué se gastaron, porque muchas veces por no dar quenta particular en qué se gastavan los dineros, principalmente en cosas de limosnas y gastos de la recámara del arçobispo, se hazían las librarças a este testigo y él dava las cartas de pago y otros cobravan los dineros y por esto no se acuerda en qué se gastavan.

Fuele mostrada otra carta de pago de dozientos reales que paresce aver rescibido por librança de el dicho señor arçobispo. Y vista, dixo que la reconosce y que no se acuerda, como tiene dicho, en qué se gastaron.

Fuele mostrada otra librança y carta de pago de quinientos y ocho reales, que paresce rescibió, que son XVII U CCLXXII maravedís. E vista, la reconosció e dixo que la misma librança dize que se gastaron en los dichos reposteros que se hizieron en Salamanca.

Fuele dicho que el descargo que ha dado a estas sumas de maravedís de librarças y cartas de pago, no paresce en muchas dellas pasar por el descargo que datan e son o en qué se gastaron; que todavía se le encarga declare si tiene otro descargo o más claridad que pueda dar para que se entienda en qué se gastaron conforme a lo que dize e que no tenga dellos algunos dineros. Dixo que dize lo que dicho tiene por las razones que tiene dichas, que en verdad no puede dar más clara cuenta de || la que ha dado, porque quando prendieron al dicho señor arçobispo de Toledo no tenía por gastar blanca de todos ellos.

Preguntado que a qué fue la venida a esta ciudad deste testigo, dixo que porque le rogó el Licenciado Céspedes que se llegasse a esta ciudad a hablarle, y a esto fue su venida y no a otra cosa. Preguntado que para qué le rogó que viniese el dicho Licenciado Céspedes, dixo que para comunicar ciertos negocios que dixo que traya de roma, sin declararle quáles heran. Y que, después de llegado aquí, supo dél que hera para comunicalle unos paresceres que traya de roma sobre la prisión del dicho señor arçobispo, que eran de unos letrados particulares de Roma. E le dixo que los avía comunicado en el Sto. Officio e en el Consejo de la General Inquisición. Preguntado si le dixo lo que contenían los dichos paresceres, dixo que lo que se acuerda es que dizen todos que no se avía guardado la orden del Breve en la prysión del dicho arçobispo y que por muerte del papa avía espirado el dicho Breve. Y que el otro motivo que le traía acá al dicho Céspedes hera informarse de Su Magestad si hera verdad lo que allá dezían en Roma los que negociavan contra el dicho señor arçobispo de Toledo, que hera dezir que el Rey estava muy indignado del dicho arçobispo de Toledo porque avía conjurado contra el Rey y favoresciendo al Rey de Bohemia y que no le ha comunicado otra cosa mas que ésta, ni este testigo sabe que la traiga. Preguntado si sabe que aya hablado el dicho Licenciado Céspedes al Rey, dixo que no sabe que le haya hablado.

Fuele dicho que aver venido este testigo a esta ciudad a lo que tiene dicho por carta y con embiar escriptos los paresceres, paresce que no avía necessidad de venir a esta ciudad, y asy deve de aver sido otra la causa para que aya venido: por tanto que se le encarga la diga e si uvo otra causa más de la que tiene dicha || Dixo que por ninguna otra causa vino y que por esta venía de mala gana y se quiso bolver del camino; y que no lo hizo, porque el dicho Licenciado Céspedes no se corriesse, pensando que hazía burla dél.

Preguntado si ha hablado aquí a algunas personas sobre el negocio del dicho señor arçobispo, asy a personas ecclesiásticas como seglares, dixo que en común ha hablado con muchas personas, asy a religiosos como a seglares; y que particularmente se acuerda aver hablado al Almirante, a don Antonio de Toledo, en cosas del arçobispo de lo que comúnmente todos hablan e no de cosa particular: que más les fue a hablar por visitarlos que por otra cosa alguna.

Preguntado si piensa estar en esta ciudad algunos días e dónde yrá, dixo que piensa estar poco aquí y que yrá a Salamanca dende aquí. Fuele dicho que quando se aya de yr, dé noticia al señor inquisidor dello y guarde secreto. Firmólo de su nombre.

f. Diego Ximénez

Passó ante mí, Julián de Alpuche, secretario.

Toledo 16 enero 1560

En la dicha ciudad de Toledo diez y seis días del dicho mes de henero del dicho año de mill e quinientos e sesenta años, ante el dicho señor inquisidor don Diego Ramírez y por su mandado paresció presente el dicho fray Diego Ximénez. E como estuvo presente, le fue preguntado que qué ha acordado cerca de las partidas que tiene reconoscidas e se ha cargado y él tiene confesado averlas recibido: que declare en qué se ha gastado la dicha quantidad de dineros y a qué personas los ha dado. Dixo que él, como dicho tiene, no se encargó de estos dineros para dar || cuenta dellos, ni pensava dalla a nadie, ni la diera tan particular como la ha dado, si no fuera por el respecto que tenía al Sto. Officio, que se quería informar dél; y por esso no se acuerda otra cosa mas de la que dicha tiene en las preguntas que en días pasados se le hizieron, a que se refiere.

Fuele dicho que ya le está dicho cómo por las respuestas que da a lo que se le pregunta, que en qué se ayan gastado los dineros que tiene recibidos, no es bastante descargo el que da, diziendo que como no avía de dar cuenta a nadie, por esso no la tenía, pues agunos libramientos dizen en ellos que ha de dar quenta de ellos; y asy todavía se le pide que dé más en particular descargo de lo que tiene recibido que hasta agora ha dado. Dixo que ya ha dicho muchas cosas de las que en particular se ha acordado y que también ha dicho la razón porque en los libramientos se ponía que avía de dar quenta de los dineros y respondido a ello, y que ninguna otra cosa se le acuerda más de lo que tiene dicho y que a ello se refiere.

Preguntado si tiene algunas cartas de pago de los dineros que ha dado en la cantidad que confiessa aver recibido, dixo que no las tiene, porque no las recibía; que no se acuerda sino de una o dos, de ciertos maravedís que dio a un pariente [primo?] del arçobispo que está en Valladolid, y otro que fue a ciertos negocios a Ciudad Rodrigo, que sería todo ello en contra de poco más de cien ducados, y que éstas solamente las tomó para que se tuviese quenta con ellos en lo que se les avía de dar de su salario y no para dar quenta este declarante de los dineros quel avía recibido.

Preguntado si tiene memoria de las personas a quien aya dado dineros por mandado del dicho señor arçobispo, de los que tiene recibidos, dixo que no se acuerda de otra cosa, mas de lo que dicho tiene. Fuele dicho que, pues él tiene confesado que mucha parte de los dineros que tiene recibidos los avía recibido para obras pías, especialmente una partida de tres mill ducados, o no puede dexar de tener memoria en qué obras pías se gastaron y a qué personas se dieron y especialmente que en tan breve se dieron, pues de dos de agosto hasta veinte y dos del dicho mes no pudiera caer en olvido e tuviera quenta en qué se gastaron, pues pidió dineros || en Tordelaguna, diziendo que no tenía dineros para poder salir de allí. Y asy para que aya quenta y este declarante la pueda dar de lo que recibió en que se gastó, ha de declarar a qué persona en particular y qué cantidad le dio, para que aya de todo quenta, como es justo que cada uno dé quenta de los dineros que recibe, pues está obligado a dalla, e que aquí no se le pide cosa que no tenga este declarante obligación a declarar en qué se aya gastado tanta cantidad de dineros. Dixo que por tener cargo de la conciencia del arçobispo no puede ni deve declarar muchas cosas de las que se le preguntan, porque en lo demás ya tiene dicho y declarado lo que en esta razón ay, que de ninguna otra cosa se le acuerda.

Fuele dicho que si él tuviera declarado y satisfecho a dar quenta de la obligación que tiene, pues ha confesado aver recibido la cantidad que está en su examen, no se tratará de pedir en particular en qué oviesse gastado la dicha suma; y asy cerrarse este declarante a no declarar más, paresce que no se devía de repetir en lo que dize, pues no quiere señalar personas a quien se aya dado: y asy, o este declarante lo deve tener para algún efecto y no avello dado como dize, que todavía se le pide para que aya razón y quenta, en qué se aya gastado tanta cantidad o declare porque se ponga en los libros adonde está puesta la razón de los demás bienes del dicho señor arçobispo de Toledo, pues aquí no se pide otra cosa, mas de que aya toda quenta y claridad en la dicha hazienda. Dixo que por lo que tiene dicho se da bastante razón para todo el cargo que se le haze de todo el dinero quel ha recibido y que por tanto no se le offresce otra cosa de nuevo, por ser como tiene dicho que se gastaron en cosas comunicadas con el dicho señor arçobispo y por no aver recibido cosa ninguna de las dichas sumas para dar quenta dellas, porque, como tiene dicho, hera ésta la voluntad del dicho señor arçobispo.

Fuele dicho que aquí no se tiene por bastante descargo el que da, y que asy él deve de mirar a qué personas aya dado el dicho dinero para que se tenga quenta, como le está dicho, con la demás hazienda, y que || entretanto que no diere esta quenta y satisfiziere a ella, no puede dexar de pedírsele, y asy para dalla conviene que no salga desta ciudad e asy se le manda so pena dexcomunión que lo cumpla, que, hasta que aya la dicha quenta y tenga licencia del dicho señor inquisidor, no salga desta ciudad. Dixo que no tiene más que dezir de lo que dicho tiene ni lo terná, aunque piense en ello muchos años, porque no lo ay; y que el señor inquisidor le haze agravio en esto, asy en no satisfazerse con la quenta que este declarante ha dado, pues ninguna obligación tenía a dalla a nadie por las razones que tiene dichas, y también en mandarle que no salga desta ciudad, porque si no fuese en casos de heregía, en lo demás por razón de los privilegios de su Orden están esentos de toda qualquier justicia, y que por tanto que suplica a su merced no mande lo que tiene mandado en prohibirle el salir de la ciudad.

Fuele dicho que en avelle mandado lo que está mandado, no se le ha hecho agravio, y que, no obstante sus privilegios y lo que más dize, que todavía se le manda haga lo que está dicho so pena que si lo quebrantare, que se procedería contra él como contra persona que no obedesce los mandatos del Sto. Officio.

Fuy presente yo Julián de Alpuche, secretario, y dello doy fe.

Toledo 11 mayo 1560

En la audiencia de la Santa Inquisición de Toledo, honze días del mes de mayo de mill e quinientos e sesenta años, ante el dicho señor inquisidor don Diego Ramírez y por su mandato paresció presente el dicho fray Diego Ximénez, al qual, como estuvo presente, le fue pedido que los recaudos de las quentas que otras vezes se le ha mandado que mostrasse para el descargo de lo que toca al cargo que se le haze de los dineros, que avía rescibido y estava obligado a mostrar en qué los avía gastado, que si tiene algún otro descargo más de los que tiene dichos, pues para traerlos se le ha dado harto lugar. Dixo que no tiene otro descargo que dar más del que dicho tiene que a él refiere. ||

Fuele dicho quel descargo que tiene dado no es tan bastante para que se aya de recibir, porque no amuestra las cartas de pago de las personas a quien lo dio y él tiene reconoscido aver rescibido la cantidad que le está dicha, que todavía se le pide de más claridad del descargo que hasta aquí ha dado. Dixo que como dicho tiene él no se encargó destos dineros para dar dellos cuenta y por esso nunca tomó carta de pago de nadie, sino de los que dicho tiene y aquellas las tomó de voluntad y no de necessidad, y para que sirviesse de quenta para las personas que recibían la dicha suma y no para que este declarante diesse quenta con cartas de pago. Y que lo pregunten esto al arçobispo, quel dirá cómo no le davan los dineros para que diesse quenta dellos en particular ni en general al dicho señor arçobispo ni a nadie, sino porque los gastasse en lo que comunicara su conciencia con este que declara.

Fuele dicho que aquí ay noticia que este declarante tiene dineros y que gasta con algunas gentes substentándosse muy bien, y que deve de ser de los dineros que recibió del dicho señor arçbispo: que se le pide que debaxo del dicho juramento declare si tiene los dichos dineros. Dixo que, como dicho tiene, ha muchos días que de los dineros del dicho Rmo. de Toledo no tiene blanca, ni gastó dellos en provecho suyo agora ni nunca cosa alguna, sino fue agora ha un año un sayo y saya y algunos escapularios que hizo avía más de un año, y un moço que tiene se le substentan en St. Pedro Mártir, y éste que declara come en el convento con los otros frailes a costa del convento, y que para algunos otros gastos, que como guéspedes suelen tener los frayles, le han proveído sus hermanos de dineros, que tienen bien con que podello hazer.

Fuele dicho quel mandamiento que tenía este declarante para estar en esta ciudad, se le alça con tanto que si oviere de salir della y oviere de estar en alguna parte, dé noticia al dicho señor inquisidor, para que si fuere necessario para averiguar las quentas, se sepa adónde está, porque el descargo que hasta agora tiene dado, no se tiene por sufficiente. Dixo que lo haría.

Fuy presente yo el dicho Julián de Alpuche, secretario.

Este dicho día ante los señores inquisidores don Diego Ramírez y Licenciado Brizeño pareció en la dicha audiencia fray Diego Ximénez e dixo que después que fue de con el señor inquisidor don Diego Ramírez, halló que estava el alguacil deste Sto. Officio que le tenía abierta y descerrada su celda donde está en el convento de San Pedro mártir, y que estavan dentro contándole lo que allí tenía, que se agravió mucho dello, || pues si se le mandara traer alguna cosa, lo hiziera; y que cesara el escándalo y nota que desto se sigue a su persona y al convento, porque lo que allí tenía lo truxera como dicho tiene donde los dichos señores inquisidores mandaran, que como dicho tiene heran ciertos dineros los que allí tenía que heran sobra de unos cien ducados que su hermano Juan Ruiz de Velasco, vecino de St. Lucar de Varrameda le avía embiado por una póliça de Leo Bonhomo, la qual cumplieron y pagaron los afectales (?) de Valladolid antes de la Navidad passada. Y que por cierto que dicho alguacil se los avía tomado; que suplica a sus mercedes le hagan cumplimiento de justicia e mandándoselos bolver y todo lo demás que le ovieren tomado, pues todo lo que allí tiene es suyo, como tiene dicho y no son cosas que tocan al Sto. Officio. Y que si es necessario está presto de dar ynformación dello y de cómo los dichos dineros se los embió el dicho su hermano para sus necessidades.

Los dichos señores inquisidores dixeron que proveerán justicia. Fuy presente yo Julián de Alpuche, secretario.

Interrogatorio sobre cartas escritas por fray Diego Ximénez, O. P. *

Toledo 12 octubre 1560

En la audiencia de la Sta. Inquisición de Toledo, doze días del mes de octubre de mill e quinientos e sesenta años, ante el señor inquisidor don Diego Ramírez paresció, syendo llamado fray Diego Ximénez, religioso de la Orden de Sto. Domingo, donde ansí mismo estuvo presente el dicho señor inquisidor, el Licenciado Brizeño. E fuéle rescibido juramento al dicho fray Diego Ximénez poniendo la mano en su pecho y prometió de dezir verdad.

Preguntado en qué casas ha estado después que salió desta ciudad, dixo que en Salamanca y en Madrid, donde vino pocos días ha por visitar al padre Cano, provincial, que aya gloria.

Preguntado si en las quentas que se tomaron al dicho fray Diego Ximénez si tiene algún más descargo que dar, dixo que no.

Preguntado si una firma que está en una carta missiva que le fue mostrada, si es suya e si reconosce; e aviéndola visto, dixo que conosce la firma y la letra y vido el sobrescrito: la qual escrivió este declarante dende Valladolid al padre fray Thomás Enriquez, que hera Vicario general de la Orden y estava en Roma, y agora es Maestro del Sacro Palacio. Fuele dicho que lea la dicha carta para que declare si escrivió lo contenido en la dicha carta. El qual dicho fray Diego Ximénez aviéndola leydo de verbo ad verbum, dixo que sí quel escrivió lo contenido en ella.

Preguntado que si las cartas que dize al principio de la dicha carta que le escrivió el dicho fray Thomás Manrique, si las tiene, dixo que no, que en Valladolid las rompió; que no contenían mas de que pensando que estava el arçobispo en su libertad, le escrivía ofresciéndole su servicio y respondiéndole a algunas cosas que el arçobispo le avía escripto, que cree que hera sobre cosas del libro.

Preguntado que declare este declarante las falsas informaciones y voluntades por donde padescía la ynocencia e justicia del señor arçobispo de Toledo que dize en la dicha su carta por donde fue preso e quáles sean estas falsas informaciones y voluntades ‖ dixo que la carta dize que lo cree y como cosa creyda lo escrivió, porque asy se platicava entre todos los que hablavan y tratavan deste negocio, que por ser tantos, no tenía quenta con ellos; y no se dezían en particular qué cosas ni quáles ni quántas informaciones, sino asy en general, por tener como tenían al arçobispo por un hombre de mucha sanctidad y letras, y también por tener por cierto que los del Sto. Officio no le avrían preso ni detenido sino por tener informaciones contra él, las quales presumían que no heran verdaderas, aunque esto no constaría a los dichos señores del Sto. Officio: por donde sus mercedes le pudieron prender justamente y él estar sin culpa. Y por esto se les hazía verisímil y creyan y asy lo platicayan que estava preso por falsas informaciones, y por tener, como tenía, muchos desaficionados y apasionados contra él, asy por razón de la dignidad arçobispal como por aver sido perlado muchos años en su Orden y aver castigado y reprehendido a muchos por razón de su officio, y que esto es lo que responde.

Preguntado entre quién se platicava y dezía lo que este declarante escrevía, creyéndolo, lo que tocava a que por falsas informaciones estuviesse preso el dicho señor arçobispo, dixo que dize lo que dicho tiene que por ser una cosa tan común y que tantos hablavan en ello, no tenía quenta con quién lo dezía ni en particular se acuerda dellos. Fuele dicho que, no dando más razón de la que da este declarante en no avello oydo en particular a ninguna persona nombrándola, paresce quél mismo de suyo lo quiso dezir sin tener otro fundamento; y asy deverse a este declarante decargar el fundamento de lo que dize que dezían otros: por tanto que declare si tuvo o tiene de dónde oviese salido el dezir que fue por falsas informaciones la dicha prisión, más de lo que tiene declarado. Dixo que no tiene más que decir de lo que tiene dicho, y como este declarante hera compañero del

* Las cartas de este legajo las hemos insertado en el texto del capítulo.

dicho señor arçobispo, acudía más gente a él a hablarle y dezirle lo que dicho tiene, como lo dize la carta, que como heran tantos, no se acuerda en particular; y cada uno que lo dezía, lo dezía como de suyo, por tener al arçobispo por bueno y a los jueces por || justos y rectos, como tiene dicho.

Preguntado quién son los juezes que con facilidad se persuadieron a prender al dicho señor arçobispo sin tener fundamento y no pedillo la qualidad del negocio porque estava preso, dixo que en la carta él no dize que los juezes lo hizieron sin fundamento, sino que, por presumir este declarante que las informaciones heran falsas por lo que tiene dicho, le paresció, aunque los juezes tuvieron fundamento para prendello, por ser la qualidad de la causa gravíssima, fuera necersario quel fundamento fuera magnifestíssimo y no por las informaciones que públicamente se dezían devía de aver.

Preguntado si este declarante sabe las informaciones que ay para que el dicho señor arçobispo esté presso, dixo que no, que no las sabe. Fuele dicho que pues no las sabe, cómo trata en la dicha carta estar preso por falsas informaciones; dixo que, como creydas escrevió lo que dize la carta; lo qual escrivió al dicho fray Thomás Manrique como a su perlado y superior, dándole quenta de lo que acá passava.

Fuele dicho, pues escrevía como a su perlado y superior, que hera justo escreville ciertamente lo que hera y no por oydas poner tan claramente ser la prisión del dicho señor arçobispo por falsas informaciones; y asy devía ser otra la causa que le movió a este declarante escrevir lo que contiene la dicha carta que le movió a este declarante escribir lo que contiene la dicha carta al dicho fray Thomás Manrique, como della se colige, especialmente pues dize que los mesmos que fueron en prendelle, dan la muestra de pesalles de averlo hecho y que estuviera mejor por hazer la dicha prisión: que declare quién son los que dan esta muestra. Dixo que dize lo que dicho tiene que escrivió la dicha carta al dicho fray Thomás Manrique como a superior, dándole, quenta de lo que passava; y en las cosas que le escrivió, no se las escrivió con más certidumbre que de oydas, que, como dicho tiene, las oya a muchas personas y no le parescía a este declarante que hazía agravio a los señores del Sto. Officio, porque son cosas que se compadescen aver sus mercedes prendido al arçobispo justamente y estar el dicho arçobispo sin culpa, porque || los juezes son obligados a juzgar conforme a la deposición de los testigos, aunque sean falsos, no constándoles de la falsedad. Y en lo demás de quién son los juezes que les pesó de aver preso al dicho señor arçobispo que dieron muestra dello, dixo que, como todo lo que en este caso dize fue de oydas de gentes que se lo dixeron, que no se acuerda quién son. No está cierto de por qué juez lo dixeron, sino asy en general dezían de los juezes.

Fuele dicho que la declaración que da a lo que se le pregunta, siempre queda este declarante cargado en que todo se aya levantado y dicho dezirlo de sy mismo, pues no da en particular a quién lo oyesse para que asy lo escriviesse, mas de en general como lo declara: que todavía se le pide si en particular lo oyó a alguien. Dixo que dize lo que dicho tiene y que no tiene otra cosa que declarar.

Y preguntado de dónde sabe este declarante quel mayor mal y la mayor heregía quel arçobispo tiene es avelle preso por este Sto. Officio y no por delictos que aya información que aya cometido, dixo que, supuesto lo que dicho tiene, que se cree quel arçobispo está preso por falsas informaciones, aunque devieron ser bastantes para que los señores del Sto. Officio le prendiesse, será el mayor mal y crimen averlo preso por la auctoridad del Sto. Officio que, por ser persona tan notable el arçobispo y de tan gran dignidad, que se seguiría gran nota al Sto. Officio, aunque estuviesse libre mandarle soltar; y por esso dixo que el mayor mal que tenía hera avelle preso, aunque por esso no cree que dexarán de declarar su libertad, hallándole sin culpa.

Preguntado de dónde sabe este declarante parar la culpa del dicho señor arçobispo de Toledo porque esté preso solamente en el fundamento del libro y no aver otra razón de su prisión, dijo que por avello oydo a muchas personas que, como tiene dicho, por ser tantas y averlo hablado con tanta libertad, no tiene memoria dellas, aunque se acuerda que el señor doctor Figueroa, Presidente del Consejo de Ordenes, le dixo un día que al arçobispo le echava a perder su libro, que pluviera (!) a Dios que no le oviera escripto (echando asy toda la culpa al libro); y que lo mesmo oyó dezir que dezía el confesor de Su Magestad.

Preguntado quién son los theólogos que dizen que tiene el dicho libro más de cient heregías, dixo que lo ha oydo dezir, aunque no se acuerda muy cierto de qué personas, pero que le paresce que le nombravan a Carlos, un Comendador de Sanctiago, y a un padre de St. Francisco, que cree se llama Ybarra; que, aunque no está bien acordado si son éstos o otros, pero que está cierto que dixeron muchas vezes que ciertos theólogos dezían lo que dize la pregunta.

Preguntado quién dixo a este declarante que el obispo de León, que es Cuesta, avía sido llamado del Consejo del Sto. Officio y, tratando sobre el libro, avía dicho que si el señor arçobispo de Toledo avía sydo herege y faltado en la fee en algún tiempo, que con el libro se podrá defender y aver sido cathólico christiano y hazer demostración de serlo, dixo que a muchas personas lo a oydo y que entre ellas le paresce que se lo dixo don Gaspar de Mendoça, hermano del Conde de Coruña, y cree que frai Antonio de Sancto Domingo y un hermano del arçobispo que se llama Marco Antonio, que dezían se lo avía oydo al mesmo obispo, aunque no está cierto que le oviessen dicho las mesmas palabras que este declarante dize en la carta, pero que es la mesma sentencia.

Preguntado quién son los juezes que no dan otra razón de aver sido preso el dicho señor arçobispo mas del dicho libro, dixo que dize lo que dicho tiene, que lo sabe por oydas y generalmente sin expecificar ninguno de los juezes. Preguntado que quién son los que están persuadidos en la casa del Rey a que el dicho señor arçobispo de Toledo está bien preso por los juezes, dixo que no sabe en particular quién son, sino que se dezía asy en general como se dezían las otras cosas. Preguntado de dónde supo este declarante que los hereges que condenaron en Valladolid que dezían que condenavan al dicho señor arçobispo, que no dixeron nada contra él, dixo que de avello oydo a muchas gentes y en particular oyó dezir que fray Domingo de Rojas avía dicho lo contenido en la carta. Y esto se lo || dixeron a este testigo el maestro fray Pedro de Sotomayor, fray Francisco de Tordesillas, que fueron con el dicho fray Domingo hasta donde le quemaron. Preguntado si el dicho fray Domingo de Rojas avía dexado firmado quel señor arçobispo avía enseñado lo contrario de todas sus heregías, dixo que lo que se acuerda agora es que los susodichos padres le oyeron dezir lo contenido en la carta, que se lo dixeron asy a este declarante; y que no se acuerda bien si le dixeron que lo dexava firmado, pero que se acuerda que le dixeron los susodichos quel dicho fray Domingo les avía dicho que dexava en poder de su confesor escripto lo que a ellos les dixo el dicho fray Domingo o cosa semejante.

Fuele dicho quel dize en su carta que se sabía que los hereges que quemaron, que no dixeron nada contra el dicho señor arçobispo, y esto es fuera de lo que los dichos frailes avían dicho que dixo el dicho fray Domingo; que declare quién no avía dicho nada de los que avían quemado que dezían que le condenavan. Dixo que este declarante no escrivió que no dixeron los que quemaron nada contra el arçobispo, sino que no dixieron cosa que le dañase, y que esto no lo sabe por otra vía, sino porque se dezía por ay por muchas personas, paresciéndoles que, pues que los quemavan antes de la ratificación, que no devían de dezir cosas en perjuizio del arçobispo, y éstos heran don Carlos y Juan S[ánchez] y Caçalla, cura de Pedrosa, y no se acuerda bien si dezían de otros y del Licenciado Herrera.

Fuele dicho quel dize que se sabía dellos; que declare cómo se sabía. Dixo que, como dicho tiene, lo sabía de avello oydo dezir, y que no quiere dezir que lo oviese oydo dellos, sino que aquello que se dezía, se dezía dellos y que lo oyó generalmente de personas que lo dezían. Fuele dicho que como declara esto, no diziendo a quién lo oyó, paresce que trató dello como persona quél mismo lo avía oydo o de suyo lo dezía, pues en particular paresce que no da razón a quién lo oyó fuera de lo que dize que dixo el dicho frai Domingo: que todavía se le encarga si en particular lo oyó y a quién. Dixo que dize lo que dicho tiene, aunque se acuerda con alguna dubda quel doctor Morales de Valladolid le dixo que los quemados no avían hecho o no hazían daño al arçobispo de Toledo, por la razón susodicha o porque || no averse ratificado en sus dichos.

Preguntado si piensa estar mucho aquí en esta ciudad, dixo que como sus mercedes mandaren. Fuele dicho que por ser tarde agora, se le manda que guarde secreto y se vaya por agora.

f. Diego Ximénez

Toledo 31 octubre 1560

En la dicha audiencia de la Sta. Inquisición de Toledo, último día del mes de octubre del dicho año de sesenta, ante los dichos señores inquisidores don Diego Ramírez y Licenciado Brizeño, paresció, siendo llamado, el dicho fray Diego Ximénez. Y como fue presente, le fue preguntado si se acuerda alguna cosa más sobre la carta que fue examinado. Dixo que no se acuerda de más de lo que tiene dicho. Fuele dicho que en la misma carta dize y da relación del estado en que está el negocio del señor arçobispo, aviéndose pronunciado por juezes, no apartándose de su declinatoria de jurisdicción, recusó al Yllmo. de Sevilla, Inquisidor General. Dixo que este declarante lo supo del doctor Morales y que era muy público en toda Valladolid que avía pasado lo quel escrevía.

Fuele dicho que ansí mismo en la dicha carta dize este declarante que en lo que parece hazían agravio es en no querer dar alimentos a los criados y casa de el arçobispo y en no querelle dar letrados para defensión de su causa: que declare cómo entendió que no se davan letrados al arçobispo de Toledo para defensión de su causa. Dixo que a lo queste declarante se acuerda, quando escrevió esta carta, que públicamente se dezía por Valladolid que no le avían dado al arçobispo de Toledo los || letrados quel pidió; y que a esta causa entendía que no le davan letrados para su defensa al dicho arçobispo de Toledo, porque, aunque tenía a Morales y a otro, el Morales dezía que estava puesto por parte del señor arçobispo de Sevilla y el otro andava de camino para venirse con la Corte a Toledo y así se vino, y quedó solo el Morales.

Preguntado de quién supo que avía nombrado otros letrados el dicho señor arçobispo de Toledo, dixo que se dezía públicamente en Valladolid que avía nombrado el señor arçobispo de Toledo al doctor Santander y a otro cathredático de Valladolid de cánones, cuyo nombre no se acuerda este declarante; y vio que no lo fueron, y ellos mismos los dichos letrados lo dixeron a personas que se lo dixeron a este declarante, cuyos nombres no se acuerda.

Fuele dicho que en la misma carta dize este declarante que pretendían aquellos señores, que Su Sanctidad les cometiesse la causa in totum para que ellos sentenciassen: que quién dixo este declarante pretendiesse lo que screvía. Dixo que esta era una presumpción común, que tratavan della todos quantos hablavan en este negocio, y así lo oyo éste testigo a muchos que hablaron con él sobre ello. Y se acuerda que algunos lo dezían avello oydo a criados del dicho señor arçobispo de Sevilla, y no le dixeron a este declarante los nombres de los criados a quien lo oyeron, ni el se acuerda quién se lo dixo; como era cosa en que tan comúnmente se hablava, este declarante no tenía attención a quien en particular le dezía algo.

Fuele dicho que no venir a declarar en particular a quién oyó lo que declara, no se puede dexar de tener este declarante lo tratava de suyo, lo qual todo era induzimiento para traer a personas que tuviesen y creyesen fuese verdad lo que ansí escrivía: que todavía se le pide si se acuerda en particular quién le dixesse a este declarante lo que ansí declara. Dixo que dize lo que dicho tiene, ni se acuerda otra cosa || más en particular, porque la qualidad del negocio dio ocasión a que todo el mundo hablava en él con mucha libertad y por esta razón no tenía cuenta este declarante con los que lo dezían ni con lo que dezían, para acordarse de sus nombres.

Preguntado que qué ocassión dio el negocio para que hablasen en él con tanta libertad como dize, dixo quel no entiende que fuesse otra la ocassión sino ser la persona del arçobispo de tan gran dignidad y aver sido tenido en opinión de mucha santidad y letras y por esta raçón ser uno de los hombres más conocidos que avía en el mundo: y como de persona tal hablavan todos en su caso.

Fuele dicho que en la misma carta dize este declarante queste negocio del arçobispo de Toledo no se tratava en Consistorio de Cardenales; que no sabía qué cosa avría digna dellos y del Sumo Pontífice; declare a qué propósito y fin escrivió esto. Dixo que por ser cosa de derecho que las causas graves de perlados acudan al tribunal supremo del papa y de los cardenales, no le parecía a este declarante que hazía lo que no devía en desear que en un perlado tan principal como el arçobispo de Toledo, se guardasse lo que los Santos Padres y los santos concilios y en muchas partes mandaron y ordenaron. Fuele dicho que no parece que lo hiziese este declarante por el respecto que dize, sino porque las causas que se tratavan en el Santo Officio de la Inquisición fuesen llevadas y sacadas dél: que vea y declare si lo hizo por este respecto. Dixo que dize lo que dicho tiene y que no fue otro respecto el suyo y así se puede colegir de lo que en la dicha carta dize más adelante.

Fuele dicho y preguntado que quién son las personas que tienen desafición al negocio, de donde de pura conciencia se avía de hazer lo que dezía este declarante. || Dixo que como este declarante lo avía oydo en general, ansí lo dize en general, y quel dicho señor arçobispo de Toledo le avía dicho algunas vezes a este declarante que tenía a el señor arçobispo de Sevilla por desaficionado a sus negocios.

Preguntado si el dicho señor arçobispo de Toledo le dixo las causas por donde tenía al señor arçobispo de Sevilla por desaficionado a sus negocios, dixo que algunas le dixo, y no le paresce a este declarante que se acuerda de todas, mas las principales le parece que era: la una aver apretado mucho con el Rey que mandase al señor arçobispo de Sevilla se fuese a residir a su arçobispado, y la otra por aver inportunado el dicho señor arçobispo de Toledo al Rey que pusiese en theólogo en el Consejo del Sto. Officio de la Inquisición y avello acabado con Su Magestad que se hiziesse como se hizo. Y que aunque se acuerda que le dixo otra, no se acuerda de más en particular este declarante. Y que estas cosas dezía el dicho señor arçobispo de Toledo que las sabía el señor arçobispo de Sevilla y por tanto creya que no estava bien con él, ni tenía affición a sus negocios.

Fuele dicho que en la mesma carta dize este declarante que tenía esperanza de la libertad de fray Juan de Villagarcía, porque ninguna cosa se hallava contra él mas de sospecha de aver sido compañero del arçobispo de Toledo: que declare de dónde supo este declarante no tener otra culpa dicho fray Juan de Villagarcía porque así estuviesse preso. Dixo que lo principal por queste declarante escrivió aquello y lo creyó, era porque después que le prendieron al dicho fray Juan, no se dezía dél en qué uviesse ofendido contra la fee, como publicamente se dezía de todos los que antes prendieron y avían quemado, aun antes que los sacasen y luego que los prendieron lo dezían; y creyan que saldría libre el dicho fray Juan y así lo platicavan y tratavan entre sí. Y se acuerda este declarante que cierta persona, aunque no || se acuerda de su nombre, le dixo quel confessor de Su Magestad avía dicho quel dicho fray Juan de Villagarcía no tenía culpa y que saldría libre.

Fuele mostrada a este declarante una carta, su fecha en Toledo a diez y siete de octubre, la firma de la qual dize fray Diego Ximénez: que declare si es suya la dicha firma y si escrevió la dicha carta. Dixo que sí, que la firma es deste declarante y la carta que les mostrada es suya y él la escrivió de su mano y letra.

Fuele dicho que entre otras cosas que dize en la dicha carta, dize este declarante que tomarán el parecer de la persona a quien la escrive con disimulación el Señor arçobispo de Sevilla de lo que avía en el libro y sin consultalle lo mandarían prohibir; y hecho este borrón, remediarse ía mal: que declare si prohibir el dicho libro, si se hazía borrón en ello. Dixo que lo que se acuerda es que esta carta escrevió al Maestro Cano, estando en Valladolid, al qual tenía por muy desaficionado del arçobispo de Toledo y que tenía muy en poco y despreciava sus cosas y escripturas Y temiendo esto, le escrivió este declarante la carta para que se templassen en su desafición, porque como los señores del Sto. Officio le tenían por muy letrado al dicho Maestro Cano, como lo era, y no devían creer tanta desafición como avía entre él y el señor arçobispo de Toledo, persuadidos con su parecer y censura, porque en aquella facultad estavan obligados a dalle crédito por no ser suya dellos, pudieran prohibir engañados con la razón susodicha el dicho libro del señor arçobispo de Toledo; y prohibido desta manera, conviene a saber, con censura de hombre desaficionado y apasionado y por personas questavan obligadas a dalle crédito por la opinión que tenía en letras, pudieran hazer borrón sin culpa de los dichos señores. Y por eso lo escrivió este declarante, porque entonces, como no estava el libro prohibido, le tenía por bueno y que agora que está prohibido por el Sto. Officio [no] lo tiene por borrón || y entonces [no] lo tuviera si pensara que tomavan otros parescceres para prohibir el dicho libro.

Fuele dicho que de lo que se contiene en la misma carta no parece se devía de hazer ni dezir lo que por ella declara por la declaración que agora da, especialmente que da a entender este declarante que el borrón que se a de hazer era por el señor arçobispo de Sevilla, lo cual da a entender se podrá temer por lo que avía hecho el dicho señor arçobispo de Sevilla en aquel negocio, y de otras cosas que no declara da a entender las ay: que declare qué son las cosas por donde el dicho señor arçobispo de Sevilla avía de hazer lo que dize que teme ese declarante. Dixo ques verdad que si se avía de hazer borrón, los señores del Sto. Officio lo avían de hazer prohibiendo el dicho libro, pero que toda culpa y la causa dello era la censura del dicho Maestro Cano, que, como tiene dicho este declarante, los dichos señores estavan obligados a creelle. Y las causas que se le preguntan, no se le acuerda bien quáles fuesen mas de las que tiene declaradas supra, aunque no por eso creya este declarante quel señor arçobispo de Sevilla hiziese cosa contra justicia ni de hecho.

Fuele dicho que parece no concluir la respuesta que da a lo que se le pregunta y así se le encarga él piense en dezir la causa que le movió a dezir las dichas palabras. Y por ser dadas las doce horas de medio día, no se pasó adelante. Fuele encargado el secreto.

Fuí presente yo Baptista de Yllan, notario.

Toledo 2 noviembre 1560

En la audiencia de la Sta. Inquisición de Toledo, dos días del mes de noviembre del dicho año, antes los dichos señores inquisidores paresció presente el dicho fray Diego Ximénez. E como estuvo presente, le fue dicho que si tiene otra cosa que dezir cerca de lo que se le encargó en la última pregunta que se le hizo en el examen pasado. Dixo que mirando que avía dicho en una pregunta que || ariba se pone, donde se dixo quel doctor Morales le avía dicho que, no apartándose el arçobispo de Toledo de la declaratoria, avía recusado al señor arçobispo de Sevilla, que le paresce que solamente le dixo que avía recusado el señor arçobispo de Sevilla y no lo demás, y que no se acuerda de otra cosa de lo contenido en las dichas preguntas.

Fuele dicho que tratando este declarante con el dicho Maestro Cano lo que se contiene en la carta y diziendo agora que lo hazía porque con el voto del dicho Maestro no se hiziesse borrones, por saber la pasyón que tenía en las cosas del dicho señor arçobispo, parasce no conforme lo uno con lo otro, y asy él deve de declarar qué heran los borrones que estavan hechos y las cosas que devía de saber el dicho Maestro Cano, las quales le pondrían themor para no, por donde el dicho señor arçobispo de Sevilla significasse, como lo significa por la dicha carta, que avía hecho otras cosas en el negocio, de donde se podía colegir aver borrones en ello. Dixo que este declarante ni ha dicho en las preguntas ni en la carta que avían hecho borrones; y que en lo demás dize lo que dicho tiene en las preguntas de arriba, a las que se refiere.

Fuele dicho que lo que significa en la dicha carta y dize es entre las otras cosas que dize y al propósito, son las palabras siguientes: "de otras cosas que Su S.ª ha hecho en este negocio, se podría temer esto. Temerlo ía v. p., si lo supiese": que declare qué son aquellas cosas que avía de saber. Dixo que ya tiene dichas algunas que se le acordaron entonces y que agora se le acuerda de algunas quexas quel arçobispo de Toledo tenía del señor arçobispo de Sevilla que dixo a este testigo. Y la una hera no avelle dicho cosa que tocase a su libro quando pasó por Valladolid, estando ya público que se tratava de que fuese examinado; y la otra que no se le diesse parte para que él lo enmendasse y recogiesse, ofreciendo de hazerlo como paresciesse al Sto. Officio. Y que no se acuerda de otras cosas más en particular.

Fuele dicho que tratar el Sto. Officio de mirar el libro no hera cosa fuera de su officio, ni tampoco para que le pessasse al señor arçobispo de Toledo; porque, si hera tal que pudiesse andar y fuesse para provecho de la religión christiana, estando mirado por las personas de cuyo officio hera mirallo, gran contento hera para él. Y si no hera cosa que fuese para dicho provecho, por muy bueno avía de dar el trabajo que en ello se pasava y venir por lo que por el Sto. Officio se determinava, si hera su yntento hazer provecho a la religión christiana. E asy que estas causas no heran bastantes: que declare si tener quenta el Sto. Officio con hazer lo que se le dize hera malo y digno que por ello se entendiesse hazer borrones. Dixo quel no se acuerda de otras causas y que no tiene por cosa mal hecha, sino por muy bien hecha quel Sto. Officio se entremetiesse a examinar el dicho libro, ni pensó que avía de ser esto causa de hazer borrón, si no es, como dicho tiene, siendo con censuras de hombres apasionados.

Preguntado si quando por este Santo Officio se toma un juramento para guardar secreto de lo que ante él passare, si está obligado a descubrirlo, dixo que no está obligado, antes lo está a guardalle y con más razón que tomado en otro tribunal.

Preguntado si alguno tratasse quél descubriesse lo que en el Sto. Officio passava aviéndole tomado el dicho juramento, si éste que procurava saber el secreto dél, si cometería delicto y caería en pena, dixo que en los secretos jurados, que sin duda pecaría quien lo procurasse, y en los que no fuessen jurados, siendo de cosas graves y de que comúnmente se suele tener secreto, también sería delicto y peccado; pero que, siendo de cosas leves y de poco perjuicio, que no las tiene por delicto ni por peccado el descobrillas.

Fuele dicho que pues este declarante sabía que uno que ha hecho juramento en este Sto. Officio de guardar secreto de lo que passase en él, que asy mesmo cometería delicto quien procurasse saber lo que en el Sto. Officio passava, que por qué por la dicha carta podía y procurava saber lo que en el Sto. Officio passava en secreto. Dixo que nunca fue su intención pedir por la dicha carta ni en otra manera al padre Maestro Cano, que sea en gloria, que le descubriesse cosa secreta del Sto. Officio, como consta por la mesma que escrivió al dicho Maestro, ni en lo que le pedía hera contra el secreto que están obligados a guardar los que tratan en el Sto. Officio, y asy el mesmo Maestro no lo avía guardado con otros, pero en las mismas cosas que este deponente le pedía, las avía dicho mucho antes a fray Ambrosio de Salazar y al Maestro fray Domingo de Soto, y estos las dixeron al arçobispo y el || arçobispo de Toledo lo diría a este deponente e aun le paresce que él lo oyó al Maestro Soto quel Maestro Cano le avía dicho muchas cosas que avía notado en el libro del dicho arçobispo de Toledo después que se le avía encomendado por el Sto. Officio. E que allende desto no es cosa hordinaria tomar juramento de secreto en el Sto. Officio quando se encomiendan libros para examinar e asy los examinadores nunca se recatan dello ni lo guardan y por esto escrivió este declarante pidiendo al dicho Maestro Cano que mostrase las annotaciones, paresciéndole a este declarante que no offendía, pues las avía mostrado a otros.

Fuele mostrada otra carta de veinte y cinco de noviembre, hecha en Toledo, dirigida al Maestro Soto e firmada de un nombre que dize f. Diego Ximénez, la qual leyó de verbo ad verbum. Y preguntado, dixo que ques suya la firma y la letra e que la dicha carta escrivió a frai Domingo de Soto estando en Valladolid. Fuele dicho que unas cartas que dize entre otras cosas que se llevaron al Consejo del Estado y heran para el Consejo, si se quedaron allí o si las bolvieron. Dixo que le paresce que se embiaron a Valladolid, pero que no se acuerda si se dieron o no, ni sabe lo que contenían; mas que se acuerda que hablavan en cosas tocantes al libro.

Preguntado si ha escripto este declarante a otras personas sobre este caso otras cartas, dixo que no se acuerda en particular, e que sobre esto del libro podrá ser que lo aya escripto a frai Antonio de Sancto Domingo e a frai Juan de la Peña y escrivía asy a otros frailes.

Fuele dicho que porque ha sobrevenido un negocio, que piense en lo que se le ha preguntado. Fuy presente yo Julián de Alpuche, secretario.

Fray Luis de la Cruz, O. P. y los protestantes de Valladolid (1559)

La difusión de una *Consideración* de Juan Valdés

Entre los innumerables personajes que desfilan por el proceso del arzobispo Carranza, figura el dominico castellano, natural de Medina, fray Luis de la Cruz. Evidentemente él fue objeto de un proceso personal, ya que las decenas de folios de declaraciones suyas que se recogen en el proceso del arzobispo están sacadas del proceso de fray Luis de la Cruz, que, como veremos más tarde, fue muy voluminoso. No conozco monografía alguna dedicada a fray Luis. Por Arriaga sabemos que profesó en San Esteban de Salamanca y juró en 1539. Salió célebre predicador por la provincia en el capítulo de Burgos (1553). Fue prior de León y rector del colegio de Santo Domingo de Salamanca, fundado por los duques de Béjar [1]. Su aparición en la causa de Carranza estuvo casi exclusivamente ligada a un punto particular y fundamental: el de la supuesta difusión por parte de Carranza de una carta de Juan de Valdés, que no era sino un capítulo de las *Consideraciones* del espiritual español residente en Nápoles. Fray Luis resultaba testigo clave, ya que era el único que estaba en posesión del secreto último de aquel incidente: en efecto, fue él quien, en ausencia de Carranza, sustrajo de la celda el misterioso papel y lo difundió entre diversas personas. A este incidente dediqué un artículo monográfico hace varios años [2]. Con todo, son relativamente abundantes las noticias sobre fray Luis que se encuentran dispersas en el proceso de Carranza. Su recopilación nos permite concentrar la lupa histórica sobre este personaje. El hallazgo de un fragmento de su proceso, nada menos que la acusación fiscal, desvela otras facetas de fray Luis, dignas de ser estudiadas[3]. Aun reconociendo la insuficiencia de esta documentación, merece la pena recogerla y analizarla, en defecto de un estudio más amplio de su desaparecido proceso.

Para ello seguiremos, al filo del proceso carranciano, el progresivo conocimiento procesal que obtuvo la inquisición sobre fray Luis; y supuesto que tales noticias proyectan su luz retrospectivamente sobre su vida, iremos esbozando los perfiles de su personalidad.

1. Alguna noticia dispersa sobre fray Luis encontramos en M. Menéndez Pelayo, *Historia de los heterodoxos españoles* IV, Santander 1947, 49, y E. H. I. Schaefer, *Beiträge zur Geschichte des spanischen Protestantismus und der Inquisition in 16. Jahrhundert*, Gütersloh 1902, ef. índice. Fr. Gonzalo de Arriaga, *Historia del colegio de San Gregorio* II, ed. M. M. Hoyos, Valladolid 1930, 121.
2. Cf. ACST I, 347-415, donde refundí el artículo publicado en la Revista Española de Teología 21 (1961) 289-324.
3. En este capítulo, dejamos de lado tal hallazgo.

Fray luis de la Cruz, preso

No podemos fijar la fecha exacta del apresamiento de fray Luis por la inquisición. Ciertamente estaba ya preso el 17 de agosto de 1559, por lo tanto unos días antes que el arzobispo Carranza [4]. En alguna ocasión entre los rumores difundidos por gentes afectas al inquisidor general, el nombre de fray Luis aparece unido al de fray Juan de Villagarcía, como destinatarios de pena de prisión y hasta de futuro auto de fe [5]. Acaso pudieron prestar base a esos rumores sus relaciones con Carranza. Sin embargo es más probable que influyera decisivamente otro hecho: me refiero a la denuncia de otro dominico procesado, fray Domingo de Rojas. El 10 de agosto de 1559 fray Domingo declaraba que fray Luis de la Cruz poseía copia de una carta de Juan de Valdés a Carranza sobre el modo de entender la sagrada Escritura; por lo demás también la poseyeron Rojas y fray Alonso de Castro [6]. Unos días más tarde, tras entregar Rojas su dictamen sobre el *Catecismo* de Carranza, volvió sobre el asunto. Su declaración es importante:

Iten, dijo que frailes de su Orden, creo que el uno dellos es fray Luis de la Cruz e el otro fray Alonso de Castro, me mostraron una carta de Valdés, que era secretario del Emperador, que es el que hizo las *Consideraciones*, la cual escrebió el dicho Valdés a fray Bartolomé de Miranda cuando el dicho fray Bartolomé se fue a Roma a hacer Maestro en Teología al Capítulo general, la cual le escrebió a Roma dende Nápoles o de otro lugar donde residía. E que esta carta era en respuesta de otra carta que el dicho fray Bartolomé de Miranda le había escripto.

E que estos dichos frailes o otros dijeron a este propósito que el Valdés era amigo de fray Bartolomé de Miranda; e que, como no le pudo ir a ver desde Roma, le escrebió deciéndole que él deseaba mucho tener espacio para irse a ver con él. Mas, pues que esto no podía, que le suplicaba le enviase a decir su parecer sobre cuáles abtores sería mejor ver e leer para inteligencia de la Escriptura Sagrada, porque, en volviendo aquí al Colegio, había de comenzar a leer la Sagrada Escriptura a los frailes. E a este propósito le escrebió el Valdés la carta que tengo dicha, adonde dice qué abtores debe abrir para la inteligencia de la Escriptura Sagrada e cuáles son los que debe cerrar.

Esta carta que digo he topado yo acaso en un libro de Juan Sánchez, que le conozco, adonde están recopiladas todas las *Consideraciones* del Valdés. E declaro que tengo dubda mucha, si en la carta que digo están todas las palabras e sentencias que yo he hallado en una consideración de este dicho libro de Juan Sánchez. Lo que me acuerdo cierto es que toda la sustancia de esta consideración del Valdés e lo contenido en la dicha carta, todo era uno. Lo que dubdo es si el Valdés encubrió algo en la carta, que aquí descubre en esta consideración y en las palabras della, atento a que no se enscandalizase el dicho fray Bartolomé de Miranda.

Digo esto por dos cosas: La una, porque si la carta al pie de la letra es conforme con esta consideración, tendría este negocio o hecho por más pesado e por difícil cosa que el dicho fray Bartolomé la sufriese e la diese a todos como después diré. La otra segunda causa es, porque me acuerdo bien que en la dicha carta había otras algunas cosas, aunque pocas, que no hallo en esta consideración. E por eso conviene descubrirla para que se vea lo que tengo dicho, que esta carta será fácil de descubrir, porque, luego que el dicho fray Bartolomé de Miranda vino de Roma e comenzó a leer, de lo primero que dio in scriptis fue aquella carta toda entera, para advertir a los discípulos sus oyentes con qué ayudas habían ellos de leer e qué abtores habían de seguir para la inteligencia de la Sagrada Escriptura. La cual carta, digo la Consideración, está a fojas sesenta e uno, e comienza

4. DH II, 703. En carta de la inquisición de Sevilla al consejo de inquisición del 11 de agosto se recomendaba su captura; se da por hecha el 21. Cf. Schaefer, *o. c.* II, 368-369. Por otro lugar del proceso, parece ya encarcelado el 19. DH II, 483.

5. DH I, 209. Don Diego de Lugo declara el 30 de diciembre de 1559 haber oído en Roma a Diego de Vega que el sobrino del inquisidor general, deán de Oviedo, y el agente inquisitorial Juan de Bedoya publicaban que «habían prendido a un fraile que decían había sido compañero del arzobispo (fray Juan de Villagarcía) y a fray Luis de la Cruz, y que con ellos y otros presos que dejaban harían otro auto de fe». El auto de fe anterior fue el del 21 de mayo de 1559, en Valladolid.

6. DH II, 107.

«Tengo por cierta», e es la sesenta e cinco en número; e acaba la dicha Consideración, deciendo «en Jesucristo nuestro Señor» [7]. E que esto habrá veinte e un años poco más o menos, e que no sabe quiénes son los que más escrebieron la dicha carta, sino que serían todos los contemporáneos de fray Alonso de Castro.

Iten, dijo que, oido yo, como tengo dicho, que fray Bartolomé de Miranda era amigo del Valdés, me acuerdo que le dije al dicho Padre fray Bartolomé: «Diz que vuestra paternidad es amigo de un Valdés, de quien he visto yo una obra de burla, que es Charón». Y él me respondió que el que hizo a Charón era otro Valdés. E replicándole yo sobre ello, me respondió enojado que él sabía muy bien que no era aquel su amigo el que hizo a Charón. E supe yo después de Don Carlos [de Seso], a lo que creo, que la había hecho el mismo Valdés que escrebió la dicha carta. E también me consta que los dichos frailes que me hablaron del Valdés e fray Bartolomé de Miranda con ellos, no sólo no le tenían por luterano, sino por muy espiritual hombre. E que cree que un Bernardino Bravo o el Maestro, digo el Marqués de Távara, cree que tienen esta carta del Valdés [8].

Sospecho que estas amplias declaraciones de fray Domingo de Rojas de 17 de agosto, cuyo contenido, contrastado con otras declaraciones, ocupa bastantes páginas de mi trabajo anteriormente citado [9], determinó la prisión inmediata de fray Luis, eslabón importante para la averiguación de las relaciones de Carranza con Valdés y poseedor de una copia cuyo hallazgo podía ser importante. De hecho nos consta que ya al día siguiente estaba en prisión, pues el 18 comparece ante los inquisidores un compañero de cárcel, llamado Miguel Manrique. Cuanto este testigo narra, parece situarnos ante esas primeras horas de prisión de fray Luis, en las que ha de preparar su primera confesión o declaración espontánea. En efecto, por causa del «ruido e alboroto» que se produjo en la celda, entraron en ella el inquisidor licenciado Vaca y el licenciado Guigelmo, y comprobaron que fray Luis «estaba algo alterado, porque bailaba e hacía cosas de hombre no sano en su juicio, a lo que parescía». Miguel Manrique, compañero de celda, declaró que «en un punto, le había tomado el frenesí que tenía, porque hasta aquella hora había estado en su juicio escrebiendo; e que, en acabando de escrebir, había arrojado la mesa e la silla e lo que había escripto por el suelo».

Lo escrito eran tres pliegos, previamente entregados con rúbrica del notario a petición de fray Luis en audiencia que con él se tuvo el 17 de agosto. Tal creo que sería la fecha de su prisión. Esta primera confesión, desgraciadamente no incluida en el proceso de Carranza, llevaba la firma de fray Luis. La había escrito el mismo dominico, fuera de algunos párrafos en que, por cansancio, rogó a su compañero Miguel Manrique que escribiese a su dictado. Al terminar de redactarla, le tomó «el frenesí». El notario Juan de Ibargüen encontró la confesión en la celda, sobre unos vestidos, y la rescató para que no fuese destruida. El único párrafo que se entresaca, por tener que ver con Carranza, es el siguiente:

Iten, Francisco Alvarez de los Ríos me envió, habrá más de dos años, tres o cuatro cuadernos de Egidio sobre el Psalmo *Beati inmaculati in via*, o no me paresció lo que dellos lei que contenía error ni doctrina, e ansí lo gasté en la celda. Este Francisco Alvarez tiene un librico mío, como encuadernado en pergamino, donde está cómo se han de rezar las Horas e oir la Misa, de Miranda; e unos documentos de fray Tomás de Villanueva, que murió Arzobispo de Valencia, para la vida espiritual; e los libros que son canónicos del Maestro Cano, y entre éstos, un aviso de cómo se ha de pasar y estudiar la Escriptura Sagrada que nos dio Miranda, que le había comunicado un amigo

7. La exégesis del contenido en este texto en ACST, capítulo citado. Carranza estuvo en Roma en 1539, donde recibió el grado de Maestro.

8. DH II, 117-118. Este texto sirvió a Menéndez Pelayo para identificar al verdadero autor del diálogo *Mercurio y Charón*, Alfonso de Valdés. Cf. *o. c.*, 191; IV, 27-28. Sobre Juan Sánchez, cf. mi artículo *Juan Sánchez*: Boletín R. Ac. Historia 151 (1962) 245-255.

9. ACST I, 356-375.

en Roma, leyéndonos en el Colegio la epístola ad Philipenses. Creo que no tiene segura doctrina. Véase el mesmo aviso en un cartapacio de los míos, do están esta epístola e otras que Miranda nos leyó, juntamente con el Quarto de Vitoria abreviado e un pedazo sobre Sant Juan de Dionisio el agustino. Por ventura, por haber visto este aviso en aquel libro, pensarán de mí que soy de aquella doctrina. En verdad, que no sabría decir in specie lo que dice; e cuando nos lo dio Miranda, parescíanos cosa singular, como era otro tiempo entonces, que era el año de mil e quinientos e treinta e nueve [10].

Aunque aparecen en esta declaración escritos de Santo Tomás de Villanueva, del maestro Cano, de Francisco de Vitoria y del agustino Dionisio Vázquez, así como escritos de Carranza sobre san Pablo, sobre las horas canónicas y sobre el modo de oír misa, toda la atención se centró en el escrito de Juan de Valdés. El 23 de agosto comisionaron los inquisidores al secretario Sebastián de Landeta, para que visitase la celda de fray Luis en el convento vallisoletano de San Pablo y buscase en ella todos los cartapacios suyos, en especial el que contenía el codiciado *Aviso para leer la Escritura* de procedencia valdesiana. Landeta actuó el mismo día en compañía del librero Salvador Hernández y secuestró seis cartapacios de fray Luis de la Cruz, y en especial uno titulado *In Quartum* con las lecciones de Francisco de Vitoria, en el que estaban escritos de Carranza, concretamente sus comentarios a la epístola ad Philipenses y en ella el aviso buscado, con el siguiente título: «Quae secuntur sunt cuiusdam probi viri et pii quae convenire *(sic!)* fecit Romae magr. nro. Bart. a Mi.» [11]. Los inquisidores dieron cuenta del botín al inquisidor general don Fernando Valdés, y éste dio orden de examinar acerca del cartapacio secuestrado, tanto a fray Luis de la Cruz como a fray Domingo de Rojas [12].

El 25 de agosto se mostró a fray Luis el cartapacio mencionado «de letra muy grande», en el que estaba el comentario de Carranza a la epístola ad Philipenses y la carta o aviso valdesiano ya conocido. Fray Luis reconoció al cartapacio por suyo. Mas, consciente de que el cargo principal procedía del escrito valdesiano, comenzó a rodearlo de cortinas de humo: no sabía si era el Valdés napolitano el autor de la carta u otro alguno. Los inquisidores le recordaron que en su declaración anterior se refería a un amigo italiano de Carranza y le preguntaron por su nombre; fray Luis pareció no acordarse del nombre. (En realidad, fue Rojas quien habló explícitamente de Valdés). Concluida la audiencia, fray Luis solicitó de nuevo la visita del inquisidor Vaca. Ante él y el notario declaró que, aun cuando figuraba entre sus papeles aquella escritura sobre la inteligencia de la sagrada Escritura, «él no se aprobechaba della, sino de Sant Gregorio e San Ambrosio e de otros. E que el dicho modo o tratado no le tiene por seguro para los tiempos, e que paresce que es cosa de *aquellos diablos de alumbrados*» [13].

Todavía unos días más tarde en otra alegación escrita estampó este párrafo, recogido en el proceso de Carranza: «Unos documentos que el maestro Miranda *nos* dio el año de 1539, leyéndonos la epístola ad Philipenses, entre los cuales estaba una coartilla o Aviso que un amigo en Roma le había comunicado, yo la di señalada al señor inquisidor Francisco Vaca, porque siempre me había parescido aquel lengoaje mal, aunque entonces, como estábamos en más simplicidad, todo lo interpretábamos a la mejor parte» [14]. Las disculpas de fray Luis, con esta nostálgica

10. Todo esto en DH II, 703-705.
11. DH II, 705-706, nota 1. Para el texto de la consideración, cf. DH II, 126-129, 705-710.
12. DH II, 710.
13. DH II, 710-711.
14. DH II, 711-712.

alusión a la simplicidad de los años 39, no hacían sino confirmar el afán inquisitorial por esclarecer aquel punto.

También fray Domingo de Rojas fue interrogado sobre el asunto. Secundando su sugerencia, se le presentó un traslado de la *Consideración* valdesiana del códice de Juan Sánchez así como el texto del cartapacio de fray Luis de la Cruz. Cotejados los textos, palabra por palabra, reconoció que era ése el que Carranza dio a sus lectores; pero añadió un detalle importante: «E que en él está cierto que no hay *cosa añadida alguna, si no es de alguna abtoridad, que no sabe si se le ha añadido, e que la letra dél le paresce que es de fray Luis de la Cruz*». Fray Domingo remachó el clavo, al decir que él había visto la *Consideración* de Valdés en un cartapacio de fray Luis de la Cruz, extendiéndose luego largamente en la calificación de su contenido, considerándolo como lenguaje y sentencia de Lutero. Al término de su alegato acusatorio, insiste en que Carranza dio este escrito a sus alumnos, metiendo en danza a fray Luis: «E por lo que me consta que fray Bartolomé de Miranda dio esta carta a su general, es porque *me lo dio*, a lo que me parece, *cierto fray Luis de la Cruz* e creo que fray Alonso de Castro e otros, e que es cosa notoria e cierta entre ellos que oyeron la dicha epístola a fray Bartolomé de Miranda» [15]. Unos días más tarde, el 3 de octubre, fray Domingo ratificaría sus declaraciones, en las que quedaban envueltos tanto Carranza como fray Luis de la Cruz, prescindiendo de otros muchos [16].

Rojas con ello se convertía en pieza fundamental de probanza de un cargo: la difusión por Carranza del papel valdesiano entre sus discípulos. No era testigo presencial. Su certeza se apoyaba en el testimonio de fray Luis, fray Alonso de Castro y otros, y en la notoriedad que este hecho tenía entre los alumnos de Carranza. Tal suposición se vio desmentida por muchos discípulos, y sobre todo por fray Luis de la Cruz, quien reservó para más tarde el esclarecimiento de este hecho.

Entretanto, también el secuestro y clasificación de los papeles del arzobispo Carranza, ponía ante los ojos de los inquisidores nuevo material comprometedor para fray Luis. En efecto, entre las cartas confiscadas a Carranza aparecían tres dirigidas a él por fray Luis de la Cruz, el 30 de mayo, y el 3 y 12 de junio de 1559 [17]. Todo ello hacía justificada la retención de fray Luis en la cárcel. El tiempo aportaría nuevos cargos contra él. Para colmo, Carranza lo citará a fines de octubre como uno de los testigos de prueba para la recusación del inquisidor general [18]. El proceso del arzobispo nos va a servir para conocer muchas cosas de fray Luis. Su propio proceso aclarará otras muchas.

Desde el ángulo informativo exigido por el curso del proceso de Carranza, parece que la atención de los inquisidores se centró sobre las cartas que no hacía mucho tiempo había dirigido fray Luis al arzobispo. Tales cartas poseen un doble interés informativo: el puramente procesal, que interesó a los inquisidores; y el simplemente histórico, que sirve al investigador para componer la historia de fray Luis, aunque sea fragmentariamente, en los años 1558-1559. Las cartas fueron presentadas a fray Luis para su reconocimiento y análisis minucioso. Dado que constituyen una fuente documental personalísima y la única que hasta el momento poseemos sobre el dominico objeto de nuestro estudio, las vamos a reproducir en este trabajo, no obstante haberlas publicado insertas en el proceso de Carranza.

15. DH II, 119-121.
16. DH II, 122. Otra ratificación del 3 de octubre en DH II, 548.
17. DH II, 338, 340, 391.
18. DH I, 71. Aparece citado entre testigos residentes en Toledo, el 25 de octubre de 1559.

Fray Luis de la Cruz y el auto de fe de Valladolid (1559)

La primera carta de fray Luis a Carranza está escrita a los pocos días de haberse celebrado el célebre auto de fe del 21 de mayo de 1559 [19]. La participación de fray Luis asistiendo a los procesados en aquel amargo trance fue directa e importante. Con la impresión viva de las horas transcurridas, fray Luis informa con amplitud a Carranza, hacia quien muestra extrema deferencia. El precioso texto de esta carta es como sigue:

Ilustrísimo e Reverendísimo Señor: Dios nuestro Señor, cuyo ministro es V. Illma. S.ª, sea siempre en su ánima, y en todas sus cosas de V. Rma. S.ª, luz e amparo e fortaleza. Yo quedé tan fatigado *in utroque homine* del acto o juicio que el día de la Trinidad hubo, que apenas he vuelto en mí; e así hasta ahora no he podido escrebir a V. Illma. S.ª, aunque luego avisé al Padre Rector e al Padre fray Juan de la Peña de todo, y ellos habrán escripto a V. Rma. S.ª. Pero, pues yo fui el que saqué las mentiras a luz, quiérolas escrebir a V. Illma. S.ª.

Yo estuve el sábado en la noche en la cárcel de la Inquisición. E como había oido lo que a V. Illma. S.ª escrebí, anduve por los catorce que quemaron, que fueron el Doctor Cazalla, e su hermana doña Beatriz, y el Lic. Herrera, y el Bachiller Herrezuelo, de Toro; e Cristóbal de Ocampo, tío del inquisidor Vaca, de Zamora; y el Maestro Alonso Pérez de Palencia, y un judío e, doña Catalina de Ortega, viuda; e Juana Velásquez, camarera de la Marquesa de Alcañices, la moza; y Isabel de Estrada, e Catalina Romana e Juan García, el platero; e la estatua e huesos de la madre de Cazalla. E hablé a los reconciliados, que fueron diez e seis; don Pedro Sarmiento, su mujer, don Luis de Rojas e su prima doña Ana Catalina de Saavedra, mujer de un hidalgo de Zamora que llaman Sotelo de Cisneros; Leonor de Cisneros, mujer del Bachiller Herrezuelo; Isabel Domínguez, sobrina del cantor de casa; doña Francisca de Zúñiga, hija de Antonio de Baeza; doña Constanza de Vivero e Juan de Vivero, hermanos de Cazalla; doña Juana de Silva, hija natural del Marqués de Montemayor, mujer del dicho Juan de Vivero; dos labradores de Pedrosa, y un mozo inglés, e Juan de Ulloa Pereira con el hábito de Sant Juan, natural de Toro; e doña María de Rojas, monja de Santa Catalina.

Consolándolos y esforzándolos, inquirí cómo daban crédito a estas herejías tan abominables, cómo las engañaban. E don Luis de Rojas me dijo que le decía fray Domingo [de Rojas] que Dios lo había revelado todo aquello a V. Illa. S.ª e al Padre fray Juan de Villagarcía, e lo de la certinidad de la gracia a fray Ambrosio de Salazar; e lo mismo dijo a otros de los que engañó, y él e los demás depusieron esto a los inquisidores. Pero sé cierto de dos inquisidores que, preguntando a fray Domingo cómo persuadía él tan grandes errores e herejías, dijo que levantando a V. Illma. S.ª que Dios se lo había revelado, pero que era ésta maldad e testimonio falso. Lo cual, aunque él no lo dijera, constaba evidentemente de las sentencias que se leyeron, porque doña Beatriz confesó, e así se leyó, que ella había engañado a fray Domingo, veniendo él a acusarla: porque, de una carta que él le escrebió, entendió que estaba errada, en Simancas, a diez de julio, éste que viene hará dos años. Padilla fue engañado de don Carlos. El Doctor Cazalla, de don Carlos de Seso e de Pedro, su hermano; Juan de Vivero e su mujer e doña Constanza e su madre, la vieja doña Leonor, del Doctor Cazalla. Doña Catalina de Ortega, de Juan Sánchez; y éstos dos engañaron al platero Juan García e a la monja nuestra (?), e fray Domingo a sus hermanos e sobrinos. Padilla, a los de Zamora. De manera que, así por esta cuenta como por el tiempo que confesaron e se les probó, consta evidentemente a los demonios, que son infernales e obstinados en malicia, que fray Domingo levantó lo que dijo a sus parientes, e así ellos fueron condenados, cuando oyeron las sentencias los unos de los otros, que lo que aquellos tres o cuatro habían dicho, era maldad y falsedad. Con todo esto se arde Valladolid en fuegos vivos, e dicen que los cuatro que guardan con las monjas siete de Belén e otros de que habrá abcto después de Nuestra Señora de agosto, son contra vuestra Illma. S.ª.

Y estando en el mesmo juicio, dijo el Guardián de Sant Francisco —que llaman Pasarón— a doña Mencia, su mujer de don Pedro de Sarmiento, que guardaban a don Carlos e a fray Domingo e Juan Sánchez e Pedro de Cazalla hasta que trajiesen a V. S.ª Rma. preso, y esto oyeron más de siete personas. Y estos benditos jueces no hacen información ni castigan tales lenguas.

Todos los quemados murieron bien, si no fue Herrezuelo, que estaba insensible en los fuegos e pertinacísimo en los errores. Francisco de Vivero anduvo inquieto e de ruin demostración a ratos.

19. El texto de la carta en DH II, 712-716.

Todos los reconciliados salieron con sanbenitos e candelas, juraron *de vehementi*. Fueron condenados a sanbenitos e cárcel perpetua, excepto doña Ana Enriquez, que ya la tiene en su casa don Gonzalo Mexía, su cuñado, sin sanbenito e libre, aunque confiscados los bienes; e don Luis de Rojas que va a estar en Coria con el obispo su tío, e don Juan Pereida que le privaron del hábito de Sant Juan, y el inglés que por un año le mandaron estar en un monasterio.

Otro abto hay entre el Almirante e Cano, sobre que el Almirante afirma lo que V. S.ª Illma. sabe y él niega. Han mandado tomar información en el Consejo de Inquisición a los inquisidores de lo que Cano y el Almirante *(sic!)*. Cano estuvo allá el viernes pasado tres horas largas, e Cuevas ayer lunes dos. A otros no sé que hayan llamado. Cano partió esta madrugada e no sabemos a dónde; dicen que volverá presto. Si el Padre fray Pedro de Soto no descabeza a Cano y Cuevas, que son Lanzgrave y el Duque de Sajonia, nunca habrá paz ni bien, e cada día crescerán más los males e serán mayores los escándalos. Ha revuelto cielo e tierra para se valer; ha protestado delante del Prior y testigos el Superior y un Almonacir, que se nos ha destruido, que él renunció por bien de paz el oficio de Vicario, pero no la elección e derecho que tiene de ser Provincial. Vea Vuestra S.ª Illma. qué seso e qué derecho, estando anulada e casada la elección. Dicen sus aliados que lo hace, porque si el Padre fray Pedro [de Soto] quisiera llamar a elección, el Consejo lo impida hasta que responda el General a las cartas e recabdos que él ha enviado allá con Muñoz. La provincia está mal entablada, que no conviene elegir tan presto. Pero conviene sumamente que Vuestra S.ª Rma. haga que esté fuerte lo hecho, e que se traiga del Papa cómo Cano no es miembro de la Orden, porque éstos no duermen et *omnem movent lapidem* con millares de mentiras nefanas; e son muchos e de obstentación los que resisten a la salud e remedio que Dios nos ha enviado por Jesucristo crucificado.

Vuestra S.ª Rma. haya duelo de esta manadilla que no se ahinoja a Baal. Bien veo que, como que Vuestra S.ª vio el remedio que Dios nos había enviado, no me socorrió ni respondió a la carta en que pidía a Vuestra Illma. S.ª nos cogiese debajo de sus alas *donec transiret iniquitas*. Pero, aunque por esto Vuestra S.ª Rma. lo haya dejado, me ha dado un poco de sentimiento e pena, porque tengo merescido de Vuestra S.ª Rma. toda la merced que le pedía, porque por Vuestra S.ª Rma. *posui animam meam in manibus meis*, e la honra e la quietud, como Vuestra Rma. S.ª puede saber de los Padres que aquí le sirven. E quisiera que Vuestra S.ª Illma. me mostrara esas entrañas de piedad, porque sé que Vuestra Rma. S.ª recibió mi carta y el Padre fray Diego Ximénez otra, e nada se me responde.

Suplico a Vuestra Illma. S.ª me encomiende mucho al Padre fray Pedro de Soto. E, pues es cierto que elegirán aquí en el Colegio al Padre fray Cristóbal para elegir en Toledo un hombre religioso a gusto de Vuestra Rma. S.ª, holgaría de ir allá asignado, como le pedí en el Capítulo, e fray García de Toledo lo estorbó a Cano, porque no haya en esa casa quien ayude a la elección e los sanctos intentos e fines de Vuestra Illma. S.ª. Pero, podré yo poco, si no sacan de ahí a fray García, que se va mil veces a las Indias e nunca deja de hacer guerra en esta Provincia por Mahoma; e Osnayo e Guzmán e Parra e otras gentes que desedifican harto. Vuestra S.ª Rma. haga de mí lo que más fuere servido. Yo querría, queriéndolo Vuestra S.ª Illma., ir a Toledo por poderle ayudar más, que aquí ya no tengo qué más pueda por su servicio sino estar como un blanco a la saeta de Cano e de sus cómplices, que él y ellos se ayuntan aquí. Véalo Vuestra S.ª Rma., e haga lo que mandare yo querría presto.

Nuestro Señor la muy santa Rma. e Illma. persona de Vuestra S.ª Illma. guarde y estados acreciente para su servicio, como Vuestra S.ª Rma. desea.

De Valladolid a treinta de mayo.

Ilustrísimo Señor
Besa las manos de V. Rma. S.ª
Fray Luis de la Cruz

Al Illmo. e Rmo. Señor, mi señor fray Bartolomé de Carranza, Arzobispo de Toledo, Primado de las Españas, Chanciller Mayor de Castilla, etc., mi señor.

La carta de fray Luis de la Cruz, valiosa pieza histórica, era sin duda un comprometedor documento en manos de la inquisición, sobre todo por su primera parte. En ella aparece mezclado con todos los sentenciados en el auto de fe del mes de mayo, y sobre él proporciona noticias de excepcional interés. Aunque redacta sus párrafos con la mira puesta en la exoneración de Carranza, envuelto en las acusaciones falsas de fray Domingo de Rojas, sus noticias, procedentes de conversaciones con los procesados en sus últimos momentos de cárcel, establecen los hilos de captación mutua y la filiación ideológica protestante de los procesados. La calumnia levantada por Rojas a Carranza se disipa ante la explicación de los hechos que dedujo fray Luis de cuanto le confesaron los procesados. El esquema de captación es el siguiente:

Don Carlos de Seso → Padilla. Padilla → a los de Zamora.
D. Carlos y Pedro Cazalla → Dr. Cazalla. Dr. Cazalla → a su hermano Juan Vivero, su mujer, y su madre.
Fray Domingo de Rojas → a sus hermanos y sobrinos.
Juan Sánchez → Catalina Ortega. Los dos → a García.

Según la versión de fray Luis, justamente las cuatro cabezas principales habían sido reservadas para un nuevo auto de fe, como piezas importantes para el proceso y prisión de Carranza. Tal intención había sido expresamente insinuada ante varias personas.

También tiene importancia la afirmación de fray Luis de que todos los relajados, a excepción de Herrezuelo, habían muerto bien; esto es, reconciliados con la iglesia. El valor histórico de esta carta íntima, en que este punto aparece desprovisto de todo afán propagandístico, se acrecienta frente a las relaciones públicas de la época, coloreadas de proselitismo católico o protestante [20]. Todos estos puntos, en que parecía romperse el velo de secreto con que la inquisición cubría el asunto, no podían menos de suscitar la mayor atención de parte de los inquisidores.

En la segunda parte de la carta fray Luis se centra en asuntos internos de la orden dominicana: el mal entablamiento de que habla, venía provocado por las divisiones entre la facción de Melchor Cano y la contraria, favorecida por Carranza. Fray Luis da muestras de ardoroso anticanismo, poniendo su esperanza en el descabezamiento —suponemos que en sentido moral— de Cano y Cuevas, a quienes apoda con los títulos de Lanzgrave y Mauricio de Sajonia. Cano había sido elegido provincial en 1557, mas su elección fue anulada por el general. No obstante, persistía en su opción a nueva elección. Se quería atajar sus pretensiones nada menos que haciendo intervenir al Papa en una declaración que consideraría a Cano como fuera de la orden por su cualidad de obispo. Fray Luis reconoce que el bando canista era nutrido, «son muchos e de obstentación»; inclusive da algunos nombres. Por otra parte, fray Luis hace profesión de fidelidad carrancista y encomia sus fatigas en la causa —ha puesto su alma, su honra y su quietud—, así como la persecución de los contrarios: está «como un blanco a la saeta de Cano y sus cómplices». Hasta muestra su sentimiento por el poco caso que le ha hecho Carranza y el mutismo ante diversas cartas escritas, de las que no tenemos noticia. Por eso pide que le muestre sus «entrañas de piedad» y que le favorezca para que pueda asistir al próximo capítulo en representación del convento. Esto es lo que expresaba la carta que ahora obraba en poder de los inquisidores.

Glosas a una carta

El 9 de septiembre de 1559 fray Luis comparecía ante ellos para ser interrogado. Conocedores de la carta y silenciándola en un primer momento, le preguntaron si estuvo, y con qué mandato, en la noche del célebre auto de fe, en la inquisición de Valladolid. Fray Luis respondió con nuevos detalles: estuvo por haberle enviado el prior de san Pablo de la citada villa, diciéndole que le enviaban a llamar con otros

20. Cf. Schaefer I, 325-334.

frailes. Vino hacia las cuatro de la tarde, y estuvo al momento en que salieron los reos camino del auto, volviendo a su convento al día siguiente. Durante esas horas habló con Cristóbal de Ocampo y con don Luis de Rojas; celebró misa hacia las dos y media, y a requerimiento del alguacil de la inquisición, fue a ver, en un descansillo de la escalera, a otro preso que estaba desconsolado porque le había dejado el fraile que le asistía: era el platero Juan García, a quien estuvo animando. No habló con ningún preso más dentro de la inquisición. Salido de ella y ya en la calle, probablemente camino de la plaza, le llamó el doctor Cazalla por medio del alguacil Sarría, y le abrazó y besó, diciéndole: «Vuestra merced me mete en el cielo», e que cree que le dijo mostrando que le hubiese denunciado. En el camino le decía Francisco de Vivero «cosas de disparates».

De nuevo vuelve en su declaración fray Luis a hablar de Ocampo y don Luis de Rojas: «E que a don Luis quiso hablar, porque doña Francisca su madre le había encargado que le consolase, e así le habló a solas un buen rato e le hizo hacer colación e almorzar. E que se andaba de Cristóbal de Ocampo a don Luis. E que también en el camino le dijo el licenciado Herrera que iba convertido, e también Padilla, e que lo mismo le dijo en el cadalso, e que se lo escrebiese al arzobispo de Toledo, porque se holgaría en saber que se hubiesen convertido» [21].

Más directamente le preguntaron los inquisidores qué le dijeron los reos sobre sus propios errores, qué pasó con cada uno de ellos y quién fue el autor o inductor de los errores. La larga confesión de fray Luis a este respecto merece ser transcrita íntegramente:

Dijo que el dicho Juan García le dijo que le habían engañado Juan Sánchez e doña Catalina de Ortega. E deciéndole este declarante, digo este confesante, que si no vía que aquellas cosas no eran de creer aunque un ángel del cielo se lo dijera, e que él lloraba e decía que tenía razón. E que Cristóbal de Ocampo dijo que había tenido unos libros de Calvino e que Padilla le había hablado en ello, aunque él tenía a Padilla por hombre grosero e que Calvino le había movido más.

E que don Luis le dijo, cuando lo entró a ver, que quien en tales pasos andaba, en esto había de parar, llorando. E que este confesante abrazándole, le dijo: «Dé vuestra merced gracias a Dios, que le ha alumbrado e le tuvo que no cayese en tantos errores como otros». E que entonces le respondió llorando: «No, señor. Yo soy el mayor hereje que mañana saldrá, que he tenido treinta o treinta e tres herejías». E llorando este confesante cuando oyó esto, porque tenía amistad con él e le había confesado muchas veces, deciéndole: «Pues, ¿cómo, señor, cuando yo os supliqué de parte de Dios otro día, luego como venistes de Palencia, que declarásedes todo cuanto de vos e de otros sabíades (y esto fue cuando su madre me envió a llamar luego otro día de mañana de como él vino de Palencia), me dijistes tan desimuladamente que no sabíades nada sino de un libro que os había dado fray Domingo a trasladar?». Y a esto me respondió: «Así verá vuestra merced cómo para bellaquerías tengo habilidad». E llorando este confesante mucho con él, cuando oyó que había estado en tantos errores, le dijo: «Señor, no más; que os mataréis». E que le dijo este confesante: «Por un solo error de los que habéis tenido, es justo que nos estemos así hasta la mañana, haciendo carne *(sic!)*, deciéndole: ¿cómo os dejastes persuadir de tan grandes herejías contra lo que vos habíades aprendido en la Iglesia?». E que le dijo que fray Domingo de Rojas. E que se espantaba este declarante, digo este confesante, de la manera cómo le entraba.

E que le dijo este confesante: «¿Si fray Domingo de Rojas había de tener abtoridad con vos para una cosa como ésta?». E le dijo a esto: que le había dicho fray Domingo que el Arzobispo tenía, digo que el Arzobispo de Toledo tenía que Dios se lo había revelado o descubierto (o una palabra como ésta) lo de la justificación, e lo de la certidumbre a fray Ambrosio de Salazar. E que le dijo este confesante: «Nunca a ellos tal les pasó por el pensamiento». E que don Luis le dijo que esto del Arzobispo de Toledo se le había olvidado de decir ante los señores inquisidores, e que aquella tarde lo había comunicado con un Lector que le habían dado para que le consolase, que es de la Orden de San Francisco, hijo de Villena, Licenciado, que se llama Orantes, e que el dicho Orantes le había aconsejado que lo dijese. Y que este confesante le dijo: «Yo aseguro que él

21. DH II 716-717. El licenciado Herrera había recibido un cargo en el arzobispado de Toledo.

sí lo diría; porque, bastaba ser el Arzobispo de Toledo fraile dominico y él franciscano, para daros priesa que lo dijérades, porque bien viades vos que mentía fray Domingo». Y ése es estilo de herejes, dar por abtores de sus herejías a personas principales, e así me parece que lo ha fecho fray Domingo e dicen que Juan Sánchez y el Cura de Pedrosa [Pedro de Cazalla] y el don Carlos [de Seso], que todos estos dicen que cada uno de su manera se quiere defender con el Arzobispo.

E que le paresce que el dicho don Luis le dijo que ya lo había dicho a los señores inquisidores. E que este confesante le dijo: «Bien está, que ellos lo averiguarán». E que esto le habían dicho de los que habían dicho contra el Arzobispo el Rector del Colegio de San Gregorio fray Antonio de Santo Domingo e fray Juan de la Peña, sin decirle de quién lo hubiesen sabido, sino por cosa cierta, pero que todo ello era nada; e que señaladamente fray Domingo había dicho que todo ello lo había levantado. E que lo de Juan Sánchez no era sino una carta que había escrito a doña Catalina de Ortega, en que hacía mención que iba al Arzobispo de Toledo e a fray Juan de Villagarcía [22].

Sin duda, fray Luis estaba excepcionalmente bien informado por conducto directísimo, esto es, por comunicación con los reos en horas dramáticas y sincerísimas.

Con todo, lo que más podía disgustar a los inquisidores era su afán por defender a Carranza de la tela de araña labrada por los reos, sobre todo por fray Domingo de Rojas, y del mentís rotundo de última hora de don Luis de Rojas, que transcendía al público a través de fray Luis. No era extraño que le interrogasen sobre el móvil que tuvo para preguntarles quién les engañó en aquellos errores. La pregunta apuntaba a posibles manejos interesados del propio fray Luis. Este respondió sencillamente que «veniendo en plática lo decían» [23]. La pregunta siguiente apuntaba a la posible difusión de aquellas noticias: ¿Dijo, comunicó o escribió a alguien lo que pasó con los presos; para qué y por qué lo escribió? En la pregunta subyacía el conocimiento de la carta de fray Luis a Carranza, en manos ya de los inquisidores. La respuesta de fray Luis fue amplia:

Dijo que lo comunicó con el Rector del Colegio e con fray Francisco de Tordesillas e con otros frailes de Sant Pablo. E a lo del escrebir, digo que, dende el aposento donde yo estaba con Cristóbal de Ocampo e haciendo allí memoria de cosas de su conciencia, escrebí una cédula, la cual di a la mañana al Marqués de Távara el viejo, para que la diese a doña Francisca Enriquez, dándole cuenta de la paciencia de don Luis e del conoscimiento de sus errores, e que le había hecho hacer colación e que le había consolado; e que don Pedro e doña Mencía estaban también humillados a la penitencia que les daban, porque don Luis se lo había dicho.

E que antes del Acto, escrebí al Arzobispo de Toledo cómo el Acto sería muy presto, e que decían que habían de quemar quince personas, e yo especifiquéle algunas que se decían. E le dije, creo que en esta carta, lo que se decía: que fray Domingo e Juan Sánchez e don Carlos e Pedro de Cazalla decían del dicho Arzobispo, e que esto no fue pediendo el dicho Pedro de Cazalla. E que a esta carta me respondió el dicho Arzobispo habiendo lástima de ellos, lo cual parescerá... tornó a decir, que le decía que, aunque él no tenía mucha caridad, que había más lástima dellos, porque habían caído en aquellos errores, que lo que de él decían, que era mentira. E que por la mesma carta parescerá que yo la mostré al Abad de Valladolid esta carta e otra, que están escritas de letras de Arzobispo, en las cuales el Arzobispo se compurga conmigo en las cosas que de él decían. E que el Abad tiene estas cartas. E que se las mostró al Abad, porque él le había mostrado otras que el Arzobispo le escrebía; e que el Abad e yo, que teníamos al Arzobispo por católico, e nos pesaba de las cosas que de él decían, que no llevaban fundamento.

E que después del Acto no se acuerda haber escripto al Arzobispo, porque todo lo que pasó en él casi antes se lo había ya yo escripto. E que lo que dijo de los presos a los dichos frailes, era porque todos eran amigos y deseaban el bien del Arzobispo [24].

22. El texto de esta confesión en DH II, 717-719.
23. DH II, 719.
24. DH II, 720-721.

Todo se ajustaba, y con importantes añadidos, a lo que fray Luis había escrito en la carta a Carranza. Más aún, lo que quedaba probado hasta la saciedad era que fray Luis había divulgado sus importantes descubrimientos, de boca de los presos, en relación con Carranza. Sólo una cosa era equivocada o falsa: la fecha de la carta. El auto fue el 21 de mayo, y la carta en posesión de los inquisidores era del 30 de ese mes; por lo tanto, posterior al auto.

Este fue el momento en que los inquisidores mostraron a fray Luis el ejemplar de su carta secuestrado a Carranza. La reconoció por suya; el texto y la firma eran autógrafas; pero inmediatamente comenzó a presentar algunas salvedades: «Antes no se acordaba de haberla escrito, porque *antes* le había escripto lo que en ella escribe. E que agora se acuerda que en esta carta le hace escrebir una mentira, que es que había hablado a todos los presos; que se lo escrebió por lisonja, pero no habló a más de los que dicho tiene». Con la carta ante sus ojos, fray Luis fue interrogado sobre sus párrafos más sibilinos o comprometedores. Fray Luis preso tenía que hacer la exégesis de aquella pieza escrita en libertad.

¿Qué significaba la expresión «luz e amparo e fortaleza»? Según fray Luis, escrebió esa frase a Carranza, «porque le quería bien y deseaba todo bien suyo e que Dios fuese su amparo e su fortaleza, e porque le vio arzobispo de Toledo e que quemaba herejes en Inglaterra y en Flandes, e ir dos veces a sustentar la fe [al concilio]. E que agora, cuando escrebió la carta, oyó decir que en los bodegones e en las ventas e mesones en todo el reino decían que era hereje e que le prendían e habían prendido por la inquisición, e por esto deseaba que Dios fuese su amparo e fortaleza». ¿Por qué refiriéndose a su actuación junto a los presos, decía que estaba fatigado «*in utroque homine*»? ¿Acaso su pesadumbre espiritual denotaba connivencia con la causa de los presos? La respuesta fue simple y contundente: «porque interior y exteriormente estaba molido y afligido». La frase «sacó mentiras a la luz» la escribió «por echar en cargo al arzobispo que había hecho en su servicio mucho» [25].

Más grave y comprometedora fue la pregunta siguiente: ¿de qué dos inquisidores supo que fray Domingo había confesado que calumnió a Carranza? Fray Luis sigue firme en su seguridad, pero reconoce que en este punto mintió: «Dijo que todo ello es gravísima mentira, e que lo escrebió por lisonja e por darle más apariencia a lo que le quería persuadir; pero que toda la certinidad de esto era del dicho rector e de fray Juan de la Peña, que de muy cierta sciencia lo decían e yo a ellos también, que fray Domingo se había desdicho» [26].

Había una frase en la carta de fray Luis que necesitaba cuidadosa exégesis: según él, la falsedad de fray Domingo «consta evidentemente a los demonios, que son infernales y obstinados en malicia». ¿Cómo le constaba con tanta evidencia a fray Luis? ¿Acaso se refería a los inquisidores, o a las demás personas que entendían en negocios del santo oficio? A estas preguntas de los inquisidores, fray Luis respondió como sigue:

Dijo que hablaba con encarescimiento y exageración, e quería decir que de las sentencias resultaba que era tan claro no haber el Arzobispo de Toledo lo que fray Domingo dijo a sus debdos; que a los demonios infernales e que están obstinados en la malicia, constaría ser mentira lo que decía fray Domingo. ¡Cuánto más a los hombres que son mudables o no tienen obstentación *(sic!)* en el mal como los demonios! E que por pensamiento, por el juramento que ha hecho, no le pasó decir esto de inquisidores ni personas del Sancto Oficio, como de las palabras paresce claro si con ánimo llano se quiere leer. E lo que dice que así ellos quedaron convencidos, quiso decir que a los que había

25. DH II, 721.
26. DH II, 721-722.

dicho fray Domingo que el Arzobispo tenía aquellos errores, después de haber oido las sentencias: por la cual palabra se verá que este confesante no hablaba de los señores inquisidores ni de las personas del Santo Oficio que, antes que se vean las sentencias, tienen vistos los procesos, e ellos son los que las ordenan; sino que ellos, los que habían oido a fray Domingo que el Arzobispo —e que los tres o cuatro que dice son por fray Domingo, don Carlos, Juan Sánchez e Pedro de Cazalla—, e que ellos quedaron convencidos, se entienda de los que salieron en el Acto, véese claro en que dice «e así ellos quedaron convencidos cuando oyeron las sentencias los unos de los otros» [27].

Probablemente fray Luis decía la verdad, y bastaba ánimo llano para interpretar cuerdamente sus palabras. En todo caso, una vez preso, quería ponerse a salvo de cualquier acusación contra los inquisidores. Aún aclaró algunas otras frases de su carta. Decía en ella que ardía Valladolid «en fuegos vivos», «porque no se hablaba de otra cosa, segund que nos decían en San Pablo, fuera e dentro de Valladolid, e por las ventas e caminos, e que era hereje el dicho Arzobispo: y que esto lo oyó a tantos, que no se acuerda». La frase en que hablaba de los *cuatro* que se guardaban contra el arzobispo, hacía alusión a fray Domingo, Pedro de Cazalla, don Carlos de Seso y Juan Sánchez. Esto lo había dicho el guardián de San Francisco; fray Luis dice ahora que lo oyó referir a algunas personas que no se acuerda a quién. Por último aclara los conceptos vertidos en su carta sobre la escisión de la orden dominicana. Designaba con el nombre de *manadilla*, a los que en los capítulos de Plasencia [1555] y Segovia [1559] contradijeron la elección de Cano: «en comparación de los muchos que elegieron, eran manadilla, porque no pasaban de veinte, aunque eran los más doctos e religiosos Padres viejos de la Provincia». Con la frase «no se ahinojan a Baal», querían significar que no «tratan de libertad y exención o disolución, como Cano e sus cómplices». El remedio enviado por Dios que menciona, era el nombramiento de fray Pedro de Soto como vicario de la provincia [28].

Una semana más tarde, el 16 de septiembre, fray Luis pidió audiencia. Mantenía su resquemor acerca de las preguntas que le hicieron sobre su carta una semana antes, y confiesa que «dello recibió turbación en algunas dellas, porque le paresce que, debajo de palabras llanas, le preguntaron sentidos que las palabras no lo hacían ni a este confesante le pasaron por pensamiento, pudiéndose entender de toda la carta detestar este confesante e aborrescer cualquiera error e desear que el Arzobispo de Toledo estuviese libre dellos» [29]. Fray Luis pidió que se le mostrase de nuevo su carta, para puntualizar las cosas y declarar algunas que, suponiéndolas claras, no se le preguntaron y debían quedar claras. Sus aclaraciones se refieren tanto al clima vallisoletano relativo a Carranza como a los problemas internos de la orden.

Según fray Luis los jueces que no hacían información ni castigaban a los que hablaban mal de Carranza, eran «los jueces de la gobernación, e así lo trataban unos con otros: porque los alcaldes e los gobernantes no castigaban a los que andaban cada día alterando la Corte, deciendo que prendían por la Inquisición muchas personas ilustres». El mandato del consejo de inquisición a los inquisidores para que tomaran información sobre lo que había pasado entre el almirante y Cano, mencionado en su carta, lo supo por el abad de Valladolid, hermano del almirante; él le dijo que «le habían llamado, e al Marqués de Denia, e que Cano había estado aquí antes, e también Cuevas». Fray Luis pedía a Carranza en su carta que le acogiese bajo sus alas, porque había puesto por él la honra y la quietud: esto lo dijo, cuando

27. DH II, 722.
28. DH II, 722-723.
29. DH II, 724.

vio que salía otra vez provincial Melchor Cano, y que quedaba por vicario de la provincia mientras venía la confirmación de la elección: «que le cogiera por compañero suyo hasta que, pasada la elección, mientras que era Vicario el dicho Cano, al cual este confesante había malamente enojado porque procuró que se supiese en el capítulo de Segovia cierta maldad que había intentado aquí en San Pablo [30], e por eso dice al Arzobispo que puso la honra y vida por servirle» [31].

Su manifiesto anticanismo, no impide a fray Luis, evocando recuerdos, esgrimir un argumento dialéctico en favor de Carranza, apoyándose precisamente en las manifestaciones externas de Cano al respecto:

Yten, dijo que uno de los que más le confirmaron a este confesante en que el Arzobispo de Toledo es hombre católico, fue fray Melchor Cano: el cual andando tan actento de mirar el libro del Arzobispo, le oyó decir este testigo, digo este confesante, que el Arzobispo era muy católico e muy buen hombre, e sus amigos le echaban a perder. E negando lo que el Almirante decía, dijo el dicho Cano que era mentira; que él tenía al señor Arzobispo de Toledo por muy sancto e muy católico, e que ansí le había dado firmado al Illmo. señor Arzobispo de Sevilla e Consejo de Inquisición. E esto que este confesante le oyó decir, dijo en Segovia delante de veinte Padres antiguos de la Provincia. E fray Jerónimo de Almonacir, que es Lector aquí en San Pablo, lo dijo a este confesante e a otros, que mostrándole el Maestro Cano lo que tenía anoctado acerca del libro del Arzobispo, le leyó algunas cosillas señaladamente lo que a la postre decía, que era aprobar abtor por muy católico e muy bueno [32].

Finalmente los inquisidores volvieron sobre una cuestión ya tratada. Juzgaron evasiva e insatisfactoria la explicación dada por fray Luis a la frase de su carta donde censuraba a los jueces y los entremezclaba con los obstinados demonios, y manifestaron a fray Luis su parecer sobre el asunto: tales jueces eran los inquisidores «a quienes propriamente cabe el castigo de lo que a su nombre se infama». La respuesta de fray Luis es amplia y sustanciosa, y revela la tremenda angustia que sobrecogió a los medios vallisoletanos, cuando la realidad y los infundios envolvían en aire amenazante a las más relevantes personalidades:

Dijo que ya tiene respondido a todo. Primero, a lo de los demonios que están obstinados, que es propria condición de demonios e dañados; e después dice que los mismos dogmatizados, oyendo unos las sentencias de los otros, fueron convencidos, viendo que fray Domingo fue engañado a diez de julio, como se dijo en la sentencia de doña Beatriz; que no le había engañado el Arzobispo de Toledo, que entonces estaba en Flandes. E que después, hablando de la licencia temeraria como se hablaba en Valladolid con tanta turbación y escándalo de los que lo oían, que un día prendían al Arzobispo de Toledo e otro día al Almirante e que desenterraban cuerpos de señores, las cuales se trataban en las plazas y en las chancillerías y en otras mil partes, dice este confesante que la justicia —que llama «estos benditos jueces»—, como son los Consejos e alcaldes e otras personas de gobernación, no castigaban ni hacían probanzas de dónde nascían estos libelos infamatorios. Que parescía que al sosiego de la República convenía que los jueces dellas procurasen por su parte también castigar esto que se decía [33].

La suspicacia de los inquisidores no lograba abrir brecha en el ánimo de fray Luis, quien daba buena cuenta de las frases de su carta y defendía enconadamente el buen nombre de Carranza. Entretanto el nombre de fray Luis salía ante los inquisidores en labios de testigos y procesados. Aunque lo consignado en un proceso

30. ¿Acaso la «maldad» era el intento de Cano de entrar de noche en una celda para obtener el *Catecismo* de Carranza? Cf. ACST II, 127.
31. Toda esta declaración de fray Luis en DH II, 724-725.
32. DH II, 725.
33. DH II, 726.

tenga necesariamente visos negativos —desde el punto de vista procesal—, con todo, nos va iluminando el pasado del dominico y hemos de recogerlo para completar la visión de su personalidad.

TESTIGOS Y PROCESADOS HABLAN DE FRAY LUIS DE LA CRUZ: EL ESCRITO DE JUAN DE VALDÉS

Fray Juan de Villagarcía, dominico amigo de Carranza, apresado al mismo tiempo que fray Luis, llegó a confesar que Carranza tenía en su celda un comentario de Ecolampadio sobre Isaías, y que le pesó que lo hubiera visto fray Luis un día que entró en su celda [34]. Más interesantes son las noticias que nos proporciona el vallisoletano Francisco de Fonseca, sobre las preferencias espirituales de fray Luis. Fonseca poseía hasta veinte plicas de papel con traslados de cartas de San Juan de Avila; a instancia del inquisidor Guigelmo, las había entregado pocos días antes a fray Juan de la Peña. Las poseía desde hacía 18 años, y las había hecho trasladar por «contener buena doctrina según le decían personas religiosas y doctas». Uno de los que abonaban aquella literatura espiritual era fray Luis: «aunque le parece que fray Luis de la Cruz hacía gran estima de este Maestro Avila» [35].

El jesuita Martín Gutiérrez, que culminaría años más tarde su vida con el martirio, adujo un episodio conocido por boca de fray Luis. «Había ocurrido en la casa jesuítica de Salamanca. Estando en ella fray Luis, le dixo que estando ayudando a Misa a fray Bartolomé de Miranda, teniendo el sacramento en las manos para consumir, dijo al dicho fray Luis que le ayudaba: "¿Tú quieres comer de este pan?". Y que el dicho fray Luis respondió: "No estoy confesado". Y el dicho fray Bartolomé le dijo: "Anda, que bueno estás". E que como ha tanto tiempo que pasó, que no puede tener tanta certidumbre como querría. Que le paresce cierto que se lo oyó al dicho fray Luis, e que este fray Bartolomé de Miranda es agora Arzobispo de Toledo» [36]. El fiscal no echó en saco roto el episodio; aunque no sabemos exactamente cuándo, pidió que se examinase a fray Luis sobre la declaración de Martín Gutiérrez y, naturalmente, sobre el aviso o documento valdesiano que decían que Carranza había dado a sus discípulos [37].

Sobre este último extremo revistió mayor importancia la declaración del también jesuita Antonio de Córdoba. Declaraba el 10 de octubre de 1559 que *hacía diez años* —luego hacia 1549— le habían dado copia del famoso «Aviso para leer la Sagrada Escritura». Creía recordar que se lo dio el bachiller Francisco Martínez, cura de San Muñoz, o Sabino Astete; en cualquier caso se lo dieron como cosa de Carranza. Córdoba, a su vez, había dado copia del escrito *hacía cuatro años* —luego hacia 1555— a Juan de Ribera, el futuro santo patriarca de Valencia; a Juan de León, estudiante de Zafra y al tiempo que declaraba colegial del colegio salmantino de Oviedo; y a un compañero de éste llamado Sebastián Pérez. Ocho días después de haberlo dado a Juan de Ribera, le vino a Antonio de Córdoba el catedrático de Salamanca fray Pedro de Sotomayor, O.P., con el escrito en la mano, y le reprendió diciéndole por qué había dado «papel de tan ruin doctrina». Córdoba respondió

34. DH II, 485.
35. DH II, 572.
36. DH II, 383. El padre Martín Gutiérrez, jesuita, contaba 33 años cuando declaró el 30 de agosto de 1559. Sobre esta figura cf. C. M. Abad, *El venerable padre Martín Gutiérrez, S.J. Su vida y sus pláticas sobre los dos modos de oración*: Miscelánea Comillas 27 (1957) 300.
37. DH I, 402.

que no lo había tenido por tan malo hasta entonces y que se lo habían dado a él a título del maestro Miranda, aunque también le dijeron que no era suyo, sino de un napolitano, a lo menos la sustancia del papel. Córdoba añade aquí un detalle textual importante: y en el que tiene que ver nuestro fray Luis: «Porque era de *dos letras;* e lo que venía en las márgenes, a manera de adnotaciones, le paresce que el que se lo dio le dijo que era del Maestro Miranda; e lo que venía escripto en el cuerpo del dicho papel, del dicho napolitano, e que así le paresce que lo entendió. E que este declarante se lo agradesció mucho al dicho fray Pedro, e tomó el papel e pedió aquella mesma noche el traslado que había dado a los dichos León e Pérez, e los rompió. E que así mesmo quitó de un cartapacio que éste tenía el dicho papel que le había quedado, e no sabe qué se le hizo, que cree que lo echó a mal. E que un mes, poco más o menos, después de esto [estamos en 1554-1555], habló fray Luis de la Cruz, predicador, con este declarante sobre lo que con él había pasado el dicho fray Pedro sobre el dicho papel, deciendo que no era nada todo aquello, e que él también lo tenía, y que no era del Maestro Miranda» [38].

Por lo menos se desprendía una cosa clara de la declaración: fray Luis hablaba con mucha seguridad del asunto; además existían dos caligrafías en el papel, una en el texto y otras en las anotaciones o añadidos marginales. Estos últimos se atribuían a Carranza. ¿Era el papel original, o una copia tan fiel que no olvidó estos detalles? A la calificación severa de fray Pedro de Sotomayor, se uniría luego la de los calificadores inquisitoriales, como fray Pedro de Ibarra. El papel así calificado constituía un cargo contra fray Luis en manos del fiscal [39]. Junto a esto tenía menor importancia, aunque no deje de ser pintoresco, el dato aportado por fray Francisco Ramírez, O.P. Según él, fray Luis de la Cruz decía haber oído al inquisidor licenciado Rojo, que el inquisidor general don Fernando Valdés no lograría reunir a Cano y a fray Domingo de Soto para calificar el *Catecismo* de Carranza, porque «se rascuñarían como gatos» [40]. Verdadera o no, al menos se vio cumplida la profecía.

Fray Luis de la Cruz ante el proceso de Carranza: otra carta comprometedora

El 8 de noviembre de 1559 comparecía de nuevo ante los inquisidores fray Luis de la Cruz, «preso en las cárceles secretas» de la inquisición. Nuevamente había de enfrentarse con una carta suya a Carranza, secuestrada entre los papeles del arzobispo. Parece que fray Luis se negó a prestar el juramento previo de protocolo, «dicendo algunas vanidades, es a saber, que era vicario de Dios en la tierra e otras semejantes e diferentes». Ante tal negativa cesó la audiencia. El inquisidor doctor

38. DH II, 617-618. No interesa aquí el resto de la declaración. Los subrayados son míos. En una declaración complementaria del 28 de mayo de 1562, dice que le dio el papel Sabino Astete. El padre Córdoba precisa que el texto original era de un napolitano y las adicciones de Carranza, y que esto le dio fray Luis, sin darle el nombre del napolitano. El papel en cuestión fue roto. Cf. DH II, 925-926. Estas variaciones en el texto valdesiano hicieron pensar a D. Ricart en dos posibles redacciones originales del mismo. Cf. D. Ricart, *El texto auténtico de una consideración valdesiana*: Hispanófila 23 (1965) 23-36. Sobre estos problemas textuales traté en el artículo *Las «divinas consideraciones» de Juan de Valdés. Un manuscristo desconocido y nuevos textos valdesianos*: Scriptorium Victoriense 13 (1967) 302-344. Acabo de editar el códice completo de J. Sánchez (Salamanca 1976).

39. DH I, 407.

40. DH I, 124.

Simancas fracasó en esta primera tentativa; el interrogatorio tendría lugar doce días después por el inquisidor González[41]. La carta que debía ser reconocida y comentada por fray Luis es sólo cuatro días posterior a la que hemos visto anteriormente. En aquélla se decía —el 30 de mayo— que Cano había partido de Valladolid en la madrugada de aquel mismo día sin destino conocido; en ésta se habla largamente de este misterioso viaje, relacionado con la prisión futura de Carranza. Veamos el texto completo de la misma:

Ilustrísimo y Reverendísimo señor: Dios nuestro Señor sea siempre con Vuestra Illma. S.ª, amen. Sabrá Vuestra Rma. S.ª que se sabe cierto que Cano es ido al Rey e al Papa; esto es certísimo. Lo que no sabemos con tanta certinidad es que va con nombre del Consejo de Inquisición, aunque se afirma, e le dieron mil ducados para el camino. Dice[n] fidedignos que lleva catorce proposiciones del libro firmados por cincuenta e ocho personas por errores. No se fue al infierno a que las firmasen. El arte que ha tenido en colegir estas firmas ha sido escrebirlas desnudas de ante et post, e enviarlas a firmar al Andalucía. De Granada solo me dice hombre cristiano, y que lo vio, que trajo ocho firmas.

El día que se fue a las tres de la mañana, que fue martes pasado, fui a la Inquisición a visitar a doña Ana e doña Mencía, que aún no habían salido, e apartóme el inquisidor Vaca e díjome: «Cano es ido al Rey e al Papa, y este Cano es más tinto y espeso que el vino tinto; e por Dios os ha de hundir a vosotros; e así aquí vino llorando e querellándose de todo el mundo, e nos tuvo todo el tiempo de la mañana». Yo le dije que no creyese que era ido, porque era súbdito e Prior que tenía superior e perlado. Respondióme: «No es sino obispo, e consagrado siete veces en su estima, e por tal se nos vende. Yo —dice— no soy juez de lo que él y el Almirante tratan, aunque es digno de gran castigo por lo que al Almirante dijo, y el Almirante le había de haber dado de calabazadas, porque le desmiente. Pero con todo eso, el Inquisidor mayor, siendo palabras si dije no dije, está tan embarcado [embaucado?] por este fraile, e hace que aquí le llamamos a él e al Abad, aunque yo no hago sino protestar que no entiendo tal cosa. Y envíanos un interrogatorio para preguntar al Abad, ordenado del diablo, que mis compañeros son necios en preguntar por él y el Abad en responder por él; e todos son aspavientos para hacer que callen e no vaya la cosa adelante».

Preguntáronle si había leido el libro e quién se lo había enviado, si escrebía a Vuestra Illma. S.ª y Vuestra Rma. S.ª a él; si había visto paresceres de otras personas que aprobasen el libro e quiénes eran; si sabía que Cano era consultor del Santo Oficio cuando dijo al Almirante lo que él dice; si tenía a Cano por letrado; por qué, cuando le dijo al Almirante lo que Cano decía de Vuestra Rma. S.ª, no avisó dello al Santo Oficio, sino a Vuestra Illma. S.ª, que era la parte, e otras mil preguntillas de este jaez para le poner miedo. E al Almirante también ha dicho un debdo del Cano, que, cuando con el Rey e el Papa Cano no alcanzare lo que quiere, que irá a la Reina de Bohemia a se estar allá.

El Almirante me ha hablado tres o cuatro veces, y es gran amigo de Vuestra Illma. S.ª, e aventura su casa e las de sus debdos e su vida por Vuestra Rma. S.ª. Sólo teme que Vuestra Illma S.ª los ha de dejar al mejor tiempo, e que no agradescerá lo que por servirle hacen. Pone ejemplo en el Conde de Benavente, su cuñado, de quien Vuestra Rma. S.ª no ha tenido la memoria que ellos piensan que Vuestra S.ª Illma. les debía.

Cano ha comenzado a revolver a España e a la Cristiandad, así en lo político como en lo divino; y va mucho, dicen todos, en que el Padre Vicario de la Provincia escrebiese al Rey cómo sin licencia va, e al General e al protector e procurador de la Orden; e que se hiciese correo con letras del mesmo Padre Vicario para lo prender dondequiera que lo hallasen. Vuestra Rma. S.ª vea lo que conviene, e con brevedad e instancia nos libre a todos de este Ramosocán (?) que anda para asolarnos a sí e a nosotros.

Nuestro Señor la Illma. e Rma. persona de Vuestra S.ª Rma. guarde y estados acreciente para su servicio, como Vuestra Illma. S.ª meresce.

De Valladolid, a tres de junio.

Illmo. e Rmo. Señor
Besa las Illmas. manos de V. Rma. S.ª
Fray Luis de la Cruz

Al Illmo. e Rmo. señor, mi señor don fray Bartolomé de Carranza, Arzobispo de Toledo, Primado de las Españas, Chanciller mayor de Castilla, etc... mi señor[42].

41. DH II, 726-727.
42. El texto de la carta en DH II, 727-729.

En esta carta cargada de noticias frescas se vertían juicios sobre Cano, y sobre todo se recogían los expresados por el inquisidor Vaca, que no podían dejar indiferente a la inquisición. Mas, antes de entrar en su análisis, los inquisidores quisieron aclarar aún otras cuestiones o volver sobre las pasadas.

Sobre la prisión de Carranza
De nuevo sobre una carta. El *Catecismo* de Carranza

Por lo visto, en alguna audiencia anterior cuya acta no es transcrita en el proceso de Carranza, fray Luis, preso, había mostrado que sabía la prisión de Carranza. Como ya dijimos, fray Luis había sido encarcelado antes que el arzobispo. Sin duda la incomunicación de los presos hacía suponer a los inquisidores que tal conocimiento por parte de fray Luis envolvía algún misterio. Lo cierto es que le preguntaron cómo, de qué manera, de quién o quiénes y cuándo supo que el arzobispo estaba preso. Fray Luis explicó cómo pasó de la conjetura a la certeza:

> Dijo que, al parescer de este confesante, lo sabe por cosa cierta, aunque al principio lo entendió por conjeturas. Lo uno, porque doña María de Mendoza le había dicho e mostrado una carta del hacedor que tiene en Roma, que se llama don Rodrigo de Mendoza, que le decía se había despachado recabdo para prender al Arzobispo, e que iba a Su Majestad, e que así no vernía tan presto como aquella carta [43]; e de que Manrique, uno que estaba preso con este confesante, le dijo que doña Francisca de Zúñiga, una monja de Belén [44] le había preguntado por un agujero que había en su cárcel a otra en que Manrique había estado, qué nuevas había del Arzobispo de Toledo e si le habían preso; e de que le dijo el dicho Manrique que doña Francisca lo decía como cosa que sabía que le habían de prender. E que esto se lo dijo el dicho Manrique, deciéndole este confesante que el señor Licenciado Diego González e Alpuche dónde eran idos, sin dubda que se había pasado a las casas de Pedro González [45]. E así hablaban en esto [46].

La respuesta no satisfizo del todo a los inquisidores, quienes encargaron a fray Luis, por amor de nuestro Señor, que descargara su conciencia y dijera la verdad. De paso le insinuaron que debía pensar que una persona de las prendas de Carranza, siendo religioso y persona pública y de autoridad, no se había de prender «sin muy grande causa»: la verdad de su negocio estaba en aclarar dicha verdad. Una vez más fray Luis defiende el buen nombre de Carranza: el hecho de que le hubiesen mostrado los inquisidores la carta que fray Luis había escrito al arzobispo era indicio de que se la habían secuestrado; no de que hubiese confesado culpas:

> Dijo que, de ver la carta en poder del Santo Oficio, no entendía tener culpa el Arzobispo de Toledo, sino este confesante que escrebió que los señores inquisidores le habían certificado que fray Domingo de Rojas se había desdicho. Pero que, de ver la carta después acá, entendió que, buscando entre sus libros, la habrán hallado; e no que el Arzobispo de Toledo hobiese confesado culpas algunas en la Inquisición, porque éstas nunca este confesante presumió contra él, antes le tuvo por gran defensor de la fe. E que en este artículo no sabe qué decir; e que si lo supiera, que lo dijera [47].

43. Doña María de Mendoza, viuda de Francisco de los Cobos, se encontró enfrentada con Carranza y con su antecesor en la sede de Toledo a raíz del adelantamiento de Cazorla que disfrutaba su hijo el marqués de Camarasa y que pretendía hacerlo hereditario. Se vió favorecida en su pretensión por el inquisidor general. Cf. DH I, 7-8, 13-14, 73-74, 142-149. Cf. F. Rivera, *El adelantamiento de Cazorla*, Toledo 1948, 99-124.
44. No hay que confundirla con otra Francisca Zúñiga, hija de Antonio Baeza, DH II, 24 ss.
45. Carranza estuvo preso en Valladolid en las casas de Pedro González.
46. El texto en DH II, 730.
47. DH II, 730.

Quizá fray Luis pasó otra crisis nerviosa, ya que dos días después el médico doctor Rodríguez certifica que está sano y en su juicio [48]. El 22 de noviembre comparecería ante el inquisidor Diego González para enfrentarse con la carta que hemos transcrito un poco antes. Fray Luis la reconoció por suya y como redactada el año 1559, esto es, hacía pocos meses. La carta le fue leída *de verbo ad verbum* para que se expresara espontáneamente acerca de la misma. Fray Luis habló con claridad y seguridad:

Este confesante ha escripto al Arzobispo de Toledo hartas cartas e ha tratado con él cumplimientos, lisonjas e mentiras, a vueltas de algunas verdades que le decía, como paresce por esta carta e por otra de que se le ha dado relación e razón, pretendiendo dos cosas: la una, avisar al Arzobispo, cuya persona e libro abonaban los más principales perlados e letrados del reino, de las calunias que fray Melchior Cano trataba contra él; e así mesmo pretendía este confesante su favor como de persona muy privada del Rey e preciada de las personas principales de su Provincia. E así en esta carta hay algunas cosas que son verdades e otras mentiras, como en particular irá declarando [49].

Nos hubiera gustado seguir paso a paso la declaración íntegra de fray Luis sobre los pormenores interesantísimos de su carta, para poder distinguir lo que en ellos había de hipérbole o ficticio y lo que había de verdadero. Sólo conocemos lo que los inquisidores trasvasaron al proceso de Carranza: hemos de contentarnos con ello. Nuestra investigación histórica hubiera saboreado los detalles sobre las expresiones desenvueltas del inquisidor Vaca, sobre los lances entre Cano y el almirante, sobre la protección de Cano por la inquisición y sus peligros dentro de la orden. Nada de ello fue recogido. Sólo consta una pregunta concreta formulada a fray Luis por el inquisidor Diego González: ¿había leído fray Luis el *Catecismo* de Carranza? ¿Lo tenía por bueno? La respuesta de fray Luis a la pregunta y a algunas especies vertidas en su carta está repleta de matices:

Dijo que le ha visto, no de espacio, sino de corrida. E aunque le paresce que de principal intento impugna los errores luteranos, por ser tan prolijo e por tratar en romance cosas tan graves (que por menos graves que éstas se prohibió el Carpense) [50], nunca quiso firmar que el libro era bueno e útil; antes, como se verá por una carta que le responde el Arzobispo, este confesante le dijo a la clara algo de esto. E que cree que esta carta es una de dos que este confesante dijo que tenía el Abad, porque le dice el Arzobispo que tan a la llana le diga su parescer. E así ha mostrado este confesante con personas de su Orden, como son fray Diego Ruiz, fray Francisco de Tordesillas, fray Alberto de Aguayo, fray Francisco Ramírez, tener descontento que el Arzobispo hubiese escripto un libro tan prolijo e de cosas tan graves en romance, e se maravillaba de los que le lisonjeaban e no le decían que no le hiciese.

Pero que, con todo esto, viendo cuántas e cuán principales personas le defendían e aprobaban, tenía el libro por seguro; e todo lo que Cano decía, por calunia. E así, todas las cosas que notaba Cano en el libro, las enviaba este confesante al Arzobispo de Toledo, lo cual oía de los amigos del dicho Cano e de los que trataban con él, e del mismo libro que el dicho Cano tenía rayado, el cual se le mostró una noche fray Jerónimo de Almonacir con algunas censuras que sobre ello tenía hechas.

E cuanto a lo que escrebió que las dichas proposiciones las envió al Andalucía, que le paresce que lo oyó, aunque no se acuerda a quién; e que las sacaba sin dependencia ni subsecuencia, e que esto era comperto entre los frailes todos. E que fray Domingo de Soto dijo a este confesante que ansí le mandaba cualificar las proposiciones el señor Arzobispo de Sevilla. E que habrá en Sant Pablo

48. DH II, 731.
49. DH II, 731-732.
50. Entre los libros en romance prohibidos por el *Index* de Valdés (1559) aparece «Alberto Pío, conde Carpense, contra Erasmo», Fr. H. Reusch, *Die Indices librorum prohibitorum der sechzehnten Jahrhunderts*, Tübingen 1886, 432.

muchos frailes a quien el dicho fray Domingo dijo que ansí se los mandaba cualificar *in rigore prout iacent*, e que no se acuerda delante de quién se lo dijo [51].

La verdad es que en los puntos en que fray Luis fue interrogado y cuyas respuestas nos constan, produce la impresión de actuar con plena seguridad y firmeza, y desde luego con un conocimiento de hechos que no podía menos de causar disgusto a la inquisición, tanto por la filtración de secretos que suponía, como por la difusión que había dado a los mismos. Escarbar en las aseveraciones de fray Luis en su segunda carta sólo podía conducir a descubrir facetas poco agradables del asunto. En cambio, les resultaba de mayor interés insistir de nuevo en la aclaración de frases que parecían sibilinas de la primera carta. Por ello iniciaron nuevo interrogatorio sobre ella el 15 de diciembre de 1559. ¿Qué misterios adivinaba el inquisidor en que fray Luis llamase a Carranza «luz e amparo e fortaleza», y sobre todo en que le asegurase que «estaba infamado e que sabía lo que había en el Santo Oficio contra él?». Fray Luis no se muerde la lengua. No hay reiteración en sus respuestas, sino mayor énfasis y seguridad en sus sucesivas aclaraciones:

Dijo que le llamó *luz*, porque el dicho Arzobispo era Maestro e doctor en la Iglesia, e tenía oficio por el cual e su dignidad les llama nuestro Señor *luz del mundo*, Math. 5. E no solamente a los doctores e obispos Cristo nuestro Señor e Daniel, pero Sant Pablo a los comunes cristianos llama luz. E que este confesante entendió siempre, e hasta que otra cosa declaren los jueces de la fe, que el Arzobispo fray Bartolomé de Miranda así lo había fecho en la Iglesia. E nunca supo que estuviese infamado en el Sancto Oficio: porque fray Melchior Cano (que era el que a juicio de todos había puesto sospecha en el libro del Arzobispo), le dijo a este confesante e a otras muchas personas, que le tenía por muy católico e que así lo había dado firmado al señor Inquisidor mayor. Y era para con este confesante de más fuerza los prelados e insignes clérigos e religiosos que aprobaban su libro, cuyos paresceres le mostraron como dicho tiene, que solo fray Melchior Cano, que sabía este confesante que era su émulo e que le conoscía este confesante cuán vafro ingenio tiene e revoltoso e cuán capital enemigo de todo lo bueno [52].

La defensa que hace fray Luis de Carranza sólo es superada en contundencia por el ataque frontal a Cano, a quien hace responsable principal de la desgracia de Carranza y sobre quien vierte el juicio más severo, invocando directo conocimiento de su persona.

De nuevo vuelve a relucir en el interrogatorio inquisitorial la ya conocida expresión de la carta de fray Luis sobre su estado físico y de ánimo el día del auto de fe: «Tan fatigado *in utroque homine*». Los inquisidores parecen admitir la justificación de una fatiga física, mas se resisten a aceptar ningún género de pesadumbre moral: «Pues aquello era juicio de Dios, ¿por qué se espantaba?». La siempre inesperada respuesta de fray Luis, a quien acucian las preguntas, no rehuye el bulto, sino que con entereza y presencia de ánimo, desvela motivaciones más profundas de su pasada pesadumbre:

Dijo que lo dijo aquello, porque estaba fatigado *in utroque homine*, corporal y espiritualmente. Corporalmente, porque el sábado a las cuatro que entró en la casa del Santo Oficio a ayudar a morir al que le encomendaron, no comió ni bebió, no durmió ni descansó un momento hasta el domingo siguiente. Y espiritualmente, de ver tanto mal en España, tan infamada la virtud e la ora-

51. DH II, 732-733. Fray Luis añade que lo que dice en dicha carta «que un hombre cristiano dijo aquello», no se acuerda de quién lo decía. Declaró además otras cosas sobre esta carta a efecto de declarar de quién oyó algunas particularidades; pero no se registran en el documento por no tocar a la causa de Carranza. DH II, 733.

52. DH II, 733-734.

ción e la frecuencia de los sacramentos, de lo cual trataban muchos de los que quemaban; e que sabía este confesante que habían de quemar. E también porque cómo nuestro Señor había permitido que fuesen engañados por sus secretos juicios algunos de aquellos que habían vivido muy cristianamente, e de ver gente noble e cristianos viejos caidos en tan grandes errores, e la infamia del Reino e de la nación. E así por estas cosas como por otras muchas, dijo que estaba fatigado *in utroque homine* [53].

Las acaso no pasadas pesadumbres de fray Luis proyectan nueva luz sobre el panorama religioso español, cuando casi humeaban las cenizas del segundo gran auto de fe celebrado en Valladolid dos meses antes. En las palabras de fray Luis adivinamos un pesar que distaba del aire triunfal de quienes, creyendo representar un «juicio de Dios», daban por conclusa una operación de cirugía antiprotestante, sin dejar resquicio para la duda o el matiz. Aunque fray Luis sea consciente del lado negativo de la cuestión —condenados a morir, engañados, errores, infamia del reino—, hay cierta hondura comprensiva en sus palabras, al reconocer en los reos, sangre noble, vida muy cristiana, viejos cristianos, inclinación a la virtud, la oración, la frecuencia de los sacramentos, etc. La comprensión de fray Luis, uno de los hombres que de más cerca vivió los últimos instantes de los procesados de Valladolid, es al menos digna de tenerse en cuenta.

Una última pregunta de los inquisidores se enderezaba a saber por qué decía fray Luis en su carta que avisó al rector de San Gregorio y a fray Juan de la Peña que escribiesen a Carranza lo ocurrido. Si ellos también estuvieron presentes a los sucesos, ¿por qué les encarecía tanto el aviso que les dio? En esta ocasión fray Luis reconoció ánimo de lisonja y mentira en su frase: lisonja, en querer mostrar a Carranza que le había hecho un gran servicio; mentira, en decirle que había hablado con *todos* los presos. La misma flaqueza reconoció en su actuación ante el rector fray Antonio de Santo Domingo y ante fray Juan de la Peña: «por encarescerles cuánto este confesante servía al dicho Arzobispo porque no pensasen ellos que sólo ellos deseaban que el Arzobispo estuviese libre» [54]. A pesar de estos rebajes, es preciso admitir que hay mucho más de atinado y juicioso en las cartas de fray Luis, que de hiperbólico y falso.

Fray Luis, el único hombre sobre quien la documentación plantea problemas de «sano juicio», muestra una finura psicológica poco común; es dueño del matiz y del perfil meticuloso de cuanto dice. Nos puede quedar la duda de si persigue la verdad, o trata de cubrirse procesalmente. Aunque busque ambas cosas, creemos que se sobrepone lo primero a lo segundo. El 20 de diciembre proseguía sus declaraciones, acabando de responder a lo que en la audiencia pasada le fue preguntado. Aun con aires, esta vez, de artificiosidad, explica de nuevo por qué llamó a Carranza «luz e amparo e fortaleza» en su carta: «Dice que aquello que escrebió que era "amparo e fortaleza", que Cristo nuestro Señor lo dice a los prelados al capítulo quinto de Sant Mateo, deciendo que son ciudad puesta en la cumbre del monte: donde significa la excelencia de la vida e la verdad de la doctrina, donde se guarecen e fortalecen los de los otros estados que, en comparación de la perfección que ha de haber en los prelados, estaban al abajo e en lo llano. Y el Espíritu Sancto en los Cantares [3, 8], según la inteligencia de los sanctos, los llama fuertes varones; con las espadas en la cinta, guardan la cama del Rey Salomón y los temores de la noche. E el mesmo lugar los llama mil paveses, que amparan la Iglesia, e arneses de los fuertes. Que estos nombres no los pierden, aunque sean pecadores» [55].

53. DH II, 734.
54. DH II, 734-735.
55. DH II, 735.

Llovieron sobre fray Luis abundantes preguntas de los inquisidores sobre el punto verdaderamente comprometedor de la carta. ¿Por qué le importó tanto y puso tanta diligencia en avisar a Carranza de lo que pasó en el auto de fe? ¿Por qué preguntaba a los presos sus errores y quiénes les habían engañado? ¿No correspondía esto a los inquisidores, y a él, como sacerdote, sólo ayudarles y disponerles a bien morir? Fray Luis respondió una vez más:

Dijo que lo que escrebió al Arzobispo de Toledo fue lo que pasó en la fiesta delante de todo el mundo, deciendo los que quemaron e los que reconciliaron; e lo demás que es pacífico [¿público?], ya tiene confesado que lo dijo por lisonja mentiendo, e que ha declarado también con los que habló, e le llamaron tres o cuatro veces de parte de la Inquisición que veniesen este confesante y el Prior... a lo demás de esto está respondido en lo que tiene dicho, pues que ha declarado con los que habló solamente, los cuales no podían morir ni hacer penitencia bien, segund enseña el Evangelio e la Teología, sin contrición de sus males, particular dolor de ellos. E que así a los dos que morían, para desengañarlos y entender cuánta era su malicia, les encargó que dijiesen la verdad. El otro caballero, que es don Luis [de Rojas], él se lo dijo, diciéndole como dicho tiene, que no debía haber caído en los errores que los otros [56].

Fray Luis puntualizó o desmintió otros detalles de su carta. Cuanto decía en ella sobre quiénes habían engañado a quiénes, «todos decían por el pueblo»; que doña Beatriz engañó a fray Domingo —cosa que no constaba en la sentencia—, entendió de aquello que escrebió que engañó a un religioso; lo entendió en Simancas a 10 de julio y «todos entendieron esto». Respecto a la afirmación sobre la maldad o falsedad de lo que depusieron los cuatro testigos ya sabidos, fray Luis reconoció que eso decían el rector de San Gregorio y fray Juan de la Peña y que fray Luis mintió en lo demás; y que las personas del santo oficio, «quizá por encubrir, decían por palabras equívocas que no había nada contra el Arzobispo de Toledo». Añade que oyó tratar a frailes y legos aquello de que reservaban a don Carlos de Seso y fray Domingo de Rojas «fasta prender al Arzobispo de Toledo». Dio cuenta particular a Carranza sobre el paso de Cano y Cuevas por el consejo, porque «así lo decían e hablaban todos los frailes; e que lo escrebió el Arzobispo, porque le parescíó que se holgaría de saber en lo que andaba Cano» [57].

El resto de las preguntas se refiere a los párrafos de la carta en que fray Luis hablaba de las disensiones internas en la orden. Realmente no se sabe qué podía haber en ellas digno de inquisición. Fray Luis daba cuenta de los muchos y de ostentación que resistían «a la salud e remedio que Dios nos ha enviado por Cristo crucificado; que Su S.ª haya remedio de aquella manadilla que no se ahinoja a Baal». No sabríamos decir si fue pura táctica inquisitiva o respondía a real suspicacia por parte de los inquisidores: lo cierto es que insinuaron a fray Luis que parecía «frasis de luteranos», que entienden su remedio en solo Jesucristo, nuestro Señor crucificado. En este terreno fray Luis se podía mover con mayor seguridad y firmeza: «Dijo que ya tiene respondido, e que lo que dice este confesante no es frasis de herejía, sino de Sagrada Escritura; e que *llamarlo luterano es herejía* (!), porque es beneficio e merced que Dios nos hace por Jesucristo. E que este confesante no dice por solo Jesucristo; e aunque lo dijiere, se tiene sentido católico y está expresamente dicho por Sant Pedro e Sant Pablo en cuanto al mérito de Jesucristo, e su gracia es la cabsa del merescimiento e gracia de la criatura e de todos los otros bienes. E así dice que fue bien que nos hizo Dios por Jesucristo remover a Cano de Vicario de la Provincia e casarle la elección de Provincial (se había hecho por una patente

56. DH II, 735-736.
57. DH II, 736-737.

del General de su Orden, la cual piensan haber dado el General a instancia del Arzobispo de Toledo), e instituir por Vicario de ella a fray Pedro de Soto, que, en España y fuera de ella, tienen por docto e sancto, como acá llamamos al bueno sancto. E que dijo favoresciese aquesta manadilla, que eran los Padres viejos muy religiosos e doctos de esta Provincia, porque hombres de obstensión, como eran estos dos Maestros Cuevas e Chaves y el Prior de Sant Pablo e otros Priores de la Provincia, procuraban que el General revocase lo que había ordenado»[58].

El remedio que fray Luis solicitaba en su carta y que Carranza no lo tomó en cuenta ni respondió, era tomar a fray Luis por compañero, «por ser fray Melchior Cano Provincial, el cual decía que había de castigar a todos los más de la Orden... luego dijo a algunos particulares que no habían voctado por él». Fray Luis decía a Carranza que había puesto «su quietud e su honra» por él, «por haberse enemistado con Cano, serviendo e favoresciendo las cosas del Arzobispo; e que no pudo hacerlo, sin mentira e obstentación, de otro servicio, la cual entendiera él y la conoscería». Otra carta, a la que se alude, dirigida a Carranza y fray Diego Jiménez, perseguía, según fray Luis, la misma finalidad, esto es, que le nombrase compañero el arzobispo; la dirigió también a fray Diego Jiménez, como «confesor e compañero». Ambos le dijeron más tarde que no le habían respondido, por ser ociosa su demanda, toda vez que vino patente del general revocando la elección de Cano. Por último, sobre el fray García mencionado en su carta, de quien decía que «haría la guerra por Mahoma, no era otro que fray García de Toledo, que vivía en el convento de Toledo, donde se crió e iba a morar fray Luis; los demás nombrados con fray García, «trataban de hacer Prior díscolo e disoluto, como ellos eran; e que por esto decía lo de Mahoma, como lo dice el Evangelio, Mt 18, e así es costumbre de hablar[59]. Pocos han hablado con tanta copia de datos y tanto realismo de la crisis interna que atravesaba la orden dominicana. En la versión de fray Luis, Cano y su bandería quedan tipificados como elemento de disolución, no como representantes de ortodoxia o maneras reformistas dentro de la orden.

Otra carta de Carranza a fray Luis de la Cruz (1558)

Antes de proseguir narrando las incidencias procesales de fray Luis, para liberarnos de la pesadilla de los interrogatorios y trasladarnos un año atrás a momentos en que era posible expresarse libre y confidencialmente, vamos a volver a un hecho que acaso haya pasado inobservado al lector. Perdido en la balumba de preguntas y respuestas, quedó páginas adelante expresado un juicio de fray Luis sobre el *Catecismo* de Carranza: lo estimaba excesivamente extenso, máxime teniendo en cuenta que trataba cosas graves en romance; añade que «le dijo a la clara algo de esto» a Carranza en una carta, desgraciadamente no encontrada. Aquella carta era respuesta a otra también perdida de Carranza, en que le suplicaba el arzobispo que le diese su parecer «a la llana», y que fray Luis suponía que estaba en poder del abad de Valladolid[60]. Muchas más cosas debía decir en su carta fray Luis a juzgar por la respuesta de Carranza, en que, además de agradecer a fray Luis, su franqueza se expresa con amargura sobre los procedimientos seguidos por fray Domingo de Soto en la calificación del *Catecismo*. Es una bella carta, que

58. DH II, 737-738.
59. DH II, 738-739.
60. DH II, 732.

rezuma dramatismo, franqueza y, todavía, libertad. Fue escrita en Toledo el 10 de diciembre de 1558, y hallada entre los papeles secuestrados en la celda de fray Luis el 17 de agosto de 1559 [61]. Su texto reza así:

Muy reverendo Padre: Recibí la carta de vuestra reverencia, e mucha merced con ella por decirme tan claramente lo que siente en lo que a mi libro toca. Espero en Dios que, como en cosa hecha para su servicio e bien de su Iglesia, pondrá el remedio que conviene e dará a vuestra reverencia el pago que se le debe.

Lo que a mí me parece es que el Maestro fray Domingo de Soto no había de poner tanto escrúpulo en esto, pues no lo puso con el Doctor Egidio, que fue hereje y estragó a Sevilla, cuyos errores estaban puestos en los mesmos términos que Lutero, habiéndose seguido de ellos el daño y escándalo que muchos saben [62]. E pues con éste, que fue tal e tan pernicioso, disimuló en algunas cosas e pasó por ellas, no fuera mucho que a fray Bartolomé de Miranda e a las suyas se les tuviera el respecto que es razón, pues se debe a la dignidad e autoridad del oficio que tiene, llevando su obra muy diferente intento e propósito de la de Egidio, especialmente sabiendo su Paternidad lo que ha pasado en tres años tratando de la reducción del reino de Inglaterra y de sustentar el estado de Flandes, el cual estaba muy corrompido de herejes, e lo que antes había hecho hallándose presente en el Concilio de Trento, tratando en todas las partes que he dicho del servicio e honra de Dios e de su Iglesia. Siento mucho que hago caso de cosas que tan poco pesan e de semejantes niñerías, de las cuales me río parándome a considerar en ellas. Confío en nuestro Señor que, mirando a lo que por su honor he fecho tantos años, dará a este negocio la luz que conviene e la que yo de El espero. El cual guarde la muy reverenda persona de vuestra reverencia en su gracia.

De Toledo, X de diciembre [1558].

Dice el Padre Maestro que «in rigore, ut iacent», tienen mal nombre algunas proposiciones. Vuestra reverencia vea si a Arrio ni a Mahoma se le cualificaron sus cosas «in rigore, ut iacent». Porque, si de esta arte las quieren calificar, no quedará obra de santo en la Iglesia; y en las de Sant Pablo e en las de Sant Juan evangelista hallarán errores, si las quieren sacar «ut iacent», en rigor. En lo otro, no sé qué más convenga: que cualifique el Padre Maestro, o lo deje. En ambas cosas veo los inconvenientes que hay. Dios tome el medio que más convenga para su servicio e bien de su iglesia, que yo no lo sé tomar, porque venía tan descuidado de esto como lo estaba hoy ha cincuenta años.

El diablo ha levantado esta borrasca e tempestad. Espero en El que dará tranquilidad, como lo hace en este otro mar menos peligroso; e que el diablo no saldrá con su intención, pues sabe la verdad. Pasan por el libro del fraile de Sant Francisco, e pone los errores de Lutero en los mesmos términos que él [63], e hacen escrúpulo del mío, que con él se quemaron e condenaron trescientos herejes. Véalo Dios e júzguelo como cumple a su gloria, que yo no quiero otra cosa. Las doscientas proposiciones que nota el Padre Maestro [64] son como quiere; e así las podrá hacer doscientas mil. E fray Pedro de Sotomayor le escribe e le dirá que son sueños, e téngole yo por tan recatado en la fe como a los que ahí lo tratan. Hagan lo que Dios le ayudare, que yo a El quiero remitir todo. E tras esto, no dejaré de escrebir a Roma e a Flandes, donde quizá lo mirarán con otros ojos que en Valladolid. Pésame que el oficio se trate como ahí paresce. Nuestro Señor guarde a vuestra reverencia, como deseo, amén.

F. Bartholomeus, Arch. Toletanus

Al muy Rvdo. Padre fray Luis de la Cruz, en Sant Pablo de Valladolid [65].

61. DH II, 316, nota 1.
62. Sobre el doctor Egidio, cf. Menéndez Pelayo, *o. c.* IV, 77-82. Sobre la intervención de fray Domingo de Soto, cf. V. Beltrán de Heredia, *Domingo de Soto. Estudio biográfico documentado*, Salamanca 1960, 415-432.
63. Se refiere a la defensa de Miguel de Medina de las obras de Fero. Cf. Beltrán de Heredia, *o. c.*, 433-460.
64. La censura del *Catecismo* de Carranza por Cano la publicó F. Caballero, *Conquenses ilustres*, II: *Melchor Cano*, Madrid 1871, 536-604, con 141 proposiciones censuradas, a las que se añaden otro medio centenar de frases tomadas de otros escritos. V. Beltrán de Heredia, *o. c.*, publicó las censuras de fray Domingo de Soto, redactadas a petición de Carranza y del inquisidor general, *o. c.*, 676-685, 696-718.
65. DH II, 316-318.

El singular sentido providencialista que aflora en esta carta, contrapuesto al legalismo que denuncia en los calificadores de su obra, pudo confirmar a fray Luis en su aprecio del arzobispo. Todavía el 11 de marzo de 1559 dirigía Carranza una breve carta a fray Luis desde Toledo, en respuesta a una de éste del 28 de febrero, recomendado a algunas personas para cargos del arzobispado. En nada afecta a nuestra cuestión, sino como muestra de la buena disposición de ánimo de Carranza hacia fray Luis: «en todo le deseo hacer placer» [66]. El 6 de julio, en un breve billete dirigido al criado Martín de Olloqui, le encarga que entregue a fray Luis 500 reales. Fray Luis firmó haberlos recibido en la misma carta en Valladolid, el 10 de agosto [67]. Esta data confirma nuestra suposición anterior acerca de la fecha del encarcelamiento de fray Luis: fue entre el 10 y el 17 de agosto, sin duda más cerca de la segunda fecha que de la primera.

De nuevo frente al escrito valdesiano

Tras este pequeño inciso, hemos de volver a la cuestión que ocupó largas audiencias de fray Luis en los años 1560-1561. Para arrancar del punto de partida, esto es, la primera declaración espontánea de fray Luis en agosto de 1559, los inquisidores ordenaron que, en vista del desorden existente en las declaraciones que hizo en tiempo de «desconcierto e pasión», se las leyesen de nuevo para que las pusiese «en estado de verdad». El 22 de diciembre había ratificado las audiencias de agosto y noviembre. El 6 de enero de 1560 se le leyeron las demás. Fray Luis hizo a ellas importantes añadidos, evocando lances pasados [68].

Así puntualiza que, si en un primer momento no reconoció el papel que se le mostraba por el inquisidor, fue porque se lo enseñó desde los pies de su cama; lo reconoció, cuando se lo mostraron de cerca. A la insinuación del inquisidor de que aquel texto era de Juan de Valdés, fray Luis respondió: «No he dicho yo hasta agora que es de Valdés». El inquisidor recalcó que era «frasis» de Valdés, pero fray Luis insistió que no sabía si era del napolitano. No sabía de quién era. En cambio, fray Luis repitió que aquel *Aviso para entender la sagrada Escritura*, lo leyó Carranza, juntamente con otros avisos que estaban en su cartapacio, al principio de las epístolas paulinas comentadas que en él estaban. Fue en el colegio de San Gregorio en 1539; se hallaron presentes los que oían sus lecciones. No dijo Carranza de quién eran aquellos avisos, ni después fray Luis lo supo para poderlo certificar; los daba Carranza como maestro, como introducción, para principiantes. Fray Luis añade un detalle de importancia: él no trascribía los textos durante la lección, «sino que después los sacaba de los cuadernos del dicho maestro Miranda; entre ellos copió el *Aviso*, titulado de la manera en que está en su cartapacio: «Que la oración, etc.». Más tarde preguntó a Carranza quién le había dado aquel *Aviso*, y le respondió que era «un hombre agudo e cristiano». En vista de ello, fray Luis por su cuenta antepuso al aviso, de su mano, un nuevo título: «Quae sequuntur sunt cuiusdam probi et pii viri» [69].

66. DH II, 318-319.
67. DH II, 319-320.
68. DH II, 739.
69. DH II, 739-740.

Luego explica el origen de sus sospechas sobre la doctrina del *Aviso;*

E que es verdad que el dicho Maestro Miranda daba los dichos Avisos como buenos e provechosos, e que no entendieron entonces dello otra cosa. E que por donde este confesante vino después, buscando ocasiones e motivos de la presión de este confesante, a hacer memoria si habían asido del dicho *Aviso*, fue porque, queriendo este confesante cargar culpa a fray Pedro de Sotomayor, catedrático en Salamanca, de no haber reñido a fray Domingo de Rojas y enseñándole la verdad católica si le sentía en algo dañado (porque el dicho fray Domingo era íntimo amigo del dicho fray Pedro de Sotomayor), le dijo a este confesante fray Ambrosio de Salazar: «Nunca conoscí más de él otra cosa, sino seer amigo de Taulero e haberle visto un *Aviso para estudiar la Sagrada Escritura* en romance, que fray Bartolomé de Miranda en otro tiempo había dado». E que esto se lo había reñido mucho e le había dicho que lo estudiase por los sanctos e no curase de aquellas espiritualidades. E que por esto dio este confesante en avisar de este documento en la dicha su declaración, e que ha más de diez e siete años que nunca este confesante lo ha leido; e que cuando se los dieron e leyeron, que no paraba mientes en ello [70].

Como último lance de este período de declaraciones es preciso añadir que todavía el 14 de febrero de 1560 acudieron los inquisidores al aposento de fray Luis para que acabase de aclarar y explicarse sobre cuanto dijo en la audiencia anterior. Fray Luis insistió en un hecho de algún alcance procesal: la primitiva declaración escrita la redactó «estando alterado», como constaba a los inquisidores; le fue sustraída sin que él la llegase a presentar personalmente. Por ello en un primer momento los inquisidores la descosieron del proceso y se la devolvieron para que la viese y luego la presentase; mas, cuando fray Luis volvía con su escrito a la cárcel, le llamaron de nuevo y, porque el fiscal la pedía, la presentó sin tiempo para verla y revisarla. Para remediar este percance ya pasado, los inquisidores mandaron leer de nuevo el escrito a fray Luis, y éste, por fin, lo dio por bueno y presentado. Además ratificó cuanto depuso en las audiencias anteriores y «quedó sosegado y en su juicio» [71].

Fray Luis es procesado

Siempre a tenor de lo que resulta del proceso de Carranza, podemos dar un nuevo paso en nuestra investigación para reconocer que fray Luis pasa de ser un testigo importante y precautoriamente detenido, a ser formalmente procesado. En efecto, el 26 de mayo de 1560 se recoge en el proceso de Carranza una noticia que sin lugar a dudas nos descubre la nueva situación: se trata del trámite de la llamada publicación de testigos «que habían despuesto contra el dicho fray Luis». En realidad se recoge el testimonio de uno sólo, el jesuita Martín Gutiérrez, porque su declaración afectaba a la causa de Carranza como veremos enseguida. Sin duda ninguna habría más testigos contra fray Luis. Los párrafos entresacados de la declaración del P. Martín Gutiérrez, impersonalizados en la presentación procesal, aluden claramente a personas definidas.

Completando el cargo impersonalizado y estilizado con la declaración originaria del jesuita [72], podemos recomponer el hecho que dio lugar más tarde a la acusación. Su marco es la casa de la Compañía de Salamanca, donde residía el jesuita; también residía en la misma ciudad —en San Esteban— fray Luis, quien «tenía

70. DH II, 740-741. Los 17 años mencionados nos trasladan hacia 1543.
71. DH II, 741-742.
72. Declaración original, DH II, 382-387; cargo procesal, DH II, 742-743.

mucha familiaridad e amistad con los de la Compañía». El hecho ocurrió hacia 1552[73]. En el curso de una conversación, fray Luis vino a tratar de fray Bartolomé Carranza, «de sus letras y bondad». Refirió al respecto que, estando un día diciendo misa fray Bartolomé y ayudándole fray Luis, teniendo el primero el sacramento en sus manos se volvió a fray Luis y le dijo: «¿Quieres comer de este pan?». «No estoy confesado», le respondió fray Luis. «Anda, que bueno estás», le replicó Carranza. En la primera declaración de Gutiérrez mostró alguna vacilación en la recomposición del diálogo[74]; en cambio en su segunda declaración se muestra más seguro y hasta se permite hacer la exégesis de las frases: esto había dicho fray Luis «en alabanza del dicho fray Bartolomé de Miranda e de su mucha devoción y espíritu, dando a entender que quisiera el dicho fray Bartolomé de Miranda con su mucha devoción que todos participaran de aquel pan de vida, e que este testigo por *entonces* lo tomó a este sentido»[75]. La vieja exégesis obvia, se había visto turbada por los acontecimientos posteriores. Las palabras de P. Gutiérrez son explícitas y quieren explicar su cambio de ánimo: «E lo que después acá le ha escandalizado es veer que el dicho fray Bartolomé de Miranda, que al presente es Arzobispo de Toledo, está preso por el Santo Oficio de la Inquisición, e que aquellas palabras suenan contra la necesidad de la confesión antes de recibir el sacramento de la Eucaristía. E que, a lo que daba a entender el dicho fray Luis de la Cruz de sus palabras, era que tenía grand familiaridad e amistad con el dicho fray Bartolomé de Miranda, por donde la debía tener conoscida su conciencia, aunque de esto este testigo no tiene certidumbre, mas de oirle lo que dicho tiene»[76]. Al mismo tiempo de ratificarse en su antigua declaración, el P. Gutiérrez la dio por buena, en cuanto a lo narrado. Los inquisidores quisieron saber qué le había movido a declarar tal episodio. La respuesta no deja de ser un tanto penosa: «Dijo que la sospecha de la *persona*, le hizo sospechoso el *dicho:* que, de otra manera, en toda su vida lo declarara, porque hasta allí a este testigo no le habían engendrado mal sentido. E que en las palabras que decía de fray Luis de la Cruz, daba a entender que antes le parescía bien que no mal lo que la dicha persona le había dicho, dando a entender que de mucho hervor e devoción se lo había dicho»[77]. Las palabras desnudas de un diálogo, sacadas de su contexto y del clima de intimidad de sus interlocutores, se convierten en *sospechosas*, más que por la inducción gratuita de que implicaban la negación de la confesión como preparación para la comunión, porque la persona, sospechosa más tarde, hacía sospechoso su anterior dicho.

Ante esta acusación —que tocaba a Carranza y a fray Luis— se encontró éste al hacer frente a la publicación de testigos. Fray Luis respondió inmediatamente de palabra al cargo, y unos días después dio la usual respuesta escrita. En la primera interpreta el hecho; en la segunda, arremete con la teoría subyacente a la acusación. En ambos casos se muestra seguro y claro, y de paso nos revela preciosas intimidades de Carranza, un gran orante que celebraba misa diariamente, confesándose antes con el cura de lugar, un lugar ocasional donde convalecía de una enfermedad, y era Matapozuelos: «Lo que en este caso pasó —dice llanamente fray Luis— es haber contado este confesante la vida e devociones del Arzobispo

73. DH II, 384. Hacía ocho años poco más o menos, según su declaración del 27 de febrero de 1560. Gutiérrez contaba entonces unos 26 años y era colegial residente en Salamanca.
74. «Como ha tanto tiempo que pasó —dice el 30 de agosto de 1559— que no puede tener tanta certinidad como querría»: DH II, 383.
75. Declaración del 30 de agosto de 1560: DH II, 385.
76. DH II, 385-386. Véase el cargo en DH II, 743.
77. Ratificación del 26 de junio de 1560: DH II, 743.

de Toledo, fray Bartolomé de Miranda; porque fue este confesante su compañero, rehaciéndose de una enfermedad que había tenido en Matapozuelos. Dijo este confesante cómo estaba en oración tres o cuatro horas, cómo decía una misa después de haber confesado con el cura muy devotamente, y esto cada día. E que le decía a este confesante después: "Cuando estoy para consumir, querríaos convidar". E que le diría este confesante: "Ojalá estoviese yo confesado e aparejado como vos". E que no hay otra cosa; e que lo diría a muchos frailes, tratando de lo que dicho tiene»[78].

Unos días más tarde fray Luis responde por escrito. Sin dar más vueltas a la interpretación del hecho, sale al paso de las falsas inducciones sobre el mismo: defiende a Carranza y recuerda la doctrina de Cayetano sobre el precepto de confesar antes de comulgar: «El testigo [es] en mi favor e no perjudica a la otra persona, pues [Carranza] *me confesaba* e trataba e sabría que no habría culpa en mí que me apartase de la sagrada comunión. Que el precepto de confesar antes de la comunión (aunque Cayetano, no acertando en ello en su Summa, no lo conosce), obliga cuando hay culpa mortal, y que los pecados veniales no son materia necesaria de la confesión, sino voluntaria, e así entienden todos los canonistas e teólogos el capítulo *Omnis, de poenis et remis*». Dos textos oportunos de Santo Tomás (3 p., q. 65, art. 1, ad 3um y art. 2, ad 4um), vienen a rematar sus escritos sobre la cuestión[79].

Fray Luis y fray Domingo: enfrentamiento de dos procesados

Este cargo no prosperaría, aunque rutinariamente siga engrosando los folios del proceso y repitiéndose mecánicamente. En cambio fray Luis tuvo que enfrentarse con otro testigo, fray Domingo de Rojas, a propósito del enojoso y oscuro asunto ya conocido del *Aviso para leer la Escritura*. Nos gustaría tener ante la vista toda la defensa de fray Luis de la Cruz, hombre lúcido en sus precisiones y aclaraciones. Nos hemos de conformar con los fragmentos de su causa, incorporados a la de Carranza.

En la alegación de réplica a lo que depusieron los testigos contra él, presentada el 26 de septiembre de 1560, fray Luis arremete despiadadamente contra fray Domingo, acusándole de falsario y embrollador de todo el asunto, y quejándose a los inquisidores de que le hayan hecho fácil tal labor por haberle mostrado los papeles de fray Luis. Dice así:

> Todo cuanto dice [fray Domingo] ante vuestras mercedes, es porque le habían mostrado el *cartapacio mío*, habiendo yo dicho que era enemigo notorio mío e suplicado que no viese cosa mía. E para que vuestras mercedes conozcan cómo en lo demás es falsario, miren que dice que vio *Consideraciones* e carta e capítulo e documento, e todo se resuelve en ese documento que yo declaré; y él mismo dijo cuando vio el mío (que antes de oidas quizá del Señor inquisidor mayor lo sabría), dice que aquél es, *salvo* que están añadidas algunas abtoridades: luego ese mío no le había visto. E así él mesmo, sin sentirlo, dice que mentió en lo que antes dijo, que en mi poder había visto *Consideraciones*, pues no es todo más que ese documento e yo no tenía otro. E cuando se lo muestran, dice que está en él algo más: luego el otro donde estaba menos, ni era ese, ni mío, ni yo se lo mostré.

78. DH II, 744.
79. DH II, 744-745. Es curioso que en la ratificación del 29 de noviembre de 1561, fray Luis niega que Carranza hubiese dicho la frase «¿Queréis comer de este pan?», ni él la hubiera comunicado a nadie. «Si le dijera, lo dijo mintiendo e levantando testimonio»: DH II, 752.

También es cosa muy notable que quiera persuadir a vuestras mercedes que el Maestro fray Bartolomé de Miranda, a cabo de tantos años de haberle leido y enseñado, siendo definidor del Capítulo general por esta Provincia, a un seglar de espada y escapa e *confeso*, pedía, como aprendiz, consejo e parescer para estudiar la Sagrada Escritura.

Iten, noten vuestras mercedes la sotileza tontísima que dice: si no le tienen por sospechoso, porque le ponían *pii et probi*; antes, si entonces le tuvieran por sospechoso, no le llamara ni pío ni bueno. Yo nunca caí en que este documento yo le tenía y era doctrina sospechosa, hasta que fray Ambrosio de Salazar, quince días antes que me prendiesen, me dijo que ninguna cosa habían sentido fray Pedro de Sotomayor y él a fray Domingo de Rojas, sino tener un documento para la inteligencia de la Escriptura o las Meditaciones de Taulero en romance impresas; e del mismo Salazar debió oir algo el Cuevas; e hasta que me vio preso e le dieron mi cartapacio, calló [80].

Estas ásperas palabras de fray Luis dan en el nudo gordiano del embrollo procesal en torno al *Aviso*, mas sólo en la mitad de la cuestión. Quien abultó el caso ante los inquisidores fue fray Domingo de Rojas, y ello porque le dieron ocasión para hacerlo los propios inquisidores al enseñarle la copia que se halló en poder de fray Luis. Rojas, en efecto, conocía el texto íntegro de las *Consideraciones* de Juan de Valdés y pudo reconocer uno de sus capítulos en la copia que poseía fray Luis, olvidado éste de que poseía el documento e inconsciente de que tuviera cosas sospechosas, hasta que le puso en guardia quince días antes del aprisionamiento fray Ambrosio de Salazar. Rojas lanzó la especie de que Carranza, maestro en teología, pidió consejo al seglar Juan de Valdés sobre la lectura de la Escritura. Rojas lanzó al vuelo sus especulaciones alarmistas en torno a las líneas que hablaban del autor del escrito calificándolo de *pius* y *probus*, derramando sospechas posteriores sobre el poseedor, a propósito de una anotación hecha cuando no existía tal sospecha. Rojas pretendió identificar el papel de fray Luis como ya conocido, cuando en realidad no lo había visto nunca; y hasta cometió la candidez de decir que el de fray Luis tenía añadidos algunos textos bíblicos que no estaban en el libro original. Con ello se ponía al descubierto, según fray Luis, porque demostraba que conocía el texto valdesiano por otros conductos: el texto abreviado no era el de fray Luis, ni él se lo mostró. Y hasta insinúa que quien pudo informarle de la existencia de la copia de fray Luis pudo ser el mismo inquisidor general. El artilugio de fray Domingo de Rojas quedaba al descubierto.

Hemos dicho que fray Luis había respondido a la mitad de la cuestión. En efecto, los inquisidores daban por supuesto que Carranza había distribuido entre sus alumnos el texto valdesiano, y así había venido a difundirse entre unos cuantos. Bien es verdad que en el tiempo en que se presumía que ocurrió esto —algo después de 1539—, el nombre de Valdés no se hallaba empañado por pública sospecha de ortodoxia. Con todo, las pesquisas efectuadas por los inquisidores entre auténticos alumnos que oyeron a Carranza por aquellos años, daban un persistente resultado negativo, que contrastaba sorprendentemente con las afirmaciones de algunos procesados que declaraban lo contrario [81].

Quien estaba en el secreto verdadero de la cuestión era fray Luis. Hubo que esperar meses, para que en la declaración del 6 de junio de 1561, fray Luis, recapitulando y revisando sus declaraciones anteriores sobre la materia, dijese algo hasta en-

80. DH II, 745-746. El *pii et probi* se refiere al título que llevaba escrito el célebre papel, «Quae sequuntur sunt cuiusdam pii et probi viri», etc., título que no lo puso Carranza y donde el *probus* y *pius* aplicados al verdadero autor, Juan de Valdés constituían cuerpo de delito para la inquisición. Cf. DH II, 747. He subrayado en el texto citado la palabra *confeso*, con la que fray Luis alude claramente a la raza de Juan de Valdés. No sabemos qué fundamento podía tener fray Luis para tal afirmación, confirmada recientemente por documentos irrefutables.

81. ACST I, 372-375.

tonces callado: el *gozne de la cuestóin* era el famoso documento o aviso encontrado entre los cartapacios de fray Luis que se suponía entregado por Carranza a sus alumnos en 1539-1540 cuando leía las epístolas de san Pablo. Fray Luis parece querer aportar su testimonio definitivo: «Digo e declaro, e a esto quiero que reduzca todo cuanto acerca de esto tengo declarado»... fray Luis nos presenta como en secuencias sucesivas el *hecho* y el *modo* de la difusión del *Aviso*, y la valoración del mismo tanto al tiempo de copiarlo como mucho más tarde:

Dijo que es verdad que aquel documento *yo lo saqué* de un medio pliego o pliego en cuarto que el dicho Arzobispo de Toledo don fray Bartolomé Carranza tenía en su poder, *escrebiendo yo en su celda* la lectura de cosas que leyó sobre aquellas epístolas. E *no tenía sobrescripto* como está en mi cartapacio, «Quae secuntur sunt cuiusdam pii et probi viri quae communia *(sic!)* fecit Romae Magistro nostro Bartholomeo Miranda». *Todas estas palabras puse yo*, cuando del que el dicho Arzobispo tenía lo traslado. En el que el Arzobispo Miranda tenía, comenzaba sin tener otra ninguna palabra: «Que la oración y meditación», etc. Y *él no me dijo cúyo era*, mas de que en Roma se lo había dado un hombre agudo; y esto —que un hombre agudo— no lo certifico, porque no me acuerdo ciertamente que lo pueda afirmar que me lo dijo.

Haberle yo puesto «probi et pii», fue porque, como lo había dado por documento para la Escritura, pensé que era alguna buena persona la que aquello daba. Es verdad, por el juramento que tengo hecho en este Santo Oficio, que, cuando lo leyó, *lo leyó muy católicamente e muy explicado*, e así mesmo añadió ejemplos o lugares e de arte que a mí me paresció que era alguna buena persona. E ansí, cuando yo le escrebí en la celda del dicho Arzobispo Miranda, puse «pii et probi»: que entonces no entendía yo cosa de éstas. Todo me parescía bueno, porque era sumulista; e la abtoridad e fervor del dicho Arzobispo Miranda, e la atención y estima con que le oían, me hacía a mí pensar que todo era divino. E jamás, ni entonces ni después, oi decir mal ni bien ni contra de este documento [82].

Muchas cosas parecen deducirse de esta evocación de un pasado, ya lejano. Tras el magisterio en teología obtenido por Carranza en Roma en 1539, ocasión en que una persona desconocida le entregó el capítulo o billete escrito valdesiano [83], Carranza inicia en España sus comentarios a las epístolas paulinas. Entre sus alumnos se encontraba fray Luis, muy joven, ya que era sumulista, y lleno de entusiasmo y candor: «Todo me parescía bueno». Fray Luis aparece subyugado por el magisterio de Carranza: en él destaca el valor personal del profesor —autoridad y fervor— y el halo de reverencia que le rodeaba por parte de los alumnos —la atención y estima con que le oían—. A ello corresponde esa actitud encendida e ingenua del alumno: «me hacía pensar que todo era divino».

¿Qué parte tuvo el breve escrito valdesiano en la clase de Carranza? Este negará cerradamente que hubiera entregado materialmente el escrito a los alumnos, y hasta llega a argumentar indirectamente en contra diciendo que tal uso era insólito en los medios académicos [84]. Una cosa queda clara en la declaración de fray Luis: él lo copió en la celda misma de Carranza, con motivo de la trascripción de las lecciones bíblicas de la clase. Esto induce a pensar que Carranza no entregó materialmente a los alumnos copia del escrito valdesiano. Existe una frase ambigua en la declaración de fray Luis: «como lo había *dado* por documento para la Escritura, pensé que era alguna buena persona la que aquello *daba*». ¿Quién o quiénes son los sujetos

82. DH II, 746-747.
83. ACST I, 381.
84. ACST I, 384-385, 378. También añade, respecto al título añadido al escrito con aquella manera de hablar *magistro nostro* es frase sorbónica, no usada en España, porque no se dice «nuestro maestro» y mucho menos lo diría yo. Sobre el uso purísimo del «magister noster» en tiempo de san Ignacio, cf. *Obras completas de san Ignacio de Loyola* I, ed. V. Larrañaga, Madrid 1947, 364-367, 378-379.

de los dos verbos, *dado-daba?* Evidentemente el del último es la persona —inominada y desconocida para fray Luis en 1539-1540— que había escrito o al menos entregado originariamente el papel a Carranza. Fray Luis inducía que *debía* ser buena, dada la materia sobre que versaba el papel. El sujeto del *había dado*, puede ser el mismo, o acaso Carranza. Sin embargo, líneas más abajo aparece inequívocamente Carranza como responsable de la *lectura* del documento: «cuando lo leyó», bien que fray Luis añade que lo hizo muy católicamente, explicándolo —amplificándolo o comentándolo—, añadiendo ejemplos y citas bíblicas, que dejaban presumir que el *autor* del escrito era buena persona. Estos detalles son interesantes para entender la razón de las variaciones entre el texto originario valdesiano, y algunos complementos bíblicos de la recensión o texto carranciano [85]. También queda claro otro extremo: *entonces* y durante mucho tiempo después, *jamás pensó* ni *oyó* fray Luis nada adverso respecto a la ortodoxia doctrinal de aquel escrito.

Las cosas cambiaron repentinamente para fray Luis poco tiempo antes de su desgracia, esto es en 1559. El nos cuenta ampliamente las razones, completamente extrínsecas, de tal cambio:

> E porque, no un mes antes que me prendiesen, deciendo yo a fray Ambrosio de Salazar —que él vino aquí a Valladolid— cómo fray Pedro de Sotomayor nunca olió que fray Domingo de Rojas se dañaba, pues eran tan amigos, me dijo que otra cosa no le habían entendido sino que traía un *documento* para entender la Sagrada Escritura que fray Bartolomé de Miranda agora mil años había dado, e las Instituciones de Taulero en romance, e que el dicho fray Pedro de Sotomayor le había dicho: «Leé en los sanctos, e por allí estudiá la Escritura e dejaos de esos papelejos»; e deciendo yo al dicho fray Ambrosio, «pues, ¿qué dice el documento?» —porque *yo ya no me acordaba de él*—, díjome: «Habla de la gracia e de la certinidad de ella, o no hace mención de los sanctos doctores». Hasta que me vi preso no me acordé más de él. Pero estoy cierto e así lo testifico, que el dicho fray Bartolomé de Miranda, cuando lo leyó, lo explicó e declaró, de arte que, en oirle gente docta e los antiguos lectores e otros, nadie entendió cosa mala, sino que todo era muy bueno; que, aunque estaba escripto, como estaba, en mi cartapacio, él *lo dio de otra manera y explicó muy católicamente*. E como de sus lecciones consta, sobre aquellas epístolas él declaraba al Apóstol por Sant Agustín e por Sant Jerónimo e por los sanctos [86].

Si la frase «cuando lo leyó» nos sume en desconcierto al suponer que Carranza leyó efectivamente el documento valdesiano, la continuación de la declaración parece despejar la duda: no sólo porque su doctrina no pareció mala a los muchos y selectos oyentes, sino porque la exposición no coincidía literalmente con el texto trascrito de fray Luis de la Cruz, punto que lo afirma expresamente. No coinciden, por tanto, la lección oral con el texto escrito. Uno de los aspectos sospechosos del escrito valdesiano era el que no mencionase a los «sanctos doctores». Fray Luis, al hablar del magisterio de Carranza, subraya que explicaba a San Pablo a través de san Agustín, san Jerónimo y otros. Lo mismo diría en su defensa Carranza, y ahí están para demostrarlo los papeles que contienen tales lecciones y que publicamos anteriormente [87]. Más aún, fray Luis concluye su declaración con una idea inculcada por Carranza cuando explicaba las epístolas paulinas: que era dogma herético que la sagrada Escritura fuese *per se* fácil y hubiese de ser interpretada por sí misma, sin auxilio de humanas interpretaciones. Por el contrario estaba llena de dificultades y misterios, y de diversos sentidos, entre los que el literal se llevaba la palma [88].

85. Cf. nota 38.
86. DH II, 747-748. La conversación con fray Ambrosio de Salazar —«un mes antes que me prendiesen»— nos traslada a julio de 1559.
87. ACST I, 422, 432-440.
88. DH II, 748. El concepto resulta diametralmente opuesto al de Lutero, quien afirmaba de la sagrada Escritura «per sese certissima, facillima, apertissima, sui ipsius interpraes, omnium omnia probans, iudicans et illuminans». *Werke* (ed. Weimar) III, 549; IV, 305.

Dos declaraciones sucesivas sobre un códice

Tras dos años ya cumplidos de prisión fray Luis fue interrogado sobre un extremo sin mayor importancia, el único que fue entresacado de aquella declaración escrita que hiciera en pleno frenesí el 18 de agosto de 1559. En ella se decía que un Francisco Alvarez de los Ríos le había enviado hacía dos años —por tanto hacia 1557— tres o cuatro cuadernos del doctor Egidio sobre el salmo *Beati inmaculati in via*; no le pareció que contenía error ni doctrina y los gastó en su celda. En esa misma declaración decía que el tal Francisco Alvarez de los Ríos poseía un «librico» de fray Luis, encuadernado en pergamino que contenía piezas tan interesantes como las siguientes: una obra de Carranza sobre el modo de rezar las horas y oír misa; unos documentos para la vida espiritual de santo Tomás de Villanueva; los libros *canónicos* (?) del maestro Cano, y entre éstos (!) el *Aviso para leer la sagrada Escritura* «que nos dio Miranda, que le había comunicado un amigo en Roma, leyéndonos en el colegio la epístola *ad Philipenses*. Creo que *no tiene segura doctrina*». El mismo aviso se hallaba en otro cartapacio de fray Luis en que estaban las lecciones de Carranza sobre san Pablo, una reducción del «Quarto de Vitoria» [fray Francisco de Vitoria], y una parte del comentario sobre san Juan «de Dionisio el agustino», que suponemos el agustino complutense Dionisio Vázquez[89]. «Por ventura —concluía fray Luis— por haber visto este aviso en aquel libro pensarán de mí que soy de aquella doctrina. En verdad que no sabría decir in specie lo que dice. E cuando nos lo dio Miranda, parescíanos cosa singular, como era otro tiempo entonces que era el año de mil e quinientos e treinta e nueve»[90].

Dos años habían trascurrido desde esta primera declaración, y en ellos se produjeron otras declaraciones del mismo fray Luis. Cuando se habían cumplido dos años de su prisión, los inquisidores le presentaron un librico que se había hecho traer desde Sevilla, cubierto de pergamino... «por de el dicho Alvarez de los Ríos (!)». Reconocido inmediatamente por fray Luis, confesó que era el mismo al que se había referido en 1559. La mayor parte del mismo estaba escrita de su mano. Fray Luis añade otras precisiones sobre su contenido. Los escritos que se decían de santo Tomás de Villanueva estaban copiados o escritos por fray Francisco de Santo Domingo, colegial de San Gregorio cuando los copió y prior de Aranda de Duero en 1559. Del *Aviso para leer la Escritura* añade: «E que particularmente está escripto de mano de este declarante el documento que tiene declarado que el Rmo. de Toledo dio a sus oyentes *de la manera que tiene dicho* en el fin de la respuesta de su mano que dio a la última publicación a cinco de junio (ha de decir a seis de junio)[91], a que se refiere, e que copió a este librico este declarante todo lo que en él está de su mano e del cartapacio que tiene dicho de antes que tenía en su poder[92], estando en el colegio aquel año, como lo dirá el dicho fray Francisco de Santo Domingo, el cual en aquel tiempo escrebió a este declarante los documentos de el dicho fray Tomás de Villanueva que tiene dichos»[93].

89. Sobre fray Dionisio Vázquez, OSA (1479-1539), cf. la introducción del P. F. Olmedo a la edición de sus sermones, en Clásicos Castellanos, 123, Madrid 1943, I-XXXVII.
90. DH II, 704-705.
91. La declaración del 6 de junio, en la que fray Luis explica correctamente el modo en que Carranza dio el escrito valdesiano a los oyentes, la hemos recogido y comentado anteriormente y está en DH II, 746-748.
92. Este es el otro cartapacio mencionado en la declaración del 18 de agosto de 1559 antes citada textualmente: DH II, 705.
93. Todas estas precisiones en DH II, 749. Nada se dice de las relaciones de fray Luis Francisco Alvarez ni de la personalidad de éste. En la obra de Schaefer, II, 59, se habla de un Fran-

Fray Luis daba ya por conclusa su causa, cuando fue de nuevo interrogado en la mañana del 38 de agosto de 1561 sobre el cartapacio mencionado en su confesión. En vista de ello pidió audiencia por la tarde y suplicó se le diese el traído y llevado documento carranciano —o valdesiano— para responder, no ya sobre su paternidad, sino sobre su doctrina y sobre el eventual delito de su posesión. En este giro nuevo dado al asunto, fray Luis, tras haber visto y leído el texto por la mañana, parece defenderlo al decir que «ni en lo de sentir el Espíritu Santo, ni de hablar de la certinidad de la fe (que es lo que el concilio de Trento en la sesión sexta condenó), ni en lo de la justificación por la fe habla excluyendo diciendo *sola fide* (que es esto también lo que se condenó en el canon de la sexta sesión, nona *sic!)*; e también no excluye la interpretación de los sanctos, sino que dice que son principales intérpretes la oración y meditación, lo cual en Sant Agustín en lo de *Doctrina christiana* señaladamente dice muchas veces, e también San Crisóstomo e Sant Jerónimo y el Ille. señor doctor Simancas en aquel egregio *De institutionibus fidei*, en la de «Sacra Escriptura» refiere de sanctos equivalente a esto» [94].

La defensa del escrito valdesiano por fray Luis contrasta con la condenación del mismo en su primera declaración [95]. Evidentemente nos hallamos ante un mero

cisco Alvarez, pregonero, nativo de Toro, habitante y procesado en Llerena por ataques al monacato; aun sin el aditamento *de los Ríos* existe otro Francisco Alvarez entre el grupo protestante de Sevilla —de donde procedía el códice mostrado a fray Luis—, procedente de Segura de León y capellán de Santa Ana, *o. c.* I, 354. Precisamente había sido detenido en agosto de 1561, *o. v.* I, 383, fecha que coincide con el envío desde Sevilla del códice relacionado con fray Luis. Fue relajado en el auto de fe del 28 de octubre de 1561, *o. c.* I, 393; II, 320, 408. En esta última cita se nos da la fecha exacta de su captura, el 10 de agosto de 1561.

94. DH II, 750. La necesidad de una actitud espiritual para la fructuosa lectura de la Biblia es un tópico común en la literatura cristiana antigua y medieval. Por lo que hace a los textos aquí mencionados, cf. nota 96 para lo referente a san Agustín. De san Juan Crisóstomo hemos espigado este texto, *In Genesim Homil. 35, n. 1*: PG 53, 321-322: «Quando igitur in manus spiritualem librum capimus, intenta mente, collectis relictisque cogitationibus omnique saeculari cura depulsa, lectioni incumbamus cum magna pietate et attentione, ut possimus a Sancto Spiritu ad scriptorum intelligentiam duci et multum inde fructum percipere». V. también *In Mathaeum Homilia 1, n. 1*: PG 57, 13-15. San Jerónimo, por su parte, nos dice: «Semper in exponendis Scripturis sanctis [Spiritus] indigemus adventu», *In Mich., lib. 1 c. 1 vers. 10 ss*: PL 25, 1159. Y en otro lugar: «Tunc Scriptura utilis est auditoribus, cum absque Christo non dicitur, cum absque Patre non profitetur, cum sine Spiritu non eam insinuat ille qui praedicat». *In Eplam. ad Galatas, lib.1, c. 1, vers. 12*: PL 26, 347. No deja de tener su ironía que fray Luis cite en su abono al doctor Diego Simancas, acérrimo enemigo de Carranza a lo largo de su proceso. He consultado la obra de Simancas, *Institutiones catholicae*, y a mayor abundamiento en dos ediciones (Valladolid 1552 y Alcalá 1568 - alias 1569), cuya distancia cronológica, con la crisis de 1558-1559 por medio, da lugar a notables modificaciones del texto, probablemente no estudiados por nadie. El cap. *De scripturis divinis*, ff. 201r-7v (ed. Valladolid), de tono fuertemente antiluterano, contiene frases como ésta, f. 204v: Nadie entiende la sagrada Escritura «nisi eo spiritu sit afflatus quo ea scripta est. Hoc spiritu afflatos fuisse plerosque sacrorum interpretum evidentissime constat, a quo longissime distant impuri omnes haeretici». Al abonar la utilidad de la lectura de la sagrada Escritura, naturalmente que sólo para personas doctas, utiliza los testimonios siguientes: Crisóstomo, *Hom.* 29 y *35 in Genesim*, *Hom. 2* y *4 in Math.*, *Hom. 19 in Act.*; san Basilio, *Epla. 1*; Casiano, *Collat. 8, 3*; Damasceno, D*e orth. fide, lib. 4, c. 18*; san Bernardo, *Scala claustralium.* Y no falta una sorprendente cita de Raimundo [Sabunde], *Theologia naturalis, tit. 214*. En la edición complutense (1568) añade otras citas: Crisóstomo, *De Lazaro, Hom. 3*; san Agustín, *de doctrina christiana, lib. 2, c. ult.*, y *Ad frates in eremo, Serm. 38* y *56*; Isidoro, *lib. 1 de summo bono, c. 18* y *lib. 3*, de 1559. Desaparece Sabunde, cuya obra había sido incluida en el *Index* romano. Cf. Juan de Cazalla, *Lumbre del alma*, Estudio y edición de J. Martínez Bujanda (Espirituales Españoles 22), Madrid 1947, 19. En el *Index español* (Pinciae 1559) fueron condenados el *Despertador del alma* y la *Violeta del alma*, estrechamente relacionadas con la obra de Sabunde, pp. 40 y 50.

95. DH II, 705, «no tiene segura doctrina». Más atrás veremos las atenuaciones de este juicio.

recurso procesal. Ajeno a la sustancia del pensamiento valdesiano y atento a la materialidad de las frases del escrito, fray Luis presenta sutiles distinciones sobre su interpretación no excluyente. A pesar de su prisión e incomunicación con Carranza, coincidirá sorprendentemente con algunas observaciones hermenéuticas de éste a propósito del mismo texto. También Carranza dirá que el consejo valdesiano sobre la oración y meditación como ayudas o reglas para la inteligencia de la sagrada Escritura «es una regla de San Agustín» [96]; en otro lugar dirá que «decir que la oración y meditación conducen, no excluye que las interpretaciones de los padres sean necesarias, como yo enseño ampliamente»... [97]. Fray Pedro de Sotomayor, alumno de Carranza, confiesa haberle oído decir que «los mejores intérpretes para esto eran los santos y lo más antiguo» [98]. Carranza apoyaba su doctrina en san Agustín, san Juan Crisóstomo y san Jerónimo [99].

Declaraciones finales

A fines del año 1561 el proceso de fray Luis llegaba a su fase conclusiva. Era abultado, ya que existían en él al menos 39 testigos de cargo [100]. Fray Luis luchaba en un doble frente: en el de la defensa de Carranza, exculpándolo de haber dado a los alumnos el papel valdesiano; y en el de la defensa propia como poseedor del citado papel. No disponemos de su voluminoso proceso, sino sólo de los fragmentos incorporados al de Carranza. El 29 de noviembre iniciaba fray Luis la relectura de sus muchas declaraciones para su ratificación [101]. Las salvedades puestas a algunas de aquéllas obligaron a los inquisidores a incorporar, fuera de su lugar cronológico justo, declaraciones que era necesario conocer para la inteligencia de las puntualizaciones de la ratificación [102].

La primera es del 29 de mayo de 1560, en que respondiendo a la publicación de testigos y más concretamente a fray Domingo de Rojas, decía:

> Al testigo 39 respondió, que aquello debe ser lo que este confesante tiene señalado del cartapacio do están los documentos que el Arzobispo de Toledo fray Bartolomé de Miranda había dado. E que entonces también declaró en su confesión que lo mesmo estaba en un librito que había tomado a este confesante del estudio Francisco Alvarez de los Ríos, en Sevilla, e que en dubda diría este confesante ser de Valdés, porque no lo sabía de cierto lo que pasó [103].

La segunda, era un fragmento de la defensa escrita que entregó el 2 de julio de 1560 contra los testigos de publicación. El párrafo trascrito decía así:

96. Proceso II, 283v-284r. Tras recomendar el uso de auxilios humanos en el estudio de la sagrada Escritura, san Agustín añade: «Verum etiam, quod est praecipuum et maxime necessarium, orent ut intelligant. In eis quippe litteris, quarum studiosi sint, legunt quoniam *Dominus dat sapientiam, et a facie ejus scientia et intellectus* (Prov. II, 6), a quo et ipsum studium, si pietate praeditum est, acceperunt». *De doctrina christiana, l. 3, c. 37, n. 56*: PL 34, 89-90. Cf. *In Ioannis Evangelium, Tract. I, n. 6* y todo el *Tract. XVIII*: PL 35, 1382; 1535-1543.
97. Proceso II, 31v-32r.
98. DH III, 99.
99. ACST I, 433 y 436-440, en donde aparecen referencias exactas a san Jerónimo.
100. DH II, 753. El testigo 39 era fray Domingo de Rojas, que depuso contra fray Luis en lo referente al documento y a otras cosas.
101. DH II, 751.
102. DH II, 753.
103. DH II, 753-754. Ya hemos comentado anteriormente la existencia de estos dos cartapacios, uno de los cuales pasó a poder de Francisco Alvarez.

Tener yo en un cartapacio un documento o regla para la inteligencia de la Escriptura veinte años antes que fuese hereje, e dada por un hombre tan insigne e egregio en letras e vida como el señor Arzobispo de Toledo, deciendo que era de un hombre pío e virtuoso, ningún delicto es, pues no lo es tener en Eckio y en Rofense los mesmos artículos e palabras de Lutero. E Sanct Agustín pone siete reglas de un hereje en los de *Doctrina christiana*. E yo, dende que se dieron el año de treinta e nueve, nunca más lo vi, ni lo hube por cosa sospechosa hasta que fray Ambrosio de Salazar, poco antes que me prendiesen, me lo dijo [104].

Estos dos y otros muchos textos de sus declaraciones pasadas le fueron leídos a fray Luis para que se ratificase definitivamente en ellos, el 29 de noviembre de 1561. El dominico adujo algunas puntualizaciones de interés, al menos desde su punto de vista de reo. En primer lugar, probablemente refiriéndose al texto de la declaración de mayo de 1560 —el primero de los dos citados más arriba— advierte que en el cuerpo de la declaración se dice ser el documento de Valdés. La puntualización de fray Luis compromete la buena intención y honradez de los jueces y escribanos, ya que afirma que él «nunca tal dijo, ni tal le dijo el dicho señor fray Bartolomé de Miranda, aunque fue el declarante subgerido e tratado tres o cuatro veces que lo dijese ansí, primeramente por el Rdo. inquisidor Francisco Vaca e después por el Licdo. González e por el secretario Sebastián de Landeta, el cual, aunque aquí no paresce haberlo escripto, se lo dijo a este declarante lo había dicho, lo cual nunca dijo» [105]. Aunque parezca una minucia, el hecho tiene consecuencias procesales. La intención envolvente y un tanto falaz de los jueces comprometía a fray Luis como poseedor *consciente* del escrito; él asegura rotundamente que no supo el nombre del autor del papel, y sobre todo que nunca lo pronunció en sus declaraciones.

En segundo lugar insiste fray Luis, bajo juramento, y con certeza, en que Carranza dio aquel documento «como tiene declarado, quitando de él todo resabio de error o ocasión de errar, e imitando a Sant Agustín, el cual en el 3.º *De doctrina christiana* para ayudar por todas vías a la inteligencia de la Escriptura trae las reglas de Ticonio, el cual es hereje, y declarándolas e sanándolas» [106]. Precisa además que al adverbio «entonces» que aparece en su declaración a propósito de fray Francisco de Santo Domingo, denota el tiempo en que escribió los documentos de santo Tomás de Villanueva, no el tiempo en que leía Carranza las epístolas de san Pablo [107].

Las otras puntualizaciones se refieren al contenido del escrito valdesiano y a su valoración teológica. La exégesis minimalista del texto valdesiano sigue siendo el recurso procesal defensivo de fray Luis: Valdés, según él, no dice «sintiéndose justificado por sola la fe» —que es lo que condenó Trento en su sesión 6.ª—, ni dice que siente la justificación y el gobierno del Espíritu santo «por certidumbre de sciencia o de fe» —concepto igualmente condenado en la sesión 6.ª—; dice solamente que «siente el gobierno del Espíritu Santo e la justificación». Esta expresión —y en ello tiene razón fray Luis— es correcta, y él se dispone a mostrar semejantes palabras «en doctores sagrados y en Santo Tomás en muchos lugares, allende de estar así en el Apóstol San Pablo». Con todo, tales distinciones por su parte, no implican aprobación del autor de texto, cualquiera que sea, sino que fray Luis «tiene por muy necesario que las cosas estén escriptas con explicación, como las explicó el dicho Rmo. don fray Bartolomé de Miranda» [108]. Supuestas todas estas aclaraciones, fray

104. DH II, 754. El Rofense es el santo obispo mártir John Fisher, controversista antiluterano. San Agustín cita las siete reglas de Ticonio en su obra *De doctrina christiana* III, c. 30-37.
105. DH II, 751.
106. DH II 751. Cf. nota 103.
107. DH II, 751-752.
108. DH II, 752. Menciona la frase paulina, 1 Cor 1, 6, *Sicut testimonium Iesu Christi con-*

Luis se ratificó en sus anteriores declaraciones [109]. Para despejar más las cosas, a pregunta formal de los inquisidores sobre si Carranza dio sus explicaciones complementarias por escrito o de palabra, fray Luis responderá rotundamente:

Dijo que fray Bartolomé de Miranda *no dio por escripto ninguna cosa* cuando leyó estas epístolas, e dio estos documentos como cuando leía lección de Teología; sino el que quería escrebir algo, lo escrebía. Pero no la daba él de arte que se escrebiese, sino como *predicando*; *y el que lo quería escrebir de propósito, lo trasladaba en su celda del dicho fray Bartolomé de Miranda* [110].

Tras tantos quebraderos de cabeza sobre el famoso *Aviso*, por fin los inquisidores accedieron a que se le diese a fray Luis traslado del texto valdesiano que contenía su cartapacio. Esto ocurría el 3 de diciembre [111]. El 16 de diciembre nos consta que compareció de nuevo ante los inquisidores. Se le leyó cuanto en su proceso había declarado referente al testigo 39 (fray Domingo de Rojas) que interesaba a la causa de Carranza. Esta intencionada selección de declaraciones evidenciaba a fray Luis cuál era la intención de semejante relectura de actas. Ante el claro propósito de los inquisidores de utilizar contra Carranza las declaraciones de fray Luis, éste respondió con contundencia rechazando expresamente cualquier base acusatoria derivada de sus declaraciones. Es el último texto de su proceso incorporado al de Carranza. Dado su carácter conclusivo y resolutivo, merece la pena trascribirlo íntegramente, a pesar de su largura:

E todo ello por el dicho fray Luis oido, dijo que él *jamás* hasta agora ha testificado ni testifica contra fray Bartolomé de Miranda, sino por la verdad por descargar su consciencia. Porque de lo que este declarante dijo en su primera confesión acerca de este documento, no contra sí proprio ni contra fray Bartolomé de Miranda, sino declarando los motivos o ocasiones que pudo haber para sospechar de este declarante, dijo cómo en uno de sus cartapacios estaba aquel documento, el cual este declarante no juzgaba que por las cosas que en él había era sospechoso, sino por el tiempo en que estábamos; e creía que estaba allí como fray Bartolomé de Miranda lo había dado; e como no se cargaba (?) nadie a este declarante, no lo explicaba. Hasta que por principio de junio, respondiendo a una publicación (es a saber de este año), en la hoja postrera que presentó a cinco del mismo mes [112], comenzaba a declarar, porque entendía que, segund el testigo treinta y nueve lo refería, no estaba escripto como este declarante lo había oido al dicho fray Bartolomé, temiendo morirse por la larga carcelería e trabajos que padesce.

E agora que por mandarle ratificar el fiscal entiende que, lo que este declarante indigestamente ha dicho, podía por cabsa de este declaraute, sin culpa suya, recrecerse al dicho fray Bartolomé de Miranda algún inconveniente, se declaró más a 21 de noviembre ante Sus Señorías de los dichos jueces [113]. E dijo que de nuevo declara que este documento *no estaba escripto de letra de el dicho fray Bartolomé de Miranda, sino de una letra escolástica, más gruesa que la que este declarante escribe, y en un medio pliego o pliego entero de papel doblado en cuarto e plegado como una carta, suelto, que estaba allí encima de la mesa entre libros e papeles e no inserto en la lectura ordinaria que en su cartapacio tenia el dicho fray Bartolomé* [114].

E que el dicho fray Bartolomé de Miranda *no se la dio que lo escribiese, ni sabe este declarante que él supiese que este declarante lo trasladó*. E, aunque es verdad que el documento, como este de-

firmatum est in nobis, del texto valdesiano. Según santo Tomás, *in I Cor, cap. 1 Lect. 1*, el testimonio o testificación de Cristo puede entenderse de tres modos: «vel quia de ipso prophetae pronuntiaverunt... vel quia Apostolus in sua praedicatione Christo testimonium dedit..., 3.º, tangit gratiae perfectionem, cum dicit: *Ita ut nihil vobis deest in nulla gratia*, quia scilicet in diversis personis omnes gratias gratis datas habebant».

109. *Ibid*.
110. DH II, 752-753.
111. DH II, 751 y 755.
112. Se refiere a la declaración del 6 de junio de 1561, recogida anteriormente, y está en DH II, 746-748.
113. Declaración del 29 de noviembre, DH II, 751-753.
114. Con esto completa su importante declaración del 6 de junio de 1561, DH II, 747.

clarante ante los señores inquisidores tiene dicho, tiene cosas contra Lutero cinco o seis, que en el fin del que se le dio señaló [115], e otras se pueden salvar e se hallan en los sanctos, [dice] por el juramento que tiene hecho que *como allí está no lo dio*. Ni cuando este declarante dice que *lo explicaba, quiere decir este declarante que iba explicando prout jacet, sino explicaba y encomendaba que con oración e consideración procurásemos gustar de la divina Escritura.* E pensando este declarante que como este declarante lo tenía en la memoria que está escrito en su cartapacio, dijo en su primera confesión [116] que estaba allí un documento que había dado fray Bartolomé de Miranda, e que no tiene más acerca de esto que decir [117].

Al menos no consta que dijese nada más. Con esto cerraba fray Luis sus declaraciones sobre el asunto, se afirmaba y ratificaba en lo dicho, ante el Licdo. Salvador y Juan Seco, provisor y capellán del obispo de Palencia, y definitivamente lo avalaba con su firma. Todavía tuvo lugar una nueva ratificación global de todo su proceso personal el 21 de diciembre [118].

Conclusión

El acopio de noticias *de* o *sobre* fray Luis de la Cruz que nos ha facilitado una lectura atenta del proceso de Carranza, nos permite iluminar tres capítulos de su vida: el de su participación en la difusión del escrito valdesiano, el de su amistad con Carranza y el de su presencia junto a los procesados de Valladolid. Aunque sean aspectos muy limitados de su biografía, iluminan un tanto la época y ambiente en que estudió, el partido que tomó en la fuerte escisión dominicana, y la complejidad de su actitud entre los condenados vallisoletanos, tanto como piadoso reconfortador de las víctimas como de despierto informador de sus supuestas implicaciones con Carranza.

Respecto al primer punto y a pesar de todos los meandros seguidos por fray Luis en sus declaraciones, creemos que puede deducirse su papel cardinal en la historia del escrito valdesaiano. Sobre la materialidad del papel escrito, nos informa de su doble caligrafía y de las adiciones de citas bíblicas por parte de Carranza. Logró furtivamente el texto en la celda del dominico, lo apostilló con un titular que produciría quebraderos de cabeza a los inquisidores, sirvió de enlace para ulteriores copias, lo olvidó entre los propios papeles, y veinte años más tarde se encontró envuelto en una acusación inesperada. El «nos dio», «lo leyó» de su declaración primera, así como su juicio severo sobre el escrito —«cosa de diablos alumbrados», «lenguaje malo»—, una vez aclarado el entuerto, se matiza con frases muy significativas, tanto respecto al modo de transmitirse el papel como a su contenido. Carranza —según fray Luis— lo leyó «muy católicamente e muy explicado», añadió ejemplos y lugares, lo declaró, lo leyó de otra manera a como estaba escrito, nadie entendió cosa mala, «dio de la manera que tiene dicho», etc... Alguien podrá pensar que fray Luis embrolla de nuevo las cosas por defenderse y defender a Carranza. Personalmente creo que reflejaba la verdad, una verdad muy simple, enviciada muchos años después por el encono de los ánimos y la proyección de nueva sensibilidad sobre un pasado inocente.

Sobre el segundo punto, rebajado lo que puede haber de hiperbólico y hasta interesado en expresiones de amistad y servicio sembradas en sus cartas a Carranza

115. Se refiere al texto que le entregaron los inquisidores el 3 de diciembre.
116. DH II, 705.
117. DH II, 755-757.
118. DH II, 751.

en tiempos de libertad, aflora a lo largo y ancho de las declaraciones una fidelidad y afecto fundamental del discípulo al maestro: teñido de fervor juvenil y de adhesión inocente en los viejos años de estudiante; maduro en los años inmediatamente anteriores a la desgracia de Carranza, y heroicamente fiel en los días aciagos del proceso de ambos. La fidelidad manifestada ante la inquisición de varias formas, pone de relieve la firmeza de la adhesión de fray Luis.

En el tercer capítulo, resalta la conducta humanísima y cristiana de fray Luis junto a los sentenciados de Valladolid: nada expresa mejor su honda pesadumbre sincera y auténtica que la feliz expresión con que define su estado de ánimo: *fatigatus in utroque homine.* La fatiga corporal de las muchas horas nocturnas consumidas en aquella hora fatídica, junto a la tristeza espiritual producida por aquel trance, nos revelan en él una sensibilidad, no ahogada por el triunfalismo simplista de los que pensaban en victorias de la fe por las hogueras. Nada induce a pensar que su tristeza fuera interesada por compartir él las convicciones de los condenados.

Junto a estas tres facetas de su personalidad, emergen a lo largo de sus declaraciones interesantes noticias sobre la difusión de escritos de san Juan de Avila o de santo Tomás de Villanueva, sobre el jesuita, más tarde mártir, Martín Gutiérrez, sobre las reacciones de los inquisidores, etc. La búsqueda no ha sido baldía. Con todo, anunciábamos al comienzo del trabajo y hemos visto confirmado en el transcurso del mismo, fray Luis no fue sólo testigo libre más o menos implicado en el proceso de Carranza, sino fraile encarcelado y sometido a un proceso personal en que los testigos de cargo se contaban por docenas. El proceso completo no ha sido hallado, mas sí un fragmento del mismo. El cambio de escena que éste supone y su extensión, hacen aconsejable reservar su publicación y comentario para otro trabajo complementario.

Fray Luis de la Cruz, O. P., ¿«hereje luterano»?

Fragmento de un proceso inquisitorial

En un trabajo anterior estudié extensamente algunas facetas de la personalidad del dominico fray Luis de la Cruz, personaje hasta ahora casi desconocido. Entonces me interesaba fijar sus relaciones con el arzobispo Carranza y con los protestantes de Valladolid, así como la parte que tuvo en la difusión de una hoja manuscrita sustraída de la celda de Carranza, que resultaba ser una de las *Consideraciones* de Juan de Valdés [1]. Quedó suficientemente aclarado que fray Luis fue preso por la inquisición el 17 de agosto de 1559, tres días antes que Carranza, y que lo fue a requerimiento de la inquisición de Sevilla. El hecho de que la petición de captura partiese de la inquisición sevillana hacía presumir que los cargos contra fray Luis no procedían exclusiva y principalmente de sus actuaciones en Castilla [2]. En el mismo artículo recogíamos de pasada una frase perdida en el proceso de Carranza el 26 de mayo de 1560 en la que se aludía, en la publicación de testigos, a un testimonio «que habían depuesto contra el dicho fray Luis» [3]. Esto hacía pensar que fray Luis, no solamente había sido apresado, sino formalmente procesado, con los trámites y requisitos usuales, como lo muestra la respuesta incidental a testigos del propio fray Luis unas páginas más atrás [4]. De la lectura atenta de la documentación utilizada en aquel artículo se deducía igualmente que el proceso de fray Luis llegó a su fase conclusiva a fines de 1561, y que contaba con numerosos testigos de cargo, puesto que fray Domingo de Rojas hacía el número 39 [5]. Con todo, el ámbito de las acusaciones no desbordaba el marco castellano, si no era el hecho de haber hecho traer desde Sevilla un códice comprometedor, relacionado con un Alvarez de los Ríos. Es el único cabo que apunta a relaciones sevillanas de fray Luis de la Cruz [6]. Todos estos indicios vienen a confirmarse con el hallazgo de un importante fragmento del proceso de fray Luis del que voy a dar noticia y presentar su texto.

Tal fragmento lo hemos hallado en el Archivo Histórico Nacional, *Inquisición*, leg. 1.822, n. 11. Lleva en su portada algunas anotaciones: *Caro. De fe. Leg.* 2, *n.* 13. *Contra fray Luis de la Cruz. Difinido.* Parece documento original y contiene doce folios en papel, sin foliar. El primer problema a despejar es el de la identidad

1. *Fray Luis de la Cruz, O. P. y los protestantes de Valladolid (1559). La difusión de una* Consideración *de Juan Valdés* recogido en el capítulo anterior de este libro, cuyas páginas cito en las notas siguientes.
2. Cf. p. 158.
3. Cf. p. 181.
4. Cf. pp. 182-183.
5. Cf. p. 189.
6. Cf. p. 187.

del procesado, dado lo impreciso y común de su nombre. Su lectura despeja toda duda: el fray Luis de la Cruz, *o de Medina*, del que se habla está implicado en la difusión del escrito valdesiano y en relación con Carranza. Se trata sin duda del mismo personaje.

El contenido del cuaderno es fácil de descifrar: son diversas peticiones del fiscal licenciado Ramírez, en las que prueba los cargos contra fray Luis, responde a sus réplicas, y corrobora definitivamente todo el pliego de acusaciones.

Dejando el análisis de su contenido para más tarde, veamos qué se deduce de la lectura minuciosa de estos folios. En primer lugar, consta por ellos que el número de testigos de cargo era altísimo, ya que un testigo, fray Bartolomé Muñoz, figura con el número 81. En segundo lugar, podemos fijar la fecha de algunas deposiciones— no todas: Hay declaraciones de diciembre de 1557, alguna de 1558 y varias fechadas en julio y septiembre de 1559. Las fechas sitúan el inicio de la documentación procesal bastante antes de que naciesen las primeras sospechas sobre Carranza a raíz de la edición del *Catecismo* (1558), y nos aproximan a la fecha de los primeros sobresaltos sevillanos en torno al doctor Constantino [7]. La calidad de los testigos es un tanto excepcional, ya que abundan entre ellos los dominicos, hermanos de hábito de fray Luis. Extrayendo datos de las puntuales certificaciones del licenciado Ramírez podemos recopilar no pocos nombres, el número de cada uno en la correspondiente lista de testigos y en algunos casos la fecha de declaración. Bastantes de ellos estaban integrados en el grupo de procesados sevillanos, como puede comprobarse siguiendo a Schaefer. Merced a este procedimiento, podemos recomponer la siguiente lista ateniéndonos al orden que ocupan en la publicación de testigos:

Testigo 1: fray Juan de Ochoa, O. P.
Testigo 2: Catalina González, presa en Sevilla.
Testigo 3: fray Nicolás de Salas, O. P.
Testigo 4: fray Jerónimo Bravo, O. P.
Testigo 5: fray Francisco Fanegas, O. P.
Testigo 6: fray Juan de Burgoa, O. P.
Testigo 7: Medel de Espinosa, preso en Sevilla.
Testigo 9: Juan Ponce, preso en Sevilla.
Testigo 10: Mari González, presa en Sevilla.
Testigo 14: Constanza Sarmiento, presa en Sevilla.
Testigo 16: fray Baltasar de Mesa, O. P.
Testigo 17: fray Francisco de las Infantas, O. P.
Testigo 19: fray Alonso Carrillo, O. P.
Testigo 20: fray Gonzalo Arceniega, O. P.
Testigo 39: fray Domingo de Rojas, O. P., preso en Valladolid.
Testigo 44: Ana de Zúñiga.
Testigo 45: Martín Gutiérrez, clérigo [S. J.].
Testigo 49: fray Pedro Hernández, O. P.
Testigo 51: fray Simón de Espinosa, O. P.
Testigo 58: Isabel Portocarrero.
Testigo 62: José de Ayala.

7. Bastante antes del descubrimiento del foco protestante sevillano, surgieron las primeras alarmas inquisitoriales respecto a Constantino, exactamente en la primavera de 1577. Cf. E. H. J. Schaefer, *Beiträge zur Geschichte des spanischen Protestantismus und der Inquisition* I, Gütersloh 1902, 348.

Testigo 63: una hermana de fray Luis.
Testigo 81: fray Bartolomé Muñoz, O. P.
Testigo Catalina Manuel.
Testigo doctor Vargas, preso en Sevilla.

Por último, de la testificación de estos sujetos se deducen algunos rastros biográficos sobre fray Luis, como son, el que enseñaba a los frailes mozos de San Pablo; que predicó en la catedral de Sevilla en la cuaresma de 1555 ó 1556, así como el día de Santiago, y que predicó también en San Pablo y en otros lugares. Con ello podemos encuadrar inequívocamente a fray Luis en el inquieto clima espiritual sevillano descrito recientemente por el padre Alvaro Huerga [8] y, a través de sus acusadores, conocer mejor aquel momento y las redes de amistades y enemistades que atrapaban a nuestro protagonista, relacionado más o menos íntimamente con Egidio, Constantino, fray Jerónimo Caro, Casiodoro Reina, como figuras mayores, y con Gonzalo Hernández, Gaspar Bautista, el licenciado Juan González, Francisco Alvarez, el doctor Vargas, entre las de inferior relieve.

Esto supuesto, vamos a dar paso al estudio de los cargos del licenciado Ramírez aunque sea a título meramente informativo. Como corresponde a la naturaleza de su actuación como fiscal, reitera las acusaciones y las correspondientes probanzas de testigos. Esto permite en más de un caso intentar fijar la entidad de la acusación con perfiles propios de cada uno de los testigos; y acaso seguir el curso de lo realmente dicho o intencionalmente expresado por fray Luis, y de su eco o interpretación polémica y dialéctica abstracta. En la medida en que varios testigos se refieren al mismo hecho es posible controlar el distinto eco e interpretación que ofrecen sus testimonios, para luego ver cómo, a su vez, los interpreta y califica el fiscal.

En el primer documento del licenciado Ramírez se nos presentan una serie de capítulos de acusación, con las consiguientes probanzas. Siguiendo el orden del documento, nos encontramos inicialmente con la acusación abstracta de que fray Luis negó el mérito en el quehacer espiritual, afirmación que el fiscal tacha sin más de luterana. Para ser exactos, el fiscal le acusa de negar el mérito sobrenatural y la intercomunicación del mismo, y de negar la satisfacción y mérito de la penitencia. Prueba su acusación citando nada menos que doce testigos, de los cuales nueve son «letrados y religiosos» y que «como celadores de la fe» vinieron a deponer ante el santo oficio lo que vieron y oyeron decir a fray Luis, miembro de su propia orden. ¿Qué es exactamente lo que vieron y oyeron los dichos testigos? Fray Juan de Ochoa, maestro dominico [9], declaró el 24 de julio de 1559 que, predicando fray Luis en la cuaresma de 1556, dijo que «los justos no conoscían méritos»; recuerda textualmente una frase del sermón: «¿En qué andais agora comunicando mérictos?». Fray Juan interpretaba la frase como negación pura y simple del mérito, y añade que hizo una advertencia al respecto a fray Luis, quien le contestó: «No sé qué me dije». El segundo testigo es harto más confuso y de menor relieve. Se trata de la sevillana Catalina González, presa por luterana [10]. Genéricamente se nos dice que

8. Agustín de Esbarroya, *Purificador de la conciencia*. Estudio preliminar, edición y notas de Alvaro Huerga, Madrid 1973, 60-103, y especialmente 140-190.

9. Ochoa se cuenta entre los prestigiosos colegiales y catedráticos del colegio de Santo Tomás de Sevilla. Se ocupó de algunos asuntos inquisitoriales y años más tarde fue a Roma a proseguir el proceso contra Carranza. Tuvo la humorada de traducir a versos virgilianos el armazón de la *Summa* de santo Tomás. Cf. A. Huerga, *o. c.*, 80, 93, 95, 105. Sabemos por Schaefer que predicó en el auto de fe sevillano de 1562, II, 319.

10. Catalina González, morisca fue relajada como luterana; lo mismo su hermano el licenciado Juan González. Schaefer, II, 283-286.

había confesado muchos errores y que la noche anterior al auto en que fue relajada confesó que el fraile con quien comunicó los errores luteranos era fray Luis «y se los aprobó». Con todo, a continuación declara que con él sólo pasó que, preguntándole en confesión Catalina González si existía obligación de manifestar a la inquisición los errores propios o ajenos, le repuso que no era menester manifestarlos, sino enmendarse, «y que no quiso declarar su nombre hasta agora, porque le quería mucho y *su padre* la había hecho mucho bien, y que entonces refirió haber pasado todas aquellas cosas con el dicho fray Luis, por advertir a los inquisidores que se recatasen y mirasen en los frailes que no predicasen herejías, e porque entendió que el dicho fray Luis predicaba contra los méritos». En esta declaración pocas horas anteriores al auto, Catalina González parece limitar su trato con fray Luis a un incidente ocasional. ¿Acaso se creía obligada a denunciar a su padre? Con todo, lanza vagas acusaciones alarmistas sobre la predicación de algunos frailes, y acusa a fray Luis de negar los méritos. Añade también que le dijo fray Luis que «tenía enseñados a frailes mozos de San Pablo», tres o cuatro, y le parece que era en este punto del mérito; y que era voz común que predicaba en contra. No sabemos cuáles fueron las primeras y largas declaraciones de Catalina González. El fiscal, por su cuenta, puntualiza que no es verosímil que «compusiese un coloquio e comunicación tan ordenado y tan largo, si en efecto no hobiera pasado así» —se refiere a la anterior declaración, y se inclina a creer que todo lo comunicó con fray Luis de Medina y que lo quiso excusar «por las causas que arriba tiene señaladas». ¿Era la denuncia del propio fray Luis la que atormentaba a Catalina, y el «su padre la había hecho mucho bien» hay que entenderlo del padre de fray Luis? No podemos despejar estas incógnitas.

El problema del mérito recibe nueva luz de denuncias más precisas de otros dominicos. Así, el maestro fray Nicolás de Salas [11], aludiendo a un sermón de fray Luis en la catedral de Sevilla en la cuaresma de 1555 (?), dice que «había hablado desacatadamente de las penitencias públicas, especialmente de la cruz que llevan los penitentes, diciendo que eran dos palos, aunque no se le acuerda de habérsele oído, pero tiene sospecha que se lo oyó». La vacilación de fray Nicolás se refiere probablemente a la ruda frase sobre los «dos palos» —confirmada por otros testigos—; mas apunta certeramente al desacato de fray Luis para con las penitencias públicas sevillanas. También vacila en afirmar si él oyó o no, pero no duda en aseverar el notorio escándalo producido por otras palabras de fray Luis en las que dijo que «no podía uno comunicar sus méritos a otro, declarando y dando a entender que hablaba de la satisfacción para expiar las penas del purgatorio». El problema del mérito deja la abstracción para circunscribirse a un ámbito mucho más concreto y matizado.

Una variación del tema la encontramos en la declaración del dominico fray Jerónimo Bravo [12], que declara el 9 de diciembre de 1557 (¡). Alude a un sermón de fray Luis en la catedral de Sevilla el día de Santiago de 1556, en el que dijo que «así como los niños no tienen elección en el obrar, así los justos no tienen elección en lo que hacen». El escandalizado fray Jerónimo dio pie a que el fiscal dedujese de tal afirmación la negación del mérito de las buenas obras y también la del libre albedrío. La frase de fray Luis se presta a otras muchas interpretaciones menos radicales, y no tenemos base para concordar con la única y excluyente del fiscal Ramírez.

11. No parece que debe confundirse al maestro fray Nicolás de Salas, con un Nicolás Sala o Sallas, mallorquín, luterano reconciliado, condenado a siete años de cárcel. Schaefer, II, 285.
12. Huerga, *o. c.*, 80, lo enumera entre los prestigiosos colegiales de Santo Tomás.

A este mismo sermón parece referirse el testigo 17, fray Francisco de las Infantas. Su testimonio es algo más preciso: Predicando fray Luis en la catedral entre los dos coros, dijo que «los méritos que uno tenía, no los podía comunicar a otro». La afirmación expresa del mérito, queda contrapesada por la negación de su comunicación interpersonal. Y añade fray Francisco: «También reprendió a los que se disciplinaban, no diciendo que era malo, sino que murmuraba de ello, e diciendo: «Va uno con dos vigas atravesadas a cuestas, e piensa que será luego salvo e que no hay más que hacer». Con buena lógica fray Francisco entendió que lo decía por los portadores de cruces penitenciales en la procesión del jueves santo, y concluye diciendo que en aquella ocasión fray Luis «predicó cosas harto escandalosas, de las que no se acuerda» (¡). Fray Alonso Carrillo [13] declara en Córdoba otra frase textual del sermón: «Decís allá que podéis aplicar vuestros méritos a otros. E si ansí lo decís, yo os acusaré a la inquisición». Al rector dominico fray Gonzalo de Arceniega le ofendió la frase, entendiéndola de la satisfacción que cada uno hace por sí, y hasta llegó a predicar lo contrario. Por lo demás también fray Alonso registra la hiriente frase de fray Luis: «Hay algunos que llevan un palo atravesado a cuestas». Le pareció mal la frase por aludir con ella a la cruz y por «diminuir las buenas obras en estos tiempos». El propio fray Gonzalo de Arceniega, O. P., añade algunos matices de este mismo sermón, recordando la frase más completa: «¿Qué pones tú tus obrillas delante de Dios? ¿A Jesucristo has tú de poner delante de Dios, que no tus obrillas de nada. Y el otro depone delante de Dios su soguilla, el otro toma el jueves santo en la noche dos vigas atravesadas al hombro». Fray Gonzalo desecha como mala esta doctrina y predicó lo contrario. El fiscal por su parte se confirma con ello de que fray Luis negaba la comunicación de méritos, y llamaba a la penitencia y abstinencia «obrillas de nada».

También en otro escenario levantó escándalo fray Luis con sus provocativas frases: en la iglesia dominicana de San Pablo. Predicó en ella más de un sermón, y de la declaración de los testigos no se aclara si fue en 1555, ó 1556. Fray Francisco Fanegas recuerda que, tratando de las romerías, utilizó la frase «Vanse con dos vigas atravesadas, y que se murmuró de ello en el Colegio». El maestro fray Juan de Burgoa quedó con algún escrúpulo de aquellos sermones, y aunque no entendió bien por el rumor de la gente, le pareció que «trataba de obras, no conforme a la inteligencia de los santos». El preso Medel de Espinosa [14] sospechaba de la ortodoxia de fray Luis, «porque hablaba en el púlpito de la justicia de Cristo muy ahincadamente, diciendo que no había otra cosa, ni pusiesen en otra cosa su confianza sino en Jesucristo, lo cual —parece añadir el fiscal— es plática muy usada e tratada entre luteranos y de esto infieren que no hay otra satisfacción y mérito de parte de los penitentes». Medel de Espinosa recoge otra frase inédita de fray Luis: «que si él predicase la verdad, que allí le apedrearían». La frase tendrá otra versión, aún más provocativa.

El tenor negativo de la acusación —negación del mérito— ha recibido un complemento importante en su cara positiva: la ahincada exaltación del mérito de Cristo. Doña Constanza Sarmiento [15], presa en la inquisición, corrobora este aspecto, al confesar que fray Luis predicaba que «en Jesucristo estaba todo nuestro bien y

13. Cf. Huerga, *o. c.*, 84.
14. Fue relajado en persona en el auto del 21 de septiembre de 1559 como luterano. Schaefer, II, 282-286.
15. Viuda de Hernán Ponce de León, veinticuatro de Sevilla. Fue reconciliada, con pérdida de bienes, hábito y destierro, en el auto del 22 de diciembre de 1560. Schaefer, II, 292.

nuestros méritos y que El lo meresció en la cruz todo». El fiscal, por su parte, deduce que con ello excluía toda otra satisfacción y mérito de buenas obras.

Finalmente, nos sale al paso el testimonio de fray Simón de Espinosa, O. P. Por él sabemos que las ideas de fray Luis no eran sólo convencimientos teóricos, sino que respondían a cierta maduración personal. En efecto, tratando fray Simón con fray Luis en 1556 en Sevilla «de las penitencias y abstinencias que hacía cuando era fraile mozo, y que el testigo le dijo que no estaba más adelantado en aquello, y que el dicho fray Luis le respondió que entonces lo hacía como hombre que sabía poco y que no conocía entonces lo que agora conoce tener en Dios y en Cristo». El fiscal anota el hecho de que atribuya la práctica de la penitencia a poco saber, dando a entender que no es necesaria para los que saben lo que tienen en Cristo. Evidentemente el lenguaje posee un cierto tufillo luterano, aunque probablemente más tenga que ver con las posiciones de Egidio y Constantino. Con todo es un precioso resquicio para adentrarnos en el espíritu de fray Luis, tardío conquistador de unas evidencias que le hacen ver bajo otro prisma su piedad juvenil. Tal es el capítulo más importante del fiscal. Sin detenernos, por el momento, a calificarlo, vamos a proseguir en la enumeración de los cargos, iluminando así el conocimiento de las mareas provocadas por el predicador sevillano.

El segundo capítulo nos traslada a otro escenario y a diversa materia. El primero es el monasterio de Nuestra Señora de Gracia; la materia es la intercesión de los santos y la invocación a los mismos. La fecha el año 1555. Doña Ana de Zúñiga le oyó decir a fray Luis de la Cruz: «Hay muchos devotos de Nuestra Señora, y ¿no habría algunos devotos de Dios?». La frase le escandalizó por parecerle «indevoción de Nuestra Señora». En el mismo monasterio y la última vez que predicó en él, fray Luis trató en su sermón «de las oraciones que en esta tierra tenían, especialmente de las mujeres». Según doña Isabel de Portocarrero, que es quien declara, fray Luis dijo: «No sé qué devociones, que se iban a rogar a la madre de Dios y a los santos, y dejaban a Dios. Y concluyó diciendo: Y no sabéis lo que os hacéis: que no tenéis que rogar a la madre de Dios ni a los santos, que ella no puede ninguna cosa; que Dios es el que lo da a ella y lo da a todos». También a doña Isabel pareció la expresión «indevota a Nuestra Señora»; mas al tener por entonces a fray Luis por católico, no pensó que había error en ello. Doña Isabel era pariente de fray Luis y nombró por contestes de su deposición a dos criadas suyas, una de ellas difunta. La superviviente, Catalina Manuel, mantenía en su memoria las expresiones de fray Luis, especialmente hirientes para con el sexo femenino: «Dijo que las mujeres de aquella tierra no sabían lo que rezaban ni lo que pedían; que no había necesidad de hacer oraciones ni pedir a Nuestra Señora ni a los santos, sino a Dios que era el que lo daba todo». ¿Nos encontramos ante una neta negación de la intercesión de María y de los santos, o ante una crítica concreta de excesos de la piedad mariana sevillana? El fiscal, naturalmente, se inclina a la primera versión.

Una tercera cuestión, atestiguada por dos testigos, de los que uno es el maestro Juan de Ochoa, nos sitúa frente a otra afirmación de fray Luis desde el púlpito. Había dicho que «los pecadores no tenían fe». Fray Juan de Ochoa la había reprendido anteriormente de otra frase similar y fray Luis respondió a la reprensión: «Bien sé que *fides informis est donum Dei*, pero aún esa no tenéis» y lo fue probando en el curso de su semón. El fiscal concluye que la negación aún de la fe informe en los pecadores y su pérdida por la gracia es dogma luterano, y silencia la modificación de las palabras introducida por el testigo 77. No se le ocultaba a fray Luis la distinción entre *fides informis* y *fides charitate formata*. Mas su frase oratoria, cargada de hipérbole, no expresa un principio teológico, sino una exagerada afirmación de hecho, cosa que distancia la cuestión de su planteamiento teológico abstracto.

Cinco testigos deponen sobre otro punto en el que fray Luis aparece «suspecto e indiciado», sin aportar elementos de juicio. Según ellos «sentía mal de la concesión de Bulas y cuentas de perdones e indulgencias». Una nueva acusación, fuera de contexto, es sustentada por dos testigos, uno de ellos la hermana de fray Luis. Predicando en Nuestra Señora de Gracia, y glosando el texto evangélico Mt 23, 2, *Sobre la cátedra de Moisés se sentaron los escribas y fariseos... haced lo que dicen y no lo que hacen*, fray Luis extremó la crítica evangélica para decir con énfasis: «Yo vos digo que ni hagáis lo que dicen ni lo que hacen». ¿En qué contexto sevillano concreto será preciso situar la frase? No lo sabemos. El fiscal deduce de la frase la puesta en solfa de la autoridad y potestad del papa, de los obispos y sacerdotes, y de la iglesia. En esta antología de hipérboles oratorias de fray Luis, queda una más, harto sabrosa, atestiguada por seis testigos. Es un apóstrofe caliente y especialmente hiriente. Dijo dirigiéndose a Cristo: «¡Oh, Señor! Si agora vos estuviérades en el mundo y predicárades, dijeran que érades luterano». Lógicamente la calificación del fiscal sube de tono: «Es blasfemia y confirmación herética, injuriosa contra toda nuestra religión cristiana y en aprobación de los herejes luteranos». En realidad, la frase nada tiene que ver con Cristo, sino con la sociedad a la que criticaba fray Luis por su actitud represiva y excesivamente cautelosa frente a ciertas doctrinas que no tenían por qué ser las luteranas. La frase nos evoca otra similar y de claro sentido, y es la pronunciada por fray Bartolomé Carranza en su sermón de entrada en la ciudad de Toledo [16].

Quizá el capítulo más interesante de la acusación por lo que a aportación de datos históricos se refiere sea el siguiente, ya que en él se nos describe el mundo de relaciones y amistades de fray Luis, concretamente en el ámbito de lo que se ha dado en llamar el protestantismo sevillano. En efecto, parece que fray Luis mantuvo especial amistad y comunicación con Egidio, Constantino, Gonzalo Hernández, fray Jerónimo Caro, fray Casiodoro [Reina], Gaspar Baptista, el Licdo. Juan González [17] y otros, presos y condenados por luteranos poco después. Los alababa en público y en secreto. Visitaba a Constantino, con quien se encontraba apartadamente tres y cuatro horas. En este punto la descripción de hechos, escueta y alejada de toda fabulación o interpretación, no deja lugar a dudas. Fray Baltasar de Mesa y fray Bartolomé Muñoz, ambos dominicos, acompañaban a fray Luis a casa del Dr. Constantino, y «muchas veces vía que se apartaban en una cámara y que trataban tres y cuatro horas». Uno de estos testigos añade haberle oído decir a fray Luis que «si él algo sabía, era por el doctor Constantino, diciendo que era muy profundo letrado en las Escrituras» y que le fue a oir sus sermones unos viernes de cuaresma. Fray Baltasar de Mesa subraya que «se apartaban a hablar donde este testigo no los vía». Mari González, presa en la inquisición, [18] describe más explícitamente los contornos del grupo: «Los que estaban bien con Egidio y su doctrina, estaban bien con fray Jerónimo Caro y con fray Luis de la Cruz, porque

16. Véase en la introducción a los *Comentarios sobre el Cathechismo Christiano* de Carranza, Madrid 1972, I, 32.

17. Schaefer aporta noticias sobre ellos: Egidio (I, 345-347; II, 292); Dr. Constantino (I, 348-349; II, 292); el jerónimo fray Jerónimo Caro (I, 364); el también monje jerónimo fray Casiodoro Reina (I, 363 y II, 313); Gaspar Baptista (I, 354 y II, 312); Licdo. Juan González (I, 351).

18. Fue relajada en el auto del 21 de septiembre de 1559. Schaefer, II, 287.

favorescían mucho a Egidio y porque la doctrina que predicaban era como la de Egidio». A tenor de lo que dicen fray Domingo de Rojas y fray Pedro Hernández, ambos dominicos, fray Luis «formaba queja de la prohibición de los libros de Constantino, dando a entender que no era bien mirado, porque le parescía que aquella doctrina no tenía error». El fiscal inculpa de esto a fray Luis, a quien su condición de letrado y teólogo le impedían ignorar las «notorias herejías» de los libros de Constantino [19]. La hermana de fray Luis, por su parte, confiesa que su hermano «la alabó mucho al dicho Constantino y a sus obras y que la encomendó mucho que leyese uno de sus libros y que no dijese a nadie que se lo había dicho». Todo ello induce al fiscal a acusarlo de cómplice y dogmatizador, y de haber intentado dilatar y extender errores, inclusive prevaliéndose del secreto de sus consejos.

Fray Simón de Espinosa menciona otro episodio. Fray Luis le había referido que el doctor Constantino le había dicho en alguna ocasión: «Padre fray Luis. ¿No nos iríamos a tierra donde declarásemos nuestros conceptos?». Fray Luis redondeó su confidencia, añadiendo: «Esto hablo y he dicho confiando en las personas que me oyen». El apasionamiento y adhesión de fray Luis por Constantino, no sólo es positivo —decía que «había hallado la vena del Evangelio para predicar»—, sino que arrostra combativamente a quienes le critican: «Mirá, aunque lo veas prender ni castigar ni quemar por luterano, no pierdas la fe e no desconfíes. Pedí fe para vosotros». Quien esto declara, que es el testigo 65, añade: «E que, a lo que le parece, lo dijo porque le tenían en Sevilla por justo, e que, aunque le condenasen, su ánima sería salva. Y decía y afirmaba el dicho fray Luis de la Cruz otras muchas palabras muy encarescidas en público y en secreto en defensa de los dichos Egidio y Constantino. Y es ansí que, después que el dicho Doctor estuvo preso por el Santo Oficio e hizo retractación pública de las proposiciones tan notoriamente heréticas, el dicho fray Luis de la Cruz procuró e recaudó escripturas e obras suyas, e lo mismo del dicho Doctor Constantino».

El fiscal deduce razonablemente «violenta presunción» de que fray Luis era cómplice y partícipe de los errores condenados de sus dos admirados doctores. A mayor abundamiento, presenta el testimonio de don Juan Ponce de León, hijo del primer conde de Bailén y protestante convencido y entusiasta [20]. Don Juan define al grupo por el patrón de fray Casiodoro: «Entre seis o siete personas que entendió que estaban en la opinión de fray Casiodoro, era la quinta persona fray Luis de la Cruz, y que procuraba en sus sermones y fuera de ellos favorescer y alabar a Egidio y a Constantino». En otra declaración posterior, cuando profesa querer vivir y morir en las doctrinas confesadas, se apoya en sus maestros y a la vez los defiende: «Habiendo declarado que estará y morirá en los errores que tiene, dice que él ha hecho caso de unos hombres, como fueron el Doctor Vargas y Egidio y Constantino y fray Jerónimo Caro y fray Luis de Medina —¿serán los cinco mencionados en la cita anterior?—, los cuales todos eran a una; y que tiene entendido que ningún fraile entiende la palabra de Dios; y que si alguno la entiende es fray Jerónimo Caro y fray Luis de la Cruz, y que en esta verdad que entiende, que dijo que es la de los apóstoles, por ésta morirá». Las verdades que entiende son las

19. Fray Luis no era el único que mostraba su extrañeza ante la prohibición de libros publicados en España. Según fray Baltasar Pérez el inquieto grupo español de Flandes sobre el que habla en su información «comenzaron a dar tras la inquisición y decían que, pues los habían permitido cuando se imprimieron la primera vez, que era argumento que o estonces o agora se habían engañado». Cf. mi artículo *Españoles en Lovaina en 1551-1558:* Revista Española de Teología 23 (1963) 42.

20. Schaefer, I, 350-351.

que le enseñó fray Casiodoro, que son las que le decían todos los doctores mencionados, entre los que incluye de nuevo expresamente a fray Luis de la Cruz. De esta suerte, las doctrinas profesadas por Ponce y registradas en su proceso eran convertidas por el fiscal en otras tantas acusaciones de herejía contra fray Luis.

Un capítulo ulterior de acusación es la posesión por fray Luis del documento o instrucción para leer la Sagrada Escritura, procedente de la celda de Carranza y en última instancia de Juan de Valdés, y que le fue secuestrado a fray Luis al tiempo de su prisión. Remitimos para este punto al extenso tratamiento del mismo en el capítulo anterior [21]. A éste se suma otro cargo formado por múltiples afirmaciones de testigos singulares, y por lo mismo jurídicamente nulos, pero que a juicio del fiscal reforzaban globalmente la acusación general probada por contestes, por ser muchos en número, deponer sobre cosas y actos de la misma materia y mostrar por actos exteriores el ánimo e intención heréticas de fray Luis y su culpa como receptor y encubridor de cómplices y partícipes de herejía, y merecedor de que sea sometido a tormento «hasta tanto que enteramente cuanto a esto declare la verdad».

El fiscal replica además a la respuesta de fray Luis en la que se quejaba en su primera respuesta a la publicación de testigos de que sin suficiente información se le acusase de sentir mal de las bulas y concesiones de indulgencias y de haber tratado mal del temor servil «derrocándole por el suelo, tratando de él no conforme a lo que el Concilio Tridentino dispone», y de que sintiera mal de los preceptos y mandamientos de los superiores y de la Iglesia. El fiscal remite a algunas declaraciones de testigos en prueba de tales acusaciones, tachando a fray Luis de «protervo y pertinaz y desacatado».

De pronto dejamos los predios de la herejía para trasladarnos al terreno moral en el que fray Luis cayó en «profundo mal». Según el fiscal, fray Luis estaba «testificado y casi convencido del crimen y delito nefando e de otros gravísimos e inormes excesos». Uno de los testigos era nada menos que su propia hermana. Se adivina el sentido del circumloquio: «ha depuesto lo que con ella, siendo su hermana, pasó y lo que intentó y pretendió perpetrar, e que la decía que aquello no era pecado y que otra hermana suya se lo consintía». Otra testigo más, penitenta de fray Luis, dice que «estándola confesando trató con ella lo que depone». Razón tenía el fiscal para agravar el delito a cuenta de que fray Luis era sacerdote, religioso y celebraba continuamente.

El licenciado Ramírez concluye y refuerza su alegato diciendo que fray Luis había intentado escaparse de la prisión y prenderle fuego; que en el curso del proceso ha hecho declaraciones ambiguas de las que se deduce que encubrió a otros herejes, y que ha reconocido de algún modo algunos de los cargos; así, insistió en su defensa en censurar las penitencias públicas y a las «dos vigas hechas cruces», diciendo que «no era esto frutos de penitencia ni confiar tanto en sus buenas obras que diesen sus méritos uno a otro»; confesó también «la afección y amistad que tenía a Egidio y a Constantino, e que procuraba scripturas y papeles suyos... e que ha tenido e leído libros de herejías reprobados», y que había llamado a los frailes «fariseos e hipócritas». Reconoció también haber afirmado que «los buenos predicadores el día de hoy no habían de morir en la cama, sino apedreados y enhorcados por decir la verdad». Y por último también reconoció que habiendo él declarado contra la viuda Doña Inés Bravo ciertas cosas sospechosas que comunicaron entre ambos la víspera de Nuestra Señora de agosto —14 de agosto— en San

21. Cf. pp. 157-193.

Pablo de Valladolid, envió aviso de ello a Doña Inés para que declarase lo mismo.

Como colofón de este largo capítulo de cargos el fiscal concluía que fray Luis estaba convicto del delito de herejía y como tal debía ser condenado y relajado como «hereje luterano dogmatizador negativo pertinaz protervo», siendo primero degradado de sus órdenes sagradas.

Posteriormente el fiscal presentó una nueva acusación, referente al mencionado papel valdesiano, acusándole de no haber dicho la verdad, de haberla modificado intencionadamente, de ser perjuro, etc... Nada añade a lo ya tratado en el citado capítulo, si no es un dato mínimo, esto es, una cita del folio 862 de proceso de fray Luis. Esto nos permite deducir que tenía cuando menos 1724 páginas Aunque semejante cifra nos indica que hemos utilizado menos de una centésima parte de su proceso: sin embargo el carácter sintético del documento fiscal nos ha asomado suficientemente a la vertiente de las culpas atribuidas a fray Luis.

¿Qué podemos concluir de todo ello con mínimas garantías de objetividad? Teniendo presente, por analogía con otros procesos la tendencia del fiscal a magnificar los delitos y a hinchar la evidencia de las pruebas, pienso personalmente que el presunto luteranismo de fray Luis no queda debidamente probado, si comparamos sus pruebas con las de un Cazalla, Carlos de Seso, fray Domingo de Rojas, procesados vallisoletanos, o con las de otros sevillanos. No aparecen en el elagato fiscal los típicos temas de teología luterana. Por lo mismo nos escapa la intensidad y extensión del supuesto *Credo* luterano de fray Luis. El dato más probado y fehaciente es el de su adhesión admirativa a personajes que han sido calificados históricamente de luteranos: Casiodoro Reina, Constantino, Egidio, Vargas, etc... La calificación de fray Luis pende en gran parte de la que se quiera otorgar a sus maestros amigos, aunque, por otra parte, no debiéramos convertir sin más una cierta adhesión admirativa en una plena concordancia ideológica. No conocemos suficientemente el grado y profundidad de su comunicación personal, el abanico de puntos de concordancia. Ciertamente existe una sintonía espiritual entre ellos; hasta podríamos hablar de una simpatía, en el estricto sentido de la palabra, al menos respecto a Constantino, inclusive en sus horas amargas.

De esos niveles profundos de intercomunicación —veneración hacia Constantino y sus obras, crítica de la hipocresía de los frailes—, hay una faceta que se revela con mayor claridad: es la que podríamos llamar faceta crítica. Impresiona, por un lado, el número y calidad de los denunciantes de la propia orden, no pocos de los cuales son maestros. Bien leídas sus deposiciones, predomina en ellas el escándalo y no adquiere consistencia sólida la acusación de herejía. En el orador trasplantado a Sevilla, brilla por su ausencia una cierta sobriedad o discreción, y brilla por su presencia una franqueza y sinceridad castellanas, provocativamente enfrentadas con usos religiosos andaluces muy arraigados. La expresión repetida «esta tierra», referida a Sevilla, nos trae al paladar cierto sabor antagónico regionalista. La rudeza de expresiones hacía más áspera una crítica, acaso más que en parte justificada, sobre las penitencias públicas, las bulas, las exageraciones en el culto a la Virgen y a los santos, la confianza en los propios méritos y obras exteriores: puntos todos en los que fray Luis podía coincidir muy bien con Constantino y con su visión de una piedad más cristocéntrica e interiorista. Las sorprendentes debilidades de la carne —aceptadas o no— no tienen por qué ser interpretadas en clave luterana, ni siquiera en ese socorrido método de persuasión que consiste en restar toda culpabilidad a los sucios propósitos. La plaga de la solicitación en confesión invadirá Andalucía en décadas posteriores como lo demuestran infinidades de procesos inquisitoriales, sin que en ello tenga nada que ver el luteranismo. Por todo ello, dudo mucho de que fray Luis fuese un luterano auténtico, convicto y confeso, y creo que se adhirió afectiva y efectivamente a muchas ideas de Constantino y otros en esa zona franca o Hinterland, lindante con el luteranismo por algunos flancos y asentada en esa atmósfera vaporosa que se ha dado en llamar evangelismo. Bien es verdad que un fenómeno análogo como el italiano, representado epicéntricamente por la espiritualidad del *Trattato utilissimo del beneficio di Cristo* comienza a ser seriamente interpretado en clave de cripto-luteranismo y que no acaban de disipar mis sospechas respecto a Constantino los esfuerzos de Guerrero y María Paz Axpe [22].

Con todo, sin argumentos más convincentes que los expuestos por el fiscal Ramírez, clasificaría provisionalmente a fray Luis de Medina o de la Cruz entre los testigos del hirviente ambiente sevillano de los años 1555-1559, que desembocó en fugas o en procesos, y en el que se entremezclaron auténticos protestantes, con personas inquietas y reformistas, provocando la aparición de denunciantes escandalizados y de inquisidores [23]. El breve fragmento del proceso de fray Luis aporta muchas noticias nuevas y desconocidas. No aclara definitivamente las cosas, sino que acaso las confunde más. Mas en historia se progresa a veces abandonando ideas «claras y distintas», dudando de cosas dadas por ciertas y descubriendo la complejidad de ciertos fenómenos. Tal es el caso de la aportación de este codicilo del proceso de fray Luis, sucedáneo muy incompleto de un abultado volumen que acaso aclararía nuestras dudas y vacilaciones.

APENDICE

FRAGMENTO DEL PROCESO DE FRAY LUIS DE LA CRUZ, O. P.

Muy magnificos y muy reverendos señores:

El licenciado Ramirez, fiscal en este Santo officio, en el pleito e causa que trato con frai luis de la cruz, de la horden de Santo Domingo, preso en las carçeles deste Santo officio, digo que, visto y examinado por vuestras mercedes el proçeso del dicho pleito, hallaran aver provado bien y cumplidamente mi yntençión y demanda y lo conthenido en las acusaçiones y denunçiaçiones que contra el dicho frai luis de la cruz estan presentadas con mucho numero de testigos fidedinos y contestes, los quales deponen de vista, y demas y allende de los que son contestes, ay otros muchos testigos que deponen y afirman aver visto y oydo afirmar al dicho frai luis muchos herrores y opiniones hereticas contra nuestra fee y rreligion christiana en confirmaçión y crehencia de la seta y herrores de Luthero, y el numero de los testigos que contra el dicho frai luis deponen son por todos 81 testigos, los quales estan presentados y examinados o rratificados en tienpo y en forma. E visto este proçeso e la ynformaçion que del rresulta, los testigos que paresze y es ansi que contestan en tienpo y lugar y delicto son los siguientes:

22. Sobre el fenómeno italiano, cf. T. Bozza, *Nuovi studi sulla Riforma in Italia. I. Il beneficio di Cristo*, Roma 1976. Sobre la valoración positiva de Constantino, cf. J. R. Guerrero, *Catecismos españoles del siglo XVI. La obra catequética del Dr. Constantino Ponce de la Fuente*, Madrid 1969; M. P. Axpe Ansa, *Constantino Ponce de la Fuente. El hombre y su lenguaje*, Madrid 1975.

23. Por lo demás el escorzo de la espiritualidad de fray Luis que, con todas sus limitaciones, se desprende de un pliego de cargos, entronca bien con la línea de la espiritualidad humanista sevillana galanamente descrita por el P. Alvaro Huerga en una serie de temas, cf. pp. 140-165. Aunque él la enjuicia positivamente y presenta sus reservas respecto a la enseña protestante con que ha sido bautizada, p. 140, no deja de sorprender que quien escribió desde la otra ribera confesional, González Montes en sus *Sanctae Inquisitionis artes*, considere sin tapujos como heraldos de la nueva espiritualidad sevillana a Egidio, Vargas y Constantino, tríptico venerado por fray Luis de la Cruz. Huerga, *o. c.*, 145.

* Archivo Histórico Nacional, *Inquisición*, 1.822, n. 11.

En el articulo e proposiçion de que dicho frai luis de la cruz esta denunçiado y testificado de aver dicho y afirmado que no ay meritos ni comunicaçion dellos, negando la satisfaçion y merícto de la penitençia, los quales son herrores y heregias de la dañada secta de Luthero y sus secaces y calificados por tales; ay doze testigos contestes y rratificados en tienpo y en forma, que son el testigo 1.2.3.4.5.6.7.14.17.19.20.51, y los nueve dellos son letrados y rreligiosos y que como çeladores de la fee vinieron a deponer en el Santo officio lo que vieron y oyeron dezir al dicho frai luis de la cruz, aunque hera de su horden y rreligion, por ser las dichas oppiniones herrores y heregias notorias contra nuestra fee catholica y aver rescibido escandalo de averselas oydo predicar, de las quales el primero testigo, que es *frai Juan Ochoa*, maestro en la horden de Santo domingo, depone en XXIIIIº de julio de 1559 entre otras cosas, que, predicando frai luis de la cruz el año de 1556 por la quaresma, dixo que los || justos no conoçian merictos, y que en sentençia se acuerda que dixo, «¿en que andais agora comunicando merictos?», como dando a entender, al parezer deste testigo, que no avia meresçimientos [1]; y que despues advirtiendole dello este testigo, el dicho frai luis, como turbado y convençido, le rrespondiera: «No se que me dixe», y que este testigo quedo escandalizado dello.

2. Yten, el segundo testigo, que es *Catalina Gonçalez*, vezina de Sevilla, estando presa por luterana en la Inquisición de Sevilla y abiendo confesado muchos herrores, declaro en 27 de setiembre de 1559 la noche del Aucto en que fue rrelaxada, que el fraile con quien a dicho que comunico los herrores que tiene confesados de la secta de Luthero y se los aprovo, es el dicho frai Luis de la Cruz; pero que declara que con el no paso mas del articulo que tiene dicho de que, preguntandole en confesion si hera obligado el honbre a magnifestar los herrores que supiese de si o de otras personas, que el dicho frai luis de la cruz le avia dicho que no hera menester magnifestarlos en el santo oficio e que solo hera menester la emienda, y que no quiso declarar su nonbre hasta agora, porque le queria mucho y su padre la avia hecho mucho bien, e que entonces rreferio aver pasado todas aquellas cosas con el dicho frai luis, por advertir a los inquisidores que se rrecatasen y mirasen en los frailes que no predicasen heregias, e porque entendio que el dicho frai luis predicaba contra los meritos. E que la dixo el dicho frai luis que tenia enseñados a frailes moços de san pablo, aunque no sabia esta testigo hasta donde llegaba, y que hera voz comun que predicaba contra los meritos, y que heran tres o quatro los frailes que tenian enseñados, y que la pareze que la dixo que en esto de los meritos los tenia enseñados. Y devese advertir que, aunque el testigo dize que el fraile con quien comunico los herrores que tiene confesados es frai luis de la cruz o de medina, pero que solo le comunico aquello que dize en la rratificación arriba declarado, no es verisimile que conpusiese un coloquio e comunicacion tan hordenado y tan largo, si en effecto no oviera pasado asi; y es de creer que todo lo comunico con el dicho frai luis de Medina, y que lo quiso escusar por las causas que arriba tiene declaradas.

3. Yten, el tercero testigo, que es el maestro *frai Niculas de Salas*, depone que huvo escandalo en el colegio de Santo tomas de Sevilla de un sermon que el dicho frai luis predico en la yglesia mayor de Sevilla || en la quaresma del año de 1555, que avia hablado desacatadamente de las penitencias publicas, espeçialmente de la cruz que llevan los penitentes, diziendo que heran dos palos, aunque no se le acuerda averselo oydo, pero tiene sospecha que se lo oyo. Yten depone que tanbien avia escandalo y que hera notorio que el dicho frai luis de la cruz, tratando de la comunicaçion de los meritos, dixo que no podia uno comunicar sus meritos a otro, declarando y dando a entender que hablaba de la satisfaçion para expiar de las penas de purgatorio; e dize que no se acuerda si se lo oyo o no, aunque presume que si, y es de advertir que, aunque el testigo pareze que no se afirma averlo oydo, sino que presume o sospecha que se lo oyo, pero, pues depone afirmatibamente y de vista del escandalo que dello avia y dize que hera notorio averselo oydo, y asi en quanto a esto de los meritos y satisfacion y comunicación dellos, berifica lo que los demas testigos deponen çerca desto.

4. Yten, el quarto testigo, que es *frai geronimo bravo*, de la dicha horden de santo domingo, depone en 9 de dizienbre de 1557, que avra un año y medio poco mas o menos que, predicando frai luis de la cruz en sevilla en la Yglesia mayor un dia de santiago, dixo que asi como los niños no tienen eleçion en el obrar, asi los justos no tienen eleçion en lo que hazen. Y que este testigo se escandalizo dello, en lo qual tanbien es visto negar el merícto de las buenas obras e quitar el libre albedrio, pues dize que no tienen libre albedrio, y esto es notorio herror y heregia condenada y calificada por tal.

5. Yten, el 5.º testigo, que es *frai francisco fanegas*, de la horden de santo domingo, depone en 22 de setienbre del dicho año de 1559, que abra tres años poco mas o menos que, predicando frai luis en la yglesia de san pablo de sevilla, tratando de las rromerias dixo: «Banse con dos vigas atrabesadas», y que tanbien se acuerda que trato de satisfaçion, no tiene memoria de que palabras, y que entre los colegiales de sancto tomas se murmuraba dello.

1. *Al margen*: Concuerda el 3 y 17 y 19 y 20.

6. Yten, el 6.º testigo, que es el *maestro frai Juan de burgoa*, de la dicha horden, depone en dizienbre de 1557, que, puede aver || dos años poco mas o menos que, predicando frai luis en la yglesia de san pablo de sevilla uno o dos sermones, que quedo alguno con escrupulo, aunque no lo entendio vien por el rrumor de la gente, mas de que le parescio a este testigo que trataba de obras no conforme a la ynteligençia de los sanctos, y alude tanbien a esta proposiçion de la neçesidad de la penitençia y satisfaçion lo que depone el testigo 68.

7. Yten, el setimo testigo, que es *medel despinosa*, preso en la inquisicion de sevilla, estando en el tormento declaro que tiene sospecha del dicho frai luis de la cruz que entendia en estos herrores y que tiene entendido que entiende en ellos, porque hablaba en el pulpito de la justiçia de Christo muy ahincadamente, diziendo que no avia otra cosa ni pusiesen en otra cosa su confiança sino en Iesu Christo, lo qual es platica muy usada e tratada entre lutheranos; y desto ynfieren que no ay otra satisfaçion y merito de parte de los penitentes. Y declara el testigo que dixo el dicho frai luis que si el predicase la verdad, que alli le apedrearian.

A lo qual tanbien alude lo que el testigo 14 depone, que es *doña constança Sarmiento*, presa en la ynquisiçion de sevilla, la qual depone que oyo dezir a frai luis de la cruz que predicando dezia que en Iesu Christo estaba todo nuestro bien y nuestros meritos y que el lo merescio en la cruz todo; y en afirmar el dicho frai luis esto, pareze que quiere exluir toda otra satisfaçion y merito en las buenas obras y de penitençia, como pareze por las calificaciones y çensuras.

17. Yten, el 17 testigo, que es *frai francisco de las ynfantas*, de la horden de santo domingo, depone en 8 de setienbre de 1559, que se acuerda que la quaresma pasada hizo tres años que predicando frai luis en la yglesia mayor entre los dos coros, trato alli e dixo en el dicho sermon que los meritos que uno tenia no los podia comunicar a otro [2], y que tanbien rreprehendio a los que se disciplinavan, no diziendo que hera malo, sino que murmuraba dello e diziendo «Va uno con dos bigas atrabesadas a cuestas e piensa que sera luego salvo e que no ay mas que hazer», y que este testigo entendio que lo dezia por lo que se hazia el jueves sancto de la çena e llevan cruz a cuestas en penitençia. Y que en el sermon predico el dicho frai luis cosas harto escandalosas de las que no se acuerda. ||

19. Yten, el 19 testigo, que es *frai alonso carrillo*, de la horden, depone en cordova en 8 de setienbre de 1559 que, predicando frai luis en sevilla, dixo: «Dezis alla que podeis aplicar vuestros meritos a otros. E si ansi lo dezis, yo os acusare a la ynquisiçion», y que esto entendio frai gonçalo de arçeniega, rretor, por la satisfaçion que cada uno haze segund lo que el yba tratando, y que le pareşçio muy mal, como lo es, y que por esto predico lo contrario, y satisfaze a la consequençia de herror quel dicho frai luis pretendia queriendo encubrir el suyo, y declara que en el mesmo sermon tratando de las obras, dixo: «Ay algunos que llevan un palo atrabesado a cuestas», y que entendio el testigo que lo dezia por la cruz, y que le pareşçio muy mal [3] por diminuyr las buenas obras en estos tienpos.

20. E con esto tanbien contesta el testigo 20, que es frai *gonçalo de arçeniega*, de la dicha horden de santo domingo, el qual depone en 13 de novienbre de 1559 que, predicando frai luis de la cruz e tratando de la satisfaçion y de las obras y de la comunicacion dellas, dixo: «Que pones tu tus obrillas delante de Dios? A Iesu Christo as tu de poner delante de Dios, que no tus obrillas de nada. Y el otro depone delante de dios su soguilla, el otro tomo el jueves santo en la noche dos bigas atrabesadas en el honbro», y que este testigo tubo esta doctrina por contraria y mala a nuestra santa fee catholica, y que por esto predico lo contrario y rreprueva la consequençia que el dicho frai luis hazia de la comunicaçion de los meritos, e como vuestras mercedes avran visto por la calificaçion, y aun sin calificaçion, consta que es herror y heregia lutherana, pues a las obras de penitençia y abstinençia llama obrillas de nada, porque por estas palabras es visto sentir y entender que no tienen valor ni satisfazen por los pecados.

51. Y esto tanbien alude y confirma lo que el testigo 51, que es *frai simon de espinosa*, entre otras cosas depone en el mes de agosto de 1558, que podra aver dos años que, estando en sevilla tratando con frai luis de las penitençias y abstinençias que hazia quando hera fraile moço y que || el testigo le dixo como no estava mas adelantado en aquello, y que el dicho frai luis le rrespondio que entonces lo hazia como honbre que savia poco y que no conozia entonces lo que agora conoze tener en dios o en Christo, lo qual tanbien el sospecha, pues atribuye a poco saver hazer obras de penitençia y abstinençia y da a entender que no es menester para los que conozen lo que tienen en Christo. E para las dichas proposiçiones en que contestan los sobredichos testigos pido se lean las calificaçiones y çencuras.

2.ª *contestaçion.* Yten de lo susodicho pareze que el dicho frai luis de la cruz esta convençido por testigos contestes rratificados en tienpo y en forma, de que siente mal y hereticamente de la

2. *Al margen*: Concuerda con el primero y con el 3.º y 19 y el 20.
3. *Tacha*: como lo es y que por esto predico lo contrario.
4. *Al margen*: De la intercession de los sanctos.

ynterçession e ynbocaçion de los sanctos [4], espeçialmente el testigo 44, 58, 59, de los quales el 44, que es *doña Ana de çuñiga*, depone en el mes de hebrero de 1560, que podra aver çinco años que, estando en el monesterio de nuestra señora de graçia de sevilla predicando frai luis de la cruz, le oyo dezir: «Ay muchos debotos de nuestra señora y no abria algunos debotos de dios?», y que se escandalizo de ello, porque le paresçia que hera yndeboçion de nuestra señora.

58. Yten, el testigo 58, que es *doña ysavel puertocarrero*, depone que la postrera vez que frai luis vino a sevilla, predicando en el monesterio de nuestra señora de graçia en sevilla, discurriendo por el sermon tratando de las oraçiones que en esta tierra tenian, espeçialmente de las mugeres, dixo: «No se que deboçiones, que se yban a rrogar a la madre de dios y a los santos, y dexavan a Dios», y dixo: «Y no sabeis lo que os hazeis, que no teneis que rrogar a la madre de dios ni a los santos, que ella no puede ninguna cosa; que dios es el que lo da a ella y lo da a todos», y que desto se escandalizo este testigo por parezerle cosa yndebota a nuestra señora, pero que entonçes no entendio que avia herror en ello, por tener al dicho frai luis por catholico, hasta agora que advirtio en ello. Y declara esta testigo que es deuda del dicho frai luis, e nonbra por contestes entre otros muchos de que no se acuerda, a catalina perez, difunta, y catalina manuel, sus criadas. E siendo examinada la dicha catalina manuel, depone que en este mesmo sermon que pre- || dico frai luis, dixo que las mugeres de aquella tierra no sabian lo que rrezaban ni lo que pedian, que no avia necesidad de hazer oraçiones ni pedir a nuestra señora ni a los santos, sino a dios; que el hera el que lo dava todo, y que a esta testigo le paresçio mal aquello. Y en esto y en todo lo demas contesta con la dicha doña Ysabel puertocarreero, sobre lo qual tanbien pido se vean las calificaçiones e çensuras de los teologos.

3.ª *contestaçion.* Yten, el dicho frai luis de la cruz esta testificado por dos testigos, que es el primero el maestro *frai juan ochoa* y el 77 testigo, de que, predicando en sevilla, avia dicho que los pecadores no tenian fee, e dixo el primero testigo que el dicho frai luis lo avia dicho antes y que dello le avia reprehendido, y que dixo el dicho frai luis: «Vien se que fides ynformis est donum dei, pero aun esa no teneis», y que lo fue probando en el discurso del sermon, lo qual dixo este testigo que es mayor confirmaçion del primero herror, porque es dezir que aun fee informe no tienen los pecadores y que la perdieron con la gracia, lo qual, como es notorio y calificado por tal, es dogma lutherano, y a esto mesmo alude, como dicho tengo, el testigo 77, aunque con alguna modificaçion.

4.ª *contestaçion.* Yten, el dicho frai luis de la cruz esta yndiçiado y suspecto de que siente mal de la conçesion de las bulas y quentas de perdones e yndulgencias, como lo deponen el testigo 18, 21, 22, 62 y el octabo.

5.ª *contestaçion.* Yten, el dicho frai luis de la cruz es testificado por numero de dos testigos contestes, y el uno es hermana del dicho frai luis, los quales son el testigo 62 y ochenta, de que, predicando en sevilla en el monesterio de nuestra señora de graçia aquel ebangelio que dize «Sobre la cathedra de Moysen se sentaron los scrivas y fariseos, etc..., hazed lo que dizen y no lo que hazen», dixo el dicho frai luis: «Yo vos digo que ni hagais lo que dizen ni lo que hazen», en lo qual pareze que da a entender que siente mal de la avtoridad y potestad del sumo pontifiçe y de la yglesia, pues es una de las avtoridades que los catolicos tienen contra los hereges para fundar por la scriptura la avtoridad y potestad del sumo pontifiçe y de los obispos y saçerdotes, sobre lo qual pido se vean las dichas calificaciones y çensuras. ||

6.ª *contestaçion.* Yten, esta convençido el dicho frai luis de la cruz por seis testigos contestes, que son el testigo 62, 72, 73, 74, 75, 78, de que, predicando en sevilla en el monesterio de nuestra señora de graçia, dixo por nuestro rredentor Iesu Christo: «O señor, si agora vos estuvierades en el mundo y predicarades, dixeran que herades un lutherano», lo qual es blasfemia y confirmacion heretica, injuriosa contra toda nuestra rreligion christiana y en aprobaçion de los hereges lutheranos.

Yten, demas de lo susodicho, el dicho frai luis de la cruz esta muy testificado y convençido de aver comunicado y tenido muy estrecha y particular amistad con muchas personas hereges e luteranos, espeçialmente con el doctor egidio y constantino e gonçalo hernandez y fray geronimo caro y frai casiodoro e con gaspar baptista e con el licenciado juan gonçalez y otros, los quales fueron presos y condenados por la ynquisiçion de sevilla por hereges lutheranos dogmatizadores de la secta de lutero, y que el dicho frai luis procuraria scripturas y doctrina de los dichos egidio y constantino, alabandolos en publico y en secreto. Y de la dicha amistad e comunicaçion deponen el testigo 7, 8, 9, 10, 11, 12, 14, 16, 20, 29, 46, 48, 51, 55, 57, 62. Y hera tan particular la comunicaçion y trato quel dicho frai luis de la cruz tenia con el dicho constantino, que dizen el testigo 16, que es *frai baltasar de mesa*, y *fray bartolome muñoz*, testigo 81, que, acompañando al dicho frai luis de la cruz yendo con el a casa del doctor constantino, muchas vezes via que se apartaban en una camara y que trataban tres y quatro oras. E dize el uno destos testigos que oyo dezir al dicho frai luis de la cruz que, si el el algo savia, hera por el doctor constantino, diziendo que hera muy profundo letrado en la escritura y que le fue a oir sus sermones unos viernes de quaresma. Y el dicho fray baltasar de mesa dize que sienpre se apartaban a hablar donde este testigo no los via.

Y el testigo dezimo, que es mari goçález, presa en la ynquisiçion de Sevilla, depone que los que estaban vien con egidio y su doctrina estaban bien con frai geronimo caro y con frai luis de la cruz, porque faboresçian mucho a Egidio y porque la doctrina que predicaban hera como la de egidio.

Y el testigo 39, 49, que son || frai domingo de rrojas y frai pedro hernandez, deponen que el dicho frai luis formaba quexa de la prohibiçion de los libros de constantino, dando a entender que no hera bien mirado, porque le paresçia que aquella doctrina no tenia herror: de lo qual el dicho frai luis no podía tener justa ygnorançia, siendo letrado y teologo, conteniendo las dichas obras tan notorias heregias contra la fee catholica como se calificaron antes. Por lo que esta dicho se arguye que el dicho frai luis es conpliçe y dogmatizador de los mesmos herrores y heregias, y que tenian yntento de las dilatar y enseñar, porque el testigo 62, que es hermana del dicho frai luis, depone que el dicho frai luys la alabo al dicho constantino y a sus obras y que la encomendo mucho que leyese uno de sus libros y que no dexise a nadie que el se lo avia dicho. De donde con ebidençia consta que el dicho frai luis savia los herrores que contenian las dichas obras y que hera delito encomendar que leyese en el dicho libro, pues encargaba el secreto. Y esta sospecha de que los susodichos se comunicaban en la dicha seta y heregias se confirma por lo que el testigo 51 depone, que es *frai simon despinosa*, de la horden de santo domingo, el qual declara que, estando en çierta parte, rrefirio el dicho frai luys de la cruz que le avia dicho el dicho dotor constantino: «Padre frai luis. No nos yriamos a tierra donde declarasemos nuestros conceptos?». E que despues de averlo dicho, dixo el dicho frai luis: «Esto hablo y he dicho confiando en las personas que me oyen». E tanbien se confirma lo susodicho por lo que el testigo 70 depone de averle dicho el dicho frai luis de la cruz que constantino avia hallado la vena del evangelio para predicar. Y el testigo 65 depone que, predicando el dicho frai luis avia dicho: «Mirá, aunque lo veas prender ni castigar ni quemar por luterano, no pierdas la ffe e no desconfies. Pedí fee para vosotros». E que a lo que le pareze, lo dixo porque le tenian en sevilla por justo; e que, aunque le condenasen, su anima seria salva, y dezia y afirmava el dicho frai luis de la cruz otras muchas palabras muy encaresçidas en publico y en secreto en defensa de los dichos egidio y constantino. Y en ansi que, despues que el dicho doctor estuvo preso por el santo offiçio e hizo retratación publica de las proposiçiones tan notoriamente hereticas, el dicho frai luis de la cruz procuro || e rrecaudo scripturas e obras suyas, e lo mesmo del dicho doctor constantino: de lo qual resulta violenta presunçión contra el dicho frai luis, de que hera conpliçe y partiçipe de los dichos herrores y seta por que an sido condenados. Y esto se confirma e convençe al dicho frai luis por lo que depone el testigo 9, que es *don juan ponçe*, el qual en la declaración que hizo en la ynquisiçión de sevilla en 19 de mayo de mill e quinientos e cinquenta e nueve, depone que entre seys e siete personas que entendio que estavan en la opinion de frai casidoro hera la quinta persona frai luis de la cruz, y que procurava en sermones y fuera dellos faboresçer y alabar a egidio y a constantino. Y en otra declaraçion que hizo en 30 de mayo del dicho año, aviendo declarado que estara y morira en los herrores que tiene, dize que el a hecho caso de unos hombres como fueron el doctor bargas y egidio y constantino y frai geronimo caro y frai luys de medina, los quales todos heran a una, y que tiene entendido que ningund fraile entiende la palabra de dios; y que si alguno la entiende, es frai geronimo caro y frai luis de la cruz; y que en esta verdad que entiende, que dixo que es la de los apostoles, por esta morira. E siendo preguntado que diga que verdades son estas, dixo que las que le dixo casiodoro, porque entiende que las que el le dixo se las dixeron todos los doctores que tiene dicho, entre los quales nombra e yncluye a frai luis de medina, alias de la cruz. Y los herrores y heregias que frai casiodoro enseño y comunico al dicho don juan ponçe son muchos e diversos de la secta luterana, como pareze por la dicha testificaçion, la qual junta con los demas es urgentisima y muy sufiçiente para convencer al dicho frai luis de la cruz del crimen de heregia de que esta acusado, demas de los testigos que contra el ay contestes.

Yten, el dicho frai luis de la cruz esta mui culpado por una ynstruçion o documento que se hallo en un cartapaçio suyo que dizen aver dado frai bartolome de miranda leyendo teulogia en el colegio de san gregorio para entender la sacra scriptura, la qual envio y escribio al dicho frai bartolome de miranda baldesio, herege, y en ella se contiene una de sus consideraciones con muchas e diversas heregias y herrores contra || nuestra religion christiana y el dicho fray luis la ha tenido en su poder hasta que fue preso por este santo offiçio y el la tiene rreconoçida y confiesa que la tubo e tiene por mala y heretica. E dize el testigo 39, que es frai domingo de rrojas, que por encobrir el autor de la dicha obra esta puesta en el principio della «Quae sequntur sunt provi et pii viri», y el dicho frai luis confiesa que el ynpuso el dicho titulo, lo qual es tan sospechoso como pareze.

E demas y allende de los testigos que arriba estan rreferidos por contestes contra el dicho frai luis de la cruz resultan otros muchos testigos que deponen y afirman contra el otros herrores y opiniones contra nuestra santa fee catholica, que, aunque sean singulares en sus depusiçiones, por ser tantos en numero y deponer de cosas y actos de una misma calidad y materia de heregia, que se pueden y dever aver por contestes, pues en efecto deponen por los actos esteriores que declaran de un mismo animo e yntençion que el reo muestra de ser herege y porque de los dichos testigos demas de propio delito de que convençen al dicho frai luis de la cruz, esta testificado e yndiçiado de que rrecepta y encubre otros muchos conpliçes y partiçipes del dicho delicto de heregia, y que save que estan en la dicha secta y creencia: en quanto a esto pido que antes que sea declarado y rrelaxado por herege el dicho frai luis de la cruz, sea puesto a quistion de tormento, el qual se le de y execute y rrepita en su persona hasta tanto que enteramente quanto a esto declare la verdad, espeçialmente sobre lo que depone el testigo 45, que es *martin gutierrez*, clerigo, de lo que le rrefirio el dicho frai luis de la cruz que avia pasado con frai bartolome de miranda, ayudandole a dezir misa, y a esta sospecha e yndiçio pareze que alude y confirma lo que el dicho frai luis confiesa respondiendo a la publicaçion que se le dio deste testigo, que esta a fojas 580.

Otro si digo que por quanto viendo el dicho frai luis de la cruz convençido e tan culpado del dicho crimen de heregia e de los esçesos de que a sido demandado el susodicho, con dañada y malebola yntençion en una confesion que presento de su letra respondiendo a la primera publicacion, dize que sin aver ynformaçion || se ynpusieron ciertos capitulos que tratan de que siente mal de las bulas y conçesiones de las yndulgencias, y que predicando en cierta parte trato mal del temor servil, derrocandole por el suelo, tratando del no conforme a lo que el conçilio tridentino dispone; y que asi mismo sintio mal de los preçeptos y mandamientos de los superiores y de la yglesia, a lo qual satisfaziendo digo que para le denunçiar y acusar de las dichas proposiçiones ay e rresulta bastante ynformaçion y para los dichos capitulos se vea lo que deponen, para el que trata de las conçesiones de bulas e yndulgencias y perdones, el testigo 8, 18, 20, 21, 22, 62; y en lo que toca al temor servil de que fue acusado, de que no siente del conforme al conçilio tridentino y que trato del derrocandole por el suelo, se vea lo que depone el testigo 61 que es *don josep de ayala* en la primera declaraçion que se presento firmada de su nonbre, en la qual se fundo el dicho capitulo que desto trata. Y en lo que toca al capitulo que se le opuso, de que no siente bien de los preceptos y mandamientos de los superiores y de la yglesia, se vea lo que dize el testigo 2 y el testigo 68, que es *catalina gonçalez*, y lo que depone otro ibi, en quanto dize *Ubi spiritus, ibi libertas*, || con lo que antes y despues declara. De donde se vera que con maliçia y animo de ofender falsamente ynpone el dicho frai luis que sin fundamento dize e viendose convençido de los dichos exçesos y delitos de que esta testificado, a pretendido a pretende notar el santo offiçio e personas del como protervo y pertinaz y desacatado.

Y demas y allende de lo susodicho, abiendo prevenido el dicho frai luis en el profundo del mal, esta testificado y casi convençido del crimen y delito nefando e de otros gravisimos e ynormes excesos, e uno de los dichos testigos, que es hermana del dicho luis, a depuesto lo que con ella, siendo su hermana, paso y lo que yntento y pretendio perpretrar, e que la dezia que aquello no hera pecado, y que otra hermana suya se lo consintia. Y otro testigo, que es el 69, depone, que estandola confesando, trato con ella lo que depone: los cuales delictos hazia y cometia el dicho frai luis siendo saçerdote y de rreligion y celebrando continuamente, lo qual agraba mucho los dichos delictos de que esta testificado. E demas desto, esta testificado y convençido por la ebidençia || del fecho de que, estando preso en las carçeles deste santo ofiçio, procuro e yntento de se salir a avsentar dellas, dando y prometiendo dadibas y promesas a personas que estavan en su custodia. Y es ansi que, estando en una carçel que esta devajo del uno de los secretos desta ynquisiçion, puso fuego a la dicha carçel y la començo a rronper y de hecho lo començo a hazer y lo efetuara si no fuera por el conpañero que en su carçel tenia, que se lo ynpidio y dio abiso dello, como de todo ello consta e pareze por la ynformacion que dello se rrescibio, e por la fee e testimonio de los notarios deste santo offiçio que por vista de ojos se vio en presençia de vuestras mercedes: de lo qual hago presentaçion. En lo qual, aunque no hubiera tanta testificaçion contra el dicho frai luis de los delitos de que esta acusado, se hizo e constituyo por rreo e convençido y los derechos los rreputan por tales, a lo menos por dignos de gravísima pena. Yten, en quanto el dicho frai luis opone que es testificado y acusado de cosas y capitulos que son de fee, digo que por esto se convençe mas su delicto e proterbia, e para ello pido se vean las calificaçiones y censuras que los letrados y teologos a quien se cometio an dado, de las quales hago presentaçion. Otrosi digo que, demas y allende de la testificaçion contra el dicho frai luis, esta muy notado y convençido por ciertas confesiones y declaraçiones que a hecho en la prosecuçion desta causa, las quales açepto en quanto contra el hazen espeçialmente se nota en lo que dixo y declaro siendo llamado sobre çiertas cartas que a el se le entregaron, que heran de doña Juanna enrriquez, la qual esta testificada en este santo offiçio como pareze por el libro 19 de la testificacion de valladolid, las quales rreçepto y encubrio e no dio notiçia dellas en este santo offiçio, conteniendo çiertas cosas muy sospechosas segund declaran los testigos; e tanbien lo rrefiere el dicho frai luis de la cruz como pareze por el examen que con el se tubo, que esta en este proceso a fojas 62.

Yten, se debe advertir a lo que el dicho frai luis confiesa en la primera confesión que se presento de su letra, en la qual || trata de las oraçiones bocales e ynbocaçion de los santos y alude a lo que los testigos 43, 48 deponen, y en la dicha confesion trata de las penitençias publicas y de las cruzes que se llevan el jueves santo, diziendo que son dos bigas hechas cruzes y que no hera esto frutos de penitençia ni confiar tanto en sus buenas obras, que diesen sus meritos uno a otro, lo qual es tan sospechoso como pareze y esta calificado; y alude tanbien a lo que los testigos 1, 3, 5, 10, deponen, y confiesa la afeçion y amistad que tenia a egidio y a constantino, e que procuraba scripturas y papeles suyos, lo qual esta tan provado, e que a tenido e leydo libros de heregias rreprobados, y que a llamado a los frailes fariseos e ypocritas, el qual es bocablo ordinario e usado con que los hereges tratan a los religiosos.

Yten, confiesa que a dicho que los buenos predicadores el dia de oy no avian de morir en cama, sino apedreados y enhorcados por dezir la verdad, lo qual es escandaloso e ynjurioso a toda la religion christiana e suspecto de heregia, pues por dezir la verdad catholica a ningund predicador avian de apedrear los catolicos.

Yten, rresulta contra el dicho frai luys de la cruz que, abiendo el declarado contra doña ynes brabo, biuda, çiertas cosas sospechosas que anbos comunicaron en san pablo la bispera de nuestra señora de agosto, que el dicho frai luis despues de aver declarado lo susodicho, envio a abisar dello a la dicha doña ynes brabo para que concordase con el y no declarase mas de lo que el avia dicho, como pareze por la carta que de su letra escribio a fray françisco de tordesillas estando preso en las casas de pero gonçález de leon, que esta a fojas 483, de que tanbien rresulta biolenta presunçion de que rrecepta y encubre otras cosas y delitos contra la fe, que devio comunicar con la dicha doña ynes brabo, pues la enbiaba a prevenir de lo que avia depuesto: todo lo qual visto y examinado por V. S. me hallaran que el dicho frai luis de la cruz esta muy convençido del crimen y delito de heregia de que esta acusado y denunciado, e que como tal deve ser declarado y condenado y relaxado por herege lutherano dogmatizador negatibo pertinaz protervo, siendo primeramente || degradado de las hordenes que tiene, pues no a querido confesar la verdad ni rreduzirse a nuestra santa fee y rreligion christiana, ni satisfaze como deve a la santa yglesia. E no obsta las defensas y alegaçiones quel dicho frai luis de la cruz a fecho e presentado en la prosecuçion desta cavsa, porque no eluden ni diminuyen las deposiçiones y contestaçión de los testigos, pues no prueva las yndiretas ni negatiba ni tachas concluyentes por testigos, sino solamente por simple aserçion del dicho frai luis de la cruz, por la qual no se deve juzgar ni determinar su cavsa, sino por la ynformaçion e probança deste proceso, sobre lo qual y en todo pido justicia e ynploro el sancto offiçio.

El licençiado Ramirez

Muy magnificos y muy Rdos. señores: El licençiado Ramirez, fiscal en este santo offiçio en el pleyto y cavsa que trato con frai luis de la cruz, preso en esta ynquisiçion, afirmandome en todo lo que tengo dicho y alegado en la prosecuçion desta cavsa, digo que, demas de lo susodicho, para que a vuestras merçedes conste con mas evidençia de la pertinaçia e protrebia del dicho frai luis de la cruz y de que, no solamente calla y encubre y rreçepta sus proprios delictos de heregia que ha cometido contra nuestra santa fee y rreligion christiana estando tan convençido como consta deste proceso, mas aun a procurado de rreçeptar y encubrir a otros muchos conpliçes y partiçipes en el dicho crimen, con quien a comunicado y tratado, espeçialmente con las personas de que esta testificado, que an seydo presos y condenados por el santo offiçio, e particularmente para que conste de sus rrevocaçiones y bariaciones y de como en sus confesiones no declara ni satisfaze a la Yglesia como deve, pido y suplico a vuestras merçedes, demas de lo que por mi parte esta pedido y elegado, en que me afirmo, se adbierta a lo siguiente:

Primeramente digo que, como vuestras merçedes han visto en la primera confesion quel dicho frai luis presento de su propria letra sin que fuese preguntado, confiesa que entre sus papeles ha thenido un aviso y documento de como se ha de pasar y estudiar la sagrada scriptura, el qual dize que les dio el maestro miranda leyendo en el colegio de san gregorio desta villa la epistola ad fili- || penses, el qual dize que comunico el dicho maestro miranda con un amigo suyo en rroma e dize que cree que no tiene para este tienpo segura doctrina, y es ansi que la doctrina del dicho documento, no solamente no es segura como el dicho frai luis dize, pero es heretica y contiene dogmas diversos de lutero, como por ella pareze y por sus calificaciones y censuras, y es una de las *consideraçiones* del baldesio, herege, que se hallaron ynsertas en un libro que tenian las monjas de velen, que fueron condenadas, el qual les avia dado juan sanchez, herege pertinaz, que fue relaxado en este santo officio.

Yten, en otra avdiencia de 25 de agosto del año pasado de 1559, que está a foll. 402, siendole mostrado el dicho documento, le rreconoze y dize que aquel modo e tratado de documento no le tiene por seguro para los tienpos de agora, y dize el dicho frai luis que le pareze que es cosa de alunbrados.

Yten, se deve advertir que en otra avdiencia que con el dicho frai luis de la cruz se tuvo en 6 de henero de 1560, declara que el dicho aviso y documento para entender la sagrada scriptura con los otros avisos que estan en el dicho cartapaçio, lo leyo el dicho maestro miranda en el colegio de san gregorio en el año de 1539 y que el saco de los quadernos del dicho miranda y que los daba como maestro por yntroduçion para prinçipios. Y que preguntando al dicho maestro miranda quien le dio el dicho aviso, le dixo y le mostro que hera de un honbre agudo y christiano, y que ansi el frai luis puso por titulo «Quod *(sic!)* sequuntur sunt provi et pii viri», etc... e quel maestro miranda daba los dichos abisos como buenos y provechosos.

Yten, en otra confesion de su propria letra, foll. 862, dize el dicho fray luys que el saco el dicho documento de un papel quel dicho miranda tenia en su çelda. Y en otra avdiençia de 30 de agosto de 1561, se le mostro al dicho frai luis un librillo de mano, en que estaba el dicho documento ynserto de su letra, el qual el avia dado a francisco alvarez de los rrios, vecino de sevilla, y le rreconoze y devesele cargar al dicho frai luis de la crus e ynputar que, pues el tiene confesado y dicho y ansi esta calificado que la dotrina del dicho documento es heretica y dello no deve ni puede pretender justa ygnorançia || siendo letrado y teologo, averla el dado y de su letra al dicho françisco alvarez para que la tuviese y aprendiese por ella, lo qual es evidençia del anymo dañado y heretica yntençion del dicho frai luis de la cruz en querer dogmatizar y pervertir a otros en sus herrores y falsa crehençia. Y de aqui se convençe y excluie tanbien la excusa que el dicho frai luis pretende, diçiendo que el nunca mas avia visto ni leydo el dicho aviso y documento despues que el dicho maestro miranda le avia dado leyendo a sus discipulos, pues a tan poco que el le traslado y dio de su letra al dicho françisco alvarez de los rrios, como lo tiene confesado.

Y es ansi, presupuesto lo que esta dicho, que, aviendo el dicho frai luis de la cruz dicho y confesado diversas vezes espontaneamente y de su propria letra e con juramento todo lo que esta rreferido y rreconoçidolo ansi el susodicho mostrandose pertinaz y protervo en sus herrores y secta, a procurado defender y aprovar la doctrina y proposiçiones hereticas del dicho documento, siendo tan notoriamente hereticas como consta de las calificaciones, y el dicho frai luis tiene dicho que tiene la dicha dotrina por mala y de alunbrados y no segura, como pareze por sus confesiones. Y el ansi mismo torna a rrebocar, diziendo quel dicho maestro miranda no dio el dicho documento como alli estaba, dando salidas y ebasiones el dicho frai luis de la cruz por rreçeptar y encubrir la culpa y delicto, ansi el suyo proprio como el que cometio el dicho maestro miranda en enseñar y dogmatizar a sus discipulos por dotrina tan perniciosa y heretica como contiene la dicha ynstruçion y documento, aviendo antes confesado abiertamente lo contrario y de su propria letra y en otras avdiençias, como esta dicho.

Por todo lo qual y lo demas que tengo dicho y alegado y del proceso desta cavsa rresulta e por la protribia, pertinaçia e soberbia quel dicho frai luis a mostrado en las avdiençias que con el se han tenido en la prosecuçion de su negoçio, biendose tan convençido de sus delictos y exçesos, consta ser erege apostata pertinaz y por tal deve ser declarado y condenado, pues no satisfaze a la yglesia como deve y se rrequyere, ni se descarga de la culpa que rresulta ni elide || la provança ni se diminuye lo que contra el dicho frai luis esta probado por su sinple aserçion, no probando como no prueva por testigos ninguna tacha ni yndiretas, y ansi la dicha probança queda en su fuerça e vigor, e siendo los testigos tantos en numero e rratificados y muchos dellos contestes y de vista y mayores de toda exceçion, e visto lo quel a confesado que fortifica la probança que los otros yndiçios urgentes e violentas presunçiones consta y pareze esta el dicho frai luis de la cruz muy convençido del dicho crimen de heregia de que esta denunçiado y acusado y de los demas crimynes y exçesos nefando *(sic!)* que agravan tanto sus culpas de que esta testificado, por que pido y suplico le condenen y declaren por tal segund y como pedido tengo.

Otrosi digo que, si para berificaçion de los conpliçes y personas partiçipes del dicho crimen de heregia de quel dicho frai luis de la cruz esta testificado que rreçepta y encubre, fuere nesçesario, pido que el dicho frai luis de la cruz sea puesto a quistion de tormento *yn capud alienum* para que en el declare y magnifieste en quanto a este articulo verdad, e sobre todo pido justiçia.

El licençiado Ramirez

(rúbrica)

Las Casas y Carranza: fe y utopía

Acaso más de un lector piense que el enlace de estos dos nombres se debe a cierto artificioso afán por explotar el sensacionalismo, ya que, al menos exteriormente, ambos se ven rodeados de cierto halo de escándalo en la historia de España: uno a causa de su interminable proceso inquisitorial; y otro, a causa de un no menos interminable proceso histórico inquisitivo y valorativo. Los dos resultan figuras egregias; pero para muchos molestas, de nuestra historia. Sin embargo, ambas figuras, rigurosamente contemporáneas, se conocieron y trataron ampliamente, se profesaron mutua estima, compartieron puntos de vista sustanciales y tuvieron en común bastante más que su nombre —fray Bartolomé— y su hábito dominico.

Probablemente muchos desconocerán que Las Casas fue citado como testigo por Carranza; y que, debido a ello, compareció cuatro veces el dominico andaluz en el proceso del navarro. Las cuatro declaraciones de Las Casas, que las publiqué hace bastantes años [1], fueron justamente estimadas como documento excepcional tanto por Menéndez Pidal, que las utilizó intencionadamente, como por el norteamericano Lewis Hanke. Ambos supieron ver en ellas una singular parcela literaria, en que está ausente el obsesivo tema americano que ocupa la totalidad de los miles de páginas que escribió Las Casas en su larga vida de escritor infatigable. Naturalmente, además de este valor psicológico, tales declaraciones encierran una muchedumbre de detalles autobiográficos y personales, que sirven para recomponer el cañamazo de la amistad que unió a Las Casas y Carranza.

Las Casas afirma en 1562 haber conocido y tratado a Carranza desde hacía veinte años *interpoladamente*. En efecto, en esos veinte años, las vidas de ambos dominicos discurren por derroteros muy distantes, y solo interpoladamente tuvieron ocasión de convivir y conocerse. Las Casas reside en América, pero acude a España en defensa de sus ideas y proyectos; Carranza, por su parte, se ausenta de España para acudir dos veces a Trento y más tarde para acompañar al príncipe don Felipe a Inglaterra y a Flandes. A pesar de ello, nos encontramos con espacios en que ambos dominicos conviven bajo el mismo techo y, como lo veremos, se tratan íntimamente. El encuentro, ocasional y esporádico, no fue por eso superficial. Dejó honda huella en la memoria y en el corazón. Es verdad que Las Casas conoció a Carranza *in situ*, en el marco habitual de su vida, mientras que Carranza no pudo contemplar lo que contemplaron los ojos despavoridos de Las Casas en el nuevo

1. Cf. el capítulo «Una página amistosa olvidada» de mi libro ACST II, donde figura el texto completo de las cuatro declaraciones de Las Casas. De ellas extraigo los párrafos entrecomillados de este capítulo.

Mundo. Por otra parte, a Las Casas le toca declarar cuatro veces sobre Carranza, sin contrapartida por parte del navarro. Todo ello hace que el caudal de noticias y juicios sea mayor que el del andaluz.

Negativa común ante una mitra

Una circunstancia excepcional permite a Las Casas cruzarse en la vida de Carranza y con intención decisoria. Fue en 1542. Hacía dos años que Las Casas se encontraba en España, empeñado en enviar misioneros a América y en poner en marcha su proyecto de misión pacífica. Había logrado diversas cédulas reales en consonancia con sus ideales y obtuvo del consejo de Indias autorización para prolongar su estancia en la metrópoli, en espera de que Carlos v retornase de la campaña de Argel. Para cuando llegó el emperador a fines de 1541, Las Casas había redactado algunos de sus escritos; entre otros, la *Brevísima relación de la destruición de las Indias*, que con carácter reservado daría a la imprenta en Sevilla, en 1552.

En 1542 estuvo en Valladolid, asistiendo a las célebres juntas de las que emanarían las *Nuevas leyes* de Indias, orgullo de España, pero tormento de no pocos hispanos que se movían por América. Absorto en estos problemas de largo alcance, Las Casas intervendrá también en un asunto muy particular como era la provisión de la sede de Cuzco, vacante por muerte del obispo a manos de los indios. En el escenario de la enconada lucha entre almagristas y pizarristas, la sede de Cuzco no era plato apetecible para cualquier prelado de mediana conciencia, y no precisamente por miedo a las flechas de los indios. Por aquellos días fray Francisco de Vitoria se pronunciaba con extrema gravedad sobre las injusticias y las rapiñas de los que llamaba «peruleros».

En esa delicada situación, el consejo de Indias pensó en fray Bartolomé Carranza para aquel obispado. En nombre del consejo, le hizo la propuesta el doctor Bernal Díaz de Luco. La negativa de Carranza fue rotunda. Precisamente en ese momento intervino Las Casas, quien nos confiesa que «por orden del consejo de Indias fue a requerir y persuadir [a Carranza] que aceptase la iglesia de Cuzco, que era la más rica de las Indias, y él se excusó. Y porfiándole en ello, le respondió que no le importunase más en ello: que, aunque no fuese sino por no dar una bofetada a la virtud, no lo haría; porque él había predicado contra los prelados que no hacían lo que debían, que no querría ponerse en aquel peligro». ¿Era miedo o sentido de responsabilidad? Carranza estaba dispuesto a ser simple misionero. Un amigo suyo de aquellos días y futuro arzobispo de Valencia, don Francisco de Navarra, nos dice que «había tenido voluntad o pensamiento de pasar a las Indias para aprovechar a aquella pobre gente». No quería ser obispo. El requerimiento, la persuasión, la porfía de Las Casas, cuya habilidad persuasiva encomian hasta sus adversarios, se estrellaron contra la decisión firmísima del dominico navarro. Y no deja de ser sorprendente que quien se empeñó en doblegar la inflexible voluntad de su compañero, desechase también poco después aquella misma mitra.

La Indias: un horizonte desde dos ángulos

Las Indias, como horizonte de proyección de personales inquietudes, no eran ajenas a Carranza. Para esas fechas se había ocupado desde la cátedra del tema indiano en sus comentarios a santo Tomás. Claro que santo Tomás no hablaba ni conoció las Indias. Mas la regeneración del tomismo de nuestro siglo XVI supo proyectar la luz de los principios del Aquinate sobre realidades nuevas, vivas y actuales.

L. Pereña ha sido el descubridor de la doctrina carrancista sobre América, como también de la de fray Juan de la Peña, fray Melchor Cano, don Diego de Covarrubias [2]. Un tema que parecía corresponder monopolísticamente al gran fray Francisco de Vitoria, presenta así una variedad de aspectos y una continuidad académica verdaderamente sorprendentes.

En la exposición de Carranza nos encontramos afirmaciones valientes en contra de los supuestos derechos de conquista, o de los de retención de lo ya conquistado. Los títulos invocados, de comisión pontificia, derechos imperiales o reales, son igualmente negados. Para Carranza, como para Las Casas, debía prevalecer limpiamente la primacía de los fines sobre los medios. El único fin válido que hacía legítima la empresa era la propagación de la fe. Tal fin solo justificaba ciertas garantías para la predicación; no la conquista, la depredación, tributos, malos tratos. Ni siquiera legitimaba la imposición de escuchar la predicación, y menos la obligación de aceptarla. Sobrecoge la fuerza con que se afirma la libertad religiosa del indio, y con que se condena cualquier artificio que quiera explotar políticamente las exigencias menos lógicas de la evangelización. La paganía de los indios no justifica guerra alguna contra ellos, ni les priva de sus derechos de propiedad, jurisdicción y soberanía; por el contrario, las guerras que injustamente se hacen a los indios legitiman su reacción y hasta su consiguiente dominio sobre los cristianos. En este último punto, como reconoce Pereña, Carranza rompía la lógica del tomismo y era un revolucionario.

La actitud de Carranza concuerda sustancialmente con la de Las Casas en la defensa del indio, de su personalidad y libertad nativa, de su legítima propiedad y ordenamiento político; también concuerdan en la motivación cristiana que inspira este pensamiento: Cristo no venció a los infieles con las armas, sino con la persuasión. La opresión conduce irremediablemente al desdén y al odio del nombre cristiano. Tres principios animan toda su doctrina: el respeto y garantía de la persona humana; la igualdad de todos los pueblos, y la primacía y soberanía de los indios. La presencia española en América tenía un justificativo: «Son los españoles para los indios y para su policía necesarios, especialmente para la religión». Policía contrapuesta a barbarie (antropofagia, sacrificios humanos), e infidelidad contrapuesta a religión cristiana eran dos elementos situacionales que justificaban la posibilidad de civilizarlos y la libertad de predicación, el único título válido para legitimar una actuación estrechamente supeditada a tal fin. El primer aspecto lleva a Carranza a una tesis revolucionaria: Desterrada la barbarie, asentada la paz y la justicia, España «debía dejar aquellos pueblos en su primera y propia libertad, porque ya no necesitaban de tutor». Esto podía suceder en un plazo de unos veinte años. El segundo aspecto, tendente a garantizar la libertad de predicar, no implicaba la imposición de la fe, ni siquiera la imposición de escuchar la predicación: «Si toda la república se pusiera de acuerdo para no querer oír otra religión ni otras leyes distintas de las que ellos tienen, por ese motivo no pueden ser coaccionados. Ellos tienen sus leyes y no quieren otras».

Las Casas pudo muy bien escuchar de labios de Carranza estas ideas, ya que fueron expuestas a lo largo de los cursos 1539-1541, y nos consta, por confesión propia, que «le oyó leer algunas lecciones para ver cómo leía». En cualquier caso,

2. L. Pereña, *Misión de España en América*, Madrid 1956, 25-57.

es forzoso pensar que en su trato personal en San Gregorio de Valladolid por aquellos años trataron ambos acerca del tema, aportando uno principios y otro experiencias —harto distantes de las normas morales y aun jurídicas—, y llegando a una gran compenetración en los puntos de vista sobre el vasto y complejo problema. La «noticia estrecha» de Carranza que declara poseer fray Bartolomé Las Casas tuvo que tener por fundamento amplia intercomunicación.

A este período se refieren las impresiones de Las Casas sobre el colegio de San Gregorio, del que era regente Carranza como sucesor del insigne maestro Astudillo. Las Casas nos certifica sobre el clima espiritual e intelectual que palpó en el colegio; sobre la ortodoxia de la doctrina de su regente, sobre el fervor espiritual de aquel ambiente: «estuvo muy reformado en todo». Tenía noticia de las dos visitas giradas al colegio por dos generales de la orden. Aún más, Carranza acudió a él en algunas de las consultas en que gentes notables buscaban su consejo. Desde esta perspectiva de intimidad y compenetración, adquiere mayor hondura este juicio de Las Casas sobre su amigo: «Le tuvo y le tiene por muy humilde siempre, y que no tiene ingenio para encubrir herejía ni maldad con fingida santidad, a lo que a este testigo le parece». Aun con esa salvedad final, llena de modestia desacostumbrada en el asertivo Las Casas, cabe deducir de las palabras citadas el alto concepto que en su estimación le merecía Carranza. Eran dos caracteres firmes, poco propicios a la doblez y al fingimiento.

Carranza a favor de Las Casas: Londres, 1554

Unos años más tarde, en 1547, Las Casas volvía de América para instalarse definitivamente en San Gregorio de Valladolid. Logró carta de hermandad con el colegio, en 1551, mediante la entrega de 150.000 maravedises y el legado *post mortem* de sus libros y papeles. Venía con él el inseparable fray Rodrigo de Ladrada, «compañeros de Dios verdaderos», al decir de Marroquín. Las Casas recibiría habitación, sustento, servicio, sacristía, y el primer lugar a la izquierda del coro, delante de priores y maestros de la provincia; a su muerte, recibiría cristiana sepultura. No duró muchos años la convivencia. Carranza, como provincial de Castilla, salía frecuentemente del convento; en 1551 se iría a Trento. Volvió a San Gregorio en 1553, pero año y medio más tarde salía para Inglaterra y solo volvería, de paso para Toledo, en agosto de 1558, siendo ya arzobispo. Por su parte, Las Casas estuvo en Sevilla en 1552.

De nuevo los vemos unidos en comunes afanes americanistas. En 1551 Carranza asistía a la junta de teólogos convocada por Carlos v para tratar de asuntos americanos. La compenetración era total: «Digo lo que decís y deseo lo que vos deseáis». El caballo de batalla era la encomienda, pieza clave del sistema: difícilmente sustituible como módulo de la organización indiana; pero difícilmente compaginable, en su realidad *concreta*, con un propósito evangelizador en el sentir de Las Casas, en la medida en que los hispanos se mostraban más servidores de la «diosa codicia» —es palabra del dominico— que de los imperativos morales del evangelio y de la tarea misionera.

El tema de la encomienda y sus modulaciones llegó años más tarde a la corte del príncipe don Felipe en Londres. Tan extraña prisa era impulsada por los encomenderos y sus valedores en la metrópoli. Teníamos indirecta noticia sobre este particular por la carta que con tal motivo escribió Las Casas a Carranza en 1555- Sin embargo, nadie, que yo sepa, había aducido nuevos datos acerca de esta asam.

blea londinense en que se debatió el problema. El proceso de Carranza es, una vez más, filón abundante de puntuales noticias acerca de este asunto. Me limitaré a recoger la declaración de uno de los asistentes al debate, el maestro Carlos de Motiloa:

Sabe este testigo que el año que fueron a Inglaterra de cincuenta y cuatro, el Emperador, que sea en gloria [declara en 1562], desde Bruselas envió al Francisco de Eraso, su secretario, a Londres en Inglaterra, y con él envió una cédula a D. Pedro de Castro, obispo de Cuenca que entonces era, para que presidiesen en la disputa que se había de hacer sobre si era bien *vender a los indios, los que estaban en encomienda, en perpetuidad, o no.* Se juntaron tres días en disputa el dicho Obispo en su posada y el Licdo. Menchaca, el Lic. Muñatones, Eraso, fray Bartolomé de Miranda [Carranza], fray Alonso de Castro, Fresneda confesor, el Dr. Corrionero, el Dr. Vozmediano, el Dr. Andrés Pérez, del Consejo de la Inquisición, el primero día, el Dr. Arnedo y otros. Y que en toda la disputación, que duró tres días como dicho tiene, *siempre* fueron de contrario parecer fray Bartolomé y Fresneda confesor... En la disputa que tiene dicha cerca de la venta de los indios, sabe este testigo que fueron de contrario parescer D. Pedro de Castro y el dicho fray Bartolomé de Miranda, y no se acuerda si fue en la segunda o tercera disputa...

Dijo que fray Bartolomé decía que entendía tan bien como él lo que decía. Y el dicho Obispo le decía: «Entiéndase vuestra paternidad, que no se entiende». Y el dicho fray Bartolomé decía que lo entendía tan bien como él. Y se encendieron en cólera y se metieron en medio Muñatones y Menchaca. Y que esto aconteció sobre *querer defender fray Bartolomé de Miranda el libro del Obispo de Chiapa que escribía de los negocios de las Indias.* Y que no se acuerda que pasasen otras palabras, sino que se encendieron en cólera [3].

Carranza fue opuesto a la encomienda en perpetuidad, y sabemos que le apoyó el doctor Vozmediano. Nos consta explícitamente que fueron de contrario parecer el obispo Castro y el confesor franciscano Fresneda, ambos profundamente hostiles a Carranza años más tarde y figuras importantes en su proceso. ¡Quién medirá el alcance de las cóleras cortesanas! En una posada londinense se decidía el destino de América en una de sus piezas fundamentales. Con el Atlántico por medio, se encendían en áspera querella escolástica, un obispo, cuatro que lo serían más tarde (Fresneda, Corrionero, Vozmediano y Arnedo), dos juristas afamados (fray Alonso de Castro y Menchaca), un inquisidor (doctor Pérez), un secretario real (Eraso), Carranza y otros. Desde Europa, la encomienda era una mera institución jurídica, debidamente regulada y aceptable. Desde América, era pieza vital para los interesados encomenderos; y era institución, si no en sus intenciones, sí en sus efectos concretos, absolutamente abominable para Las Casas. La feroz disputa debió descender de la teoría a la praxis. La discusión recaló en *Libro que el obispo de Chiapa que escribía sobre los negocios de las Indias.* ¿De cuál de los innumerables alegatos se trataba? ¿Acaso de la *Brevísima relación*, impresa en Sevilla, en 1552, con destino al príncipe y a raras personalidades? Lo cierto es que este libro cuasi secreto aparece en el inventario de la biblioteca de Carranza que pocos años más tarde redactaría la inquisición al tiempo de secuestrarla. Y a este respecto, brindo a M. Bataillon una interesante noticia: fray Vicente de Córcega —llamado también Paletino de Curçola— fue poco más tarde expulsado por Carranza de Flandes, por haber impreso cierto libro «que no pareció de buena doctrina» y por ciertos negocios que trataba para las Indias. Fray Vicente tornó más tarde a Flandes y allí se juntó con el confesor Fresneda en contra de Las Casas y Carranza [4].

3. Cf. ACST II, 28-29.
4. *Ibid.*, 29-30.

Realismo y encantamiento

La intervención de Carranza en Londres en favor de la tesis de Las Casas fue eficaz en alguna medida. Eso se deduce de la carta ya citada[5] de Las Casas a Carranza de 1555, sin lugar a duda: «No olvide V. P. de proseguir con todas sus fuerzas el principio que Dios le inspiró del *estorbo que puso* a la perdición de aquel orbe que se celebrara en Inglaterra, si V. P. no dificultara el negocio y, dificultándolo, no fuera causa de que se enviara a tratar en España. Y esto en gran manera conviene que V. P. procure, que en Inglaterra ni en Flandes no se determine, sino que, viniendo el emperador o el rey acá, se junte toda España, y que cosa tan grande se haga con grandes personas presentes y en presencia de persona real, y con morosa y morosísima deliberación. ¿Quién no terná por sospechosa y dudosa determinación y no más que temeraria presunción, si algo se determina en Inglaterra, donde el rey tiene tres o cuatro personas que le aconsejan (que sabemos que son hombres y no previlegiados de Dios para que no puedan errar en perjuicio y daños irreparables de aquel orbe tan grande donde tantas gentes y generaciones hay y que tan agraviadas y aniquiladas tan gran parte de ellas han sido y hoy son las que restan, sin ser oídas, llamadas ni defendidas, tratándose de entregarlas perpetuamente a sus capitales enemigos que las han destruido); y que estos consejeros ni *sepan el hecho* ni el derecho; dejando el propio consejo que el rey tiene en España para solo aqueste negocio que cada hora trata del *hecho* por infinitas relaciones que de allá vienen, y estudia el derecho, a lo menos más que los que están en Inglaterra, y van entendiendo ya algo dello, advirtiendo la gran *ceguedad* que hasta agora han tenido?».

La voz de Las Casas cobra fuerza especial sobre el terreno firme de los hechos, tanto como sobre el de los principios morales o jurídicos. Decidir en la lejanía, y sobre todo en la abstracción, sobre una cuestión de vital importancia como la venta a perpetuidad de las encomiendas, ateniéndose a planteamientos formales de derecho, más con voluntad de ignorar o paliar sus derivaciones prácticas, era algo monstruoso para Las Casas, consciente de que de tal resolución pendían los destinos de millones de hombres.

Claro que aquí entra en juego la probidad descriptiva de Las Casas, el grado de veracidad de sus horripilantes relatos; la objetividad, en suma, de su visión de la realidad americana. ¿Qué vieron en América los ojos de Las Casas? Asómese el lector durante algunas horas a la prosa, no siempre soportable, del dominico. Sea absolutamente limpia su intención, sea que se escondan en ella consciente o inconscientemente mecanismos psicológicos inextricables nacidos de su conciencia mesiánica o del fantasma de su probable raza judía, Las Casas no inventa el problema de la lucha por la justicia en América. Es verdad que actúa siempre de fiscal, y por tanto su visión es siempre negativa, agresiva, hiperbólica. La monotonía de su crítica puede llegar a cansar, nunca compensada por juicios positivos. Admítase no poco de egolatría, de exageración, rebájense ceros de las cifras de leguas, de ríos, y sobre todo de las víctimas, réstese patetismo a sus relatos, énfasis a sus inculpaciones, agresividad a sus invectivas y ásperos juicios: lo que aún queda en sus descripciones implacablemente acusatorias es mucho, y creo que es fundamentalmente verdadero, y por lo mismo no desatendible. Su voz es incómoda, entonces y ahora. Lucha por la justicia, no en abstracto, sino acusando a los tiranos, y hasta a los ma-

5. Esta carta, que utilizamos ampliamente en este trabajo, se encuentra en las *Obras de fray Bartolomé de Las Casas* V, 430-450 (Biblioteca de Autores Españoles, 110), con magnífica introducción de J. Pérez de Tudela, Madrid 1958.

gistrados encargados de hacer respetar y cumplir la ley. Intenta salvar a los reyes, porque contra su expresa voluntad y leyes se cometen injusticias, que, no obstante, se endosan al nombre y responsabilidad de los monarcas. Otros fantasearon en su época con el preste Juan, con Cipango o con El Dorado. Fantasear con la denuncia de genocidios gigantescos, con la condenación irrevocable de toda guerra ofensiva contra los indios, de toda depredación de los mismos, de su reducción a esclavitud, tenía que ser enormemente comprometido.

Eso hizo Las Casas, poniendo en la empresa no sólo temperamento tesonero, sino certezas fundadas en hechos, su experiencia irrecusable, recogida en innumerables escritos, cartas y memoriales, o prodigada de palabra ante solemnes juntas. Era difícil en este punto reducirlo al silencio, sobre todo por parte de los responsables que decidían a muchas leguas del teatro de la realidad. Sin querer uno evoca la «terquedad de los hechos» aireada por otro luchador, Miguel de Unamuno.

No voy a meterme en la espinosa tarea de calibrar con total exactitud la veracidad de las afirmaciones de Las Casas, aunque no creo que algunas exageraciones comprobables o comprobadas desvirtúan el valor global de su testimonio. Lo que sí quisiera recordar a los proclives a acusar a Las Casas de desfigurar la realidad es la insistencia con que Las Casas reprochó, a los coetáneos que le inculpaban ese pecado, de desconocer los hechos, de ceguedad, de falta de advertencia, como puede verse en los mismos párrafos de la carta que hemos citado más arriba. En esa misma larga carta dirigida a Carranza dice que quiere *desengañar* a los monarcas, *hacerles entender* «que no tienen valor de un real en las Indias que pueden llevar con buena conciencia». Protesta contra los que quieren *fucar*, *dorar* o *encubrir* el veneno de la tiranía, y contra los que dificultan el verdadero remedio. Nunca se ha remediado a las gentes de América —dice en otro lugar— «sino con remiendos». Condena el «tráfico *enmascarado*» de las encomiendas, no analizando documentos en que quedan reglamentadas, sino su realidad concreta. La sustancia de la encomienda —nos dice—, «jamás se ha mudado, sino antes cada día ha empeorado y así están hoy, y poco aprovechan leyes ni provisiones ni penas que enviamos ni horcas que enviásemos». Pretender justificar la encomienda como instrumento de evangelización, es un *engaño*; engaño que lo *inventaron* en 1504. Achaques y *fictos colores* son las pretensiones de justificar la necesidad de los españoles para la policía de los indios (punto este en que Carranza opinó lo contrario). Todos los términos subrayados son otras tantas llamadas al realismo, ese realismo que se niega a Las Casas.

¿Serán gigantes o castillos encantados los que finge Las Casas en sus alegatos en favor del indio, de tan resuelto aire quijotesco? No hace falta mucha imaginación para comparar a este enderezador de entuertos y defensor de oprimidos con el hidalgo inmortal de Cervantes. Ya Bataillon lo ha comparado por su manía a don Quijote, sin caer por ello en la tentación de convertir a Las Casas en un hombre sensible del XVIII, un humanitario del XIX o un descolonizador del XX. «Es un cristiano del XVI, que cree en el evangelio, en su propagación, que cree en el infierno y en el fin del mundo, semejante en esto a la mayoría de sus compatriotas, incluidos los más obsesionados por los tesoros del Nuevo Mundo» [6]. Lo notable de este don Quijote encantado es su afán por desencantar a los demás, por reducirlos de sus sueños a la cruda realidad: «Yo vine —dice Las Casas— a desencantar lo que tenían los tiranos que acá estaban, por sus propios intereses, encantado». La verdad es que el desencanto no era fácilmente aceptable, puesto que suponía la devolución de la primitiva libertad a los indios, la destrucción del nuevo orden, la renuncia

6. M. Bataillon - A. Saint-Lu, *Las Casas et la défense de indiens*, Paris 1971, 47.

a traer una blanca de las Indias... todo ello bajo pecado mortal. «Tengamos encantado al rey, y su confesor échese a dormir». ¿No parece un párrafo sacado del *Quijote?* En su afán profético, Las Casas prenuncia que, si no se sojuzgan los tiranos de América, se engrosarán de tal manera, que, cuando el rey se acuerde, lo echarán del todo fuera y será justo juicio de Dios: «y séame Dios testigo y el mundo todo». Los hechos son tercos, aun cuando los encantamientos duren siglos. El encantado desencantador Las Casas, frente al realista Machiavelli; el medieval y el moderno. ¿Qué es encantamiento, qué realismo, qué medieval, qué moderno?

El fin y los medios

Hemos hablado antes de concordancia fundamental entre Las Casas y Carranza, porque precisamente de la carta que venimos citando se deduce alguna discrepancia. Esta estaba registrada en la carta que Carranza escribiera a Las Casas desde Londres, dando cuenta del resultado de la junta e insinuándole algunas reflexiones que implican alguna vacilación por parte de Carranza. Algunas de éstas, intercaladas en la respuesta de Las Casas, denotan en Carranza alguna inclinación hacia posiciones más moderadas, cohonestables con la gobernación y perpetuidad de la tierra, con el premio de los que servían al rey, y con soluciones para dar asiento al gobierno espiritual y temporal del nuevo mundo que tuviesen «menos inconvenientes, porque cualquiera que se diere los terná». No lo ideal, sino lo posible, cumplía los fines de justicia, comenta al respecto L. Pereña.

En la respuesta, Las Casas va desarticulando punto por punto los asideros de esta vacilación. Como quien evoca firmezas pasadas, recuerda a su amigo un puntal firme para sus decisiones, como el del fin y los medios, queriendo reinstalarlo en sus antiguos axiomas de cátedra: «Reduzga V. P. a su memoria lo que muchas veces en la cátedra hobo leido, tratando de prudencia, y es el Filósofo... *Error circa finem est omnium pessimus*». Ser consecuente con fines claros y con medios correspondientes es un trazo psicológico que distingue a estos dos espíritus gemelos. Es una condición encomiable, pero siempre peligrosa.

Un fin claro y una tarea difícil: cristianizar

Las Casas pensaba en la cristianización del nuevo mundo, y Carranza en la del viejo continente. Tal es su objetivo primario en la vida, aunque a veces hayan querido componerlo con las realidades de su época. Las Casas en la referida carta repite una idea que penetra todos sus escritos: «El *fin*, Padre, de haber podido jurídicamente los reyes de Castilla tener que entender en las Indias, ¿no es la conversión y salvación de aquellas gentes, y todo *su* bien y prosperidad espiritual y temporal?». *No fue ni pudo ser otro el fin*, repite en otra parte. En lógica consecuencia, todo ha de ser supeditado a tal fin. Las Casas es consciente de su utopía, porque hartas veces le muestran sus ojos que el provecho y la codicia, con sus secuelas, son hito y fin de los conquistadores y encomenderos; ese es «el fin ultimado, *etiam* pospuesto a Dios y a toda la universidad de aquellas naciones y reinos». El contraste no puede ser más hiriente y perturbador. Gentes y reinos se han tomado por *medio* para la insaciable codicia, «como si fueran cabras o cabrones que estuvieran en los campos sin dueños desde que las Indias, en mala hora para España, se descubrieron, hasta hoy inclusive». Tan firme está en sus principios y en su apreciación de la antagónica realidad, que concluye: «¿Será bien ponerlo en disputa? Si ha sido que hoy se mire con el ojo derecho, en Inglaterra ni en Flandes, a tomar y prender el que es *fin por fin*, y el *medio por medio*, a V. P. lo remito».

El P. Chenu, O. P., definió la actitud de Las Casas como la del evangelio tomado a la letra. Las trasposiciones literalistas del evangelio a la vida siempre han sido revolucionarias. Y tal resulta la dialéctica lascasiana de fin y medios aplicada a la cuestión. Si el fin indiscutible es la evangelización, es menester seguir en su cumplimiento el camino ordenado por la ley evangélica, el seguido por Cristo y sus apóstoles: proponer el evangelio con paz y mansedumbre, mostrar con obras exteriores que no se abriga otro intento bastardo con ello. Hacer lo contrario, implica impedimento y destrucción del fin, perversión del orden natural, «haciendo del fin medio y del medio fin». Desde ese prisma, la encomienda no sólo era abusiva, sino que en su aplicación práctica resultaba impedimento de toda evangelización. Los encomenderos eran enemigos de la predicación genuina y de sus portavoces los frailes; no daban a los indios espacio ni descanso para oír la doctrina. Sobre todo, con sus maldades, manifestaban la contradicción existente entre la vida real de los llamados cristianos, y la rectitud y suavidad del evangelio que se predicaba. Junto a diez o veinte frailes, pobres y abyectos, era multitud la de los que «se llaman cristianos», ricos, poderosos, dominantes, temidos, que hacían lo contrario de lo que mandaba la ley de Dios y prohibía su fe. ¿Cómo han de creer los indios?, se pregunta Las Casas. ¿Cómo no han de blasfemar de una fe tan mal reflejada en sus adeptos, teniéndola por «horrible, dura, pesada, mentirosa y tiránica»? «Todos estamos sospechosos —remata Las Casas— que no hay entre ellos verdaderos cristianos, y que de puro miedo nos muestran que creen».

También obsesiona a Carranza el tema de los *verdaderos cristianos*. En su célebre *Catecismo*[7], causa de sus desgracias, habla insistentemente de la fe auténtica, única verdaderamente digna de este nombre. Persuadido del dinamismo intrínseco de la fe viva, y de que por fuerza ha de traducirse en obras, es muy exigente en punto a la conducta y vida de quienes se glorian del nombre de cristianos: «No basta para ser cristiano decir que crees lo que cree la santa madre iglesia... Para ser cristianos hemos de formar la vida de tal manera, que, sin hablar palabra, fuésemos conocidos». Para Carranza existen dos pecados fundamentales en el cristiano: la ignorancia y la inconsecuencia. ¿Qué significa ser cristiano?: «Pluguiese a Dios —contesta Carranza a esta pregunta fundamental—, que así nos preciásemos de serlo como nos gloriamos del nombre. Pero sabemos que hay millares de hombres en la iglesia que, preguntados de su religión, ni saben la razón de su nombre, ni la profesión que hicieron en el baptismo; sino, como nacieron en casa de sus padres, así se hallaron nacidos en la Iglesia, a los cuales nunca pasó por pensamiento saber los artículos de la fe, qué quiere decir el Decálogo, qué cosas son lo sacramentos. Hombres cristianos de título y cerimonias y cristianos de costumbre, pero no de juicio y ánimo. Porque, quitado el título y algunas cerimonias de cristianos, de la substancia de su religión no tienen más que los nacidos y criados en las Indias».

El cristiano llamado ambiental, *coutumier* o *saisonier*, no es sólo una realidad de hoy, ni tal categoría descubrimiento de sociólogos modernos. Carranza habla con reiteración de la fe auténtica, entendida con dimensiones personalistas, más que abstractas o de meros contenidos. La fe para él no es mera aceptación cerebral de enunciados, sino una realidad inserta en nuestra entraña y profundamente trasformante. Pero eso fustiga a los que «con voz, es verdad que confiesan a Cristo; con las

7. Lo he reeditado recientemente en la Biblioteca de Autores Cristianos, Madrid 1972.

obras niéganle y confiesan a Mahoma. De éstos hay infinitos —prosigue—: todos aquellos que con las obras escandalizan a sus prójimos y son malos, niegan a Cristo y son anticristos». Más allá del ámbito individualista de la fe, Carranza subraya su proyección y exigencia suprema en la caridad: «Ayudar a los prójimos con nuestras fuerzas, esta es infalible señal del amor cristiano y de que tenemos verdadera fe... ¿Qué te aprovecha el título de cristiano, pues lo que hace el cristiano te falta? ¿Con qué rostro te precias de cristiano, sin tener amor de cristiano ni ser hijo de Dios?... El que por Cristo no está aparejado a perder la vida y todo lo que hay en el mundo, este en todo lo demás mostrará que es cristiano y confesará a Jesucristo. Y los que esto no hacen, piensan que confiesan a Cristo; y aunque lo traigan en la boca y en el corazón, por las obras le niegan».

Del *Catecismo* emerge el perfil depurado de la fe, de la vida cristiana, de la iglesia; y su reverso, la ignorancia y la superstición, la inconsecuencia, la ausencia de valores evangélicos en la vida real de los cristianos, las lacras de la iglesia. La frase lascasiana «todos estamos sospechosos que no hay entre ellos verdaderos cristianos» aplicada a América, recibe su correspondiente réplica aplicada al cristianismo de la vieja cristiandad española. En los dos puede caber la hipérbole de quien apunta hacia ideales más altos; y a los dos les asiste suficiente razón como para que sus apreciaciones no sean hipérbole sin sentido. Como aquél denuncia a los cabezas de la nueva sociedad americana, éste acusa sin paliativos a los prelados de Europa, como máximos responsables de tal estado de cosas: «Tanta rudeza y tanta ignorancia como ésta, aunque se imputa a los particulares, pero principalmente se imputa a los sacerdotes, y entre éstos especialmente a los prelados, como son los obispos y los curas, los cuales son obligados a enseñar al pueblo todas las cosas de su religión. Y esto ha cesado en esta edad más que en otra después que Jesucristo fundó la iglesia, porque los que menos tratan de esto en la iglesia son ellos, unos por no saberlo, otros por ocuparse en oficios ajenos de su estado, dejando lo que derechamente es de su oficio y lo que expresamente les manda Dios hacer».

El evangelio en su manantial

En Las Casas y en Carranza, como en los reformadores cristianos de todos los tiempos, se da una querencia innegable hacia la primitiva iglesia, entendida, acaso demasiado rosadamente, como luminoso punto de referencia y realización más pura del cristianismo. Para justificar sus proyectos de pacífica evangelización, Las Casas recurrirá con frecuencia a este argumento teológico. Es el evangelio la fuente básica de inspiración de la tesis lascasiana sobre la predicación pacífica y mansa, y sobre la aceptación libre de la fe. El camino contrario es «predicar la fe como Mahoma, que mandó dilatar su secta por vía de armas». En la disputa con Sepúlveda y en las respuestas a la réplica de éste, Las Casas se ve y se desea para dar cuenta de los casos históricos de coacción en la difusión de la fe que invoca su antagonista. Puede asirse con firmeza al ejemplo de Cristo, el pontífice máximo de quien deriva el poder del papa y de los obispos. Cristo dejó *mandado* «que por paz y amor y cristianas obras, conversando con ellas como ovejas mansas, aunque ellas fuesen lobos, se las trujesen a su sancta fe y metiesen en su Iglesia». El ejemplo vivo de Cristo y sus apóstoles es frecuentemente invocado, y es el pilar sobre el que asienta la idea de evangelización del último Las Casas. «Habemos de seguir —dice— los hechos de Cristo y sus secuaces según ellos obraron y dejaron de obrar, y por aquellas reglas informar y reglar nuestra vida y componer nuestras costumbres». La vía evangélica de convertir es la conversación «dulce, mansa, blanda, pacífica, amorosa y cristiana»; así lo exige la «purísima, rectísima y mansuetísima religión cristiana». Tal es la «vía divina e forma real» de predicar el evangelio. No es ésta, doctrina «falsa y nueva», como pretende calumniosamente su adversario Sepúlveda, sino «católica y cristiana». Con contundencia no desprovista de ironía, dirigirá a su impugnador esta frase espectacular: «Y no debe presumir el reverendo doctor de ser más celoso que Dios, ni darse más priesa para convertir las ánimas que se da Dios. Bástele al señor doctor que sea como Dios, pues Dios es Maestro y él discípulo. Y por tanto, conténtese su merced con persuadir esta vía y forma que instituyó Cristo, e no inventar otra que el diablo inventó e su imitador y apóstol Mahoma con tantos latrocinios y derramamiento de sangre humana siguió».

Bien es verdad que se echa a veces de menos este espíritu de dulzura y mansedumbre en Las Casas, y también él se anticipa al juicio de Dios cuando en sus escritos arroja sin pestañear a más de uno a los infiernos. Con todo, las tesis fundamentales de Las Casas, que recibirán su forma más lograda en el *De unico vocationis modo omnium gentium ad religionem*, pueden figurar con honor y limpieza en el frontispicio de la más exigente misionología. Aunque el *único* que reza en el título, no sea históricamente cierto, es evangélicamente correcto, y aun encontrará el refrendo de san Juan Crisóstomo, Policarpo, san Basilio y otros padres de la antigüedad.

También Carranza en su afán reformista trata de inspirarse en los manantiales del cristianismo, la sagrada Escritura y los padres. Explícitamente llega a afirmar en su *Catecismo* sobre sus intenciones: «En todo cuanto he podido, he procurado de resucitar aquí la antigüedad de nuestros mayores y de la iglesia primera, porque aquello fue lo más sano y lo más limpio». En repetidas ocasiones contrapondrá los desórdenes de su época con los módulos de la iglesia primitiva: en la catequesis de los bautizados, en la administración de la penitencia, en el rigor moral, en la hermandad entre cristianos, en la concordancia entre fe y vida, en la guarda de la profesión de fe bautismal, en la imitación de Cristo. Como en Las Casas, también en Carranza, la novedad de no pocas de sus ideas estribaba paradójicamente en su antigüedad y en este deseo común de resucitar lo antiguo y primigenio.

Esta vuelta candorosa a lo primitivo dista mucho de ser un arqueologismo inofensivo. La adhesión cordial a tal patrón llevaba anejo el descubrimiento de las resistencias que las estructuras, tanto civiles como eclesiásticas, ofrecían a la realización de ese ideal. En el caso de Las Casas su metodología misionera implicaba un cambio fundamental de estructuras en la empresa americana.

Fe y utopía

Todo proyecto de cambio, supone dos cosas: el rechazo de lo existente, y la sustitución por un proyecto nuevo. La primera faceta es tan evidente a todo lo largo de la producción literaria lascasiana, que no necesita demostración. El estaba firmemente persuadido de la injusticia patente de las guerras de conquista y de sus inevitables secuelas: destrucción del ordenamiento aborigen, depredación, reducción a la esclavitud pura o a la esclavitud fucada de la encomienda con sus pesados trabajos forzados, sus violencias, etc... La actitud crítica de Las Casas al respecto es clara como la luz del día. Sin embargo, no se limitó a esta tarea negativa, sino que intentó con todo su empeño diversas cosas positivas, todas encaminadas a un cambio radical: por un lado, la reforma de las leyes y el empeño por hacerlas cumplir; en segundo lugar, una serie de ensayos como los de la comunidad, la constitución de pueblos, la familia mixta de indios y españoles, la auténtica misión pacífica, y hasta aquella fantástica constitución de los caballeros de la espuela de oro. Su influjo en la mejora de las leyes de Indias sólo puede ser calificado de utópico en la medida en que creyó que serían respetadas y cumplidas y que se pondría todo el peso de la autoridad real en ello. Aun en este punto era consciente de que «poco aprovechan leyes ni provisiones ni penas». En cambio resultan más utópicos los módulos nuevos antes citados, aunque el fracaso de algunos se deba a la mala fe de quienes los hicieron abortar. Algunos prefieren subrayar el fracaso de tales empresas, sin acertar a ver en ello la fuerza de una fantasía creadora; o subrayan precisamente el cargamento de fantasía, sin ver en ello un esfuerzo creador. De ahí que frente al Las Casas crítico y al Las Casas creador, se utilicen dos epítetos que ayudan a domesticar su gigantesca figura: es un cascarrabias y un soñador de utopías.

Esta última palabra ha tenido hasta ahora poder mágico para disolver como por ensalmo toda aspiración revestida con tal etiqueta, si no para descalificarla totalmente. Aun en ese terreno preciso, las cosas empiezan a cambiar actualmente. «En los últimos años la idea *utopía* se ha vuelto muy moderna», ha escrito W. Kasper. El adjetivo «utópico» aplicado a Las Casas, es en definitiva mucho menos deshonroso que el de «cínico» aplicado al obispo Fonseca, o el de «interesado» aplicado a Fernández de Oviedo o el de «paganizante» merecido por Sepúlveda. Aún hay más. La actual filosofía de la utopía nos descubre en ella valores hasta ahora menospreciados. Bloch ha encarado de frente el tema al advertirnos que la utopía no designa una especie de pensamiento extraño a lo real, sino que por el contrario representa una «anticipación del reino de la libertad que espera la humanidad». En meridianos más próximos a nuestros lares, mi amigo José María Cabodevilla en su *Feria de utopías* resalta aún más el vector actualista de la utopía: «La utopía, más que una visión de futuro, constituye una interpretación del presente». Rompe el cerco cerrado del pensamiento, subraya algunos temas de la fidelidad a lo real, posee un carácter crítico y negativo, aun envuelta en proyecciones positivas de futuro; bajo un inasequible «tiene que ser», denuncia «lo que es». Lo importante de las utopías, dice, no es lo que anuncian, sino lo que denuncian.

Estas reflexiones tienen aplicación a nuestro caso y enriquecen notablemente la interpretación profunda de Las Casas. La levadura de la utopía lascasiana es, no lo olvidemos, su fe cristiana, servida con dinamismo y lógica comprometedoras. ¿No ha dicho F. Biot que «la fe cristiana, al tender hacia el reino venidero, funciona como espera de utopía?». Las Casas presenta un caso concreto en que no pueden identificarse fe cristiana y conservadurismo. Es un hombre libre frente a la historia de su tiempo. No se acomoda a las estructuras, ni menos las diviniza, como otros pensadores, o las racionaliza, como Sepúlveda. No sanciona sencillamente lo presente, el curso de la historia, ni justifica todo bajo adobos mesianistas.

«La utopía, en cuanto categoría crítica de la sociedad, es inseparable del pensamiento contrautópico, que suele aparecer como *apología de lo existente*. Este pensamiento conservador, es decir, tendente a conservar lo existente, contrapone a la utopía, denunciada como "ilusión", la llamada política real, o bien, la objetividad de un cientificismo entendido en un sentido positivo» [8]. El paso del descubrimiento a la conquista, el afianzamiento de ésta, el premio a los conquistadores, etc., fue una compleja realidad en trance de improvisación; luego se quiso legitimar

8. W. Kasper, *Fe e historia*, Salamanca 1974, 86.

todo, buscar títulos válidos, contraponer lo posible a lo ideal. Se manejaron documentos pontificios, se barajaron nuevas palabras, se inventaron conceptos como el del requerimiento: y hay que reconocer con orgullo que no todo fue ese llamado «realismo político», sino fruto de una conciencia y por lo mismo conflictivo. Solo así se explican tantas Juntas y controversias, tanta libertad de crítica y denuncia. Si por una parte se tachó de subversivas algunas predicaciones, por otra se prohibió la edición de la obra de Sepúlveda, el máximo apologista de lo existente.

A Las Casas, sin olvidar a otros muchos, le correspondió ejercer la función perturbadora de la fe, constituirse en instancia crítica radical, navegar contra corriente frente a la supuesta irreversibilidad de la historia. Inconformistas en otro modo fueron otros misioneros que se inclinaron hacia el indio y sus miserias, tratando de aportar algún lenitivo a sus desgracias, de compadecer con ellos, de hacerles más llevadera la vida, y en esta vía superaron al propio Las Casas. Este tomó otros rumbos de mayor envergadura, sin escatimar esfuerzos, sin resignarse a lo existente, aireando provocativamente sus principios cristianos. El inconformismo le llevó a denuncias aparentemente vanas, a alternativas inéditas acaso ilusorias, a ser acicate de una libertad en las decisiones humanas excesivamente esclerotizada o interesada, a ser, en suma, paradigma vivo, en agonía casi impotente, de la tensión perenne entre la *pesanteur* y la *grâce* que anida en todo hombre (S. Weil); a servir a la corona con el único modo verdaderamente grande de servirla, esto es, luchando por la justicia; y a servir a todos los poderes humanos posibles, poniendo en cuarentena sus construcciones pretendidamente definitivas de la *polis* humana.

Pudo exagerar la crítica unilateral y engañarse en los senderos abiertos para remediar las cosas; mas sus puntos de partida son perennemente válidos: «Todas las naciones del mundo son hombres». La igualdad, la racionalidad, los derechos humanos, la libertad de la fe, siguen siendo puntales, al menos ideales, del mundo civilizado. Y estremece pensar que Las Casas afirmó que es más cristiano morir por el evangelio, que matar por el evangelio: máxima sublime, más fácil de decir que de cumplir, en todos los tiempos.

CARRANZA, «MUY GRAN SIERVO DE DIOS», SEGÚN LAS CASAS

Hemos de descender de los altos cielos de estas ideas que un día encarnaron criterios sobre la organización del mundo como morada humana, al terreno reducidísimo e íntimo de la relación personal entre Las Casas y Carranza. Si en algún tiempo los vinculó un común ideal frente al nuevo mundo, más tarde los uniría en nueva identificación espiritual la desgracia de Carranza. Al filo de las preguntas de interrogatorio elaboradas por el arzobispo preso de la inquisición, el ya muy anciano Las Casas abriría sin tapujos ese reducto último de la conciencia en que se esconden los juicios más personales sobre los hombres y sus acciones.

De las respuestas de Las Casas deducimos un ancho campo de concordancia en criterios que —esta vez no se refieren a América— implican juicios de valor muy característicos. Las Casas, como Carranza, pensaba que los obispos estaban gravemente obligados a residir en sus diócesis, entendía que era «abusión hacer prelados Presidentes de Consejo ni Chancillerías», no aprobaba el que los prelados se enriqueciesen con las rentas eclesiásticas, y menos el que con ellas fundasen mayorazgos en favor de sus familiares. Desde estos supuestos, Las Casas da por hecho notorio que el inquisidor general don Fernando Valdés, principal responsable del proceso de Carranza, había hecho justamente lo contrario. El hecho de que no hubiese guardado regular residencia en su diócesis y hubiese fundado un mayorazgo, lo califica de «escandalosísimo a todo el reino y de muy mal ejemplo». Del antagonismo notorio entre Carranza y Valdés en modo de pensar, hablar y vivir, deducirá con ironía en él desacostumbrada, que si el inquisidor «no es muy perfecto», tenía motivos, humanamente hablando, para tener «enojo y pasión y rencor y por ventura odio» contra el arzobispo de Toledo.

El nonagenario luchador, retirado en San Gregorio, da muestras de no vivir ajeno al mundillo eclesiástico español. Sólo por oídas dirá que tiene al inquisidor general «por hombre apasionado contra las personas con quien no está bien». En cambio empeña a fondo su propio juicio personal al calificar el hecho de la prisión de Carranza por el inquisidor general: «Ha tenido mucho rigor y ha excedido muy demasiadamente y con gran exceso, señaladamente en lo de la prisión de dicho Arzobispo, y en la cárcel y tratamiento de su persona y casa. Porque, para ser como lo era en estima el Maestro Miranda [Carranza] y juntamente Arzobispo de Toledo, fue preso ignominiosamente, como si fuera un hombre de poca estima y persona particular, andando por su arzobispado haciendo oficio de verdadero pastor, no con más aparato ni gente de guerra ni defensa temporal que solía tener en su ordinaria llaneza... De todo lo cual ha sucedido grandísimo escándalo, dejado el daño y afrenta del dicho arzobispo cuanto a su persona, no solamente en infamia e inominia de la santa iglesia de Toledo y de toda la iglesia de España, pero de toda la universidad de la cristiandad, resultando todo en favor de los herejes de Inglaterra y Alemania, enemigos de la cruz de Cristo y de su iglesia romana» [9].

El típico énfasis lascasiano brilla con todo su esplendor en este párrafo de su declaración del 7 de noviembre de 1559, en que es preciso volver a repasar y sopesar sustantivos, adjetivos y adverbios. No deja de ser paradójico que Las Casas, considerado a veces como el gran infamador de España y favorecedor de la leyenda negra explotada por los protestantes, aparezca en este párrafo hondamente preocupado de la ignominia de España y del favor hecho a los herejes, resultantes del proceso de Carranza.

El pro carrancismo de Las Casas no es mera consecuencia indirecta que se deduzca de este severo juicio sobre su perseguidor, sino que aflora con claridad en otros párrafos de Las Casas en que directamente nos habla de la personalidad de un amigo a quien trató entrañablemente en horas de calma de San Gregorio. La asertividad de Las Casas no deja lugar a dudas. Tiene a Carranza «por muy humilde y muy contrario a las costumbres que tienen los herejes, y así tiene por cierto que en esta posesión le tienen los que le han tratado». A estas aseveraciones sobre la fama pública, Las Casas añade que sabe que es muy limosnero, y que oyó decir que en el primer año de su ejercicio episcopal las limosnas rebasaron las rentas de la mitra. También nos dirá que «*sabe* —¡qué hondura personal en esta expresión!— ser él muy honesto, y por tal le ha tenido, y por muy templado, y por muy gran *siervo de Dios*». Para que no quedase el resquicio de suponer que en un hombre bueno podían darse deslices doctrinales, Las Casas confesará que ha tenido siempre a Carranza por muy católico, y que por tal le han tenido en cuantas partes ha estado.

Las Casas pudo vivir intensamente, desde la privilegiada atalaya de San Gregorio, el dramatismo de los meses inmediatamente anteriores a la prisión de su amigo. A sus oídos llegaron infinidad de noticias y comentarios, rumores callejeros y secretos aúlicos. Nada le hizo perder la estima de su amigo, ni la amistad le dejó impasible ante aquella situación. Precisamente dos meses antes del apresamiento de

9. Cf. ACST II, 35-37.

Carranza, le escribió una carta desde Valladolid, en que le decía que «todo el mundo decía que era hereje; que qué hacía allá; que viniese allí y *se defendiese e hiciese cara*». La cruda expresión «hacer cara» y la incitación a defenderse, cuadran perfectamente con el temperamento lascasiano, gastado ya hasta el agotamiento en tales menesteres y fiel hasta el final a su genio y figura. ¡Lástima que no conservemos esta preciosa carta y nos hayamos de conformar con la referencia del propio autor de ella!

La prisión inquisitorial de Carranza hizo vacilar a más de uno respecto a la ortodoxia del preso. Una lógica elemental obligaba a pensar que semejante hecho debía tener sus causas. Ni siquiera esto perturba la fe de Las Casas en la inocencia de Carranza. Hacía falta todo su coraje para afirmar en 1561 ante la propia inquisición que «*tiene* por católico al dicho Arzobispo de Toledo... y tiene por cierto que, si no lo fuera, que lo hubiera comunicado con muchas personas». Nos consta que Las Casas había visto el *Catecismo* de Carranza y le había oído predicar; e igualmente confiesa que nunca notó en él nada heterodoxo en materia de justificación, sino que le vio usar términos católicos y mostrar devoción a los santos, adhesión a Roma, respeto para con las ceremonias de la iglesia y una gran piedad, esto es, justamente lo contrario de lo que supondría su eventual luteranismo. Como en el problema americano, Las Casas no se apea así como así de lo que ha visto con sus ojos: «Le ha *visto* rezar, y estar en oración y decir misa, y estar de noche ante el santo Sacramento devotamente por mucho rato y con algunas lágrimas. Y *cree* que ayunaría todos los ayunos de la Iglesia y de la Orden; y que *siempre le vio* ser celoso de religión y de castigar lo que fuese contra ella. Y que *cree* que, así en su Orden y en el Colegio y fuera dél, otras personas eclesiásticas y seglares, siguiendo su buena doctrina y ejemplo, se han mejorado en sus costumbres. Y esto tiene por *cierto*, porque le ha *tenido* y le *tiene* por muy católico y cristiano» [10]. Saber y suponer, ver y tener por cierto, haber tenido y seguir teniendo, son matices raros en Las Casas que se van superponiendo en esta interesante declaración, que se funde toda ella en ese *le tiene* final con el que Las Casas se enfrentaba con la misma inquisición. En última instancia se apoyaba en esas razones del corazón, que la razón fría no entiende.

Las Casas, «hombre tan bueno y siervo de Dios» (Carranza)

Las apreciaciones de Las Casas sobre Carranza pasan a la historia como un juicio digno de ser tenido en cuenta. Mas, vertidas ante el tibunal responsable de la prisión de Carranza, no podían resultar excesivamente gratas, toda vez que la inquisición, dado el paso de aprisionar al supuesto reo, ya no era una instancia imparcial deseosa de clemencia, sino ya predispuesta a la condenación sobre las mismas bases que podían justificar el apresamiento. La reacción ante la actitud de Las Casas no se hizo esperar, incluso antes de sus declaraciones. Ya el 3 de septiembre de 1559 era descartado como posible testigo en favor del preso: Las Casas era fraile dominico como Carranza, apasionado de éste y de los frailes que lo defendían. El tópico de apasionado que se cebará en el Las Casas indianista, asoma también de cara al Las Casas carrancista: «En todo su dicho y declaración —dirá más tarde al fiscal— dice y depone *apasionadamente*».

Ante semejante tacha, Carranza replicará de palabra y por escrito contra el afán del fiscal por desvirtuar el testimonio de Las Casas: «El obispo de Chiapa —dice—

10. *Ibid.* II, 38-42.

es constituido en grande dignidad, persona religiosa y de muchas letras y conciencia, de mucha edad y de grande honestidad y vida, autoridad y calidad. Y en personas semejantes no se disminuye su fe por objetos semejantes, aunque fueran verdad». Ese velado reconocimiento de amistad que encierran las tres últimas palabras, pierde vigor frente al razonamiento jurídico que aduce Carranza en defensa de la validez del testimonio de Las Casas, razonamiento que implica un elogio de la dignidad, las letras, la conciencia, la edad, la ejemplaridad, la autoridad y calidad del testigo de su defensa.

Mas, al volver días más tarde y por escrito sobre el tema, cambia el giro del razonamiento y, reconociendo patentemente la amistad mutua, Carranza hace el más alto elogio de la fuerza del testimonio lascasiano, al menos en su proceso:

> Fray Bartolomé de Las Casas, Obispo de Chiapa, es y ha sido tan abonado, que *solo su testimonio bastaba para abonar a Su Señoría* y a otros que tuvieran necesidad de abono; que *su celo ha sido como de un Apóstol en cosas de religión.* Y que si él ha tomado esta causa como propia, que no lo sabe; pero que *si es así, que lo tiene por merced de Dios, que hombres tan buenos y siervos de Dios, vuelvan por la causa de Su Señoría* [11].

El inesperado paso del singular al plural —«hombres tan buenos»...— es debido a que también el inseparable compañero de Las Casas, fray Rodrigo de Ladrada, testigo invocado en el proceso de Carranza, fue alcanzado por las tachas del apasionamiento.

Todavía en 1562 se repetía la acusación de apasionamiento contra Las Casas con nuevos matices: «El Obispo de Chiapa, de más de ser fraile de su Orden, es *íntimo amigo y apasionado* del dicho Rmo. Arzobispo, y ha procurado y solicitado en su favor, como persona que pretende interés particular en esta causa». Todas las connotaciones negativas, materialistas y prosaicas, de la palabra interés, quedan descartadas en el nonagenario Las Casas, cercano ya a la muerte; sólo serían aceptables las que vivifican el interés con la benevolencia pura y generosa entre amigos: interés-amor [12].

La respuesta de Carranza será reiterativa: Las Casas como Ladrada «son frailes de su Orden; y *por ser ellos buenos, les ha tenido amor*». En la agitada marea de pasiones de aquel proceso las palabras de Carranza resuenan como mensaje apaciguador. Todavía en otra ocasión, Carranza añadirá esta frase hasta ahora desconocida: «Nuestra amistad ha sido cristiana e no desordenada, y ellos han sido personas aprobatísimas e de mucha reputación» (Proceso II, 394r). Acaso no es sabido que Carranza llegó a nombrar a Las Casas procurador suyo en su causa (Proceso III, 472r). El célebre «procurador de los indios» coronó así su vida con una procuraduría menos ambiciosa. Sirvió de poco. En tal empeño, tanto Las Casas como Carranza, traspasaron las fronteras de Utopía.

Un día el consejo de Guatemala acusó a Las Casas de hombre sin letras y sin piedad, de envidioso y vanidoso, de apasionado e inquieto: y todo era fácil de probar (!). Años más tarde acusarían a Carranza de «haber seido y ser hereje y haberse apartado de la doctrina evangélica que la santa madre Iglesia tiene y enseña»... A quienes hoy se disponen a levantar en su corazón un altar de admiración y respeto por estos dos grandes hombres, será preciso recordarles que la fidelidad máxima estriba en proseguir su camino, porque sigue siendo necesario gritar a todo lo largo y ancho de la rosa de los vientos, que el hombre de hoy está necesitando procuradores, y que los cristianos siguen necesitando despertadores.

11. *Ibid.* II, 37-38.
12. *Ibid.* II, 43.

Médicos e inquisición

Dictámenes sobre el arzobispo Carranza y otros procesados de Valladolid (1559-1562)

En la *Copilación de las Instrucciones del Oficio de la Santa Inquisición, hechas en Toledo año de mil quinientos y sesenta y uno*, y promulgadas por el inquisidor general D. Fernando de Valdés, se lee en el apartado 71: «Si algún preso adoleciere en la cárcel, allende que los Inquisidores son obligados a mandarle curar con diligencia y proveer que se dé todo lo necesario a su salud con parecer del médico o médicos que le curasen, si pidiere confesor se le debe dar persona calificada y de confianza», etc. [1]. Este texto confiere estatuto legal a la actuación del médico dentro de una institución como la inquisición, sin precisar más el contexto en el que podía actuar y el modo concreto con que se regulaba su actuación. Evidentemente su función primordial era la de velar por la salud del enfermo; mas en ocasiones su dictamen implicaba otras derivaciones procesales. Estos extremos, no mencionados por las leyes, aparecen en los episodios históricos en que podemos comprobar la intervención de un médico en casos que por diversos motivos requerían su pericia. Vamos a mencionar algunos de ellos, utilizando materiales dispersos del proceso del arzobispo Carranza.

I. El licenciado Gálvez y el doctor Hernán Rodríguez y los presos fray Domingo de Rojas, O. P. y don Carlos de Seso

La justificación de la actuación médica viene justificada por la noticia que llegó a los inquisidores Vaca y Riego por mediación del sacerdote licenciado Diego Sánchez. Este les hizo saber el 25 de septiembre de 1559, que desde hacía un mes veía al dominico preso fray Domingo de Rojas «muy enfermo», habiendo llegado a pensar él y otro compañero «que paresce que se quiere morir». La zozobra estaba aún más fundada, dado que la noche anterior a la notificación «le vino unas congoxas que le suelen venir, que pensaron que se moría». Su notificación, no profesional, es rica en detalles: «no puede comer de ningunos manjares, aunque se los den delicados, e que le veen enflaquescer e sicar». La alarma implicaba una conclusión práctica: «E que tiene por cierto este testigo, que, si el dicho fray Domingo de Rojas no sale de la dicha cárcel presto, que corregían *(sic!)* peligro de vida, e que es un hombre que muestra menos mal de el que tiene por no dar pena a los conpañeros;

1. Fol. 36v.

e aunque está de noche muy malo, no los quiere llamar. E que de diez días a esta parte le han sobrevenido algunas cámaras que le fatigan e le han enflaquescido más» [2].

A esta testificación de un preso sobre otro compañero, en que por ambas partes reluce cierto sentido de solidaridad, se une la de otro procesado, llamado Pedro de Sotelo. Este segundo fue interrogado sobre la cuestión, dado que estaba en la misma cámara que fray Domingo. Su respuesta abona la declaración del anterior: «Dixo que este testigo está en una cárcel en conpañía de fray Domingo de Rojas habrá quatro meses, que es desde veinte e dos de mayo de este año. E que en este tiempo, e principalmente de un mes a esta parte, ha visto al dicho fray Domingo de Rojas muy enfermo de congoxas e humores malos que siente, que le toman de noche. E particularmente esta noche pasada estubo muy malo e está muy flaco, que le paresce que cada día está peor. E que, juzgándole por sí, que le paresce de cierto que, estando como está e aunque le suelten, corre riesgo la vida de el dicho fray Domingo segund las enfermedades que tiene; e que de poco acá han tomado al dicho fray Domingo unas cámaras que le tienen muy más fatigado» [3].

Corrobora ambas declaraciones la de Gonzalo de Posada, ayudante del alcaide de la inquisición de Valladolid, quien, preguntado sobre sus observaciones acerca de la salud del dominico declaró que «ha mucho tiempo que el dicho fray Domingo se quexa que tiene muchas e viejas enfermedades, e que no puede curarse sin salir de la dicha cárcel, e que los médicos que le han visto sabrán dar más razón dello, los quales *le mandan que haga exercicio*» [4].

Antes de pasar a los dictámenes médicos es preciso decir que tanto éstos como las declaraciones anteriores fueron objeto de citación formal por parte del fiscal [5]. Ello desvirtúa un tanto la apariencia humanitaria de estas gestiones, para convertirlas en base de diversas exigencias del fiscal de cara a la salud quebrantada de reos que eran piezas importantes dentro del grupo de procesados vallisoletanos.

Los galenos que, previa visita, emitieron su dictamen, fueron el licenciado Gálvez, médico del consejo de la general inquisición, el doctor Hernán Rodríguez, médico de la inquisición de Valladolid, y un tercero, el doctor Carrasco de Sahagún, que no aparece ligado a la institución. Sus dictámenes profesionales fueron los siguientes:

DICTAMEN DEL LIC. GALVEZ

...hizieron traer ante sí al Lic. Gálvez, médico de el Consejo de la General Inquisición e aviéndole mandado veer e informar de la salud e indisposición de el dicho fray Domingo de Rojas..., dixo seer de hedad de quarenta y dos años. E preguntado qué es lo que siente de la salud de el dicho fray Domingo de Rojas, dixo que él ha visto al dicho fray Domingo de Rojas, como por los dichos señores inquisidores le fue mandado; e lo que siente de él es, que le han hallado con un pulso harto pequeño y flaco, e ansí mismo la disposición de todo el cuerpo descarnada e flaca, e que se le quexó el dicho fray Domingo de ciertas angustias e desmayos de el coraçón que le acuden con alguna frequencia, e que de cinco o seis noches a esta parte tiene unas cámaras e con ellas muy grande hastío. E que, parte de la malicia de el humor malino melancólico e adusto que dentro tiene, parte de la flaqueza en que las cámaras le han puesto, tubo esta otra noche passada un temblor e mortificación en todo el lado yzquierdo, de que él quedó harto escandalizado y temeroso, e que le dixo que sentía todo aquel mal. E que visto todo lo susodicho e las flaquezas de su cuerpo

2. Declaración del licenciado Diego Sánchez del 25 de septiembre de 1559. DH II, 538-539.
3. DH II, 539-540.
4. DH II, 540.
5. DH II, 538. Todos estos testigos fueron citados por el fiscal licenciado Camino, así como el jerónimo fray Juan de la Regla, de quien trataremos luego.

e flaquezas de su pulso e lo que más dize, que conforme a esto, este testigo le temería mucho al dicho fray Domingo el peligro de la vida, si la cárcel a aprieto de carcelería en que está le durase.

El Lic. Gálvez

DICTAMEN DEL DOCTOR RODRIGUEZ

...mandó traer ante sí al doctor Rodríguez, médico de este Sto. Officio, e aviéndole dicho que visite al dicho fray Domingo de Rojas e de informe de su salud para dar sobre ello su parecer, e aviéndole visitado... dixo seer de hedad de sesenta e seis años e que él ha visto al dicho fray Domingo, e tanbién el puso e rostro, e se a informado de él de sus indisposiciones. E que en quanto a lo de el pulso, como le dixo este testigo al mismo, le tenía e se le halló más bueno e más esforçado que se ha hallado otras vezes que le ha visitado, estando sin calentura como agora lo está. E que en su gesto e habitud está mucho mejor que suele, e que le informó e hizo relación de ciertas congoxas e desmayos que algunas vezes tenía de coraçón, como las solía tener estando en su monasterio e fuera de él. E que demás de esto le dixo el dicho fray Domingo de Rojas de cómo le avían subcedido unas cámaras, e que este testigo le dixo que aquellas fueron buenas para quitarle las congoxas e desmayos de el coraçón que le venían algunas vezes, e para le quitar cierta comezón de que mucho se solía quexar e que le estorbaba el dormir. E que le respondió el dicho fray Domingo que ansí era la verdad que la comezón ya no la tenía: e las congoxas e desmayos que después de quitadas las cámaras le han venido (aunque este testigo nunca le halló con ellos). E que según que al presente agora está e de su yndisposición e relación e pulso, este testigo puede congeturar, le paresce que está sin peligro, e que si de nuevo le viene algún acidente, esto es lo que puede jurar e jura, aunque le dize que no puede tanpoco comer, que esto es lo que él siente...

El Doctor Fernand Rodríguez [6]

DICTAMEN DEL DOCTOR SAHAGUN

...hizieron traer ante sí al doctor Sahagún, médico, después de aver por su mandado visto al dicho fray Domingo de Rojas... Dixo que es de hedad de treinta años, poco más o menos.

Preguntado, dixo que él ha visto por mandado de los dichos señores inquisidores al dicho fray Domingo de Rojas, el qual tiene una oppilación en el baço, de la qual salen unas bentosidades al baço e al coraçon, de donde le subceden tristezas e melancolías, para lo qual deshechar era menester que le sacasen a espaciar por causa de el ruin ayre e biciado que en el aposento donde está encerrado ay, e que ansí tiene peligro de no salir de allí e que tiene el pulso muy flaco e no tiene gana de comer [7].

Dejando a los expertos el oportuno comentario de los dictámenes, sí cabe contrastar el juicio global que de ellos se desprende. Mientras el médico del consejo de inquisición estima clínicamente la situación como grave y ve peligro de vida en la continuación de la cárcel, el médico de la inquisición vallisoletana cree que el preso está sin peligro. Acaso para resolver el diagnóstico dispar, declara cuatro días después el doctor Sagahún. En su breve parecer se aprecia un diagnóstico más claro y preciso —opilación en el bazo—, y una solución más independiente y hasta crítica respecto a la carcelería: «era menester que le sacasen a espaciar por causa del ruin ayre e biciado que en el aposento donde está encerrado ay e que ansí tiene peligro de no salir de allí».

La verdad es que junto a sus disfunciones y congojas orgánicas, en alguna medida anteriores a la prisión, fray Domingo tenía sin duda sobre su espíritu congojas de otra especie, ya que se encontraba al término de un proceso en el que aparecía gravemente comprometido y que le llevaría al cadalso el 8 de octubre del mismo año [8].

6. DH II, 540-542. El dictamen es del 26 de septiembre.
7. DH II, 542-543. El tercer dictamen es del 29 del citado mes.
8. Sobre fray Domingo de Rojas, ACST I, 126-134, 198-205, 218-231.

La misma suerte esperaba al italiano don Carlos de Seso, antiguo corregidor de Toro y gravemente implicado en los focos protestantes vallisoletanos. En su caso, y a requerimiento del fiscal, adujo primera información su compañero de cárcel, Juan de Avila. Cuatro meses y cuatro días llevaba en su compañía. Su lamentable estado es descrito con viveza: «Le vee al dicho don Carlos no poder tenerse en ninguna manera en las piernas, porque siempre que ha de salir de la cama, no puede sin llamar a este testigo e arrimársele, de manera que no hace fuerza en las piernas; e que ninguna vez en ninguna manera le vee ponerse en pie, sino que a la continua está en la cama, porque no puede salir della. E que de quinze o veinte días a esta parte le siente muy más enflaquecido e pesado quando le lebanta, e que también de este tiempo acá le vee más triste, e que no habla como solía. E que en este tiempo le han sobrevenido unas cámaras que le enflaquecen, e que el dicho don Carlos dize que se a de consumir en aquellas cámaras. E que también se quexa de que le falta la vista que solía tener, de manera que ya casi no vee. E que le parece que estando mucho tiempo en la presión que tiene e no saliendo della con brevedad, podría correr riesgo su vida. E que el dicho don Carlos se quexa de que va haziendo ético. Yten dixo que de diez días a esta parte el dicho don Carlos siente mucho frío en las piernas, aunque no haze frío tiempo, e por esso se pone unas calças de paño grueso porque le abriguen e calienten, e que esto es también verdad» [9]

Sorprende de nuevo en el caso el contraste de pareceres de los dos médicos oficiales: mientras el licenciado Gálvez le encuentra el pulso muy flaco y desigual, reconoce un empeoramiento progresivo, insinúa una causa de su dolencia de las extremidades, que no es otra que el peso y frigidez de los grillos que llevaba, estima el caso muy peligroso y recela y teme la muerte, el doctor Rodríguez encuentra el pulso bueno y mejor que otras veces, no ve indisposición alguna, fuera de la del aposento, ni muestra la menor inquietud por su estado general de salud. Más aún, las «cámaras» le habían aliviado y suplido la falta de ejercicios. Las molestias del aposento no le originaban más peligros que los usuales. Ante tan encontrados juicios, tercia el doctor Sahagún que se inclina claramente al parecer del primer colega y dictamina sin paliativos el remedio: «para su salud tiene necesidad de salir de allí por el ruyn aposento que tiene, e por el peligro que redunda a sus enfermedades, estando donde está». El texto completo de los dictámenes es el siguiente:

DICTAMEN DEL LIC. GALVEZ

...hizieron traer ante sí al Lic. Gálvez, médico del Consejo de la General Inquisición, e le mandaron que viese a don Carlos de Sesso, preso en esta Inquisición, e se informase de su salud e indisposiciones. E aviéndole visitado... dixo seer de hedad de quarenta e dos años. E preguntado qué es lo que siente y entiende de la salud de el dicho don Carlos, e si corre peligro su vida e salud, mayormente estando en la presión que está.

Dixo que él ha visto a don Carlos de Sesso segund que por los dichos señores inquisidores le fue mandado, e que le halló con pulso muy flaco e muy desigual; e que aviéndole visto otras vezes su pulso e conosciéndosele, se le halló agora con muy notable flaqueza e desigualdad. E que ansí mismo le vio las rodillas de que se le quexa estar tollido, las quales, aunque en el color esterior no muestren mudança de lo natural, pero que al tocar se las halló muy frigidísimas en la una que le tocó. E concertado esto con la gran flaqueza de el pulso, siendo tan antiguo su tollimiento e no se aviendo ninguna mejoría, sino muy peor cada día, entendiendo el principio de donde le vino, que fue de sustentar el peso e frialdad de los grillos, le paresce conforme a razón seer muy peligroso, no poniéndosele mucho remedio. Y esto en quanto a lo tollido, porque de las malas diferencias de el pulso que en él entendió, con la vida e acidentes que la carcelería le cabsan, en la vida de la persona tengo gran recelo e miedo, e que esto es la verdad...

El licenciado Gálvez [10]

9. DH II, 543-544. Declaración del 25 de septiembre de 1559.
10. DH II, 544-545. Declaración del 25 de septiembre. Sobre Carlos de Seso trato en mi obra citada anteriormente, 139-149.

DICTAMEN DEL DOCTOR RODRIGUEZ

...hizo traer ante sí al doctor Rodríguez, médico de este Sto. Oficio, e le encargó que visite a don Carlos de Sesso... e se informe de su salud para dar sobre ello su parescer. E aviéndole visitado.., dixo seer de hedad de sesenta e seis años.

Dixo que él ha visto al dicho don Carlos, e que le vio el pulso e le preguntó si de nuebo sentía alguna mala disposición. E que le dixo que no más de lo que sentía, que era lo de las piernas, e que no dormía bien e que no podía comer. E que en el pulso le paresció que estaba muy bueno e más esforçado que otras vezes que este testigo le a visto en sanidad, por manera que ni en el pulso ni en el rostro ni en la virtud suya no le paresció que avía indisposición alguna de que este testigo pudiese hazer caso, mas de lo de el dicho aposento o estancia donde está. E que tanbién se le quexó que vía menos de lo que solía. E que no puede juzgar de él otra cosa mas de que le paresce que está tan bueno como otras vezes le ha visto en sanidad este testigo, e que esto es la verdad so cargo de el juramento que fecho tiene. E que las cámaras que ha tenido segund él le dize, de pocos días a esta parte, antes le han hecho provecho e suplen la falta de el exercicio... e que le paresce que al presente no yncurre de estar en el aposento más peligro de el que ha corrido hasta aquí, si de nuebo no se le rrecrece algún acidente...

El doctor Hernand Rodríguez [11]

DICTAMEN DEL DOCTOR SAHAGUN

...aviendo mandado visitar al doctor Sahagún a don Carlos de Sesso...

Dixo que él ha visto a don Carlos con muy más flaco pulso que otras vezes le a hallado que le ha visitado, e melancólico e triste; e las piernas flacas en respecto de el cuerpo que le tiene gordo, e que las rodillas le halló tanbién frías, e las cuerdas debaxo de las rodillas tiene enbaradas, e para su salud tiene necessidad de salir de allí por el ruyn aposento que tiene, e por el peligro que redunda a sus enfermedades, estando donde está...

El doctor Carrasco de Sahagund [12]

II. El licenciado Alvarado y fray Juan Regla, monje jerónimo y testigo del proceso

El 2 de octubre testificaba ante los inquisidores Vaca, Riego y Guigelmo, el licenciado Alvarado, médico vecino de Valladolid, de unos 38 años. Prestaba sus servicios en el monasterio vallisoletano de Nuestra Señora del Prado. En su condición de médico de la casa y a requerimiento de los inquisidores hubo de declarar sobre el estado de salud de fray Juan de la Regla, que había sido confesor de Carlos v en Yuste y a la sazón se hallaba enfermo. Su breve dictamen médico se reduce a estas líneas: «Ubo de primero unas tercianas dobles e después cámaras con algunas rayas de sangre, que tanbién al presente tiene, e a estado peligroso de estas enfermedades e aún no está muy libre. E esto sabe como médico que le cura al dicho fray Juan de casi un mes que ha que está aquí el qual es de muy poca conplisión» [13].

El desenlace de estas intervenciones médicas es estrictamente procesal, no humanitario. Al margen de toda previsión facultativa del peligro de muerte, a los inquisidores les constaba la pena capital impuesta sobre ellos y otros más, como Cazalla y Juan Sánchez; así se lo certificó oficialmente el secretario Sebastián de Landeta, anunciándoles el auto de fe que había de celebrarse el 8 de octubre. Por ello, dispusieron que «como les consta que en breve han de fallescer», se debían recibir las ratificaciones formales de sus deposiciones procesales anteriores. Con aprobación del inquisidor general, el fiscal licenciado Camino podía proceder a exigir la

11. DH II, 545-546. Dictamen del 26 de septiembre.
12. DH II, 546. Dictamen del 29 de septiembre.
13. DH II, 546-547. Sobre fray Juan de la Regla y su intervención en el proceso de Carranza, cf. mi obra citada, 270-271, 290-294.

ratificación solicitada, sin réplica por parte de los inquisidores [14]. El 3 de octubre tenía lugar la ratificación de fray Domingo de Rojas y don Carlos de Seso. Era particularmente importante la del primero, que comprendía nada menos que 26 declaraciones procesales, que servían de base acusatoria contra innumerables personalidades, entre las que se contaban el arzobispo Carranza, la condesa de Monterrey, los dominicos fray Alonso de Castro, fray Juan de Villagarcía, fray Hernando del Castillo, fray Pedro de Soto, fray Melchor Cano, varios Mendozas y Enrriquez, fray Luis de Granada, san Francisco de Borja y otros [15]. Los dictámenes médicos fueron mero instrumento para justificar una práctica procesal de evidente importancia. No parece que influyeron en un trato más humano de los presos.

III. La enfermedad del arzobispo Carranza (1562)

Otro fue el contexto general y personal de nuevas intervenciones médicas que tuvieron lugar años más tarde. Exactamente el 23 de abril de 1562, don Martín de Avellaneda, custodio de la persona del arzobispo de Toledo, dio cuenta a los inquisidores de que el ilustre preso estaba «enfermo de alguna indisposición que tenía en un braço». Los jueces visitaron al prisionero y trataron con él de la «cura o física» que convenía proporcionarle, acordando llamar para que lo atendiesen al doctor Rodríguez y al licenciado San Pedro, médicos de Valladolid, que quedaron citados para el día siguiente. En este caso se tomaron cautelas especiales al respecto: en efecto, los jueces acordaron que el secretario Landeta los había de llamar a la posada del doctor Simancas, uno de los jueces subdelegados, para que les ordenase lo que debían guardar y jurar, ordenaron a don Martín de Avellaneda que les franquease la entrada al día siguiente, y que acompañase, juntamente con el secretario Landeta, a los médicos en su visita [16].

Al día siguiente comparecieron los dos galenos ante el doctor Simancas. El licenciado San Pedro hubo de prestar juramento, diligencia que se excusó en el doctor Rodríguez que lo tenía prestado como médico del santo oficio. A ambos se les ordenó bajo el respectivo juramento que no dijesen ni declarasen cosa alguna que no se debiese decir conforme al secreto que se guardaba en el santo oficio: tampoco debían llevar ni recibir recado ni aviso alguno. Los dos prometieron cumplir lo jurado [17].

La visita fue breve; «El dicho día, entre las ocho e nueve horas de la mañana, los dichos médicos visitaron al dicho Señor Arzobispo de Toledo. E después de informados de la indisposición de Su S.ª, que era dolor que le venía a un braço, e tocándole el pulso e vista la orina, le ordenaron de palabra cierta cosa ligera, e con tanto se salieron con parescer de tener la indisposición por ligera, e que para ella, si no huviese nuevo acidente, no avía necessidad de bolber a visitar». Asistieron los guardas del arzobispo don Martín de Avellaneda, acompañado de sus servidores Sebastián de Peña y Pedro de Rivamartín, junto con Landeta, quien extiende la correspondiente acta [18]. La dolencia debió ser pasajera, puesto que nada se repite acerca de ella los días siguientes.

14. Cf. DH II, 547.
15. DH II, 548. En efecto, Rojas se ratificó el 3 de octubre y Seso el 4. *Ibid.*, 548-550.
16. DH IV, 367-368. Carranza estaba preso desde el 23 de agosto de 1559.
17. DH IV, 368.
18. *Ibid.*

No ocurrió lo mismo meses más tarde. El 27 de agosto se vuelve a mencionar a Carranza enfermo: «avía tenido dos sudores e dezía estar indispuesto en su salud». Los médicos que le visitaron decían que estaba bueno, mas los jueces dispusieron que le visitasen de nuevo. Se trata de los mismos médicos que la vez anterior, aunque en esta ocasión se anota que eran «de los más estimados de esta dicha Villa e de su comarca». Las órdenes eran precisas: habían de informarse de las personas que vivían cerca del arzobispado, tomarle el pulso y la orina y ordenar lo necesario para la convalecencia del prisionero; y declarar bajo juramento ante el secretario Landeta su parecer [19]. Los médicos visitaron al enfermo y tras jurar decir la verdad emitieron el siguiente dictamen:

DECLARACION DE LOS MEDICOS

Los dichos Doctores Fernand Rodríguez e Licdo. Sant Pedro en conformidad dixieron que ayer, que se contaron veinte del presente *(sic!)*, vieron en sus casas cada uno por sí una orina que se la llebaron por de el Rmo., e que, vista la orina, a cada uno dellos les paresció que era orina de perssona a quien avía precedido calor demasiado e aun calentura. E que después ambos juntamente vieron a las quatro oras de la tarde al dicho Rmo. Arçobispo e, aviendo oydo su relación e tomado su pulso e visto la dispusición de Su S.ª, les paresció estar tan sin calentura e tan libre de todo calor e alteración como lo están los cuerpos muy sanos; en tanto que alguno dellos e anbos a dos sospecharon que aquella orina no era de perssona que tenía tan buena disposición como hallaron en el dicho Señor Arçobispo. E que después oy dicho día a las dos de la tarde visitaron a Su S.ª por mandado de los señores Obispo de Palencia e Doctor Simancas. E aviéndole oydo e visto, e vista tanbién otra orina que parescía a la que avían visto el día de antes, hallaron el pulso con buena disposición, aunque con tanto Su S.ª el descontento grande que tenía de el aposento en que está por no le bañar el ayre e sol como Su S.ª quisiera, le hallaron el pulso algo alterado con alguna belocidad, enpero sin calentura. E que les paresce, quanto al ayre que requiere el dicho aposento, que sería conveniente, conforme a reglas de medicina, que se bañe de el ayre claro e libre antes que se ponga el sol e algunas oras de la mañana. E porque, segund Su S.ª les informa, suda a las mañanas e tiene algunas congoxas, que les paresce que es menester tener cuydado de visitarle algunas vezes, porque en lo que agora paresce seer muy poco e no se atajando o remediando, podría hazerse algo. E firmáronlo de sus nombres.

El Doctor Hernán Pérez
El Lcdo. Sant Pedro

Lo qual passó ante mí, Sebastián de Landeta, notario [20].

En vista del informe, los jueces dispusieron que los médicos siguiesen visitando al enfermo. Al día siguiente, 28 de agosto, informados los jueces de la alteración del pulso que habían observado los médicos en el arzobispo y que querían darle un poco de mana —licor que mana del fresno y era utilizado como purgante benigno—, quisieron visitar al Carranza. Antes de la visita, se informaron nuevamente de los médicos sobre el estado de salud y la conveniente cura. Los médicos dijeron que «aunque antes le avían hallado con alguna poca alteración, pero que entonces, que eran poco más de las cinco de la tarde del dicho día, hallavan que estava sin calentura alguna; pero para remedio de lo que adelante podía subceder e porque la orina que les mostravan estava encendida y el dicho Señor Arçobispo les dezía que a las noches le sobrevenía alguna calentura, e actento que en la parte de el hígado le hallaban una opilación e que el estómago estava repleto, le avían ordenado que a la mañana reciviese una poca de mana sola desatada en agua» [21].

19. DH V, 175.
20. DH V, 176-177.
21. DH V, 177.

Tras estos informes previos, los jueces pudieron visitar al prisionero. Este les entregó una carta de protesta, en que hablaba de la insalubridad del aposento en que estaba preso, en los términos siguientes:

RMOS. SEÑORES:

Digo yo frai Bartolomé de Miranda, Arçobispo de Toledo, etc., que en veinte e dos de el mes de deziembre próximo passado me ofrecieron vuestras señorías en el audiencia el aposento que tengo traçado de la manera que ahora está, e yo dixe que en algunas cosas era peor que el que antes tenía, aunque la una cámara es diez pies, o poca más, mayor que la otra, e que no remediasen unos inconvenientes con otros mayores: el uno e principal fue, que con esta traça quitavan totalmente el ayre que no pudiese entrar en las dichas cámaras e que, aviendo yo tenido salud hasta entonces, no la tendría de allí adelante, lo qual consta por el auto que sobre ello se hizo, a que me remito.

E aunque vuestras señorías dixieron mirarían en ello, todavía después sin dezirme nada lo traçaron como al presente está, e yo callé hasta veer el subcesso. E la experiencia ha mostrado ser como dixe, pues me ha faltado después acá la salud que hasta allí avía tenido, como paresce por un braço que tengo tullido, e la enfermedad en que estoy lo declara más: porque en la una cámara donde yo estoy, ha más de tres años que como e duermo e hago otras necessidades, e no entrando sol ni ayre en ella, es forçado que ha de estar inficionada; en la otra avía dos años e medio que hazían otro tanto cinco o seis personas, curándose Gonçalo de Coca de sus enfermedades mucho tienpo, de donde vino a oler mal las paredes e estar podridos los guadamecís, como lo saben Don Martín de Avellaneda e los que están en su conpañía en la mía.

A vuestras Señorías pido e, si necessario es, requiero, manden proveer en ello con toda brevedad, pues se vee claramente que se excede la comisión de Su Santidad, e que no es su voluntad que yo sea tratado de esta manera. E si vuestras señorías no tuvieren comisión para remediarlo, como otras vezes lo han dicho, les pido ansí mismo embíen esta luego por la posta al Señor Arçobispo de Santiago, al qual por la presente pido i, si menester es, requiero lo mesmo que a vuestras señorías tengo pedido e requerido. E si en el remedio de esto huviese la dilación que en otras cosas a avido, a vos, Sebastián de Landeta, notario de esta causa, os pido e requiero me déis por testimonio signado en pública forma de manera que haga ffee lo que en esta petición pido e demando [22]...

Carranza invocaba como testigos al célebre doctor Navarro don Martín de Azpilcueta y al doctor Delgado, que estaban presentes. Los jueces visitantes prometieron que harían las diligencias oportunas. En efecto, tratando con el custodio don Martín de Avellaneda de la manera de proveer para que colara mejor el aire en la habitación, dispusieron que en una de las dos puertas —«que es a la parte del cierço— se abriese una ventanuca con reja para que estuviese abierta algunas horas del día y dejase pasar el aire». Tal novedad había de hacerse con aprobación del propio Carranza. Este se dispuso a aceptarla, pero en definitiva la rechazó porque «no avía estado en ello» fray Antonio de Utrilla, el fiel servidor que le acompañaría durante los 17 años de cárcel. En vista de ello, el juez obispo de Palencia dispuso que aquella misma tarde se le abriese la puerta del aposento, custodiándola uno de los guardas. Al día siguiente quiso que se mantuviese cerrada la puerta fray Antonio de Utrilla, «porque entraba demasiado aire por ella e haría daño a su salud al Señor Arçobispo, siendo como era día de purga» [23].

El 30 de agosto de nuevo informaban los médicos a los jueces acerca del estado de salud del arzobispo: «la noche antes le avía dado su acidente, en que se avía declarado la indisposición de Su S.ª, que eran tercianas, e que para remedio dellas les avía parescido que convenía sangrarle, e se avía hecho». Por la tarde le visitaron los jueces. Carranza se hallaba sin calentura y en mejor disposición tras la sangría; tanto, que pidió audiencia con sus letrados para el día siguiente [24].

22. DH V, 178-179.
23. DH V, 179-180.
24. DH V, 181.

Esta tuvo lugar y en ella entregó Carranza una impresionante carta para hacerla llegar a Felipe II, que no interesa en este trabajo. Entre tanto los jueces habían dado cuenta de los incidentes al Arzobispo de Santiago. Este se limitó a responder que se pusiese el ventanillo con reja en la puerta y que con ello se le podría decir «que se tiene e a tenido e terná gran quenta de su salud» [25].

Pocos días más tarde parecieron complicarse las cosas. A petición de Carranza, acudieron los jueces a la audiencia de la mañana el 9 de septiembre, así como los letrados del arzobispo. Carranza se debía sentir francamente mal, y pedía algunos alivios corporales y espirituales. Su petición reza así:

E Su S.ª dixo que, como a los dichos señores consta, Su S.ª está enfermo y de grave enfermedad, e para su cura para bien seer curado tiene necessidad que estén una perssona o dos con Su S.ª sienpre, como los médicos lo dizen. E que agora de doss perssonas que tiene en su servicio, el uno dellos, que es Jorge Gómez, de mandato de los médicos está en la cama desde ayer martes, e fray Antonio de Utrilla, aunque tuviese entera salud, que no trae, no vasta para la cura de Su S.ª, assí por los continuos travajos del día, como por los de la noche, que se lebanta sienpre dos, tres vezes e quatro, lo qual no basta a sufrir. Por tanto que pedía a los dichos señores juezes que le manden proveer de otros dos criados o más, si fueren menester, que sean criados de Su S.ª e confiables, assí por las menudencias de la cura e servicio de la perssona de Su S.ª que no se pueden hazer, como por los papeles y escripturas que tiene.

Yten, el dicho Rmo. Arçobispo de Toledo dixo que, attenta su enfermedad a la necessidad que tiene de consuelo espiritual, pedía e pidió a los dichos señores juezes, le manden permitir tomar *(sic!)* los sacramentos de la penitencia e comunión, que ha tres años que no los ha tomado, e sabe cierto que no a hecho por qué se le devan de negar [26].

Sorprendidos con semejantes peticiones, los jueces contestaron que proveerían, consultando entre sí, lo que buenamente se podría proveer. Sin embargo para verificar el real estado de salud, el obispo de Palencia volvió a pedir declaración jurada al doctor Hernán Rodríguez y al licenciado San Pedro [27]. El dictamen de éstos podía ser ahora más explícito. Carranza había tenido

siete tercianas, las cinco rezian *(sic!)* e con sudores, e las dos han sido más remisas, aunque tanbién ha avido sudores muy copiosos, e que con ellas e con los sudores ha sentido alguna flaqueza e congoxa, e que durante el espacio de las cinco se sangró dos vezes e purgó con maná. E oy, dicho día, a las cinco de la tarde, siendo el día de la remisión de la calentura, se sangró de la bena de el hígado de la mano derecha, e aunque tienen entendido que va en declinación general de toda la enfermedad, temen por seer el tienpo de otoño que no se prorrogue e readibe e torne a tener de nuebo alguna indisposición, segund que suele acaescer por este tiempo o lo veen por experiencia, no solamente alargarse las tercianas aunque sean legítimas o espúrias, digo que se tornen en espurias o se doblen. Enpero que si la mejoría que agora paresce, va adelante, plazerá a nuestro Señor que se termine en breve. E que la sangre que oy se a hecho le ha parescido que le a alibiado notablemente.

E en lo que toca a lo de Jorge Gómez, dixieron que hasta agora les paresce que su dolencia es terciana doble, e ha tenido dos fluxos de sangre grandes, e que habrá menester curarse de propósito. E que esto les paresce de lo uno e de lo otro, e lo firmaron de sus nonbres.

El Doctor Fernand Rodríguez. El Licdo. Sant Pedro. Passó ante mí, Sebastián de Landeta, notario [28].

El optimista pronóstico se cumplió: el 15 de septiembre visitaban una vez más los jueces a Carranza. Se hallaba «con mucha mejoría y sin acidente de calentu-

25. DH V, 189.
26. DH V, 190.
27. DH V, 191.
28. *Ibid.*

ra [29]. Se repitió la visita el 23 del mismo mes, hallándolo en convalecencia [30]. El 15 de octubre, informados los jueces de que el arzobispo estaba purgado de nuevo, lo visitaron «e le hallaron de mucho mejor dispusición» [31]. La enfermedad había sido superada [32].

CONCLUSIÓN

De los dos lances médicos aquí mencionados, podemos deducir algunas conclusiones históricas:

Existían algunos médicos que podríamos llamar de plantilla de la inquisición, ligados a ella y con juramento que regulaba su ética profesional-inquisitorial.

En caso de duda o disparidad de dictámenes, se podía llamar a un tercero independiente, sometiéndolo a juramento previo, que alcanzaba por igual la veracidad de su dictamen y la eliminación de cualquier otra intervención fuera de la profesional.

Su intervención podía tener el fin específico y profesional que corresponde a la misma, esto es velar por la salud de los presos; y podía servir de base competente para ulteriores pasos procesales, como eran los de precipitar la ratificación de los testigos en caso de peligro de muerte. Cuando profesionalmente dictaminaban sobre la conveniencia o necesidad de suavizar las condiciones de la prisión o suprimirla, sospechamos que se encontrarían con la oposición del tribuanl o con una consideración de sus consejos supeditada a la buena voluntad de los jueces o a la calidad del preso, como ocurrió en el caso de Carranza.

No me corresponde enjuiciar la fijación de la sintomatología, el acierto de los diagnósticos y la oportunidad de los tratamientos fijados. Siempre desde el punto de vista profesional, cabe subrayar detalles en algún modo significativos. Sorprende en alguno de los casos expuestos la diferencia de los dictámenes emitidos por los dos médicos de la inquisición. Su mismo contraste parece garantizar su independencia. Por otra parte también llama la atención que mientras el médico del consejo otorga mayor importancia y gravedad a los dos casos sometidos a examen, el de la inquisición vallisoletana reste toda gravedad a ambos casos y se vea contradicho por un tercer médico imparcial. El hecho hace pensar más en actitudes psicológicas personales que en mera competencia profesional. En fin, el conjunto de noticias recopiladas ilumina un campo de asistencia médica, con especiales condicionamientos, pero de indudable interés histórico.

29. DH V, 192.
30. DH V, 197.
31. DH V, 204.
32. También podemos aducir un caso en que un médico aparece en este proceso como testigo de cargo. El licenciado López, médico y vecino de Toro, escuchó en la iglesia de san Sebastián de su villa un sermón de Carranza. Le quedó algún escrúpulo sobre una frase. Consultado el caso con san Francisco de Borja, le aconsejó que se lo comunicase a fray Juan de la Peña. Más tarde tuvo que comparecer ante la inquisición, declarando en Valladolid el 4 de septiembre de 1559. DH II, 395-397.

Fray Domingo de Rojas, O. P., y el auto de fe de Valladolid (1559)

Una reconversión de última hora

En los dos magnos autos de fe vallisoletanos de 1559 que arrancaron de raíz el llamado protestantismo castellano, la noble familia de los Rojas aportó varios y variados reos. En el auto del 21 de mayo, don Luis de Rojas, nieto del marqués de Poza, fue condenado a destierro perpetuo de la corte y privación de todos los honores de caballero. Doña María de Rojas, hija del marqués de Poza, monja de Santa Catalina de Sena de Valladolid, salió en el auto con sambenito y vela, y fue reducida a su convento al más ínfimo lugar de todos, privada de voto activo y pasivo. En el auto del 8 de octubre, que presidió Felipe II, recién llegado a España desde Flandes, fue relajado al brazo secular fray Domingo de Rojas, sacerdote y dominico, discípulo del arzobispo Carranza, a quien Menéndez y Pelayo designa, junto con don Carlos de Seso, como «corifeos del protestantismo castellano» [1].

Aun cuando haya desaparecido su proceso, podemos reconstruir a grandes rasgos el proceso de su evolución espiritual, su adhesión tardía al núcleo protestante, su afán proselitista y no pocos rasgos esenciales de su temperamento inestable. Apresado con don Carlos de Seso cuando intentaba huir de España por la frontera navarra, fue traído a Valladolid para afrontar un largo proceso. Su casta, su condición de sacerdote y dominico, sus dotes captadoras y hasta una vanidad que le hacía presentarse como viejo ascrito a la secta, le permitieron irradiar su nueva fe protestante, utilizando para ello hasta el nombre del arzobispo Carranza, a quien presentaba como favorable a la nueva corriente [2]. Esta falaz e interesada utilización del nombre de su maestro, insistentemente repetida en sus horas de libertad, quedó muy rebajada en las horas amargas del proceso, en las que desesperadamente quiso acogerse al patrocinio de Carranza, endosándole vagas responsabilidades sobre propios delitos muy concretos. Tenazmente echó mano de una muy fina distinción: personalmente el arzobispo Carranza era católico y enseñó doctrina católica; pero su lenguaje, cercano al luterano, fue el jarabe que dispuso a fray Domingo para sus futuros yerros [3]. ¡Como si en el lenguaje de Carranza estuviese la raíz explicativa de los dichos y hechos, de la vida y milagros de fray Domingo, extremista bullidor en los círculos protestantes en los meses anteriores a su captura, cuando hacía años que Carranza estaba lejos de España en Inglaterra y Flandes!

1. M. Menéndez y Pelayo, *Historia de los heterodoxos españoles* III, Santander 1947, 418-439; el apelativo dado a Seso y Rojas en 431.
2. *Ibid.*, 431-435. He dedicado algunas páginas a Rojas en mi estudio *Los prolegómenos jurídicos del proceso de Carranza*, recogido en la obra ACST I, 126-134, 198-205, 218-231.
3. ACST I, 219-227.

Tal distinción no salvó a fray Domingo de un veredicto fatal, a tenor de sus culpas y de las leyes; en cambio perjudicó notablemente a Carranza, constituyendo un pilar fundamental en el conjunto de testificaciones. Los inquisidores se inclinaron más bien a la lectura o interpretación más desfavorable al arzobispo de unas testificaciones que permiten al lector sereno una lectura mucho más matizada.

Rojas y Seso, con suficientes cargos personales como para haber sido condenados en el auto del 21 de mayo, fueron sorprendentemente reservados para un auto posterior: no para aliviar una sentencia que irremediablemente era la más grave, sino para ser utilizados como testigos fundamentales en contra del arzobispo, apresado en agosto de ese mismo año. Un careo entre las tres personas hubiera sido de finitivo en orden a aclarar la verdad; tal era el deseo íntimo del arzobispo, seguro de su inocencia y de ser víctima de calumnias que intentaba tenazmente ponerlas en claro. Muertos los testigos, quedaban sólo sus declaraciones escritas. El final para Seso y Rojas tuvo una fecha: 8 de octubre de 1559.

Muchas relaciones coetáneas nos informan detalladamente del desarrollo de aquel acontecimiento. Un testigo presencial, el doctor Simancas [4], asegura que lo presenciaron más de 200.000 personas, entre las que se encontraban Felipe II, su hermana la princesa doña Juana, el príncipe Carlos, el condestable y el almirante de Castilla, los marqueses de Astorga y Denia, el duque de Arcos, el prior de San Juan don Antonio de Toledo, el conde de Oropesa y también el conde de Lerma, pariente de fray Domingo. Predicó el obispo de Zamora don Juan Manuel, y el rey juró ante el inquisidor general favorecer la religión católica y defender al santo oficio. Luego se leyeron las sentencias. Hubo más de una docena de relajados al brazo secular, entre los que figuran personas notables como Seso; su mujer doña Isabel de Castilla y su sobrina doña Catalina, del mismo apellido, fueron condenadas a cárcel perpetua. También recayó la pena capital sobre fray Domingo de Rojas, sobre los sacerdotes Pedro de Cazalla y el licenciado Domingo Sánchez, sobre las monjas de Belén doña Catalina de Reinoso, doña Margarita Santisteban, doña María de Miranda, sobre doña Marina de Guevara, pariente del célebre escritor fray Antonio y emparentada con los Rojas y con don Alfonso Téllez Girón, etc...

Seso y Juan Sánchez fueron quemados vivos, como impenitentes. De fray Domingo asegura Menéndez y Pelayo que le fueron acompañando más de cien frailes (¡), predicándole y amonestándole, respondiendo él negativamente. «Por último, le *hicieron decir* que creía en la santa iglesia de Roma, y por esto no le quemaron vivo» [5].

Sobre este extremo poseemos documentación de primerísima mano que obliga a algunas rectificaciones y además ofrece nuevas vetas para considerandos de tipo histórico. Mi amigo don José Luis G. Novalín se anticipó en la publicación de estos documentos en versión latina hallada por él en el archivo Vaticano [6]. Puedo ofrecer al lector su texto original castellano. El inscribe estos documentos en la amplia serie de *relatos* sobre aquel auto de fe, extrayendo de ellos informaciones complementarias sobre el episodio con algunas interpretaciones en las que el texto traducido le ha llevado a inexactitudes. Sea por el valor intrínseco de la documentación —que no se encuentra entre los tomos del proceso de Carranza de la Real Academia de la

4. *La vida y cosas notables del señor obispo de Zamora don Diego de Simancas*, inserta en el tomo *autobiografías y memorias coleccionadas e ilustradas por M. Serrano y Sanz*, Madrid 1905, 154-155.
5. Cf. M. Menéndez y Pelayo, *o. c.*, 435-439; la última frase alusiva a fray Domingo en 436.
6. J. L. G. Novalín, *El auto de fe de Valladolid de 1559. La ejecución de Domingo de Rojas. Personajes y circunstancias*: Anthologica Annua 19 (1972) 589-614; los documentos en latín 601-614.

Historia— como por nuevos matices que se ofrecen en su interpretación, estimo conveniente editar aquélla y aventurar ésta.

Escarbando en la muerte

Estos documentos no constituyen un relato más, pintoresco y detallista, repleto de noticias nuevas, escrito por un anónimo cualquiera con el fin de perpetuar la memoria de una excepcional jornada vallisoletana. Son auténticas piezas de inquisición, declaraciones formales hechas ante los inquisidores doctor Riego y licenciados Guigelmo y Vaca. No por hombres que refieren espontánea y libremente lo que saben, sino exactamente por las personas que fueron llamadas a declarar ante la inquisición. La fecha en que se registran notarialmente estas declaraciones no está exenta de dramatismo: *10 al 14 de octubre de 1559.* A los dos días del auto y ejecución de los relajados, cuando casi humeaban sus cenizas. Con la lógica dependencia que unas declaraciones tienen con otras, existe entre ellas una concatenación estricta, conducente a la averiguación de una verdad en la que la inquisición parece estar particularmente interesada. El protagonista-objeto de las declaraciones es justamente fray Domingo de Rojas, aunque incidentalmente encontremos en ellas otras noticias accidentales referentes a otras personas. ¿Acaso el objetivo de esta investigación es la certificación de la vuelta al catolicismo de fray Domingo en sus últimos instantes? Quienes tratan de dominar entendimientos y voluntades, se suelen vanagloriar de estas conquistas, aureoladas con el prestigio del sello de esa hora de la verdad que es la muerte. Cierta apologética católica no se ha visto exenta de estos procedimientos, en que, si es evangélico el gozo por el retorno, no lo es la proclamación orgullosa de una victoria.

No es ése el móvil primordial que induce a los inquisidores a escarbar en la muerte de fray Domingo de Rojas. Ni siquiera la averiguación de una verdad, que contrasta con narraciones de las que dedujo Menéndez y Pelayo afirmaciones como la anteriormente transcrita. El objetivo auténtico de esta información jurídica era averiguar ciertas misteriosas declaraciones de ultimísima hora de fray Domingo, que escaparon al control de la inquisición, y que sin embargo comprometían su actuación: eran las últimas palabras de fray Domingo sobre el arzobispo Carranza. En esas horas que corren entre la sentencia y la muerte, las palabras de un reo son especialmente temibles, y siempre se filtran hasta que el final no sella para siempre los labios.

Es preciso leer con suma atención estas pocas páginas documentales, donde la represión mental sigue actuando sobre los llamados a declarar. Desfilan en ellas personajes distintos. El licenciado Hernán Gómez, corregidor de Madrigal, que Novalín lo hace gobernador (gubernator) y lo confunde con el escribano Julián de Alpuche [7]. El clérigo Asteguieta, colegial de Santa Cruz y el maestro Ochoa, del mismo colegio fundado por el cardenal Mendoza. El jerónimo fray Antonio de la Carrera. El dominico fray Juan de la Peña. El jesuita P. Tablares y el notario Cabezón, que declara verbalmente y aporta una pieza testifical escrita. En total son ocho piezas, que las citaremos por su orden.

Su entramado cronológico ofrece los pasos sucesivos de la investigación inquisitorial. Mas la clave de la misma se encuentra, a mi juicio, en la pieza n. 4, la declaración del maestro Ochoa: por él sabemos que dos colegiales de Santa Cruz,

7. *Ibid.*, 593.

el licenciado Asteguieta y el licenciado Valsera, habían estado con el doctor Simancas, del consejo de la inquisición y «*entre otras cosas* le habían dicho cómo los frailes dominicos habían tomado ciertos testimonios de lo que había dicho fray Domingo». Esta sobria y vaga frase explica la inmediata actuación de la inquisición, comprensiblemente alarmada ante extrañas actas notariales escritas al pie de un cadalso, a requerimiento de dominicos. Por lo demás el mismo maestro Ochoa confiesa que al día siguiente del auto, lunes 9, asistió al bachilleramiento de fray Juan de la Peña y le preguntó en el colegio de San Gregorio cómo había muerto fray Domingo. Ochoa declara muy escuetamente la respuesta: «según la apariencia exterior le paresció que había muerto como cristiano, retractando sus errores». ¿Fue eso *todo* lo que le dijo fray de la Peña o es eso todo lo que *quiso decir* el maestro Ochoa ante los inquisidores? Alertado el doctor Simancas, es obvio suponer que trasmitió la noticia al consejo y esto explica que la inquisición se pusiese inmediatamente en movimiento para aclarar aquel hecho misterioso.

Un observador frío: el corregidor de Madrigal (Doc. 1)

No sabemos por qué, el primer *llamado* a declarar fue el joven corregidor de Madrigal, el treintaañero licenciado Hernán Gómez. La frase «dijo llamarse» parece suponer que no fue llamado por su nombre, sino por su cargo o por suponer indicio exterior de su persona. El corregidor, que por razones de oficio, debió de estar en el solemne auto, se halló presente además a la ejecución de los relajados. Estuvo cerca de Pedro de Sotelo, de fray Domingo de Rojas y de don Carlos de Seso. A ninguno de ellos conocía, y sólo allí supo sus nombres. El interrogatorio —no relato— prosigue con una pregunta, suficientemente orientadora respecto a la línea directriz de la averiguación: ¿hubo alguna persona que habló a los relajados y quién era?

El corregidor, sentimentalmente desligado de las personas, describe minuciosamente su reciente recuerdo. Vio que una persona desconocida —mozo, paje, moreno— hablaba con fray Domingo al pie de la escalera del cadalso; no oyó lo que decía, porque estaba algo lejos. El mozo se acercó luego a un caballero de cruz colorada al pecho, «hombre blanco y colorado, mediano de cuerpo y la barba algo roja y espesa»; decían que era el conde de Lerma y que era pariente de fray Domingo. Habló con Lerma el mozo un rato, pero no supo lo que le dijo. Este frío observador, distante física y espiritualmente, registra puntualmente cuanto vio y las noticias que iban llegando a sus oídos. Había «otros muchos», para él desconocidos, que estaban junto a fray Domingo y «con el otro caballero» (que bien pudiera ser don Carlos de Seso). Lejos de la escena estaban el almirante de Castilla y el maestre de Montesa; el corregidor preguntó por otro personaje desconocido, también presente, y supo que era el marqués de Denia. Vio cómo pidió a un caballero unos reales y se los dio a un alabardero, «porque los guardase, que estaban muy apretados de la gente, a su parescer». Novalín entiende que le dio su bolsa a un alabardero, «para tenerla a buen seguro de los ladronzuelos» [8]. El documento habla de tres, cuatro o cinco reales, pedidos a un amigo y entregados a los alabarderos, para protección de sus personas, ante la avalancha de la multitud. Este detalle incidental nos da cuenta de la asistencia multitudinaria a la ejecución misma, y no sólo al auto de fe celebrado en la plaza.

8. *Ibid.*, 600.

Tales pinceladas no interesaban a los inquisidores, sino saber si el corregidor vio que algún fraile dominico hablase *entonces* a fray Domingo. El detallista corregidor, responde con un desconcertante «no se acuerda». Si es veraz, hay que reconocer que sus ojos estuvieron más fijos en el entorno del espectáculo que en su epicentro. Y sin embargo concluye su declaración, diciendo que, a su parecer, fray Domingo «murió en su secta, porque le vio mirar hacia don Carlos y tomar la cruz y alzar el brazo y meneallo, como quien daba a entender que estuviese fuerte en su error, pero que no le oyó hablar palabra». Tres gestos quedaron grabados en la retina, tres gestos indescifrables en su verdadero alcance que cerraban la aventura de fray Domingo y don Carlos: horas de nueva fe compartida, de proselitismo, de huida; y horas en que se lastimaron mutuamente en sendos procesos. Una mirada cruzada, un saludo con el brazo, un mostrar la cruz, esa cruz de la que Seso entona un bello cántico en la página que cierra su proceso. Sobre toda diferencia confesional, era algo que los unía en aquel trance, aunque cada uno la mirase desde una ribera concreta, católica o protestante. El corregidor, tan objetivo en sus declaraciones, se permite interpretar el gesto como un acto de firmeza en el error. Los inquisidores no dejaron de poner al margen una llamada de atención: *Att.* La pesquisa no resultó excesivamente fructífera.

Un vasco curioso: el licenciado Asteguieta (Doc. 2)

El mismo día compareció, siendo llamado, el licenciado Asteguieta, clérigo colegial de Santa Cruz, de treinta años, uno de los que había puesto en ascuas al doctor Simancas. Esta vez el tiro era más certero. El licenciado estuvo en el auto «en un tablado con los colegiales de su colegio» y luego se fue al humilladero, al campo, a casa de un doctor Carrillo, desde cuya ventana pudo contemplar la ejecución. Hombre previsor, se escurrió del tablado antes del final del auto, cuando estaban leyendo la sentencia de María de Miranda, una de las monjas del convento de Belén. Asteguieta pagó el precio de la comodidad, con la distancia del cadalso. Todo lo vio de lejos. Sí divisó a uno de los reos en el palo, vestido de blanco, que le dijeron que era fray Domingo, y junto a él ciertas personas religiosas; una de ellas, según los hábitos, de la orden de Santo Domingo. Nada podía oír, mas le veía «menearse o hacer los meneos que suelen hacer personas religiosas a los semejantes que están en aquel paso».

Su botín de noticias es más amplio y rico en lo que se refiere a su estancia en el tablado de la plaza. Fue interrogado explícitamente sobre si vio que «algunas personas fuera de los religiosos que salieron con los penitentes, los comunicase, en particular a los relajados o a algunos de ellos, tratando de su conversión». A la memoria visual del corregidor, sustituye aquí la memoria auditiva de Asteguieta. Oyó muchas cosas, cuando estuvo en el tablado junto a los dominicos fray Juan de Mendiola y fray Juan de la Peña. Terminada la lectura de la sentencia de fray Domingo de Rojas, Asteguieta oyó cómo Mendiola incitaba a Peña a acompañar al campo a Rojas «para tratar de su conversión e aconsejarle lo que cumplía a su alma». El estado emocional de los dominicos debía ser muy distinto del que mostró el corregidor Gómez, ya que veían a un hermano de hábito y compañero condenado a muerte, con deshonor y pena para su orden. No escapó a Asteguieta, como tampoco a los colegiales doctor Castrejón y Francisco de Vera, el vivo coloquio *sotto voce* mantenido por los dos dominicos en el tablado. Peña respondió que «estaba maldispuesto y que no tenía salud para tomar aquel trabajo», y declinó el amargo ministerio en el propio Mendiola. Este replicó que, aunque estaba dispuesto a ello, no aprovecharía tanto como si interviniese Peña. A lo que éste repuso «que no lo haría, y que lo hiciese fray Pedro de Sotomayor, que era más amigo del dicho fray Domingo». ¿Qué significa esta resuelta negativa por parte de fray Juan de la Peña? ¿Que le dejaba impasible la sentencia de muerte de fray Domingo y que le horrorizaban hasta las náuseas las escenas del quemadero, como quiere Novalín?[9]. Es muy difícil descomponer el entramado sentimental de fray Juan al filo de unas frases. ¿Miraba a fray Domingo con aborrecimiento, sea por su clamorosa caída, sea por haber comprometido al arzobispo Carranza? ¿Hay despecho en ese endoso a Sotomayor «más amigo», o sincera estima de las posibilidades de la amistad? Quizá no haya tanto misterio en ese coloquio sorprendente: el trinomio —«maldispuesto»-salud-trabajo— nos da la clave de una actitud no exenta de compasiva pena, pero más dominada por el miedo. Un miedo motivado por un auténtico destemple físico, que le hacía más pesado el trabajo corporal de seguir a fray Domingo entre empellones de la multitud; y el trabajo moral, que sólo quien lo ha pasado puede conocerlo, de acompañar en el doloroso trance a un hermano de hábito. Lo cierto es que fray Juan, tan recalcitrante sobre el tablado, estuvo luego de hecho junto al poste de fray Domingo e intervino directamente en su reconversión.

Mas volvamos a la declaración del licenciado Asteguieta. Fue interrogado expresamente por los nombres de los frailes que acompañaron en los últimos momentos a fray Domingo; sobre si ellos u otras personas comunicaron algo al dicho fray Domingo en el quemadero o en el desfile por las calles, y sobre qué cosas le pudieron comunicar. Mal podía atestiguar directamente Asteguieta nada de eso, ya que habiendo acudido a la casa del doctor Carrillo antes del final de la lectura de las sentencias, nada pudo ver en las calles y sólo a distancia contempló desde la ventana las escenas finales. La cuidada frase del interrogatorio «preguntado si ha *oído* a alguna persona quiénes fuesen los frailes», etc... hace pensar que los inquisidores poseían de antemano el hilo conductor del interrogatorio. Efectivamente, Asteguieta había oído el mismo día que declaraba —10 de octubre— a un compañero de colegio, el maestro Ochoa, que uno de los que acompañó a fray Domingo hasta el palo fue fray Juan de la Peña. Asteguieta asegura que oyó decir a Ochoa que fray Juan de la Peña le había revelado que fray Domingo de Rojas «había dicho públicamente que nunca había oído ni visto decir ni hacer al arzoqispo de Toledo cosa que no fuese de muy católico cristiano y que siempre le había oído muy buena e sana dotrina, aunque algunas veces solía decir algunas propusiciones confusas». Asteguieta creía haberle oído decir al maestro Ochoa que esta declaración de Rojas, siempre según Peña, fue registrada por notario[10]. Por lo demás, los comentarios de Ochoa los escuchó también el maestro Frechilla. Los rumores iban tomando cuerpo y concreción. Quedaba al descubierto otro testigo capital, el maestro Ochoa, sin olvidar a los mencionados maestro Frechilla, doctor Castrejón y Francisco de Vera. A los inquisidores interesó solamente el primero. Mas, antes de llamarlo, y tomándose un día por medio, citaron al jerónimo fray Antonio de Carrera, quien por comisión inquisitorial había asistido a los ajusticiados tres días antes, y en especial a fray Domingo de Rojas.

9. *Ibid.*, 595.

10. La declaración personal de Ochoa (Doc. 4) será mucho más escueta y cercenada que la de Asteguieta.

FRAY ANTONIO DE LA CARRERA, O.S.H. (Doc. 3)

Fray Antonio había sido designado por la inquisición para que ya desde la víspera del auto estuviese con fray Domingo y lo confesase. La pregunta, directa y sin rodeos, era ésta: ¿qué pasó con fray Domingo? La respuesta es sustancial y pormenorizada, remito al lector a su lectura completa. En efecto, fray Antonio entró en la cárcel la víspera del auto, pasó toda la noche con fray Domingo, de madrugada le acompañó al cadalso o tablado de la plaza, le ayudó a bajar del mismo una vez leída la sentencia; le llevaba de la mano izquierda y al otro lado le ayudaba fray Pedro de Sotomayor y le acompañaban otros tres o cuatro frailes dominicos. Le ayudaron a montar sobre un asnillo, para dirigirse al quemadero.

Las escenas siguientes son reconstruidas por la memoria de fray Antonio con el mismo dramatismo con que fueron vividas. Fray Domingo inició su camino hacia el suplicio, firme en su convicción: «iba pertinaz». El, fray Pedro y los otros frailes acompañantes, «le comenzaron a persuadir por los medios que pudieron a que se tornase a la fe y obediencia de la iglesia católica romana». Fray Domingo no daba señales de arrepentimiento, mientras iba recorriendo más de la mitad de la vallisoletana calle de Santiago. De pronto, en medio de la calle, dijo que se convertía a creer lo que le decían; le quitaron la mordaza [11], y comenzó a decir que creía la fe de la iglesia de Roma y destestaba sus errores. Fray Domingo se dirigió en voz alta a fray Antonio y le pidió confesión, reconociendo que le había engañado en la confesión de la noche anterior en la cárcel. En plena calle se fue confesando con fray Antonio y éste le absolvió. Llegó la comitiva a una cruz que estaba más adelante del humilladero. Le seguían persuadiendo a que se mantuviese firme en su recobrada fe y que detestase públicamente sus pasados errores. Así lo hizo y los maldijo. Llegado al poste del suplicio, acudieron junto a él muchos frailes dominicos y de otras órdenes. Puesto en el poste, se reconcilió de nuevo con fray Antonio, y le pidió que le absolviese por virtud de las bulas de su orden dominicana y de las propias de fray Antonio. Fray Domingo había detestado públicamente por el camino los errores luteranos, dándose golpes en el pecho.

Es en este momento cuando intervienen algunos frailes dominicos acompañantes, sugiriéndole «si tenía algo en que satisfacer a la confesión del juicio de los señores inquisidores» y brindándole la posibilidad de descargarse ante escribano y de confesar ante él su fe católica, su reconciliación con la iglesia romana y su abjuración de los errores mantenidos. Más intencionada fue la intervención de fray Juan de la Peña, según expresa fray Antonio de Carrera. En efecto, insinuó a fray Domingo que recordase bien si había dicho siempre la verdad en su proceso; «o si había dejado algo por decir de algún vivo o muerto, que fuese necesario descubrirlo, lo dijese porque no quedase ponzoña». Al cuestionar la veracidad de fray Domingo, se apunta con ello a derivaciones para terceras personas. La insinuación,

11. Este repentino cambio obrado en el ánimo de fray Domingo cuando se dirigía camino del humilladero concuerda con la actitud resistente mantenida al término de la lectura de su sentencia. M. Menéndez y Pelayo, *o. c.*, 436, recoge de una *Relación* las palabras pronunciadas por fray Domingo en aquel instante, tras pedir licencia para hablar al rey: «Aunque yo salgo aquí en opinión del vulgo por hereje, creo en Dios todopoderoso, Padre, Hijo y Espíritu santo, y creo en la pasión de Cristo, la cual sólo basta para salvar a todo el mundo, sin otra obra más que la justificación del alma para con Dios, y en esta fe me pienso salvar». Esto explica el que iniciase su camino hacia el suplicio con mordaza puesta. Más atrás veremos que fray Domingo ejerció su proselitismo en la cárcel; y él mismo reconoció, según declaración de Carrera, que le había engañado en su confesión la víspera de su muerte.

aceptada o no, hizo que los dominicos llamasen inmediatamente a un escribano. Apareció sobre una mula, con tinta y papel; era un hombre de mediana edad, de barba negra corta, y gorra y capa de paño. Fray Antonio no pudo oír lo que dijo fray Domingo al notario, porque entretanto había descendido del cadalso a recibir a otro condenado, Pedro de Sotelo, a quien le traían a la proximidad de fray Domingo para que éste le convirtiese [12]. Sí pudo ver que fray Domingo tuvo buenas palabras para su compañero; y que, preguntándole éste qué debía creer, le repuso que creyese lo que creía la iglesia romana y que se confesase.

En esos dramáticos minutos postreros, llegó a fray Domingo su pariente el conde de Lerma; se apeó de su mula, subió al cadalso, para persuadirle que muriese en la fe y obediencia de la iglesia y «en la fe y como sus antepasados habían muerto». Invocar la casta y el pasado era un modo desesperado de compensar el honor maltrecho y la infamia, y rescatar en aquel instante al descarriado. Lerma estuvo un rato diciéndole palabras cristianas y pudo retornar a su mula por encima de la gente, con el consuelo de haber escuchado de boca de fray Domingo: «Yo muero en la fe que murieron vuestros agüelos y vuestros antepasados».

Esto era lo visto y oído. Obsesionaba a los inquisidores si alguien pudo hablar algo más *secretamente* —la palabra se repite dos veces en sendas preguntas— con fray Domingo. Fray Antonio confiesa no haber advertido nada de eso en el conde, y certifica que nadie más tuvo la posibilidad de hablar en secreto a fray Domingo, ya que él le acompañó «asido de la mano izquierda» desde la plaza hasta ponerlo en el palo. La inquisición pudo interrogar al conde de Lerma, pero no lo hizo. En cambio siguió el rastro de las noticias divulgadas por el maestro Ochoa y, al fin, se encaminó hacia la fuente de las mismas: fray Juan de la Peña.

El maestro Ochoa (Doc. 4)

Tras mandato de comparecimiento de los tres inquisidores Riego, Guigelmo y Vaca, el 11 de octubre se presentaba el maestro Ochoa, colegial de Santa Cruz [13]. De entrada afirmó que presenció el Auto, pero no las ejecuciones. Se le formuló una vaga pregunta: ¿Oyó decir algunas palabras a alguna persona, que tocase al santo oficio? La frase resulta un tanto equívoca o ambigua. No queda claro si el «que tocase al Santo Oficio» se refiere al antecedente «palabras» o «persona». La respuesta no es todo lo minuciosa y detallista que desearíamos. Alude vagamente a unas palabras pronunciadas por fray Domingo al término de la lectura de su sen-

12. Un hecho análogo recuerda el P. Tablares en su declaración (Doc. 8), concretamente referido a Juan Sánchez. De ser cierto este acercamiento de Pedro de Sotelo a fray Domingo para que éste lo redujese a la fe católica, implicaría una situación emocional desconcertante habida cuenta de que fray Domingo había catequizado y confirmado a Sotelo en su nueva fe precisamente en los días de la carcelería compartida. Atestigua el dato otro preso, Diego Sánchez, quien declaraba la víspera de la muerte de fray Domingo: «Después que está ahora en la cárcel en compañía de fray Domingo de Rojas, les ha platicado los errores de Lutero a este confesante y a *Pedro de Sotelo*, queriéndoselos dogmatizar y persuadir acerca de la justificación y purgatorio y lo demás... y que ha sido harto más hereje después que entró en las cárceles, que no antes». ACST I, 229, nota 219.

13. Con inseguridad apuntamos para la identificación de este personaje a un Juan Ochoa de Salazar, colegial de Santa Cruz desde 1555, burgalés de nacimiento. Ese mismo año ocupó la cátedra de Durando, luego leyó Artes (1559) y fue propuesto para la cátedra de filosofía; fue más tarde canónigo magistral de Zamora, rector de la universidad (1560 y 1564-1565), obispo de Calahorra (1577) y de Plasencia (1587), falleciendo en 1592. Cf. M. Alcocer, *Historia de la universidad de Valladolid*, Valladolid 1918-1931, I, 302 y III, 395-396.

tencia [14]. Del contexto parece deducirse que no reflejaban ánimo de conversión. Al menos eso se deja entender por la reacción de los circunstantes.

Ochoa añade nuevos detalles al coloquio sobre el tablado registrado anteriormente por Asteguieta: «Y habiendo allí todos compasión que se condenase y perdiese su ánima [de fray Domingo], rogaron a fray Juan de la Peña que le hablase para si le pudiese convertir, y subiese al cadalso para este efecto. Y él dijo que le tenía por un hombre muy variable, y que confiaba que antes que llegase al palo se retrataría y se volvería de tres o cuatro maneras; y que él estaba malo y no se atrevería ir allá, porque en el Auto pasado, estando bueno, se fue allá y vino malo». Bajo aquella pleamar condenatoria, aflora un sentimiento de compasión, más determinado por la suerte del alma que por la del cuerpo. Sobre Peña descargaban la difícil misión del rescate. Novalín hace la anatomía de los sentimientos de Peña, resaltando su impaciencia y su irritación, sus reservas, su desencanto y hasta su escepticismo [15]. Evidentemente Peña no muestra excesiva estima respecto a la firmeza y estabilidad de las convicciones de fray Domingo. Su certera profecía del cambio de ánimo de fray Domingo revela un conocimiento profundo de su modo de ser «muy variable», en el que acaso contemplaba la raíz de sus veleidades pasadas, de sus comprometedoras vacilaciones procesales y acaso de una inseguridad radical, compensada con extremismos, pero no con auténtica firmeza. No era hombre propicio al *sostenella*, sino al enmendarla y volverla a enmendar. Esta desestima atenúa indudablemente la compasión, o acaso la acentúa al descubrir en la veleidad la máxima de las desgracias. Lo que sí parece quedar claro respecto al estado de ánimo de fray Juan de la Peña es que su resistencia a intervenir en aquel trance se debía a flaqueza de fuerzas, a decaimiento, a humanísima falta de entereza de espíritu para aquel momento. La experiencia, fresca aún, del auto anterior de mayo, pesaba fuertemente en su recuerdo: «Estando bueno, se fue allá y vino malo». Para asistir a un ajusticiado hace falta entereza moral, más cuando se trata de persona conjunta. Y cuando la justicia se ejerce en marco tan multitudinario como aquél, hace falta además entereza física.

Con todo, no era esa información la que pretendían los inquisidores del respetable maestro, sino más bien lo que supo directamente de fray Juan de la Peña y luego lo propaló entre los colegiales de Santa Cruz (Asteguieta, maestro Frechilla). La pregunta fue directa: ¿qué había oído al dominico referente al final de fray Domingo? El maestro Ochoa, que recuerda de paso una efemérides académica de fray Juan, no es demasiado locuaz en la respuesta: «El lunes pasado [9 de octubre], en el colegio de San Gregorio, veniéndose hacer bachiller el dicho fray Juan de la Peña [16], este testigo le preguntó cómo había muerto fray Domingo; y le dijo que, según la apariencia exterior, le había parescido que había muerto como cristiano, retratando sus errores». Que a los inquisidores no les importaba primordialmente la conversión final de fray Domingo, sino otras retractaciones posibles en aquel trance, lo da a entender claramente la pregunta que formularon a continuación:

14. Cf. nota 11.
15. *Art. cit.*, 592, 594, 596.
16. V. Beltrán de Heredia en su artículo *El maestro fray Juan de la Peña*, recogido ahora en la *Miscelánea Beltrán de Heredia* II, Salamanca 1972, 477, publicó el texto castellano de esta declaración, tomada de la copia del proceso de Carranza XIV, f. 222, que se conserva en la Real Academia de la Historia. En la nota 37 fija la fecha del bachilleramiento de Peña el 2 de octubre según libros oficiales; pero recoge la fecha mencionada por Ochoa, que es más coherente con los comentarios habidos sobre el auto del día 8. La declaración de Peña puede leerse en las pp. 470-471.

«si oyó... otras cosas particulares que retractaba». En este punto el maestro Ochoa da un giro sorprendente, afirma no saber nada, salvo que los licenciados Asteguieta y Valsera [17] le dijeron que habían informado al Dr. Simancas que los dominicos tomaron ciertos testimonios notariales a fray Domingo a última hora. Cotéjese esta respuesta con la declaración ya conocida de Azteguieta, y se verá su contraste. La noticia de la intervención del notario parecía remitirla Asteguieta a Ochoa, y ahora éste la remite a su compañero de colegio. Los documentos que comentamos aumentan notablemente nuestra información sobre este incitante paso de la vida de Rojas; pero queda uno con la sospecha de que silencian cosas y no dicen todo lo que saben.

FRAY JUAN DE LA PEÑA (DOC. 5)

El cerco se cerraba irremediablemente en torno a fray Juan de la Peña, sea porque quedaba atestiguada su presencia e intervención en el misterioso lance notarial, sea porque había informado confidencialmente al maestro Ochoa sobre el caso. Llamado por los inquisidores, compareció ante ellos el 11 de octubre. Declaró tener cuarenta y cuatro o cuarenta y cinco años y reconoció haber estado en el auto, en el tablado de los colegiales de Santa Cruz. Si es cierto que llegó al acto cuando se estaba leyendo la sentencia de Juan Sánchez, quiere decir que no escuchó las sentencias de D. Carlos de Seso, fray Domingo de Rojas, y Pedro de Cazalla. Esto explicaría que al preguntársele si «allí —en el tablado— pasó alguna cosa cerca de los penitentes», respondiese diciendo que habló de muchas cosas con los colegiales, y que éstos le dijeron que fray Domingo se había ratificado en sus herejías, es decir, al término de la lectura de la sentencia [18]. Esta firmeza en el error no impresionó demasiado a fray Juan. Hemos visto anteriormente recogidos los comentarios que hizo al respecto. En este caso es él mismo quien lo evoca: «Este testigo dijo que [fray Domingo] tenía el ingenio como veleta, y que pensaba que antes que le matasen, habría otra vuelta y vueltas, y que tenía muy poca confianza en él». También recuerda fray Juan cómo se le incitó a ayudar a morir a fray Domingo y a convertirse. Evoca su negativa inicial y las razones que le movieron: «Dijo que estaba flaco y no tenía fuerzas para ello, porque en el Auto pasado, estando bueno, aína le ahogaran, y estuvo malo». La evasión no significaba dejar desamparado a fray Domingo. Allí estaba fray Pedro de Sotomayor, que «era mucho su amigo y tenía más autoridad y él le ayudaría». Con ello descargaba su conciencia y disipaba escrúpulos.

También le requirió el licenciado Orozco para que hablase a otra de las sentenciadas, doña Marina de Guevara; igualmente mostró alguna resistencia al respecto, lo que prueba que su inhibición no se refería a la persona de fray Domingo, sino que era debida a su estado de ánimo y temple físico. Sin embargo, al finalizar el auto, fray Juan de la Peña, en compañía del colegial dominico Mendiola, tomó su cabalgadura y se dirigió al campo del suplicio con ánimo de hablar a doña Marina principalmente, y también a fray Domingo, en caso de que no acudiese Sotomayor. La frase, «porque a pie en ninguna manera me atrevía a ir a pie», presta a la resis-

17. En la citada obra de M. Alcocer, VII, 3, figura un Luis Balsera, natural de Avilés, que entró como colegial de Santa Cruz en 1556 siendo bachiller médico y a quien se le hace licenciado en 1560 y doctor en 1563.
18. Cf. nota 11.

tencia su verdadera dimensión: no estaba demasiado entonado de salud y temía las aglomeraciones. Fray Juan se apeó junto al poste de doña Marina; se abrió paso entre la multitud, acercándose a la escalera y allí la pudo exhortar «que tratase verdad». Entretanto aguardaba la llegada de fray Domingo, que venía más atrás. Antes de que hubiese llegado, tuvo noticia de las señales de conversión que había dado fray Domingo por la calle de Santiago. Cuando subieron a doña Marina al palo, fray Juan se encaminó hacia fray Domingo, dando gracias a Dios «que decían que venía muy bueno». De camino topó con Pedro de Cazalla y le exhortó a morir en la fe católica y a confesarse; asintió a lo primero, y no a lo segundo, «porque decía que estaba muy bien confesado por la mañana». Por fin, llegó fray Juan con harto trabajo hasta la escalerilla donde estaba fray Domingo. Se produjo un coloquio vivo y emocionante. Fray Domingo besó la mano a fray Juan y le dijo: «¡Oh padre, a qué traen a hombre sus pecados!». Aquí el vivo relato de fray Juan, punto neurálgico de esta investigación inquisitorial, adquiere su climax más alto:

Y después se trató allí de que diese por buena la sentencia y que confesase públicamente allí sus errores, los que había negado en juicio, y que también declarase si había encubierto algún hereje. Y deciendo fray Domingo que no sabía cómo podría confesar allí tantos errores, yo le dije: «Dad por buena la acusación a carga cerrada». Y el me dijo: «No puedo con verdad, porque algunas cosas que hay en ella no las tomaron como yo las decía». Y entonces le dije yo: «Pues que confesase toda la sustancia, pues había tenía *(sic!)* tantos errores». Y dijo que así lo quería hacer. Y así llamaron a un notario que estaba en un cuartaguillo, vestido de negro, que traía tinta y papel, y escribió lo que fray Domingo le dijo, que no se acuerda este testigo porque no le oyó este testigo, porque el notario estaba a la otra parte.

¿Dice fray Juan todo lo que sabe? En ese afán por hacer declarar a fray Domingo si había encubierto a algún hereje, ¿se encuentra velada la intención de descubrir si había infamado a algún inocente, entiéndase Carranza? Fray Domingo no aceptaba indiscriminadamente todo el texto de la acusación y la sentencia. ¿Qué significan esas cosas que «no las tomaron como yo las decía? ¿Será verdad que fray Juan no pudo oír lo que declaró fray Domingo al notario? ¿Se redujo esto al repudio de sus errores?

Por lo demás, fray Juan nada oyó de lo que habló el conde de Lerma a fray Domingo. En cambio sí oyó las voces de llamada que dieron todos al notario; allí estaban fray Pedro de Sotomayor, fray Francisco de Tordesillas, fray Antonio de Carrera, otros dominicos del convento de San Pablo y frailes de otras órdenes. En última instancia, fray Juan se remitía a lo que pudiese declarar el propio escribano.

El escribano Simón de Cabezón (Doc. 6)

Este pudo ser localizado. Al día siguiente por la tarde comparecía ante los inquisidores. Era un hombre de cuarenta años; que efectivamente estuvo en el quemadero el día ocho. Su presencia obedecía a una tarea profesional: iba a notificar la sentencia, como escribano del número, a fray Domingo, porque hasta entonces no se le había notificado. Es una formalidad que nos sorprende, supuesta la lectura pública de las sentencias. El notario describe la escena imborrable: rodeaban a fray Domingo muchos religiosos y clérigos, dominicos, franciscanos y de otras órdenes. Le hablaban recio para que muriese cristianamente. Entonces apareció el conde de Lerma, se apeó de un cuartago alazán, se encaramó en el poste de fray Domingo, y le dijo que «por amor de Dios muriese creyendo e teniendo lo que cree y tiene la madre santa Iglesia de Roma, y que haciendo esto se salvaría». Nada hubo de misterioso ni secreto en la actuación del esforzado conde. De allí a un rato llamaron al notario para que cumpliese la notificación de sentencia. Cumplió el cometido y asentó la respuesta de fray Domingo, que se disponía a presentar a los inquisidores. Mas, *antes* de esta intervención, unos frailes habían dado voces para que llamasen un escribano para que diese por testimonio cómo moría católicamente. ¿Fueron dos o una las intervenciones del notario, una oficial y otra espontánea o a requerimiento de particulares? No deja de extrañar ese empeño en certificar notarialmente la conversión de fray Domingo. ¿Era por salvar su nombre de la infamia de cara a la orden? ¿Había otros intereses en esta actuación notarial? Nuestra sorpresa la compartieron entonces los inquisidores, quienes quisieron saber del propio notario si había sido inducido o prevenido por alguna persona seglar o religiosa para que estuviese presente allí para dar testimonio de lo que fray Domingo dijese o confesase. Simón de Cabezón es tajante en su respuesta, que denota un cierto orgullo profesional: Nadie le previno; él había de notificar la sentencia y dar testimonio de lo que respondiese el reo. Esto tocaba a su oficio y está nombrado para ello.

A requerimiento de los inquisidores, presentó su acta oficial (Doc. 7). De su lectura se deduce que fray Domingo aceptó la sentencia como justa, reconoció que sus declaraciones procesales quedaban cortas en puntos referentes al sacramento del altar y la comunión bajo las dos especies y que no confesó exactamente como allí estaba escrito. Añadió que había otras cosas que, si hubiese lugar, las confesaría, pero «no contra persona alguna». Por fin hizo un explícito acto de fe católica, con protestas de morir en la fe de la iglesia romana. Con nueva sorpresa por nuestra parte se inscriben los nombres de tres testigos de la declaración: el conde de Lerma, Juan de Olmos y Marcos Valladares... «e otras muchas personas que se hallaron presentes». ¿Es posible que nada de esto oyese fray Juan de la Peña, por estar el notario «a la otra parte»? En esta acta notarial queda registrada una parte de la verdad, importante sin duda para saber la actitud final de fray Domingo. ¿Se dice toda la verdad? ¿Puede haber otro testimonio notarial no presentado a los inquisidores?

El jesuita P. Martín Tablares

Cierra este *dossier* documental una extensa declaración del jesuita P. Tablares, que acudió a la inquisición *llamado* por los inquisidores [19]. La pregunta que se le formuló disuena de las habituales en este procesillo: si había estado en la casa del santo oficio el día del auto y a qué hora entró. La respuesta es enormemente rica

19. J. L. G. Novalín, *art. cit.*, 598, califica a Tablares de testigo curioso y espontáneo y supone que el provincial Araoz instó a los jesuitas a colaborar en las gestiones que estaban haciendo los inquisidores sobre la muerte de Rojas, citando para ello un párrafo latino que corresponde al final de nuestro documento. Interpreta el *nocte praecedenti* («la noche antes»), como referido al día de la declaración de Tablares, que fue el 14 de octubre. A mi juicio, se refiere más bien a la noche anterior al auto del 8 de octubre y trata de explicar las razones por las que Tablares forcejeó para estar presente en la cárcel con los presos, y luego en el auto y en la ejecución. En este supuesto, y no en el otro, es más comprensible que el provincial se alarmase de que los jesuitas no fuesen llamados a la inquisición finalizado ya el día, y que llegase a resoluciones extremas como la de mandar tres embajadas a las dos de la noche. Por lo demás, al frente de la declaración de Tablares, se dice expresamente que fue *llamado* por los inquisidores a declarar: luego no fue espontáneo ni entrometido.

en detalles, pero no encubre el disgusto de Tablares y de la compañía en general por la discriminación hecha con ellos en los recientes acontecimientos. Lo manifiesta claramente, a pesar de que apuntaba con ello al inquisidor licenciado Vaca, uno de los tres que asistían a esta declaración que nos introduce una vez más en el día memorable del auto de fe.

Tablares estuvo en efecto en el santo oficio y asistió a la misa cuando ya había amanecido; no entró la víspera por la tarde como otros. Estuvo en misa junto al arcediano de Sigüenza y se quejó a él de que el licenciado Vaca le hubiese querido impedir la entrada. El arcediano le preguntó sorprendido cómo no habían sido llamados los jesuitas. Tablares le dijo que se había quejado a los inquisidores Riego y Guigelmo de que no les hubiesen llamado como a otras religiones. Ellos le respondieron que Vaca tenía cuenta con el incidente —los tres estaban escuchando la brava declaración de Tablares— y que «tanto más razón tenía de quejarse del señor inquisidor Vaca, no solamente por no haberles llamado, pero haberle estorbado a este testigo que no entrase con otra gente que entraba». Las confidencias de Tablares con el arcediano durante una misa que debió oírla con escasa devoción, llegaron a más: Vaca había prohibido terminantemente el acceso a la casa de la inquisición a Tablares y a cualquiera de la compañía. Tablares quiso saber de Vaca la razón de esta «nota» antijesuita. La respuesta de Vaca fue tajante: «no convenía que viniesen ni era cosa que les cumplía». El avisado arcediano aconsejó a Tablares que no contase en público lo acaecido, pero que diese cuenta de ello en secreto al inquisidor general; compartía los sentimientos lastimados de Tablares: «No había sido bien dar esta nota». Tablares utilizó los servicios del arcediano para que rogase al alguacil mayor que permitiese a los jesuitas ir en la procesión; éste no vio inconveniente en ello y les dijo que «fuesen mucho enhorabuena».

Tablares, en efecto, acudió al acto de la plaza mayor. Acompañó al rector de la casa, antiguo confesor de doña Catalina de Castilla, sobrina de la mujer de don Carlos de Seso; ésta había pedido a su antiguo confesor que no se apartase de ella. Las acompañaron en la procesión hasta el tablado de sentencias de la plaza. Tablares no habló con penitente alguno. Concluido el solemne acto, Tablares bajó del tablado y estuvo viendo cómo se iniciaba la procesión hacia el campo. Vio a fray Domingo subido en el asnillo, acompañado por Sotomayor y Carrera, y se acercó a aquél para amonestarle e incitarle a morir en el seno de la tradición dominicana: «Padre, fray Domingo, por servicio de Dios, que oyáis lo que os dicen estos religiosos y el Padre fray Pedro de Sotomayor, e que muráis en la fe que murieron fray Juan Hurtado e fray Tomás de Santa María y vuestro glorioso doctor Santo Tomás». Algo parecido le repitió al franquear la puerta del campo, cuando ya le habían quitado la mordaza. Ya en el campo, hizo llegar a Juan Sánchez en el asno hasta el poste de fray Domingo, y dirigiéndose a éste le dijo: «Padre, fray Domingo, hablad aquí a Juan Sánchez para que se reduzca y se convierta a Dios». El momento es estremecedor. Fray Domingo bajó un escalón de la escalera y le dijo: «Hermano Juan Sánchez. Mirá que vuestros pecados que ellos os han traido a este punto y a mí también los míos, y reducíos y creed en la fe católica de la Iglesia de Roma, y digo esta Iglesia visible; y mirad que yo también estoy reducido». Sánchez dijo que creía en la iglesia apostólica. Tablares le repuso: «Juan Sánchez, decid *la Romana*». Sánchez replicó: «Si la romana es la apostólica, yo creo en ella». Tablares insistió: «No habeis de poner esa condición, sino decir que la Iglesia romana es la apostólica e creer en ella». Sánchez concluyó: «Dejadme ya y pónganme en el lugar donde he de estar». Nunca teologías contrapuestas se enfrentaban en situación más dramática. Juan Sánchez permaneció firme en su convicción. No era su caso el que atraía el interés de los inquisidores. Precisamente el licenciado Vaca quiso saber por qué Tablares quería confesar o hablar a fray Domingo más que a otro en la noche del auto. La respuesta de Tablares es comprensible: jugaban en el momento el celo apostólico y hasta el rescoldo de alguna amistad. Sus palabras evocan con viveza la escena pasada la víspera del auto. Tablares dijo entonces a Vaca que «holgaría de hablar a fray Domingo, porque le decían que estaba algo duro, y porque era un poco amigo de este testigo y que podría ser, que hablándole, le hiciese algún provecho a su alma». Vaca le contestó: «Si para eso le quereis hablar, no es necesario porque él está bueno».

Quizá Vaca respondía tras saber que fray Domingo se había confesado en la cárcel con fray Antonio Carrera. Tablares se mostró tenaz en su insistencia, poniendo muy en claro su propósito verdadero, y le dijo a Vaca que «si por ventura hay otras [personas] en quien pudiese hacer algún provecho, que quería entrar allá, e que para este fin y efeto quería entrar; y no porque ninguna persona le impusiese en ello, sino que por solo fin de aprovechar su alma e servir a Dios lo hizo». Vaca zanjó la cuestión con modos tajantes y desabridos que ponían de manifiesto su decisión de impedir todo acceso al jesuita. Es todo un síntoma digno de ser tenido en cuenta.

¿Se trataba de un pique personal entre ambos interlocutores? Parece que no desde el momento en que todos los jesuitas no fueron llamados o, mejor, fueron positivamente excluidos. No conocemos las razones de esta actitud del inquisidor Vaca, al parecer contrapuesta a las de sus dos colegas Riego y Guigelmo. Desde el ángulo de la compañía la exclusión era perfectamente intencionada, y no fortuita. Confirman esta hipótesis las declaraciones complementarias de Tablares ante los inquisidores. De creerle a él, la víspera del auto les previno el provincial —el P. Araoz— para que se aparejasen a acudir a la inquisición en cuanto los llamasen. Al ir trascurriendo las horas sin ser llamados, el provincial tomó la iniciativa: para que no fuesen notados de negligencia, mandó a dos jesuitas a entrevistarse con el inquisidor Guigelmo y a ofrecerle su colaboración. Ni siquiera fueron recibidos; un portero les trajo la lacónica respuesta: «que se fuesen; que allá había recaudo». Volvieron a casa desconcertados y el provincial los mandó a casa de Guigelmo a las diez de la noche; no lo encontraron. El tesonero provincial quiso llevar las cosas y aclarar definitivamente aquella extraña actitud inquisitorial. A las dos de la noche mandó a dos jesuitas a casa de Guigelmo, otros dos a casa de Vaca, y a Tablares con otro a la puerta de la inquisición. Estos últimos lograron con dificultad entrar, mas se encontraron con la desabrida contestación que resueltamente les cerraba la puerta de la inquisición. Las explicaciones dadas más tarde por Riego y Guigelmo dejan cargar en solitario a Vaca con la responsabilidad de una decisión tan discriminante. El episodio deberá ser recogido en la historia de la compañía en Castilla durante aquellos años.

La vivencia de un auto y de las ejecuciones

Aquí concluye nuestra investigación analítica sobre los datos que nos ofrecen estos documentos procesales, de gran valor histórico por proceder de testigos visuales y por ofrecernos una riqueza descriptiva que complementa las consabidas relaciones y refleja mejor que éstas el dramatismo de un singular momento histórico. Si aquellas otorgan mayor extensión a la narración de la solemnidad del auto de fe, aquí nos encontramos, por razones circunstanciales, con una mayor atención prestada a las escenas del quemadero. Menéndez y Pelayo, al denunciar el error vulgar de Charles de Mouy, quien al confundir el auto de fe con el quemadero, supone que la familia real, los ministros, las damas y prelados estuvieron solazándose contemplando el espectáculo monstruoso de fuego y sangre, cae en el error contrario de suponer que al quemadero de la puerta del campo sólo asistían los guardas, alguaciles y los frailes que auxiliaban a los reos [20]. Nuestros documentos nos hablan de la presencia cerca del poste de fray Domingo, de gentes notables como el conde de Lerma, el almirante de Castilla, el maestre de Montesa, el marqués de Denia, el corregidor de Madrigal; de observadores a distancia como Asteguieta, cuya salida precipitada antes del final del auto quería evitar los empellones de la multitud. Lerma se acercó con dificultad al poste de fray Domingo «por encima de la gente». Fray Juan de la Peña hubo de bregar para hablar con doña Marina «por la mucha gente», y llevaba el miedo dentro del cuerpo por los apuros pasados en el auto anterior, donde «aína le ahogaran». Todo ello obliga a pensar que también la ejecución era un acto multitudinario, aunque no alcanzase las proporciones del auto.

Era preciso «dar voces» para llamar al notario o para dirigirse a los reos desde cierta distancia. Las masas espectadoras parlotean, se apretujan y crean climas rumorosos. Sin embargo son mudas respecto a sus sentimientos más íntimos. De cara a los reos, su actitud es más bien pasiva. No es así la de los frailes que acompañan a los reos, ni la de ese heroico conde de Lerma que asciende al cadalso de su pariente para intentar que muera en la fe de sus abuelos. El patetismo de escenas como la del acercamiento de Juan Sánchez en su asnillo al poste de fray Domingo, el gesto humanísimo del dominico que desciende un escalón de su cadalso, su saludo «Hermano Juan» y sus palabras, el nervio de la cuestión teológica que se suscita en aquel momento, la convicción mantenida de Juan Sánchez: todo compone un cuadro pictórico de enorme realismo y fuerza. Los epítetos que califican tales conductas —firmeza-debilidad, contumacia-conversión— los ponemos nosotros, excesivamente condicionados por nuestras propias opciones. La verdad es que nos encontramos ante hombres, un día unidos en el hervor compartido de una fe nueva, no católica, pero sí profundamente cristiana; y separados definitivamente en el trance de la muerte, acogidos al mismo Cristo, pero conscientes de su pertenencia a dos iglesias. Para unos el trauma de la muerte inminente fue trascendental para recobrar su vieja fe y desechar, como una pesadilla, la reciente aventura. Para otros la muerte fue ocasión de testimoniar la firmeza de su cambio espiritual. Reconocer que todos son respetables en esta opción suprema es una forma de ecumenismo auténtico, capaz de asumir la historia, no simplemente de no querer recordarla.

Psicología de la inquisición

Junto a estas ocasionales aportaciones narrativas, ajenas en parte al nervio intencional de nuestros documentos, hemos de recalcar nuevamente su verdadera razón de ser. Son piezas jurídicas, declaraciones oficiales, a iniciativa de la inquisición. El móvil que indujo a solicitar estas testificaciones a las cuarenta y ocho horas de los acontecimientos era la búsqueda ansiosa, no de la simple verdad, sino de un aspecto de esa verdad, ante el que se mostraba hipersensible el santo oficio. Ese aspecto, a mi juicio, no era siquiera el de certificar la conversión de fray Domingo de

20. M. Menéndez y Pelayo, *o. c.*, 430, nota 1.

Rojas, verdadero epicentro de esta fatigosa información; sino el de controlar sus últimas misteriosas palabras, en que pudo referirse a su proceso, y más concretamente a sus declaraciones en torno al arzobispo Carranza. No todo concluía con la sentencia, que parecía sellar un largo proceso. Esas postreras palabras de un reo, extrañamente avaladas por un notario, pusieron en vilo a la inquisición.

El dato es sumamente significativo para perfilar lo que podría llamarse psicología de la inquisición, sea de la institución, sea de las personas vinculadas a ella. Dentro de ese ámbito, no sólo entra la seguridad de su función juzgadora sobre ideologías disidentes, el convencimiento de la corrección legal de sus juicios, el aplomo de sus sentencias; sino todavía más, un grado tal de identificación propia con la verdad y la justicia absolutas, que cualquier fisura en ella desde el punto de vista de la apreciación común era considerada como un delito. Nunca la pretensión de infalibilidad y de representación de la justicia ha alcanzado en institución humana alguna las cotas de esta conciencia inquisitorial. Los tribunales humanos admiten apelaciones y en sus instancias más altas exigen acatamiento externo, no sumisión de conciencia ni pleitesía a la verdad o justicia de un fallo. Existen en la documentación de época expresiones perdidas que ponen de relieve esta tipificación de la conciencia inquisitorial. Dar marcha atrás, es incurrir en «nota». La honorabilidad inquisitorial era intangible. Cualquier censura, era delictiva. Quien no estaba plenamente con ella, estaba contra ella o se convertía en «fautor de herejes». Y esto ocurría no en temas graves o en ámbitos específicos de los patrones de ortodoxia, sino en cuestioncillas ridículas y banales. Bastaba que el prestigio intangible del tribunal entrase en el juego, o que se trasluciesen miserias humanas inseparables de toda institución humana, meras rencillas o actitudes personales. El secreto, desgraciadamente con muchas filtraciones, era el gran muro protector de tan intocable honorabilidad.

Razón y fruto de una pesquisa

¿Cuál fue el fruto claro de esta pesquisa? Queda fuera de toda duda la conversión de fray Domingo a última hora, atestiguada por hombres que lo acompañaron en aquel trance e intervinieron en ella. Sus manifestaciones exteriores, reiteradas y explícitas, no presentan sombras de ambigüedad, ni existe motivo para dudar de su sinceridad. A mayor abundamiento poseemos un acta notarial expresa, cosa verdaderamente rara en estos lances y que garantiza el hecho con harta más fuerza que todas las relaciones anónimas. Merecen respeto y son muy atendibles las reservas puestas por fray Domingo a su proceso, que no lo acepta «a carga cerrada», sea porque en algunas cosas aparece «diminuto», sea porque no siempre fue fiel al sentido de sus declaraciones. ¿Se encierra en esta vaga expresión alguna alusión a las deducciones extraídas de sus declaraciones respecto a Carranza, en el sentido de que el juicio de fray Domingo sobre la persona del arzobispo fuese sustancialmente positivo, pero sobre sus declaraciones se montaba un cargo sustancialmente negativo?

Creo que éste fue el punto que movilizó a la inquisición a este raro procesillo informativo pocas horas después del tremendo auto de fe. El portavoz del rumor que aseguraba que fray Domingo había dicho públicamente «que nunca había oído ni visto decir ni hacer al arzobispo de Toledo cosa que no fuese de muy católico cristiano y que siempre le había oído muy buena e sana doctrina, aunque algunas veces solía decir algunas propusiciones confusas» fue el licenciado Asteguieta (Doc. 2). Pero la fuente de tal noticia era fray Juan de la Peña, y el transmisor el maestro Ochoa. El maestro silenció todo esto a la hora de declarar (Doc. 4). Fray Juan de la Peña tampoco habla del asunto, aunque en su intervención junto al cadalso se aprecia un interés que va más allá de la conversión de fray Domingo y que apunta al enjuiciamiento del proceso.

La misteriosa intervención de un notario —¿una o dos veces?— no despeja la incógnita. Su acta notarial certifica limpiamente la conversión de fray Domingo y recoge algunas reservas respecto a la exactitud y veracidad del proceso. Quedan márgenes para las hipótesis. ¿Hubo doble intervención notarial o hubo doble acta, o un acta más extensa, de la que se extrajo una parte para presentarla a los inquisidores? Las alusiones a Carranza quedaron fuera del ámbito notarial, pero fueron recogidas por fray Juan de la Peña y otros testigos, como obliga a pensar al adverbio *públicamente?* ¿Pudo escapar esto a un hombre siempre cercano como fray Antonio de Carrera? ¿Lo supo, pero también lo ocultó discretamente en su declaración? ¿La irrupción violenta de la inquisición en este mundo de las confidencias y de la conciencia no logró resultados más positivos y convincentes? ¿Nos hallamos ante un bluff publicitario e intencionado, ante un invento de fray Juan en favor del arzobispo preso y en descrédito de la inquisición, sin réplica posible una vez que la muerte selló los labios de fray Domingo?

RUMORES... ANTES Y DESPUÉS DEL AUTO

Al socaire de los documentos nuestra atención, como la de los inquisidores en su día, se ha concentrado en dos figuras capitales: fray Juan de la Peña y el notario Cabezón. La declaración y acta de éste parecen despejar, como infundadas, las sospechas alimentadas respecto al contenido de su certificación notarial. Sin embargo, tal fijación puede desorientarnos respecto a la entidad de la noticia de una posible rectificación por parte de fray Domingo de su actitud procesal frente a Carranza. En efecto, repasando las páginas del proceso nos encontramos con la sorpresa de que en mayo de 1559, pocos días después del primer auto de fe, el dominico fray Luis de la Cruz en carta a Carranza le informaba ampliamente sobre el desarrollo de los procesos vallisoletanos. No solamente le aseguraba que supo por dos inquisidores que fray Domingo había persuadido a sus seguidores, asegurándoles calumniosamente que aquella doctrina le había revelado Dios a Carranza; sino que le añadía que había quedado patente la calumnia de fray Domingo, y que reservaban a Seso, Pedro de Cazalla y fray Domingo hasta que se apresase a Carranza [21]. Esta carta cayó más tarde en poder de la inquisición, y fray Luis fue interrogado minuciosamente sobre muchos de sus párrafos. Sus declaraciones nos aclaran algunos puntos: en efecto, don Luis de Rojas fue uno de los persuadidos por el calumnioso montaje de fray Domingo. El rector de San Gregorio, fray Antonio de Santo Domingo y fray Juan de la Peña estaban al tanto de la calumnia levantada por fray Domingo, pero le restaban importancia por entender que les constaba a los inquisidores [22]. Días más tarde fray Luis reconoció que había su parte de mentiras y lisonjas en las informaciones pasadas al arzobispo, sobre todo habiéndosele preguntado quiénes eran los dos inquisidores de los que tuvo tal noticia. Con todo, añade en su declaración del 9 de septiembre de 1559 —posterior a la prisión de Ca-

21. DH II, 712-714. La fecha de la carta que figura en la edición [1558] debe ser corregida, ya que en ella se habla del auto de fe del 21 de mayo de 1559.
22. DH II, 719.

rranza, pero anterior al auto de octubre— que «toda la certinidad que tenía de esto era de el dicho Rector e de fray Juan de la Peña, que de muy cierta sciencia lo decía, e yo a ellos también, que fray Domingo *se había desdicho*» [23]. Aunque a continuación trate de desengancharse de los inquisidores y de fundar tal noticia en las sentencias leídas en el auto de mayo, lo cierto es que el rumor que tanto inquietara a los inquisidores no nació en torno al cadalso de fray Domingo, sino varios meses antes.

Finalmente, el rumor no fue acallado tras las averiguaciones inquisitoriales que conocemos. Poseemos un testimonio contundente en la carta que el amigo y compañero de Carranza fray Diego Ximénez escribió a Roma al también dominico fray Tomás Manrique, firmada en Valladolid el 19 de octubre de 1559, once días después del auto de fe. De su interesante carta, que puede leerse íntegra en las pp. 132-133 de este libro, entresacamos solamente lo que interesa a nuestra cuestión. Fray Diego dice al vicario general de su orden sin la menor vacilación:

> Y los que hasta aquí decían que lo condenaban [a Carranza], que eran los herejes, *sábese* de ellos que no dijeron nada, y el primer día (?) de este mes los quemaron, y fray Domingo de Rojas, que fue uno de ellos, dejó firmado de su nombre que el Arzobispo había siempre enseñado contraria doctrina de sus herejías; y *pruébase* esto manifiestamente, porque los quemaron antes que se pudiesen ratificar en sus dichos, ya que los hubieron dicho.

La exégesis de este párrafo escrito libremente en una carta continúa ofreciendo problemas. Pone en guardia respecto a su veracidad el hecho de que algo tan reciente y controlable como la fecha del auto sea erróneamente descrita. El rotundo *sábese*, que denota una gran seguridad por parte de fray Luis, está en contradicción con los folios incorporados al proceso de Carranza con declaraciones extraídas de los procesados vallisoletanos [24]. La aseveración de que fray Domingo dejó algo firmado en favor de la inocencia de Carranza, podría entenderse de alguna declaración suya en el curso de su propio proceso [25]. ¿A qué se refiere ese decidido *pruébase* de la carta de fray Diego? A juzgar por el texto que sigue y al argumento utilizado, creo que alude en directo a la primera frase de la carta, esto es, al supuesto de que los herejes no dijeron nada adverso a Carranza. La aguda deducción jurídica sobre la que apoya su convicción es de hecho engañosa. Ximénez supone con buen sentido que si los herejes fuesen testigos fundamentales del cargo contra Carranza, los hubieran conservado en vida para que pudiesen ratificar sus declaraciones *una vez* iniciado el proceso contra el arzobispo. Su eliminación incitaba a pensar que no se contaba con ellos para el cargo jurídico. Ignoraba que antes de morir se les pidió ratificación de sus declaraciones [26]. ¿Hubo malicia en ello o simplemente laguna jurídica? Carranza se quejaría más tarde de tal procedimiento [27].

23. DH II, 721-722.
24. DH II, 1 ss.
25. Esta hipótesis es más que plausible, por lo que diremos más atrás.
26. Por ejemplo fray Domingo ratificó declaraciones que van desde el 8 de junio de 1558 hasta el 15 de septiembre de 1559. Lo hizo a petición del fiscal Camino. Hizo nueva ratificación de declaraciones que afectaban a los dominicos fray Alonso de Castro, fray Juan de Villagarcía, fray Ambrosio de Salazar, fray Hernando de Castillo, fray Pedro de Soto, fray Melchor Cano, fray Luis de Granada y fray Luis de la Cruz, contra San Francisco de Borja y la marquesa de Alcañices doña Elvira de Rojas. Todos estos personajes quedaban comprometidos por este gran revolvedor de ingenio como veleta que fue fray Domingo de Rojas. Curiosamente falta en la enumeración el nombre del arzobispo. Cf. DH II, 122.
27. DH IV, 462. Carranza pedía a sus jueces que le declarasen «si los testigos que se me dan por ratificados, si están ratificados en este juicio plenario e con parte e después que esta causa se recibió a prueba, porque de otra manera no serán ratificados, antes sus dichos son ningunos»...

Todas estas cábalas quedan despejadas gracias a un hecho fortuito: la carta de fray Diego cayó también en poder de la inquisición y el fue interrogado sobre su contenido en Toledo el 12 de octubre de 1560. Obviamente no podía sustraerse del interrogatorio el párrafo que nos ocupa. El cotejo de carta y declaración ante la inquisición es una vez más un precioso *test* paradigmático de las posibilidades expresivas de la libertad y de la coacción. En nuestro punto concreto nos encontramos con esta inesperada declaración, sin evasiva alguna:

Preguntado de dónde supo este declarante que los herejes que condenaron en Valladolid que decían que condenaban al dicho Arzobispo, que no dijeron nada contra él: Dixo, de habello oido a muchas gentes, y en particular oyó decir que fray Domingo de Rojas había dicho lo contenido en la carta. Y esto se lo dijeron a este testigo el Maestro fray Pedro de Sotomayor [y] fray Francisco de Tordesillas, que fueron con el dicho fray Domingo hasta donde le quemaron.

Preguntado si el dicho fray Domingo de Rojas había dejado firmado que el señor Arzobispo había enseñado lo contrario de todas sus herejías: Dixo que lo que se acuerda agora es que los susodichos Padres *le* oyeron decir lo contenido en la carta, que se lo dijeron así a este declarante; y que no se acuerda bien (?) si le dijeron que lo dejaba firmado. Pero que se acuerda que le dijeron los susodichos que el dicho *fray Domingo les había dicho que dejaba en poder de su confesor escripto lo que a ellos les dijo el dicho fray Domingo, o cosa semejante* [28].

Nos movemos en un mundo de confidencias, de comprometedores secretos. Ya no es sólo fray Juan de la Peña; también fray Pedro de Sotomayor, el catedrático de prima de Salamanca, y fray Francisco de Tordesillas, *le* oyeron expresarse a fray Domingo, indudablemente al pie del cadalso, ya que antes no tuvieron oportunidad para hablar con él. Para remate de tan intrincado misterio, aflora nuevamente el confesor fray Antonio de Carrera, como depositario de un escrito fundamental. El notario fue el reclamo desorientador. El desenredar la madeja nos lleva a descubrir nuevos nudos. ¿Se podrá llegar a descifrar completamente el enigma?

La clave del misterio

Creo que sí y la solución nos la proporciona el proceso de Carranza. Tras los muchos folios de cargo extraídos del proceso, hoy perdido, de fray Domingo y después de la ratificación de sus declaraciones, existe una página aislada que en este punto tiene valor inapreciable. Es un acta notarial firmada por el escribano y notario habitual del proceso, el guipuzcoano Sebastián de Landeta. Está redactada después de la medianoche del 7 de octubre, o mejor en la primera hora del fatídico 8 de octubre. Dice así:

...ante mí, Sebastián de Landeta, paresció un fraile de la Orden de Sant Jerónimo que se había dado por confesor al dicho fray Domingo de Rojas para que en el Auto que otro día se ha de hacer le encaminase en el descargo de su conciencia. E dijo que el dicho fray Domingo de Rojas, con quien él había estado, pedía que quería hacer ciertas declaraciones. Por ende, que yo el dicho notario entrase a su cárcel a lo escrebir. E así, *a falta de inquisidor*, *que en aquella sazón no la había*, entré yo el dicho notario al dicho fray Domingo, que era *a poco más de media noche*, *víspera del Auto*.

Dijo que, para el paso en que estoy e por el juramento que tengo hecho, que *nunca jamás*, después que conozco a fray Bartolomé de Miranda, *entendí de él cosa que no fuese católica conforme a la Iglesia Romana e a todos sus concilios e definiciones*. E digo que, siempre en particular que lo oí hablar, sentí esto de él. E veniendo así a propósito hablar las cosas de los luteranos, me decía que eran engañosísimas e artificiosísimas sus opiniones e que habían salido del infierno, e que fá-

28. Puede verse toda la declaración en este mismo libro, pp. 152-153.

cilmente se engañarían los no muy advertidos. E me decía en qué consistía su error, e me decía los fundamentos de la Iglesia romana comprobándolos con razones y escrituras. E lo mismo entendí de sus públicas lecciones.

E presupuesto que esto es así verdad, me confirmo en que la frasis de muchas cosas que escribe e predica e trata en sus exhortaciones es muy conforme a cosas que yo he leido en los libros vedados e oido a los que trataban sus doctrinas de los dichos libros, e esto digo resolutamente para descargo entero de mi conciencia [29].

Esta es sin duda el acta, realmente notarial, escrita en dramáticas circunstancias, en la que está presente el confesor jerónimo, que no es otro que fray Antonio Carrera. La palabra final con la que fray Domingo pretendía lavar múltiples declaraciones anteriores. Mientras aún mantenía algún fingimiento nada menos que ante el tribunal de la confesión y parecía firme en sus ideas protestantes, rechazadas unas horas más tarde, tuvo el arrojo de intentar reparar el daño inflingido a la fama y ortodoxia de su antiguo maestro Carranza. La asertividad de su declaración («nunca jamás») es contundente, tanto respecto al trato privado con Carranza como a su docencia pública. La persona y la doctrina quedan intactas, aunque arroje luego esa pequeña sombra sobre la afinidad de su «frasis» con la luterana. Esa actitud de honestidad final redime a fray Domingo de sus anteriores embrollos; pero de poco sirvió para el logro de sus intentos. Muy en contra de estas intenciones finales de fray Domingo, sus declaraciones engrosaron con enorme peso la acusación contra Carranza y fueron constantemente utilizadas en el proceso.

¿Fue el notario el único testigo a aquellas altas horas de la noche? ¿Estuvo presente fray Antonio de Carrera, o al menos supo el alcance de las intenciones de fray Domingo? Esta acta notarial de emergencia, escrita pocas horas antes del comienzo del magno auto de fe, sin mandato, ni siquiera conocimiento, de los inquisidores, es un documento histórico capital. Inicialmente sólo dos hombres, todo lo más tres, estaban en el secreto. ¿Lo rompió solamente fray Domingo, cuando al pie de su cadalso reveló su existencia a los dominicos que le acompañaban? ¿Lo dejó, como quiere fray Diego Ximénez, en poder de su confesor? Basta su existencia y una mínima filtración sobre la misma para explicarnos la alarma de la inquisición, y su inmediata actuación suficientemente explicada. La sombra de fray Domingo seguía incordiando desde ultratumba. En este tríptico personificado por la verdad, la justicia y el prestigio, y el miedo, la primera estaba con el último: fray Domingo se había desdicho ante notario. La omnipotente inquisición quería imperar sobre los juicios y sentimientos más íntimos. Inclusive sus defensores no se identificaban plena y totalmente con sus procedimientos. Para agravar más la situación, ella pensaba: «El que no está conmigo, está contra mí» (Mt 12, 30).

29. DH II, 122-123.

APENDICE DOCUMENTAL

YNFORMACION SOBRE LAS PERSONAS QUE HABLARON A LOS RELAXADOS

1. Licenciado Hernán Gómez, corregidor de Madrigal

Valladolid, 10 octubre 1559

En la villa de Valladolid e audiencia de la Santa Inquisición della, diez días de octubre de mill e quinientos e cinquenta y nueve años, ante los señores inquisidores doctor Riego e Lic. Guigelmo, juro en forma de derecho un hombre que por su mandado parescio e dixo llamarse el Licenciado Hernán Gómez, corregidor de Madrigal, de hedad de treinta años.

Preguntado si se hallo a la quema de los relaxados por este Santo Officio e cabe que perssona dellos, dixo que se hallo presente a la execución de los relaxados y cabe el uno dellos que se dixo que era Pedro Sotelo, se hallo alli presente y cabe don Carlos y cabo fray Domingo, segun alli oyo, porque a ninguno dellos conocia.

Preguntado si cerca de alguno dellos e de los demás relaxados se hallo alguna persona que los hablase y que personas fueron los que hablaron, dixo que vio una persona que parescia moço y page, que le parescio ser moreno e no le conocio, estuvo hablando con fray Domingo junto al pie de la escalera, pero que no oyo cosa que le dixesse, porque estava algo lexos. Y despues del dicho moço se llego un cavallero que traya una cruz colorada, que dizien que hera el Conde de Lerma, y que hera un honbre blanco y colorado, mediano de cuerpo y la barva algo roxa y espessa, y parescele a este testigo que oyo dezir que hera pariente del dicho frai Domingo, y estuvo hablando con el un rato, pero que no entendio ni supo lo que le dezia. E que estavan allí otros muchos que no los conocio junto con el dicho frai Domingo y con el otro cavallero. Y que mas a lexos, junto a donde estava este declarante, vido que estava el Almirante y el Maestre de Montesa, y que tambien dezian que estava || alli el Marques de Denia, porque, preguntando este testigo quien hera aquel cavallero, le dixeron que hera el Marques de Denia. Y que vio este testigo como el dicho Marques de Denia pidio a otro cavallero ciertos reales, que le paresce serian hasta tres o quatro o cinco reales, y los dio a un alabardero y entendio este testigo que se los dio porque los guardase que estavan muy apretados de la gente a su parescer. E que preguntado si vio este testigo que algun fraile dominico hablase entonces al dicho frai Domingo de Rojas, dixo que no se acuerda y que al parescer de este testigo el dicho fray Domingo murio en su secta, porque le vio mirar hazia don Carlos y tomar la cruz y alçar el braço y meneallo, como quien dava a entender que estuviesse fuerte en su herror. Pero que no le oyo hablar palabra.

Preguntado si oyo o entendio otra cosa que se deva declarar en este Sancto Officio, dixo que no. Fuele encargado el secreto so pena de excomunión.

Fuy presente yo Julian de Alpuche.

2. Licenciado Asteguieta, colegial de Santa Cruz

Valladolid, 10 octubre 1559

En la villa de Valladolid, a diez dias del mes de octubre de mill e quinientos e cinquenta e nuebe años, estando los señores doctor Riego e Lic. Guigelmo, inquisidores, en su audiencia de la tarde, mandaron parezer ante si al Licenciado Asteguieta, clerigo colegial del Colegio de Santa Cruz [2], el qual juro en forma de derecho de dezir verdad, y dijo ques de hedad de treinta años.

Preguntado si se allo presente en este Auto de la fe que se zelebro en este Auto passado que se hizo domingo ocho del presente y endespues si se allo en el campo a la esecuzion de los relaxados, dixo ques verdad que se allo en la villa en el dicho Auto en un tablado con los colegiales de su Colegio y en el campo se allo en casa del doctor Carrillo en una bentana.

Preguntado si bio o oyo alguna cosa tocante a los penitentes, asi relaxados como reconziliados tocante a este Sancto Officio que deba declarar, en especial si bio que algunas personas fuera de los religiosos que salieron con los penitentes los comunicase en particular a los relaxados o a algunos dellos tratando de su conversion, dixo questando este testigo en el tablado que dicho tiene junto al Padre frai Juan de Mendiola e frai Juan de la Peña, colegiales de San Gregorio desta villa, oyo a frai Juan de Mendiola después de averse leido la sentencia de frai Domingo de Rojas, que dijo

1. *Al margen hay una llamada de atención*: Att.
2. *Corr. pro* = San Gregorio. *Al margen*: del cardenal.

al Padre frai Juan de la Peña que debria de yr con frai Domingo de Rojas quando le llebasen al campo para tratar de su conversion e aconsejarle lo que cumplia a su alma, y el dicho frai Juan de la Peña respondio quel estaba mal dis- || puesto y que no tenia salud para tomar aquel trabajo quel dicho frai Juan de Mendiola lo podia hazer. Y replicando el dicho frai Juan de Mendiola que, aunque lo hiziese, no aprovecharia tanto como haciendolo el dicho frai Juan de la Peña, el dicho frai Juan de la Peña dixo que no lo haria y que lo hiciese frai Pedro de Soto mayor, que hera mas amigo del dicho frai Domingo, e no oyo este testigo que entre los dichos Mendiola e frai Juan de la Peña se tratasen mas acerca de lo sobredicho. Y al tiempo que se le relataba la sentencia de Maria de Miranda, se fue este testigo con otro compañero a la puerta del campo en casa del doctor Carrillo y en una bentana aguardo a ver los relaxados que llebaban, y no advertio ni bio quienes fuesen con el dicho frai Domingo, mas de que al tiempo que uno de los relaxados questaba en el palo, que oyo dezir que hera el dicho frai Domingo de Rojas, e asi le parecio que lo que pudo debisar este testigo, porque le parecio que yba bestido de blanco, bio estar ziertas personas religiosas a su parezer, con aquel questaba en el palo, y unos dellos le parezia que hera de la Horden de Santo Domingo en sus abitos, aunque no lo sabe zierto por estar lejos, mas de quanto beya menearse o hacer los meneos que suelen hacer personas religiosas a los semejantes questan en aquel paso.

Preguntado si a oido a alguna persona quienes fuesen los frailes que yban con el dicho frai Domingo o si fuera dellos otras personas algunas hablasen o comunicasen al dicho frai Domingo allí o por el camino e que cosas le comunicaron, dijo que a oido dezir en el Colegio que con el dicho frai Domingo desde el tablado del Auto || asta el palo, fue frai Juan de la Peña, lo qual dezia el dicho Maestro Ochoa averlo oido al dicho frai Juan de la Peña oy dicho día. Y no se acuerda de otra persona. Y que oyo dezir al dicho Maestro Ochoa aver dicho el dicho frai Juan de la Peña quel dicho frai Domingo abia dicho publicamente quel nunca abia oido ni visto dezir ni hacer al Arçobispo de Toledo cosa que no fuese de muy catolico christiano, y que siempre le abia oido muy buena e sana doctrina aunque algunas bezes solia dezir algunas propusiziones confusas.[3] Y que le pareze a este testigo quel dicho Maestro Ochoa dezia aver dicho el dicho frai Juan de la Peña que lo sobredicho dijo el dicho frai Domingo ante notario, el qual no nonbro. Y que dice este testigo quel Maestro Frechilla, colegial, debido de oyr algo de lo sobredicho al dicho frai Juan. Y que lo que paso en el tablado que dicho tiene, por bentura lo oyo tanbien dezir el doctor Castrejon e Francisco de Bera, colegiales del dicho Colegio questubieron sentados zerca de los dichos frailes y deste testigo, y questa es la verdad. Fuele encargado el secreto. Prometiolo. Va testado do diz, preguntado si ad, e do diz hacer, torno a dezir que dijo. Pase por testado. Va enmendado do diz valga.

Paso ante mi Monago, secretario.

3. Declaración de Frai Antonio de Carrera [O.S.H.]

Valladolid, 11 octubre 1559

En la villa de Valladolid, a honze dias del mes de octubre de mill e quinientos e cinquenta e nuebe años, estando los señores Lic. Francisco Vaca e doctor Riego y el Lic. Guigelmo inquisidores en su audiencia de la mañana, parescio presente siendo llamado frai Antonio de Carrera, fraile de la Horden de Sant Geronimo en el monasterio de Nuestra Señora de Prado, del qual los dichos señores inquisidores rescibieron juramento en forma devida de derecho, so cargo del qual dixo que es de hedad de treynta y seys años poco mas o menos.

Preguntado que diga que es lo que passo con frai Domingo de Rojas, pues fue nonbrado para que estubiesse desde el principio con el dicho frai Domingo y le confesase, dixo que este testigo estubo con el dicho frai Domingo toda la noche y a la mañana se fue con el al cadalsso, y lo que passo despues que le baxaron del cadalso es que luego, baxadas las gradas del cadalso donde estaba puesto en el tablado llebandole este testigo de la mano yzquierda, llegase a el de la otra mano frai Pedro de Sotomayor, fraile de Santo Domingo, y otros tres o quatro frailes que de nonbre no los conosce y de la mesma Horden, y llebando assi este testigo y el dicho frai || Pedro de Sotomayor, le baxaron hasta ponerle en el asno y desde alli yendo camino del palo entendiendo que yba pertinaz y conociendoselo assi, le començaron a persuadir por los medios que pudieron a que se tornase a la fee [4] y obediencia de la Yglesia catholica rromana, y lo mismo le dezian frai Pedro de Soto y los frailes dominicos que yban de la otra parte, y fueron desta manera con el hasta mas de la meytad de la calle de Sanctiago, y entendieron hasta alli que siempre yba herege pertinaz por las señales que hazia con la cabeça poniendo la mano en el coraçon y alli en medio de la calle dixo como lo

3. *Al margen, signo inquisitorial de atención*: Att.
4. *Ibid.* 1.

pudieron entender que el se conbertia a creer lo que nosotros teniamos, y entendido esto le quitaron la mordaça y comenco a dezir que creya la fee de la Yglesia rromana y detestaba todos los herrores que el tenia. Y dixo a este testigo en voz alta que tenia necessidad de confesarse con el porque le abia enganado en la confesion que abia hecho la noche antes [5] en la carcel y a sabiendo que abia de morir y desde alli se començo a yr confesando con este testigo; y acabada la confesion, le absolvio, que llegarian ‖ ya en esto a una cruz que estaba mas adelante del omilladero, y desde alli le tornaron a persuadir que estubiesse firme y detestase los herrores y heregias publicamente, y assi lo hizo, y los maldixo, y con esto llego al palo, y llegado alli, acudieron muchos frailes assi de su Horden como de otras. Y puesto en el palo, se torno a reconciliar con este testigo y le pidio que le absolviese por virtud de las Bulas de su Orden y de las que el tenia y por el paso del artículo de la muerte, y por el camino despues de quitada la mordaza detestaba los herrores de Lutero publicamente dandose en los pechos. Y acabada la absolucion que dicho tiene del palo le dixieron los frailes de su Horden que si tenia algo en que satisfazer a la confesion del juizio de los señores inquisidores, que se descargase dello delante de escrivano, y que delante del mesmo escrivano hiziesse confesión publica de la fee y obediencia de la Yglesia Romana y detestase los herrores que abia tenido. Y frai Juan de la Peña particularmente le dixo que se acordase bien si preguntado de los inquisidores en juizio, no les abia respondido conforme a verdad, o si abia dexado algo por dezir de algun bibo o muerto ‖ que fuese necesario descubrirlo, lo dixiesse, porque no quedasse punçoña. Y entonces llamaron a un escribano aquellos frailes a lo que le paresce, y le paresce que heran los dominicos, y luego parescio alli el escribano encima de una mula con tinta y papel a lo que le paresce, y hera un honbre de mediana hedad, de barba negra corta y una gorra de paño y una capa de paño. Y llegado al palo, le hablo frai Domingo al escrivano de manera que este testigo no lo oyo porque se abia baxado este testigo para Sotelo, porque le trayan alli para que le conbertiesse fray Domingo, el qual le dixo buenas palabras preguntandole Pedro de Sotelo que abia de creer y el dicho frai Domingo le dixo que creyese lo que creya la Yglesia rromana y que se confesase.

Y estando en el palo frai Domingo, llego alli el Conde de Lerma en una mula y se apeo della y por encima de la gente llego al palo donde estaba el dicho frai Domingo, y no sabe este testigo si le llamo fray Domingo o se llego el de suyo, mas de que le vio con el en el palo, y alli el Conde le persuadia a que muriesse en la fee y obediencia de la Yglesia Romana y en la fee como sus antepasados abian muerto, y el dicho frai Domingo rrespondio: Yo muero en la fee que murieron vuestros aguelos y buestros antepasados. Y estuvo alli un poco deziendole palabras ‖ christianas, y assi se torno a su mula por encima de la gente.

Preguntado si hablo el Conde alguna palabra secretamente al dicho frai Domingo, dixo que no lo oyo ni adbertio en ello, aunque estaba cerca.

Preguntado si el dicho frai Pedro de Soto o otra persona qualquiera hablasse al dicho frai Domingo de Rojas secretamente, dixo que siempre le llebo assido de la mano yzquierda hasta que le puso en el palo y nunca vio ni oyó, a lo que se acuerda, que persona alguna ni fraile dominico ni otro fraile le hablase secretamente mas de lo que dicho tiene, y esta es la verdad so cargo del juramento que hecho abia. Fuele encargado el secreto y prometiolo.

Passo ante mi Juan de Ybarguen, secretario.

4. Declaración del maestro Ochoa [Colegial de Santa Cruz]

Valladolid, 11 octubre 1559

En la villa de Valladolid a honze dias de el mes de octubre de mill e quinientos e cinquenta e nueve años, los señores Lic. Francisco Vaca e doctor Riego y el Lic. Guigelmo, inquisidores, mandaron parescer ante si al Maestro Ochoa, colegial del Colegio del Cardenal desta villa, del qual como fue presente rescibieron juramento en forma devida de derecho, so cargo de el qual dixo que es de hedad de treynta y seys años poco mas o menos.

Preguntado si se hallo en el Aucto de la fee que se celebro el domingo a ocho deste presente mes y a la execución del, dixo que se hallo al Aucto, pero que a lo demas no.

Preguntado si oyo dezir alguna palabra a alguna persona que tocase a este Sancto Officio, dixo que lo que pasa es que como vieron aquellas palabras que dixo frai Domingo de Rojas después que le leyeron la sentencia, estaba alli frai Juan de la Peña; y abiendo alli todos compasion de que se condenase y perdiese su anima, rrogaron a frai Juan de la Peña que le hablase para si le pudiesse conbertir y subiesse al cadalsso para este heffecto, y el dixo que le tenia por un ‖ honbre

5. *Ibid.*

muy variable y que confiaba que antes que llegase al palo se retrataria y se bolveria de tres o quatro maneras, y que el estaba malo y no se atreberia yr alla, porque en el Aucto passado, estando bueno, se fue alla y bino malo.

Preguntado si el dicho frai Juan de la Peña fuese con el dicho frai Domingo quando le lleban a quemar, dixo que no lo sabe.

Preguntando si oyo decir al dicho frai Juan de la Peña algo acerca desto, dixo: El lunes passado en el Colegio de Sant Gregorio, veniendose hazer bachiller el dicho frai Juan de la Peña, este testigo le pregunto como abia muerto frai Domingo. Y le dixo que segun la aparencia esterior le abia parescido que abia muerto como christiano rretratando sus herrores.

Preguntado si oyo al dicho frai Domingo al tiempo de la muerte dixo otras cosas particulares que rretrataba, dixo que no sabe cosa particular, salvo que le han dicho el Licenciado Azteguieta y el Lic. Valsera, colegiales de su Colegio, le dixieron que abian estado con el doctor Simancas y entre otras cosas le abian dicho como los frailes dominicos abian tomado ciertos testimonios de lo que abia dicho frai Domingo.

Preguntado que contenia en los testimonios, dixo || que rretratava sus heregias y que le dixieron los frailes que los abia de rretratar delante de un notario y un escrivano, y que este testigo no sabe cosa ninguna dello ni se hallo presente a cosa ninguna, y esta es la verdad so cargo del juramento que hecho abia. Fuele encargado el secreto y prometiolo.

Passo ante mi Juan de Ybarguen, secretario.

5. Declaración de frai Juan de la Peña [O.P.]

Valladolid, 11 octubre 1559

En la villa de Valladolid a honze dias del mes de octubre de mill e quinientos e cinquenta e nuebe años, estando los señores Lic. Francisco Vaca y Lic. Guigelmo, inquisidores, en su audiencia de la tarde, parescio presente siendo llamado Frai Juan de la Peña, de la Horden de Santo Domingo, del qual, como fue presente, rescibieron juramento en forma devisa de derecho, so cargo del qual dixo que es de hedad de quarenta y quatro o quarenta y cinco años poco mas o menos.

Preguntado si se hallo en el Aucto de la fee que se celebro el domingo pasado a ocho de octubre deste presente año, dixo que si y se fue al tablado quando leyan la sentencia de Juan Sanchez y estubo con los colegiales de Santa Cruz desta villa.

Preguntado si estando alli passo alguna cosa acerca de los penitentes, dixo que muchas cosas se hablaron entre este testigo y los otros colegiales que estaban alli de los penitentes, y que se acuerda que le dixieron que frai Domingo se abia ratificado en sus heregias, y este testigo dixo que tenia el yngenio como veleta y que pensaba que antes que le matasen abria otra buelta y bueltas, y que tenia muy poca confiança del. Y le rrogaron que se fuese a frai Domingo y ayudasse a morir a frai Domingo y le conbertiesse de sus herrores, y este testigo || dixo que estaba flaco y no tenia fuerças para ello, porque en el Aucto passado, estando bueno ayna le aogaran y estubo malo, y que alli estaba el Padre Maestro frai Pedro de Sotomayor y que el hera mucho su amigo y ternia mas autoridad y el le ayudaria, y que con el descargaba este testigo su conciencia y quitaba todo el escrupulo que tenia.

Y despues el Lic. Horozco me rrogo que si me fuesse alla, que hablase a doña Marina de Guebara e yo le dixe que no sabia si podria, y el me dixo que si pudiese; y acabado el aucto, yo me baxe con el compañero que abia llebado, que es frai Juan de Mendiola, colegial, y tomamos la cabalgaduras y nos fuimos al campo con animo principalmente de hablar a doña Marina de Guebara y a frai Domingo si no acudiesse frai Pedro de Sotomayor alla en el palo, porque a pie en ninguna manera me atrebi a yr a pie. Y assi cerca de los palos nos apeamos con doña Marina de Guebara y no la pude hablar por la mucha gente hasta la escalera del palo y alli la hable y la conorte para que tratase verdad y estube aguardando a veer si venia frai Domingo, porque venia atras. Y estando con doña Marina de Guebara, me dixieron como frai Domingo se abia conbertido, y despues que subieron a doña Marina al palo, yo me fui a frai Domingo, dando gracias a Dios que dezian que benia muy bueno, y antes de llegar a frai Domingo, tope a Pedro de Caçalla || y le hable y le exorte a que muriese en la fee de la Yglesia Romana y el dezia que si, y le exorte para que se confesase sus pecados y no lo quiso, porque dezia que estaba muy bien confesado por la mañana, y esto me descontento y assi le dexe luego y me fui a frai Domingo que estaba en la escalerilla, y llegue alla con arto trabajo, y llegado le hable publicamente y me besso la mano y me dixo: «O Padre, a que traen a honbre sus pecados. Miren por ssi». Y despues se trato alli de que diesse por buena la sentencia y que confesasse publicamente alli sus herrores los que abia negado en juizio y que tanbién declarase si abia encubierto algun herege. Y deziendo el dicho frai Domingo que no sabia como podria confesar alli tantos herrores, yo le dixe: «Dad por buena la acusación a carga cerrada». Y el me dixo: «No puedo con berdad, porque algunas cosas que ay en ella no las tomaron como yo las dezia». Y entonces le dixe yo: Pues que confesase toda la sustancia, pues sabia tenia tantos herrores. Y dixo que assi lo queria hazer, y assi llamaron a un notario que estaba en un quartaguillo vestido de negro, que traya tinta y papel, y escribio lo que frai Domingo le dixo, que no se acuerda este testigo porque no le oyo este testigo, porque el notario estaba a la otra parte, y que no passo este testigo otra cosa con el dicho frai Domingo ‖ . Iten dixo que el Conde de Lerma hablo con el dicho fray Domingo antes que este testigo llegase, pero que este testigo no le oyo palabra que le dixiesse, porque estaba entonces algo lexos.

Preguntado si conoscio al notario que estubo con el dicho frai Domingo y si sabe quien le llamo, dixo que no le conoscio ni sabe quien le llamo, particularmente, porque le llamaron todos a bozes, porque estaban alli fray Pedro de Sotomayor y fray Francisco de Tordesillas y el confesor que le confesso frai Antonio de la Carrera, fraile geronimo, y otros frailes de Sant Pablo y otras Hordenes. Y que si algo dixo, el escrivano dara cuenta de lo que dixo el dicho frai Domingo, y esta es la verdad y lo que passo so cargo del juramento que hecho abia. Fuele encargado el secreto y prometiolo.

Passo ante mi Juan de Ybarguen, secretario.

6. Simón de Cabezón, escribano

Valladolid, 12 octubre 1559

En la villa de Valladolid, a doze dias del mes de otuvre de mill e quinientos e cinquenta e nuebe años, estando los señores dotor Riego e Lic. Guigelmo ynquisidores en su audeincia de la tarde, parescio siendo llamado Symon de Cabeçon, escrivano del numero desta villa e juro en forma devida de dezir la verdad e dijo ques de hedad de quarenta años.
Preguntado si se allo en la puerta del campo el domingo pasado ocho del presente quando llebaron a quemar los relaxados por este Sancto Officio, dixo que si se allo.

Preguntado si se allo zerca de frai Domingo de Rojas y si sabe que religiosos se allaron alli juntos con el, dixo que se allo cerca del dicho frai Domingo y que bio alli cerca del muchos religiosos e clerigos, unos de Santo Domingo e otros de San Francisco e de otras Hordenes, que no tiene memoria; e que se allo presente porque le yba a notificar la sentencia como escribano del numero, porque asta alli no se le abia notificado.

Preguntado si bio que alguna persona hablase al dicho frai Domingo de Rojas secretamente, dijo que no, antes bio que le hablaban recio que muriese christianamente y que bio quel Conde de Lerma se apeo de un quartago alazan en questaba y fue al dicho frai Domingo e se subio en el palo dondestaba y le dijo que por amor de Dios que muriese creyendo e teniendo lo que cree y tiene la madre sancta Yglesia de Roma, e que haciendo esto se salbaria e que no hiciese otra cosa, e lo mesmo le dijeron los frailes, Y que no adbertio ni bio quel dicho Conde hablase secretamente, e que luego se bajo. E que dende a un rato llamaron a este testigo para que llegase a notificalle la sentencia, e asi llego e le notifico la sentencia, el qual hizo zierta respuesta como dara por escripto signado por mandado de sus mercedes a que se refiere. Y que de antes abian dado bozes unos frailes para que llamasen un escrivano para ‖ dar por testimonio como muria catolicamente. Y la respuesta quel dicho frai Domingo dio a la dicha sentencia e lo que mas declaro le fue mandado diese sygnado en forma, de manera que haga ffe, y el dijo que lo hara.

Preguntado si antes que fuese a la dicha puerta del campo fue ynduzido o prebenido por alguna persona seglar o religiosa que se allase presente junto con el dicho frai Domingo para que diese testimonio de lo que alli dijese o confesase, dijo que no, sino que abia de notificarle la sentencia e dar testimonio de lo quel respondiese que tocaba a su officio de este testigo por estar para ello nonbrado, e questa es la verdad para el juramento que hecho tiene. Encargado el secreto, prometiolo.

Passo ante mi Esteban Monago, secretario.

7. Testimonio del escrivano ante quien paso la sentencia y notificacion della del juez seglar contra frai Domingo de Rojas, relaxado

En ocho de otubre de mill e quinientos e cinquenta e nueve años, yo, Simon de Cabeçon, escrivano de Su Magestad y del numero desta villa de Valladolid, estando frai Domingo de Rojas en el palo para quemarle fuera de la puerta del campo desta villa, le notifique la sentencia contra el dada por el señor Luys Osorio, corregidor en esta dicha villa. Habiendole notificado la dicha sentencia, el dicho frai Domingo de Rojas dixo rrespondiendo a lo contenido en la dicha sentencia, que la sentencia contra el dada hera justa y que declarava que avia hecho en algunas cosas la confision deminuta especialmente en lo que toca al sacramento del altar y en el comulgar sub utraque essepecia *(sic!)*, que no lo confeso como alli estava, sino de otra manera; y que avia otras cosas que, si hubiese lugar, las confesaria, pero no contra persona alguna, y que confesava creer en todo aquello que cree y tiene la santa madre Yglesia de rroma y ansi dixo que lo protestava e protesto de morir en la fee, creyendo lo que cree y tiene la santa madre Yglesia de rroma, y pidio a mi el dicho escrivano lo diese asi por testimonio, estando presentes por testigos don Francisco de Sandoval e Rojas, Conde de Lerma, e Juan de Olmos e Marcos de Valladares e otras muchas personas que se hallaron presentes. Va entre renglones do diz y ansí dixo. Vala.

(Autógrafo de S. Cabezón). E yo, el dicho Simon de Cabeçon, que fuy presente en uno con los dichos señores a lo que dicho es e por ende fyze aqui este mi signo en fee e testimonio de verdad [Signo notarial]. Simon de Cabeçon.

8. Pedro de Tablares, S. J.

Valladolid, 14 octubre 1559

En la villa de Valladolid, a catorze dias del mes de otubre de mill e quinientos e cinquenta e nuebe años, estando los señores Lic. Francisco Baca e dotor Riego e Lic. Guigelmo ynquisidores en su audiencia de la mañana, parescio, siendo llamado Pedro de Tablares, de la Horden de la Compañia de Jesus, estante en esta villa, de hedad de mas de cinquenta años e juro en forma de dezir la verdad.

Preguntado si estubo en esta casa del Sancto Officio el dia del Auto e a que ora entro, dixo que si estubo y que entro a la Misa, que hera ya amanecido, y estubo presente a la Misa toda, y que la oyo junto al Arcediano de Ziguenza y que se quexo al Arcediano de Ziguenza porque el Lic. Baca le abia dicho que no entrase, que no conbenia. E que si las otras religiones benian llamadas, que habian hecho estos señores agravio a la Conpañia en no serbirse della en semejantes minizterios. Y el señor Arcediano le respondio que como no les abian llamado. Y este testigo le dijo que abia hablado al señor ynquisidor Guigelmo y despues al señor ynquisidor Riego, diziendo a sus mercedes como no les abian mandado benir como a las otras religiones. Y sus mercedes le respondieron que el señor ynquisidor Baca como mas antiguo tenia cuenta con esto y tanto mas razon tenia de quexarse del señor ynquisidor Baca, no solamente no averles llamado, pero averle estorbado a este testigo que no entrase con otra gente que entraba. Y asi este testigo a bueltas de frai Alonso de Contreras, fraile de San Francisco y el Guardian de aqui.

Y dijo mas este testigo al dicho Arcediano que el señor ynquisidor Baca le abia bedado que no fuese a la ynquisición el ni ninguno de la Conpañía; y diciendo a su merced que le suplicaba le dijese la causa porque queria hacer nota a la Conpañia, respondio que no conbenia que biniesen ni hera cosa que les cumplia. Y el Arcediano respondio a este testigo que este testigo no lo dijese en publico, pero que ‖ en secreto que lo dijese al Rmo. señor Arçobispo, porque no abia sido bien dar esta nota, y despues rogo al dicho Arcediano que hablase al alguazil mayor para que les dejase yr a la prozesion con los penitentes y asi le dijo que no abia por que dejasen de yr, que fuesen mucho enorabuena. Y asi fueron este testigo y el Rector su conpañero con doña Catalina de Castilla, sobrina de la muger de don Carlos con quien la dicha doña Catalina se abia confesado antes que la prendiesen, porque ella le rogo que no se partiese della. Y asi fueron juntos con ella y con su tia asta el cadahalso e despues no los dejaron subir ariba asta muy tarde despues de todos subidos e puestos en su lugar. Y este testigo estubo alla sentado entre los clerigos que tenian sobrepellizes y nunca de alli se quito ni ablo con penitente ninguno. Y despues que ya querian todos bajarse, se bajo este testigo con los otros y estubo asperando y mirando a todos como yban. Y como vio a frai Domingo de Rojas subido ya en el asno y al Padre frai Pedro de Sotomayor al lado derecho del frai Domingo e a un fraile geronimo que parezia abia sido su confesor, al lado yzquierdo, llegose este testigo delante dellos y dijole: «Padre frai Domingo, por serbizio de Dios, que oyais lo que os dizen estos relisiosos y el Padre frai Pedro de Sotomayor, e que murais en la fe que murieron frai Juan Hurtado e frai Tomas de Sancta Maria y vuestro glorioso dotor Sancto Tomas». Y nunca mas palabra le ablo asta salidos de la puerta del campo u un poco antes que saliesen, que no se acuerda bien, y alli señalo al dicho frai Domingo que le quitasen la mordaza y a las palabras que le dezian aquellos dos relisiosos que creyese e muriese en la sancta ffe catholica que tiene la Yglesia de Roma, respondio que en essa ffe queria morir. Nunca mas le ablo este testigo estando en la escalera hizo bolber a Juan Sanchez en el asno y le hizo llegar adonde estaba frai ‖ Domingo e le dijo: «Padre frai Domingo, ablad aqui a Juan Sanchez para que se reduzca e se conbierta a Dios». Y frai Domingo bajo un escalon de la escalera e le dijo estas palabras: «Hermano Juan Sanchez, mirá que vuestros pecados que ellos os an traido a este punto y a mi tanbien los mios y reduzios y creed en la fe catholica de la Yglesia de Roma y digo esta Yglesia bisible, y mirad que yo tanbien estoy reduzido». Y Juan Sanchez respondio que creya en la Yglesia appostolica. Y este testigo le dijo: «Juan Sanchez, decid la Romana». Y el respondio: «Si la romana es la appostolica, yo creo en ella». Y este testigo le dixo: «No abeis de poner esa condicion, sino dezir que la Yglesia Romana es la appostolica e creer en ella». Y el respondio: «Dejadme ya y ponganme en el lugar donde a de estar».

Preguntado por el Lic. Baca por que le dijo que queria confesar o hablar mas al dicho frai Domingo que a otro, dixo que holgaria de hablar a frai Domingo porque le dezian questaba algo duro y porque hera un poco amigo desde testigo, y que podria ser que hablandole le hiciese algun probecho a su alma, y que el señor ynquisidor le dijo: «Si para eso le quereis hablar, no es necesario porque el esta bueno». Y este testigo dijo al señor ynquisidor si por bentura ay otros en quien pudiese hacer algun probecho, que queria entrar alla e que para este fin y efeto queria entrar y no porque ninguna persona le ympusiese en ello, sino que por solo fin de aprovechar su alma e servir a Dios lo hizo. Y entonces el señor ynquisidor Baca le dijo: «No es cosa que os cumple entrar alla y no se able mas en ello». Y con esto ceso el audiencia.

Y luego dijo que la causa porque bino fue porque la noche antes los llamo su Provincial y les dijo que se aparejasen para yr a la ynquisición des que los llamasen y despues || como se hizo tarde que no les llamaron, dijo: «Porque no nos noten de negligenzia, id dos de bosotros a la Ynquisicion e ablad a Guigelmo e dezilde si es menester que bamos». E asi fueron e ablaron al portero, el qual bolvio con la respuesta e les dijo que se fuesen, que alla abia recaudo. Y bueltos a casa, les mando el Probincial bolber a las diez de la noche en casa del Lic. Guigelmo e no le hallaron; e despues a las dos les mando que fuesen dos a en casa del señor Lic. Guigelmo e otros dos a en casa del señor Lic. Vaca e otros dos a la puerta de la Ynquisicion, y este testigo con un compañero entro, como dicho tiene, e paso lo que dicho tiene. Fuele encargado el secreto.

Paso ante mi Estevan Monago, secretario.

(Roma, Archivo de la S.C. para la Doctrina de la fe)

Aprobación de la *Guía de pecadores* de Fray Luis de Granada en el concilio de Trento

Existe en la biografía de fray Luis una laguna que hasta el presente no ha podido ser colmada. Ya en 1895 el benemérito historiador de la vida del dominico, fray Justo Cuervo, daba algún indicio de la aprobación por parte del concilio de Trento de la obra maestra de fray Luis de Granada. Se trataba de una referencia indirecta tomada de una carta de fray Luis al secretario real Gabriel de Zayas, escrita el 29 de mayo de 1576, de la que entresaco el párrafo correspondiente: «Esto me dió atrevimiento a escribir ésta, para embiar con ella una de don Fernán Martínez su servidor, que como testigo de vista referirá la aprobación de nuestro libro de la oración que fue hecha en el Concilio y confirmada por Pío 4.º» [1].

Años más tarde volvió el P. Cuervo sobre el asunto en un breve estudio titulado «Fray Luis de Granada y la inquisición» [2]. En él trataba de las dificultades de fray Luis en los días en que su obra era condenada e incluida en el índice de libros prohibidos por el inquisidor general Valdés. Por aquellas fechas escribió Granada a su amigo Carranza una carta en que protestaba duramente contra la actuación de Valdés [3]. Pero, no contento con esto, acudió al concilio de Trento, reunido en su tercera fase, para obtener la aprobación de su obra.

La oscuridad más absoluta cubría a la vista de los investigadores este paso de Granada. He podido, afortunadamente, dar con un documento que aclara no poco este particular, aunque en él no se habla expresamente de un libro de la oración, sino de la «Guía de pecadores». Se encuentra este documento en el archivo Vaticano, en el fondo del *Concilio de Trento*, tomo 146, f. 403 r-v. Son dos hojas, con señales de haber sido dobladas en cuatro, en cuyo reverso, f. 404 v, puede leerse: *Fides Arciep. Tarentini et Panormitani et Payva, de libello Guía de peccadores. XIX, 9bris, 1563*. Por lo demás, el carácter misceláneo del volumen, en el que se encuentran folios sueltos que se refieren a las actividades censoriales de la comisión del índice del concilio, aclara toda duda al respecto. Bien es verdad que éstas se han

1. Fray J. Cuervo, *Biografía de fray Luis de Granada*, Madrid 1895, 43. La carta completa se encuentra entre las obras de Fray Luis de Granada, editadas por el mismo Cuervo, Madrid 1906, t. XIV, p. 458.

2. Id., *Fray Luis de Granada y la inquisición*, en el volumen *Homenaje a Menéndez y Pelayo en el año vigésimo de su profesorado*. Estudios de erudición española I, Madrid 1899, 733-743. Posteriormente publicó otro trabajo con el mismo título, en Salamanca, 1915. También recientemente hizo alusión a este punto, siguiendo los datos de Cuervo, el P. A. Huerga, O.P., *Génesis y autenticidad del «libro de oración y meditación»*: Revista de Archivos, Bibliotecas y Museos 59 (1953), 135 ss.

3. Real Academia de la Historia, de Madrid. Proceso de Carranza, XX, f. 83. Carta del 17 de agosto de 1559.

resistido a la investigación histórica, por la penuria de fuentes al respecto, que probablemente esperan el día en que se abra el archivo del santo oficio [4]. Mas el documento en cuestión es suficientemente explícito en la indicación de las personas que firmaron la aprobación de la «Guía de pecadores».

El primero en lista es Marco Antonio Colonna, protegido de Felipe II, arzobispo de Taranto y más tarde cardenal y arzobispo de Salerno. Entre sus numerosas intervenciones en el concilio de Trento, una de ellas fue la de actuar en la comisión del índice [5]. El segundo es Ottaviano Preconio, fraile conventual y famoso predicador, que después de ser provincial de Sicilia y visitador general de Aragón y otras provincias ultramontanas y obispo sucesivamente de Monopoli y Ariano, había sido recientemente creado arzobispo de Palermo [6]. El tercero es el portugués Diego Paíva de Andrade, profesor de Coimbra, gran predicador y no menos ilustre publicista antiprotestante. Actuó en el concilio de Trento como teólogo del rey Sebastián de Portugal y procurador del obispo de Viseu [7].

El juicio, breve y denso, no sólo libra al libro de fray Luis de toda sospecha de herejía o error, sino que es francamente positivo. Colonna habla de su utilidad por la edificación que se seguirá del pueblo cristiano. Preconio alaba el celo y la caridad que muestra el autor de este libro, que iluminará las mentes e inflamará los afectos. Y Paíva de Andrade califica la obra de pía, erudita y útil para informar los espíritus en religión, piedad y amor divino.

Desconocemos el curso que pudo seguir esta aprobación y si tuvo benéficas consecuencias. Sin embargo, siempre representará una nota extrínseca más del valor y mérito internos de la famosísima obra de fray Luis de Granada.

APENDICE DOCUMENTAL

FIDES ARCIEP. TARENTINI ET PANORMITANI ET PAYVA, DE LIBELLO «GUIA DE PECCADORES». XIX ABRIS 1563

Cum mihi ab Illmis Legatis demandatum fuerit ut Rdi. patris Aloysii de Granata, ordinis praedicatorum, libros qui hispanica lingua *Guia de peccadores* inscribuntur, reviderem meamque circa ellos sententiam proferrem, post eam, quae per me fieri potuit, diligentem inquisitionem, iudico libros istos nihil in se haereticum nihilque erroneum aut suspectum in fide continere. Multa vero in illis praeclara ad christifideles edificandos scripta reperiri, ita ut tamquam christiano populo utiles retineri posse censeam.

Datum Tridenti 19 novembris 1563.

M. Antonius Columna, Archiep. Tarentinus

4. Cf. *Concilium Tridentinum*, ed. Görresiana, t. IX, *Acta* (St. Ehses), Freiburg 1924, 1.104, nota 1. Cf. L. Pastor, *Historia de los papas* XVI, Barcelona 1929, 10-17.
5. Cf. *Enciclopedia Cattolica*, art. *Colonna*, IV, 20; Van Gulik-Eubel, *Hierarchia Catholica* III, Münster [2] 1923, 308; Gams, *Series episcoporum*, Graz 1957, 930.
6. *Ibid.*, art. *Preconio*, IX, 1906; G. Odoardi, *I Francescani Min. Conventuali al Concilio di Trento*: Misc. Franc. 47 (1947) 347-349, 360-362; Van Gulik-Eubel, *o. c.* III, 269.
7. *Ibid.* I, 1181; cf. Dict. *Hist. Geog.* II, 1590-1592. Pueden seguirse las intervenciones de los tres en el concilio, repasando el índice de nombres de los tomos de la edición Görresiana, particularmente el IX.

Fidem indubiam ego ipse facio me libros praedictos vidisse adamussim nihilque invenisse in eis, quod haeresim aut erroneum quid sapit. Quinimo non possum auctoris erga animarum salutem zelum, charitatem studiumque ardentissimum summopere non laudare, quandoquidem eorum librorum devota lectio et intellectum pie legentium illuminare et affectum erga Deum inflammare videtur. Unde et hic in fidem me libenter subscripsi.

Tridenti, 21 novembris 1563.

fr. Octavianus Praeconius, Archep. Panormitanus

(403v). Cum mihi etiam examinandi libros Rdi. patris, fr. Ludivici a Granata, ordinis praedicatorum, qui *Guia de peccadores* hispanice inscribuntur, primam scilicet et secundam partem cura ab Illmis. Dnis. sacri huius Concilii legatis demandata sit, fidem facio illorum me lectione admodum recreatum fuisse atque illos non modo ab omnis haeresis significatione quam longissime abesse, sed pios ad modum atque eruditos esse et ad animos pietate, religione divinoque amore informandos in primis utiles. Ita enim peccatorum foeditatem quasi sub aspectu ponit, ut nemo possit illam lectione non in maximum scelerum odium concertari divinarumque rerum amore inflamari. Quare dignissime mihi videntur qui ab omnibus christianis hominibus legendo conterantur.

Tridenti, 22 novembris 1563.

D.º Papia Dandrade

(Archivo Vaticano. Concilio, 146, 403r-v).

Los jesuitas y la real pragmática de Felipe II de 1559

Un percance inquisitorial desconocido (1561)

En el diario latino del viaje que realizara el padre Nadal a España el año 1561 figura una frase que alude a un misterioso percance inquisitorial. Es la siguiente:

> Scripserat ad me P. Generalis, ut mitterem aliquos, qui collegio romano possent esse utiles. Ex Portugallia misi Perpinianum, quem videbantur non aegre dimittere. Scripsi Castellam, ut mitterent cum illo Marianam, Acostam, Paëm, Ramirum; et profecti sunt, nullo intercedente, etiamsi intelleximus postea fuisse ab Hispalensi [missos], qui illorum iter impedirent: egressi iam fuerant Hispaniae fines [1].

No es infrecuente encontrar en la correspondencia jesuítica entre España y Roma de los años 1558-1561 alusiones claras a la conveniencia de enviar dinero y personas para el naciente colegio romano [2]. Precisamente cuando Nadal viajaba por España tales invitaciones se hacen más explícitas. En carta del 14 de marzo de 1561 Polanco solicitaba de Nadal, de parte de Laínez, «si se pueden de allá inviar algunos buenos sujetos para leer retórica, griego, artes o teología en Alemanna o algunas de estas partes» [3]. Con esta carta debió cruzarse la que Nadal escribió a Laínez desde Toledo el 18 del mismo mes, en la que le comunicaba que se estaba ocupando del asunto y que lo había puesto en manos de los padres Araoz y Antonio de Córdoba [4]. España, en efecto contaba con un plantel de gente ya formada, que podía acudir con presteza en auxilio de los colegios proyectados en Roma y en Alemania; mas quienes habían de desparramarse por Europa era conveniente que pasasen primero por Roma, según carta de Polanco a Nadal del 22 de mayo del mismo año 1561 [5].

El 16 de junio Nadal podía comunicar a Laínez la salida del primero de los designados para este efecto, el padre Pedro Perpinyà, gran retórico. Abandonando Portugal, pasaría por Salamanca con cartas para otros colegios a fin de que pudiesen sumarse otros sujetos al grupo [6].

1. MHSI, *Nadal* II, 76. Alguna noticia en Sacchini, II, lib. V, n. 23.
2. MHSI, *Borgia* III, 409, 441, 462, 491, 519, 526; y 502, 602.
3. *Nadal* I, 423.
4. *Nadal* I, 426.
5. *Nadal* I, 466.
6. *Nadal* I, 491. Noticias y bibliografía esenciales sobre Perpinyà en M. Batllori - R. G. Villoslada, *Il pensiero della Rinascenza in Spagna e Portogallo*, en *Grande antologia filosofica* VII, Milano 1964, 298-299, 327, 416-417.

El momento estaba cargado de sombríos presagios para la compañía en España. Nos encontramos en los meses angustiosos en que se quiere traer a Roma a san Francisco de Borja, quien se encontraba en Portugal en una situación que podemos calificar sin ambages de exilio, a causa de la tormenta inquisitorial levantada en torno a su persona años antes. El santo duque atravesó España de incógnito y pudo llegar salvo a Roma [7]. Por esos mismos días salía de España, hacia la ciudad eterna, el pequeño grupo de jesuitas destinados al colegio romano.

La primera frase trascrita del diario de Nadal alude a manejos del arzobispo de Sevilla, el inquisidor general don Fernando de Valdés, para impedir la salida de España de estos jesuitas. Su interferencia fue estéril, por poco tiempo, ya que para entonces habían pasado la frontera. Nadal no describe el hecho detalladamente, mas con él se relaciona indudablemente un documento perdido en el abultado proceso inquisitorial del arzobispo Carranza, que trato de publicar y comentar.

La ocasión para esta intervenión inquisitorial la brindaba la célebre real pragmática de Felipe II del año 1559, en la que prohibía salir de sus reinos al extranjero por razón de estudios. El padre Scaduto en su monumental historia del padre Laínez, publicada recientemente, ve en tal disposición una revancha regia en contra de la compañía [8]. Creo haber esclarecido suficientemente en otro trabajo la razón íntima, hasta ahora desconocida, de tan drástica medida. El alarmante informe presentado al consejo de la inquisición por el dominico Baltasar Pérez, referente a grupos de españoles residentes en Lovaina por los años 1551-1558, a los que envuelve en acusaciones de heterodoxia, concluye con la recomendación de que se interponga la inquisición para conseguir la vuelta de aquellos a su patria, y la prohibición de salir por motivo de estudios a universidades extranjeras [9].

Tal medida general afectaba naturalmente a la compañía en momentos en que proyectaba extraer de España refuerzos para el colegio romano y para otros centros de estudio de Alemania. La urgencia de tal disposición por parte de la inquisición en este momento sí que podía obedecer al clima enrarecido en los medios inquisitoriales respecto a la compañía, agravado por el paso a Roma de san Francisco de Borja y por el viaje del pequeño grupo jesuítico [10].

Lo cierto es que en plena canícula, exactamente el 5 de agosto de 1561, fueron llamados a declarar ante Juan Núñez de Lasao, secretario del consejo de la inquisición, el provincial Araoz y el padre Pedro de Huidobro Santa Cruz. El objeto de la declaración solicitada no deja lugar a dudas: «si sabe o ha oído decir que algunos escolásticos bachilleres o estudiantes se hayan pasado o se quieren pasar a otros reinos, fuera de los de aquí, a estudiar, *contra la pramática* que está hecha en estos reinos cerca de ello».

No sabemos por dónde pudo llegar tan exacta información a la inquisición. Araoz ciertamente estaba al corriente del asunto. De hecho da cuenta cumplida del mismo. Hacía muy pocos días que él había dado orden al colegio de Alcalá de que los religiosos que iban a pasar a Italia se detuviesen hasta pasar la canícula. Le

7. M. Scaduto, *L'epoca di Giacomo Lainez. Il governo (1556-1565)*, Roma 1964, 556-562.

8. *Ibid.*, 556. También Astrain II, 113-114, piensa en la fingida benevolencia del rey en líneas generales, creyendo que la pragmática iba directamente en contra de la compañía. El texto de la pragmática en *Nadal* IV, 760-763.

9. *Españoles en Lovaina (1551-1558). Primeras noticias sobre el bayanismo*: Revista Española de Teología 23 (1963) 21-33. Añadimos importantes datos en nuestro trabajo *Bartolomé Carranza en Flandes (1557-1558)*, en *Festgabe für Hubert Jedin*, Münster 1965, 317-343.

10. Scaduto, 560. Borja salió el 12 de julio; poco después se supo en España que había pasado ya a Francia, con gran resentimiento del rey y del inquisidor.

respondieron que «iban cuatro o cinco estudiantes a Italia», sin precisar si marchaban a estudiar o no. Precisamente el propio Araoz los había visto en Madrid hacia el 20 de julio, «enviados por el P. Nadal». Iban a Roma a estudiar y a enseñar, y llevaban orden de tomar otro estudiante de Alcalá y uno de Zaragoza. Eran Diego de Acosta, Juan de Mariana y el padre Páez. Iban a Roma a explicar artes, según sabía por carta de Nadal y por las patentes del mismo que ellos llevaban. El cuarto era el padre Perpinyà, destinado a explicar artes en Alemania, el quinto el padre Ramiro. En Zaragoza se les había de agregar el padre Ros. Eran ya sacerdotes Perpinyà, que iba como superior del grupo durante el viaje, y el padre Ramiro. Acosta, Mariana y Páez no estaban aún ordenados. La razón por la que no se aceptó la orden del padre Araoz, según el rector de Alcalá, era que corría prisa la salida, porque habían de iniciar su curso en Roma el mes de octubre [11].

El padre Pedro de Huidobro Santa Cruz repite las declaraciones de Araoz y nos proporciona algunos nuevos detalles sobre la patria y procedencia de los miembros del grupo, sobre la ruta que siguieron (Zaragoza, Barcelona, Perpiñán) y sobre la fecha exacta de su partida: el 23 de julio de 1561. Añade que por el mismo tiempo habían partido con el mismo destino otros cinco estudiantes de la universidad. Por carta de Salmerón a Nadal sabemos que el 20 de septiembre llegaron a Roma los que iban con el padre Perpinyà [12]. A principios del mismo mes había llegado san Francisco de Borja [13]. Los tiros del arzobispo de Sevilla llegaban tarde, cuando las piezas a las que apuntaba se habían puesto a salvo. Esta pequeña victoria es de suponer que aumentaría el resquemor inquisitorial respecto a la compañía, pero prestó a ésta una ayuda valiosa, y los laureles del magisterio europeo de Perpinyà, Acosta y Mariana, honra de las humanidades y prestigio de España, a pesar de los estorbos del inquisidor y de la tremenda real pragmática de Felipe II. El silencio y el tiempo fueron curando las heridas. En 1563 se contaba ya con el apoyo de Felipe II en favor del colegio romano, y Laínez se disponía a solicitar licencia para el éxodo de jesuitas españoles al extranjero [14].

APENDICES *

DECLARACION DEL PADRE ARAOZ, PROVINCIAL DE LA COMPAÑIA

Madrid, 5 agosto 1561

Ante Juan Núñez de Lassao, secretario del Consejo de Inquisición.

...recebí juramento [...] del padre doctor Araoz, provincial de la Compañía de Ihesús. So cargo de el qual fue preguntado si sabe o ha oydo dezir que algunos escolásticos bachilleres o estudiantes se ayan passado o se quieren passar a otros reynos, fuera de los de aquí, a estudiar, contra la pramática que está fecha en estos reynos cerca dello. Y lo que dixo e declaró es lo siguiente:

11. Cf. Apéndice. Algunos datos sobre los fugitivos encontramos en los *exámenes* efectuados más tarde en la compañía, *Nadal* II: sobre Enrique Páez, 554; sobre José Acosta, 569.
12. *Nadal*, 526 ss.
13. Scaduto, 560.
14. *Nadal* I, 676; VII, 234, 320. Acosta, Mariana y Perpinyà, además de sus labores de cátedra, ejercerían en seguida gran influjo en la organización misma de los estudios de filosofía. Cf. Scaduto, 361, 359, 362.

* El texto se encuentra cosido al final del tomo IX del *Proceso de Carranza*, en la Real Academia de la Historia, de Madrid. Es una hoja doble, de cuatro páginas, y cosida al revés. Lleva las firmas autógrafas de los declarantes. Suprimo el protocolo inicial con la ciudad, fecha, inquisidor, que pongo en forma de regesto.

Lo que este deponente sabe cerca de lo que ha sido preguntado es que avrá seys o siete días, poco más o menos, que, enbiando este declarante al colegio que tiene en Alcalá a dezir que unos religiosos que de su orden yvan a Ytalia se detuviesen allí fasta que pasasen los caniculares, le respondieron el maestro Manuel, rector del dicho colegio, y el maestro Deça y el Padre Gonçález y el licenciado Segura, que de aquella universidad yvan quatro o cinco estudiantes a Ytalia, aunque no dezían si yvan a estudiar o no. Y questo sabe quanto a estudiantes seglares, y que no le nonbraron los nonbres de los tales estudiantes.

Y que lo que más sabe es que quatro o cinco días antes de Sanctiago, poco más o menos, vinieron quatro religiosos de su Orden a esta villa de Madrid, enbiados por el maestro Nadal, que vino de Roma por comisario, que está agora en Portugal, e yvan a Roma y a otras partes a estudiar y a leer, y trayan orden del mismo comisario para llevar de Alcalá otro estudiante de la misma orden para estudiar y leer en Roma, y en Caragoça trayan orden de tomar otro de un colegio que allí ay de la misma orden. Y dixo que sabía que los tres destos, que son Diego de Acosta, que estudiava en el colegio de Salamanca de la misma orden, y Juan de Mariana, en el de Alcalá, y un fulano Páez, que no sabe su nonbre proprio, en el collegio de Valladolid, yvan a Roma a leer cursos de artes, así porque el maestro Nadal que los enbía lo escrive, como porque a este declarante le an dicho que lo dize en la patente que llevan del dicho Nadal. Y tanbién porque otras bezes an enbiado otros a Ytalia para estudiar y leer, y ansí es público en toda la orden. Y el retor de Alcalá y los religiosos de aquel colegio arriba nonbrados escrevieron a este declarante que ellos dezían que no se podían detener porque avían de començar a leer en Roma cursos de artes este otubre que viene. El quarto estudiante que se dize fu[lan]o Perpiñán, es público entre los de la orden, y él lo dezía, que yva a leer retólica a Alemanya [528v] en el colegio de la misma orden, pero que ha mucho que la lee. El quinto, que se dize fu[lan]o Ramiro, es grand latino y griego, y tanbién se tiene por cierto que va allá a leer. El sesto, que está en Caragoça, que se dice fu[lan]o Ros, no sabe si va a estudiar, pero parece dice él que sí. De los cinco arriba nonbrados, el padre Perpiñán, que es sacerdote, va por superior dellos fasta llegar a Roma. Y el padre Ramiro es también sacerdote; y los otros tres, Acosta, Mariana y Páez, no son ordenados, y éstos son los que van a leer los cursos de artes. Y que esto es lo que sabe cerca de lo que le á sido preguntado, so cargo del dicho juramento.

Encargósele el secreto so cargo del juramento que tiene, el qual lo prometió de guardar, y firmólo de su nombre.—*Araoz* [firma autógrafa].

Passó ante mí, Juan Martínez de Lassao.

DECLARACION DEL PADRE PEDRO DE HUIDOBRO SANTACRUZ

Madrid, 5 agosto 1561

Ante el mismo.

Este dicho día recebí juramento en forma de Pedro Huidovro Santacruz, de la Conpañía de Ihesús. So cargo del qual fue preguntado si sabe o a oydo dezir que algunos estudiantes o bachilleres ayan ydo o vayan a otros reynos, fuera de los de aquí, a estudiar, contra la premática que acá está fecha. Dixo que agora, en este mes de julio próximo passado, passaron por aquí dos sacerdotes de la dicha Compañía de Ihesús. El uno se llama Perpiñán, natural del reyno de Valencia, y el otro Ramiro, natural de tierra de Guadalupe, y dos hermanos de la mysma Conpañía, el uno que se dize Diego de Acosta, natural de Medina del Canpo, y el otro que se llama Páez, natural del Alcarria. Y de Alcalá, del colegio de la misma Conpañía, fue en conpañía de los susodichos el hermano Juan de Mariana, natural de Talavera de la Reyna. Los quales con otro hermano de la misma Conpañía, que se dize Ros, que bibía en el colegio de Caragoça, van a Roma; los tres dellos van a leer artes; y el uno de los otros dize que va a Alemanya a leer retólica; y los otros dos, que son muy doctos en sus facultades, cree que van a leer allá. Y que estos partieron de Alcalá para Roma, miércoles a veynte e tress de julio, porque este testigo fue a Alcalá el jueves adelante, que fueron veynte quatro del dicho mes, y eran ya partidos el día antes. Y cree que ellos [529r] van derechos a Caragoça, y de allí a Barcelona y a Perpiñán; pero que acá les dávamos avisos de lo que avían de hazer, por los malos pasos de aquella tierra. Y que tanbién le dixo el rector del colegio de Alcalá de la misma Conpañía que por el mismo tiempo se avían partido quatro o cinco estudiantes de la misma universidad para Roma, y que no sabe cómo se llaman ni de dónde son, y que esto es lo que sabe de lo que se le á preguntado, so cargo del juramento que tiene fecho.

Fuele encargado el secreto en forma. El qual lo prometió de guardar y firmólo de su nombre.—*Pedro de Huydobro Sancta Cruz.*

(Real Academia de la Historia, *Proceso de Carranza* IX, 528r-529r).

Indice de nombres